——莎士比亚新传

〔美〕斯蒂芬·格林布拉特 (Stephen Greenblatt) 著
辜正坤 邵雪萍 刘昊 译

北京市版权局登记号图字:01-2005-1394 号
图书在版编目(CIP)数据

俗世威尔:莎士比亚新传/(美)格林布拉特著;辜正坤等译.—北京:北京大学出版社,2007.3
ISBN 978-7-301-11397-4

Ⅰ.俗… Ⅱ.①格…②辜… Ⅲ.莎士比亚,W.(1564~1616)-传记 Ⅳ.K835.615.6

中国版本图书馆 CIP 数据核字(2006)第 154495 号

Will in the World: How Shakespeare Became Shakespeare
Copyright ⓒ 2004 by Stephen Greenblatt
Simplified Chinese Edition ⓒ 2007 Peking University Press
Published by agreement with the author, c/o Baror International, Inc. through the Chinese Connection Agency, a division of The Yao Enterprises, LLC.

书　　　名:	俗世威尔——莎士比亚新传
著作责任者:	〔美〕斯蒂芬·格林布拉特 著　辜正坤　邵雪萍　刘昊 译
策 划 编 辑:	耿协峰
责 任 编 辑:	王妍
标 准 书 号:	ISBN 978-7-301-11397-4/G·2008
出 版 发 行:	北京大学出版社
地　　　址:	北京市海淀区成府路 205 号　100871
网　　　址:	http://www.pup.cn
电　　　话:	邮购部 62752015　发行部 62750672　编辑部 62753121
	出版部 62754962
电 子 邮 箱:	ss@pup.pku.edu.cn
印 　刷 　者:	涿州市星河印刷有限公司
经 　销 　者:	新华书店
	787 毫米×1092 毫米　16 开本　20 印张　插页 16　306 千字
	2007 年 3 月第 1 版　2007 年 5 月第 2 次印刷
定　　　价:	42.00 元

未经许可,不得以任何方式复制或抄袭本书之部分或全部内容。
版权所有,侵权必究
举报电话:010-62752024　电子邮箱:fd@pup.pku.edu.cn

译者按：本书莎剧引文多参考译林出版社 1998 年版《莎士比亚全集》，和人民文学出版社 1988 年版《莎士比亚全集》。人名、地名译法则多参考商务印书馆 1997 年版《英语姓名译名手册》、商务印书馆 1988 年版《莎士比亚年谱》等。

目 录

中文版序 ·· (1)
前言 ·· (3)
鸣谢 ·· (7)
致读者 ·· (9)

第一章　童年生活索隐 ································· (1)
第二章　复原之梦 ····································· (28)
第三章　巨大的恐惧 ··································· (54)
第四章　求爱、成婚和后悔 ····························· (78)
第五章　过桥 ·· (103)
第六章　郊区生活 ···································· (122)
第七章　震撼剧坛 ···································· (140)
第八章　情郎—情妇 ·································· (161)
第九章　绞架下的笑声 ································ (186)
第十章　与死者对话 ·································· (211)
第十一章　为国王施魔 ································ (236)
第十二章　平凡生活的胜利 ···························· (260)

参考文献说明 ·· (286)
人名、地名译法对照表 ································ (298)
译者后记 ·· (301)

中 文 版 序

能借此良机就我的著作向中国读者说几句话,我感到十分欣慰。① 许多年前,我曾在中国度过几周的时间,做过有关莎士比亚的演讲。那时,恰逢这个国家刚刚经历过历史上空前的困难时期。"四人帮"刚刚下台,因此,全国所有的大中学校都还没有恢复到正常状态,教授们的生活在大多数情况下都曾遭到难以弥补的破坏。我所遇到的学生向我讲述了许多不寻常的故事,内容涉及各种艰难困苦、各种斗争及乱七八糟的情况。中西方面的文化交流几乎完全中断,双方抱有强烈的敌意,充满深刻的政治猜疑。然而令我吃惊的是,我所到之处的人们不仅对我表示友好,而且对西方文化,尤其是对该文化最伟大的代表威廉·莎士比亚,表示出强烈的兴趣。

莎士比亚魅力的普遍性几乎从一开始就是一个老生常谈的话题。莎士比亚创作的服务对象是一群五花八门的观众,有男有女,有鸿儒,有白丁,有高官显贵,有贱工怨徒,有财产殷实的人家,也有身份低微的罪犯。莎士比亚尽其所能地发现各种主题,创造了一种跨越一切界限的语言。他的剧本和诗歌抒发了人类状况的各个方面——爱情、骄傲、仇恨、美丽、野心和死亡——这些东西与护照上官方填写的材料简直风马牛不相及。他描述的故事借鉴自众多的语言和文化;在伦敦上演过他的剧本的剧团让他的剧本不仅几乎立刻风行于英国的各个角落,而且使之越过国境,风行于那些还将英语视为蛮夷之语的国家。而当这些国家在某个时候发现自己需要一种强有力的完全属于自己的民族声音

---

① 此序言是原作者格林布拉特教授应辜正坤教授邀请专为中国读者所写。英文原版无此序言。特注明。——译者

来清晰地表达他们自己时,他们翻译莎士比亚,把他看作自己的楷模。莎士比亚作品的第一个汇编本(1623年版)的编者写道:如果你不喜欢莎士比亚,这只不过是因为你不明白他。或者,就像他的同时代人本·琼生为这个汇编本写的有名的序言中说到莎士比亚那样:"他不只属于一个时代,而属于永恒。"

我相信这一切都是真的,但也许莎士比亚自身所处时代有一些特别的情况使他的生活及其创作出的著名作品与现代中国有某种特殊的关联意义。因为莎士比亚写作的时代,恰恰处于当代文学史家詹姆斯·辛普逊所描述的"文化革命"之后。辛普逊提到的这场革命是发生在16世纪上半叶的一场暴烈的宗教、社会和政治性斗争,这场斗争把中世纪末人们认定的种种观念撕得粉碎,使英格兰面临现代性带来的种种艰难困苦和令人愉快的事物。莎士比亚比他那个时代的任何人,或许比任何作家,更勇于面对必须建造一个他所谓的"美丽新世界"的激进性挑战。而要对莎士比亚成就的这种持续的魅力和时代关联性做出评判,最佳人选正好是本书的中国读者。

前　言

　　16世纪80年代末,一个年轻人从偏远的小城镇移居伦敦——他没有独立的财产,没有权势显赫的家庭关系,没有受过大学教育。然而,在非常短的时间里,他不仅成为他那个时代而且是一切时代的最伟大的剧作家。

　　他的作品不论是对知书达礼者还是目不识丁者,久居城镇的世故者,还是初进剧院的异乡客居者,都有雅俗共赏的效果。

　　他让观众不是哭,就是笑;他把政治变得诗意盎然。他把粗俗的插科打诨与微妙深沉的哲理融为一体。不论是宫廷秘事还是乞丐的私生活,在他的笔下全都刻画得入木三分。他有时候显得像是法律研究者,有时候显得像是神学家,有时候又像是古代史学究。与此同时,他还能惟妙惟肖地模仿乡下土佬儿说话,也能津津有味地大侃稀奇古怪的老传说。

　　这样博通诸艺的成就该如何解释?这个莎士比亚究竟是如何变成莎士比亚的?

　　莎士比亚时代的戏剧和我们当代的戏剧一样,是一种高度的社会艺术形式,而非一种没有血肉的抽象的游戏。在伊丽莎白和詹姆斯王朝,有一种从不在大庭广众中露面的书橱戏剧,它们被创作出来绝不是为了演出需要,甚至不是为了出版,而是供人在没有窗子的秘密而令人惬意的斗室中悄悄地阅读。但是莎士比亚的剧本从来都不是这种书橱中的剧本:它们过去和现在都来自于和属于活生生的世界。莎士比亚不仅为残酷的商业性娱乐业创作和演出,他还编写与他所处时代的社会、政治现状有紧密联系的戏剧脚本。除此之外,他很难有别的选择:他参股的那个剧团想要维持下去,就必须每天吸引至少1500到

2000个买门票的顾客到剧场的圆形围墙中来,因为来自其他剧团的竞争太激烈了。

问题的关键是,剧目不要和社会现实过分相关,那样就太引人注目——一方面要考虑到政府的检查,另一方面要考虑到许多剧团常常成功地让同样的戏剧保留剧目循环上演若干年,所以剧目如果太时新,就未免有风险。莎士比亚必须兼顾观众最深层的欲望和恐惧心理,就他在自己所处时代获得的非凡成功而言,他在这方面处理得确实漂亮。实际上莎士比亚在剧本写作方面的所有竞争对手都一直处于饥饿的边缘,而与此截然相反的是,莎士比亚却赚够了钱,他在家乡买下的房子是当地最豪华的房舍之一,50岁刚出头,就功成身退安居其间,真是一条白手起家的好汉。

因此,这是一本讲述匪夷所思的奇功伟绩之书:它旨在发现那个创造了近千年来文学史上最重要作品的实实在在的作者。或者退一步说,既然这个实实在在的作者本来就有公共档案文献可稽,那么本书则是致力于追踪该作者如何经由种种幽暗曲折的小径而最终踏上了文学创造的康庄大道。

除了莎士比亚创作的诗歌和剧本本身,有关莎氏生平余踪的资料头绪繁多,但翔实者寡。历经许多代学者呕心沥血的考证工作,终于使当代人对莎士比亚的身世有了一个模模糊糊的认识,其中包括剧作家相当数量的财产协议文件,婚姻证书,宗教受洗记载,几份有莎士比亚名称在内的演员表,几张纳税单,些许法律性书面陈述文件,付费账单,以及一份有趣的遗嘱,但是却根本没有直接的明显线索可以破解这个巨大的谜底:莎氏何以身怀如此卓越的文学创作绝技。

数百年来,这些已知的事实被一而再、再而三地复述过。早在19世纪,就有了若干种出色的莎士比亚传记,叙述可谓详尽,资料可谓丰富,并且年年都在翻印,有时候还会在新版中增加好不容易获得的一、二种零碎的考证新发现。但是,读者即便研读了其中最出色的著作,并耐心筛选出其中最值得利用的材料之后,往往很难感到它们增进了对这位剧作家何以功成名就的理解,至多是使莎士比亚这个人显得更单调、乏味,其内在的艺术源泉之谜也比从前更神秘莫测了。即使传记作者能够从书信,日记,同时代人的回忆录、访谈录、书籍中有启发意义的旁注、笔记和手稿中获取资料,要窥见这样的艺术创作源泉也是有相当难度的,而有关莎士比亚的这类材料却根本就没有流传下来,没有任何资料提供证据,说明这些脍炙人口的具有永恒价值的作品和该时代刻板的官方档案中留下许多痕迹的某个人的特定的生活经历之间,有什么明显的联系。这些作品太令人震惊,太辉煌了,看起来像是神来之笔,而非出自凡夫俗子,更不用说是出自某个教养卑微的乡野村夫之手了。

有人要求助于威力无边的想象的魔力来解决此难题亦无不可,那种人类天赋能力就可以不倚靠所谓"趣味横生"的生活经历。诸多学者长期以来对这种想象力对某些书所产生的转换功能进行了卓有成效的研究,因为他们认为从莎剧本身中包含的证据来看,莎士比亚肯定阅读过这些书。作为一个作家,他不大可能凭空写作;他随兴所至地使用了当时已经流行的素材,并将自己超绝的创作精力注入其中。有时候,他的改编本可能离母本太相近、太具体,那么,这一定是因为在纸上飞舞鹅毛笔管的时候,他信笔加以借鉴的那个剧本就刚好放在他的写字台上。但是在对莎士比亚的艺术感受最深的学者中,没有一个人会相信莎士比亚创作的剧本和诗歌毫无例外地全是他饱读他人诗书的结果。至少和他所读过的书本一样,他年轻时曾紧紧追询的中心问题,诸如"我该如何生活?我该信奉什么?我究竟爱谁?"一定曾伴随他的整个人生,并促成他的艺术风格。

莎士比亚最主要的艺术特点之一,是他那充满真实性的笔触。莎士比亚和所有去世的作家一样,音声久灭,微躯不存,身后所遗无非纸上的言辞,但即使不借天才的演员来使莎氏言辞栩栩如生,这些印在纸上的文字也照样能生动地再现当时实实在在的人生经历。作为诗人,他注意到被追捕的颤抖的野兔身上的"斑斑露痕",他将自己受玷污的名誉比作"染工之手";作为剧作家,他让剧中的丈夫告诉妻子,"用土耳其挂毯遮盖的书桌里"有一个钱包,他让一个王子记住其贫穷的伴侣只拥有两双长丝袜,而其中一双是桃色的:这样的诗人兼戏剧艺术家非同寻常地对人间世界敞开心扉,并且发现了如何让人间世界进入他的艺术作品的方法。如果要明白他是怎样驾轻就熟地做到这一点,重要的是要仔细研究他的言辞艺术——他精通修辞术,具备不可思议的口技,对语言文字如醉如痴。如果要明白莎士比亚是谁,重要的是要循着他留在身后的言辞痕迹,溯源于他曾经历的人生,寻踪于他曾敞开心扉的人间世界。而如果要明白莎士比亚是如何运用其想象力将他的生活转换成艺术,那么重要的是要运用我们自己的想象力。

鸣　谢

　　能向撰写此书过程中给予诸多帮助的人表示感谢使我感到莫大的喜悦,这正是莎士比亚能将特别的喜悦赋予一切的表现。我在哈佛大学的同事与学生都禀赋过人,他们为我提供了源源不断的精神动力和挑战,这所大学充满传奇色彩的资源——尤其是它的著名图书馆和专业的工作人员——使我能够研究哪怕是最晦涩难解的问题。梅隆基金会给予我至为珍贵的时间,柏林高等研究所为我提供了撰写此书所需的完美环境。我也衷心感谢美国莎士比亚协会、巴思莎士比亚节、纽约大学、哥伦比亚大学的利奥内尔·特里林研讨会、利奥·罗文索纪念会、波士顿大学、韦尔斯利学院、亨德里克斯学院、爱因斯坦论坛给我机会检验自己的思想,感谢马尔伯勒学院与马尔伯勒音乐节多次在重大场合给我这样的机会。

　　撰写《俗世威尔》的想法萌生于几年前与马克·诺曼的谈话,他当时刚开始写反映莎士比亚生平的电影剧本,即著名影片《恋爱中的莎士比亚》的雏形。但我的著书计划迟迟未付诸实践,是我妻子拉米·塔戈芙始终如一给予我精神、情感上的鼓励,才促使我动笔。决定性的建议与支持来自吉尔·尼瑞姆和我的友人霍米·巴伯、杰夫里·纳普、约瑟夫·柯纳、查理斯·密和罗伯特·平斯基,他们为我花费的时间、发挥的学识和智慧远非我所能报答。我还得益于其他许多友人,如马塞拉·安德森、伦纳德·巴坎、弗兰克·比达特、罗伯特·布鲁斯泰因、托马斯·拉克、亚当·菲利普斯、雷古拉·拉普、莫什·萨夫迪、詹姆斯·夏皮罗、狄波拉·沙格,以及已故的伯纳德·威廉姆斯、比阿特丽斯·基津格、凯特·皮尔森、霍尔格·肖特、古斯塔夫·塞奇、菲利普·施威泽都给过我极大的帮助。我的责任编辑艾伦·梅森在怀孕期间仍以堪称表率的耐心与洞察力继续编辑书稿,并奇迹般地设法赶在预定日期完成了编辑工作。

我最深切、最愉快的谢意归于我的家人:我的妻子和乔希、阿伦和哈里这三个儿子。只有幼子因为还在蹒跚学步,得以免于无穷无尽的有关莎士比亚的谈话,未直接贡献他的思想。但哈里与我父亲同名,并在我父亲生辰的104年后降生,使我领悟到我们的生活离乍看之下显得遥远的东西实际近得惊人。

致 读 者

　　大约在1598年,莎士比亚职业生涯的早期阶段,一个叫亚当·戴蒙斯的人(关于此人身世,我们几乎一无所知)动手将他誊抄的一系列演讲词和书信列出一个目录。显然,那当儿他有点神不守舍,因为他开始在纸上乱写乱画。那一页纸上除有简短的笔记外,还写着"理查二世"和"理查三世"。此外就是一些丢三落四地引自《爱的徒劳》和《露克丽丝受辱记》的台词和诗句。尤其值得注意的是,该抄写员翻来覆去地书写"威廉·莎士比亚"这个名字。看起来,他想要知道,如果像写自己的名字一样书写那个特别的名字,该有些什么感受。戴蒙斯可能是第一个受到这种好奇心驱使的人,但他肯定不是最后一个。正像戴蒙斯的潦草字体所暗示的,莎士比亚在有生之年就已经名声大振了。仅仅在莎士比亚去世后数年,本·琼生就把他誉为"我们戏剧界的奇迹"、"诗界明星"。但是在那个时候,这样的文豪并没有引起人们为莎士比亚树碑立传的兴趣,同时代人中似乎没有一个人想到有必要趁莎士比亚还在大家头脑中记忆犹新的时候收集点有关他的任何资料。后来的情况是,对莎士比亚的了解多于对他所处时代的专业作家的了解。不过这种所谓的了解很大程度上是由于下述事实,即16世纪末、17世纪初的英格兰已经是一个有档案管理的社会了,许许多多的文献档案都被后来的热心学者进行了梳理。即使这方面的信息来源相对说来颇为丰富,人们对莎士比亚的实际了解还是漏洞百出,这使得任何莎士比亚传记研究都像是猜谜游戏。

　　解决问题的关键在于莎士比亚的作品本身,莎氏作品中的绝大多数(诗歌除外)都曾由莎士比亚的两个老朋友和老相识——约翰·赫明兹和亨利·康得尔——进行过仔细编排,并于1623年出了第一对折本莎剧集,那时莎士比亚已经去世7年。这个收罗宏富的戏剧集含36个剧本,其中有18个剧本,包括《裘利斯·凯撒》、《麦克白》、《安东尼与克莉奥佩特拉》和《暴风雨》这样的杰作,在那之前从未出版过。若非这个第一对折本,这几部杰作可能永远消失。为此,世人对约翰·赫明兹和亨利·康得尔应该感激不尽。二人除了提到莎士比亚的写作非常精巧外,还声称"此人表达文思时轻松自如,我们很少看到他的手稿上有删改痕迹"。这两位编辑人员根本没有或者说很少有兴趣进一步为莎士比亚写一个传记。他们倾向于按文体风格——喜剧、历史剧、悲剧——来编排目录。他们不想多花心思注明莎士比亚剧本的写作顺序和每个剧本的具体创作时间。经过数十年的精心研究,学者们毕竟就此达成了比较一致的看法,但是即便是这样考究出来的对任何传记来说都至关重要的创作时间表,也未免多多少少是推想的结果。

关于莎氏身世的许多细节,情况也如此。斯特拉福镇教区牧师约翰·布列其格尔德勒在教区登记簿上注明:"约翰·莎士比亚的儿子"于1564年4月26日受洗。尽管我们什么都可以怀疑,但是这个记载看来还是大体可信的。然而学者们后来却将莎士比亚的诞辰确定在4月23日,则是一种想当然的推测:因为他们假定,在诞生日和受洗日之间,通常应该有3天间隔时间。

另一个从潜在意义上说来更容易产生推衍性后果的例子可能有助于读者感受这个问题的难度。从1571年到1575年,斯特拉福镇文法学校的校长是西蒙·亨特。他1568年在牛津获得的学士学位。因此,他就一定是威廉·莎士比亚7岁开始念书时的老师。大约在1575年7月,西蒙·亨特考入杜埃大学——一所法国天主教大学——并于1578年成为耶稣会信徒。这个情况似乎可以表明莎士比亚幼年时的教师是一个天主教徒,该细节和莎士比亚青年时期的整个生活经历模式是吻合的。但是,我们却根本没有确凿无误的第一手证据证明莎士比亚确实上过斯特拉福镇文法学校——那个时期的档案材料没有留存下来。进而言之,还有另一个叫西蒙·亨特的人在1598年或1598年前死于斯特拉福镇,因此,这第二个西蒙·亨特倒有可能是该文法学校校长,而不一定是成了耶稣会信徒的那一位。莎士比亚很有可能在那个学校读过书——此外他还可能在哪儿接受教育？——具体日期和莎士比亚青年生活经历的巧合使人推论1571年到1575年期间任校长的人是天主教徒亨特。但是这些细节，一如有关莎士比亚生平的许多细节一样，都不是绝对可信的。

第一章　童年生活索隐

我们先来想象一下少年时代的莎士比亚,那时他迷上了语言,迷上了人生中千奇百怪的事物。从他的早期作品来看,我们可以为这种迷恋找到充分的证据。因此,我们很有把握假定,这种迷恋情结开始得很早,可能始于他的母亲在他的耳边低吟儿歌的那一刻:

> 小公鸡,小公鸡,坐在土墩上,
> 它只要不他往,就静坐不声张。

(这首独特的摇篮曲多年以后尚在他的脑海中回响,那时他正在创作《李尔王》,剧中那个可怜的疯子汤姆唱道:"小公鸡坐在土墩上。")他从那些单词的发音里听到了若干别人听不到的东西;他让声音之间产生联系,而别人却没有这么做;他完全沉浸在属于他个人的快乐里。

这是伊丽莎白时代英格兰所能够唤起、尽情满足、并加以奖励的一种爱与快乐。因为那时的文化奖赏文采与雄辩,从牧师到政客,都受到熏陶,喜好铺张华丽的品味,甚至鼓励造诣平庸、情绪冷峭的人写出诗篇。在他的一个早期剧本《爱的徒劳》中,莎士比亚创造了一个滑稽角色——私塾教师霍罗福尼斯。这个人物的表现是对一种课堂学风作滑稽模仿,当时的大多数观众无疑能够立即辨别出这种模仿的用意所在。霍罗福尼斯如果要提到苹果,就一定会补充说,苹果悬在枝头时"宛若明珠悬于太虚耳畔,太虚者,天空、苍穹、昊天之谓也"。还要补充说,该苹果掉在"八荒之面部,八荒者,土壤、土地、大地之谓也"云云(《爱的徒劳》4.2.4—6)。他这个人物实际上是在对某门课程做滑稽拟人化表演。那门课程的主要课本是伊拉斯谟的《论丰富多彩》。该书教导学生用

150种不同的方式(当然是用拉丁语)表达"大函收悉,谨谢"这句话。如果说莎士比亚巧妙地嘲讽了这种病态的文字游戏的话,他自己也干劲十足地用他自己的声音、自己的语言玩过这种游戏。比如他在《十四行诗集》中的第129首中写到"人欲"时,便说过人欲是"阴谋,好杀,赌假咒,坏事做到头;心毒手狠,野蛮粗暴,背信弃义不知羞"(129.3—4)。在这种激情的发泄背后掩盖的是这个少年男子亦曾在学校中消磨过许多时日,誊抄汇集过一页又一页的拉丁语同义词。

伊丽莎白女王的宫廷教师罗杰·阿斯坎姆曾写道:"所有的人都千方百计想使他们的孩子能说拉丁语。"女王就能说拉丁语——在那个王国里只有极少的女性具有这种造诣,这种能力对国际外交而言,非常重要——所以她身边的外交官、顾问、神学家、牧师、医生和律师全都会说这种语言。但是掌握这种古代语言并不限于那些出于专业需要实际应用该语言的人。"所有的人都千方百计想使他们的孩子能说拉丁语。"但在16世纪,泥瓦匠、羊毛商、手套商、乡下农夫——这些人不能获得正规教育,连英语都既不能读也不能写,遑论拉丁语了。但是他们也想他们的儿孙掌握深奥的拉丁语法。拉丁语代表文化、教养、往上爬的敲门砖。这是实现父母期望的语言,是要在社会上吃得开的最通用的本钱。所以,威尔的父母也要他们的孩子接受正规的古典教育。约翰·莎士比亚自己似乎也至多具有简单的读写能力:作为斯特拉福镇重要的市镇公职人员,他大概知道怎样阅读,可他一辈子只用做记号的方式签署过自己的姓名。从玛丽·莎士比亚在几份法律文件上同样以记号签名这一点来看,她这位英格兰最伟大的作家的母亲也不会写自己的名字,虽说她也有可能具备一丁点儿读写能力。

显然,夫妻俩认定自己的长子应该受更好的教育。莎士比亚开始学习时用的必定是一种角帖书①——这是一块木板,板上裱有印着字母和主祷文的羊皮纸页,上面覆盖着透明角片——和当时标准的小学课本《祈祷文ABC》。②(在《维洛那二绅士》剧中,一个恋人"就像上学儿童丢失了他的ABC一样"哀叹

---

① 角帖书(hornbook),莎士比亚时代流行的一种小学入门书。这种书的形状是一块有柄的木板,板上裱着印有字母、数字、句子等的纸张,通常是羊皮纸。羊皮纸上还覆盖着透明角片,供孩子们认字、识数用。——译者

② ABC,这里指入门书。——译者

（2.1.19—20）。

　　这所学校号称"国王新学堂",但是它并不新。它使用了国王爱德华六世,即伊丽莎白女王的短命同父异母兄弟的名义,但它并非该国王所建。和伊丽莎白时代的许多设施一样,这所学校也有一个虚假的门面,意在遮掩它原有的罗马天主教风格。校舍原是由15世纪初该镇圣十字架公会建造的。1482年,公会中的一位天主教牧师将它捐赠出来作为免费学校。基本上完整地留存下来的校舍实际上是矗立在公会会所上方的一间单独的大房间,通往该房间的是一段露天的楼梯,楼梯曾在一个时期用瓦屋顶遮盖着。假定一位助教为年幼的孩子上ABC课程,那么很有可能房间里还有隔墙之类。但是大多数的学生——约有42个,年龄7岁到14、15岁不等——都坐在硬板凳上,面对着教师。教师则坐在房间顶头的一张大椅子中。

　　根据当时的章程,斯特拉福镇教师不得向任何学生索取授课费。教师必须教授所有合格的男孩,所谓合格男孩即指具有初级读写知识的男孩,"只要他们的父母不是太穷,或者男孩不是太笨"。教员则因此获得免费住宿,外加年薪20英镑,这是一笔颇为丰厚的报酬,是伊丽莎白时代的中小学教员可望获得的最高工资。斯特拉福镇对于镇上儿童的教育十分重视:除了为他们提供免费中小学教育之外,对于家境贫困但有培养前途的学生还提供上大学的特殊奖学金。不过有一点可以肯定的是,免费教育并不是对所有的人一视同仁。斯特拉福镇和全英国别的地方一样,女孩们是被排除在中小学和大学教育之外的。过分贫穷家庭的男孩——他们占人口的比例相当高——是不能上学读书的,因为家庭指望他们在年纪还小的时候就开始工作。此外,虽说不交学费,学习上的花费也不少:学员须自带供鹅毛管笔用的大羽毛根,须有削羽毛根的小刀,须有冬天用的蜡烛,尤其是须有学习用纸,这可是一种颇昂贵的商品。但对于稍有家资——即使不那么殷实——人家的男孩,接受严格的古典教育总是有门路的。虽说那时斯特拉福镇的学校档案没有留存下来,威尔曾在这所学校里读过书的可能性很大,那也算是满足了他的父母要他学习拉丁语的愿望了。

　　夏天,学校从上午6点开始上课;冬天因为光线暗和寒冷等缘故,从7点开始上课,学生11点放学回家吃午饭——威尔大概是跑着回家,他家离学校只有300码左右——然后又开始上课,直到下午5点半或6点。1年12个月,每周有6天是上课时间。课程设置在人文教育方面有些缩减:没有英语史或英国文学史;没有生物学、化学或物理学;没有经济学或社会学;只教一点肤浅的算术。课上也讲解一些基督教信仰方面的文章,但那些东西和上拉丁语课时讲解的文章看起来很可能差异不大。课堂教学不温和:死记硬背,刻板冷酷的练习,没完没了的重复内容,天天做圣经文本分析,极为详尽的模仿练习题和各种修辞变换。对不听话的学生,则以体罚相威胁。

学生个个明白,要学好拉丁语,就少不了挨鞭子。那时的一位教育理论家曾推论过,人之所以有屁股,主要是为了促进拉丁语学习。按那时的定义,所谓好教师就是要求严格的教师;教员的教学声誉主要看他鞭打学生时卖不卖力。这种风气因源远流长、根深蒂固而颇受尊重:中世纪末的剑桥文法毕业生的期末考试还有一项规定,那就是毕业考生须得鞭打某个冥顽不灵或胆敢反抗的男生,以显示自己可做一个称职的教员。正像一个现代学者阐明的,这个时期学习拉丁语,是一种男性青春期仪式。即便是对于一个特别聪敏的学生,这种青春期仪式也不可能是好玩的事情。不过话又说回来,虽说这种学习无疑既枯燥,又充满痛苦,国王新学堂毕竟还是煽起并满足了威尔渴求语言的无穷无尽的热望。

此外,学校的上课时间很长这一点也一定让威尔十分惬意。实际上所有的中小学教师都同意,要把良好的拉丁语知识灌输到学生的脑子中,其中最好的办法就是让学生演出古典戏剧,尤其是泰伦斯和普劳图斯的喜剧。甚至那个最煞风景的牧师约翰·诺斯布鲁克,虽在1577年发表尖酸刻薄的文章,攻击"与其他无所事事的消遣游戏连在一起的掷骰子赌博、跳舞、虚妄的剧本"等等时,也不得不承认,学校的拉丁语演出节目若能加以适当删节,是可以接受的。诺斯布鲁克不安地强调说,剧本必须用原文而不是用英语进行表演;学生不能穿华丽的戏装;尤其要强调的是,不应该纵容"虚荣的、放荡的调情游戏"。剑桥学者约翰·莱诺尔兹说,上演这些剧本时的最大危险是:剧情本身要求扮演男主角的男孩和扮演女主角的男孩接吻,这一吻可能就把两个男孩都给毁了,因为一个漂亮男孩的吻就像"某种蜘蛛"的吻一样。"如果他们真的只用嘴唇互相接触,他们就会感受到奇妙的痛苦并且发狂。"

实际上要删节泰伦斯和普劳图斯的剧本几乎是不可能的:如果你删除掉剧

中不听话的孩子、狡猾的仆人、各种食客、骗子、妓女、愚蠢的父亲、对财色的玩命追求等等,那么剧本基本上就不剩什么了。于是有关戏剧教学方面的课程中就会频频产生越轨行为,这是一种对压迫性教育体制的反叛。要想全心投入到这种反叛行为中去,作为一个学生,你所需要的一切就是有戏剧表演才能,并且有差不多能够应付演出的拉丁语知识。威尔极有可能在10岁、11岁,甚或更早就二者兼具。

没有任何记载表明究竟斯特拉福镇的教师们曾让男孩们演出过戏剧和演过什么剧。可能在威尔离开该学校之前的一年左右,曾在牛津受教的教员托马斯·耶肯士决定让男孩们演出普劳图斯的有关孪生子——即两个门莱琪慕斯——的疯狂的滑稽剧。也许就在这个时候,耶肯士颇为赏识其中一个具有演员兼剧作家才情的早熟的天才学生,并让这个名叫威尔·莎士比亚的学生扮演过一位主要角色。从莎士比亚后来的生活经历中找不到确凿的证据证明他曾喜欢这个剧本。该剧是种大杂烩,逻辑混乱,场面令人头晕目眩,剧中人物总是该碰面的时候偏偏碰不了面,总是错过使乱麻一团的剧情最终理出头绪的牵强解释。当莎士比亚作为年轻的剧作家在伦敦为一部喜剧情节摊派角色时,他直接利用了两个孪生子人物,并且另外增加了一对双胞胎角色以产生添乱效果,从而写出了《错误的喜剧》。这部喜剧是一个巨大成功。当这部喜剧在伦敦一所法学院演出时,学院的学生为争抢座位而大打出手。但对于国王新学堂的这位才华横溢的学童来说,这种未来的成功就像这个剧本中所描述的赞利事件一样令人难以置信。

在普劳图斯剧本的开场幕中,门莱琪慕斯和他的妻子发生口角,之后便去见他的妓女情人厄罗提乌姆(女角在那时由男角担任,因此应该是威尔班上的男孩担任的)。在门莱琪慕斯敲她的房门之前,门自己一下打开了,厄罗提乌姆自己出现在门口,这使他大为振奋:"瞧,她自己出来了!"①然后,在这个狂喜的时刻,他欢呼道,她那可爱的身躯闪着光辉,让太阳也变得阴暗了。厄罗提乌姆欢迎他道:"我亲爱的门莱琪慕斯,欢迎欢迎!"②

此刻是忧心忡忡的道德说教者诸如诺斯布鲁克和莱诺尔兹辈特别恐怖和

---

① 拉丁文:eapse eccam exit! ——译者
② 拉丁文:anime mi, menaechme, salve! ——译者

憎恨的时刻：蜘蛛般男孩的亲吻。"漂亮的男孩用亲吻确实可以刺伤人并悄悄地注入一种毒汁，一种令人产生不能自制情绪的毒汁。"要嘲笑他们这种歇斯底里的话倒也不难，但是这些话却也未必全是昏话——在某些此类场合，少年莎士比亚有可能感受到一种强有力的兴奋感，在这种情形下，戏剧演出和性兴奋难解难分。

早在学校的戏剧演出之前，威尔很可能就已发现自己对戏剧演出情有独钟。1569年，威尔5岁的时候，他的父亲是斯特拉福镇司法长官，即镇长，曾下令付费给两个专业剧团——女王剧团和沃瑟斯特伯爵剧团。这两个剧团那时巡回演出到了斯特拉福镇。

巡回演出剧团那时倒并不一定是一种十分风光的场面：6到12个"流浪艺人"坐在马车里，手持戏装和道具，就像一位当代评论家有点歪曲地说的那样，因为生活所迫，"而步履维艰地走村串户，为的是挣点干酪和酪乳"。实际上，通常的赏金可能稍微多些，例如走运的时候的一、两英镑现金，但是这点收益也还不至于让这些演员们轻视能够得手的免费干酪或酪乳之类。可对于这些小男孩中的绝大多数来说，这些东西可就令人兴奋得难以言喻了。

这些戏班到达偏远乡镇时的样子通常大同小异。他们总是弄得喇叭齐鸣，鼓声大作，演员们则身着奇装异服，披着猩红色的大氅，深红色的天鹅绒帽子，虚张声势地在大街上招摇而过。他们行进到镇长的住所门前，呈上用蜡制印章盖了印鉴的推荐信，表明他们不是什么江湖浪人，而是得到大人物保护的。在1569年的斯特拉福镇，他们自然会来到亨里街，即来到莎士比亚住的那栋房子前。他们会礼貌有加地对他的父亲说话，因为他们知道他可以决定他们被打发走还是获准在大街上张贴演出节目单。

第一场演出谓之市长专场。但通常是所有的观众都可以免费观看。斯特拉福镇镇长理所当然会应邀光临剧院，因为这是他的特权，何况究竟要从斯特拉福镇的金库里拿出多少钱赏给这些戏子，也全由他说了算。所以他大概会获得颇高的礼遇，并且得到剧场中最好的座位之一。戏台很特别，矗立在公会大厅中。这种场面带来的兴奋与激动不仅仅限于男孩们。斯特拉福镇及别的许多地方的市镇例行纪录档案中，就往往有这样的记载：不守规矩的观众成群结伙，因为争夺好位置你推我挤，因此不是弄坏桌椅板凳，就是挤坏门窗。

每逢节庆，镇上的日常生活节奏就打乱了。那种放松的感觉，有点邪恶感，所以有的严厉的市镇官员偶尔将这些演员打发走，尤其是在发生饥荒、瘟疫或变乱的时候，并且不允许他们在某些星期天或四旬节期间演出。演员们大大咧咧地穿着贵族服装，惹得贵族们十分恼火，对这种情形即便是清教思想最重的市长或市议员们也会三思。不过，这些演员在乡间市镇上的每场演出后，都会颇庄重地跪下来要求到场的每一人和他们一起为慈悲的上帝和他们的后台老板——对女王剧班而言，则是为伟大的伊丽莎白女王——祷告。因此，即使这些剧班没能获准演出，人们也常常会付些赏金打发他们走，实际上也就是用贿赂的办法让他们离开。

有关资料显示，约翰·莎士比亚并没有这样打发戏班。他允许他们演出。但是他是不是会带着5岁的儿子一块儿去观摩呢？别的父亲肯定会这样做。一个和威尔同龄、人称威利斯的人晚年时回忆说，他年幼的时候，曾在葛罗斯特镇看过一次戏剧演出，剧本叫《安全的摇篮》（现已失传）。该镇离斯特拉福镇有38英里。演员们一旦到达该镇就径去找镇长，给镇长透个口风，说他们是某某贵人麾下的仆从，希望镇长高抬贵手颁发一纸允许公演的证书。镇长于是赐给许可证，并约定该剧团在市镇议员和别的市镇官员面前做首场演出。威利斯回忆说："我父亲领着我去看过这样的戏。他坐在一张长凳上，让我坐在他的怀里。我们坐的地方看得清楚，也听得清楚。"这次经历给威利斯的印象显然十分深刻。他写道："那场面给我印象极深，我长大成人之后还对其记忆犹新，就像刚刚观看过一样。"

这种情形十有八九和威尔自己最初感受到的戏剧场景差不多。当镇长走进大厅时，大家都会与他打招呼，和他寒暄；他就座后，观众会安静下来，期待即将发生什么激动人心或令人愉快的事。他的儿子聪慧、敏捷、害羞，站在父亲的两腿之间。莎士比亚平生第一次观看了戏剧演出。

1569年女王供奉剧团带给斯特拉福镇的是什么剧？有关档案没有说明，也许这本来就不重要。演出的魔力本身——对于空间的想象性处理，巧妙的模仿方式，精致的戏装，滔滔滚滚的戏剧性言辞——就足以永远摄住这个幼童的身心了。无论如何，这种演出魔力肯定不止出现一次。剧团确实频频造访斯特拉福镇——例如，1573年，莱塞斯特伯爵供奉剧团来到镇上，那时威尔正好9

岁;1575年,华斯特伯爵供奉剧团来访,那时威尔正好11岁——每次的效果对这孩子来说都极具震撼力,最初夹杂着孩子对自己父亲威权的感受,后来则有所改变,并进一步增强,种种印象遂积淀为脑海中珍贵的记忆。

莎士比亚的同时代人威利斯回忆他平生在葛罗斯特镇观看过的东西:一个国王从自己的清醒、忠诚的大臣身边被三个有魅力的女子诱开了。威利斯回忆道,"结果,她们让他躺在戏台上的一个摇篮内,三个女人一起唱一只甜美的曲子,把他轻轻地摇入梦乡,于是国王鼾声大作;同时,她们从遮盖着国王的布片下细心地把一个猪鼻子一样的东西装到国王的脸上,用三根铁丝捆好,三个女人则分别拽着铁丝的另一端;女人们又歌唱起来,然后一下把国王的脸露出来。观众们于是可以看见,三个女人已经把国王变形了。台下的人一定觉得这场面非常激动人心。有些年老的观众很可能会记起亨利八世的猪形脸。但所有的观众都知道,只有在特殊情形下他们才可以公开分享这种想法:帝王原来是猪。

年轻的威尔可能还观看过别的类似剧目。16世纪60年代和70年代的保留剧目大多是"道德剧"或"道德穿插剧",那时种种世俗的说教,无非是显示人如果不守规矩或浪荡,就必有可怕的恶果。最典型的是,某个人物——通常命名为抽象的"人类"或"青春"——如何偏离了"诚实的再创造"的或"有德行的生活"的正确指引,开始堕落,和"愚昧"、"贪婪"或"放纵"一起混天度日。

> 嗨,嗨!是谁在呼唤我?
> 我名叫"放纵",成天乐呵呵。
> 我的心儿轻快,宛若风吹过,
> 脑袋里装满的全是风流快活。
>
> (《青春穿插剧》)

从这里开了头,情形便每况愈下——"放纵"将"青春"引见给他的朋友"傲慢";"傲慢"将"青春"引见给他的迷人的姐姐"淫荡";"淫荡"则把"青春"引诱进客栈——看来,最后的下场都是很糟糕。有时候情况确实很糟——在威利斯看过的剧里,变成猪的国王后来给一群邪恶的精灵掳走,并受到了惩罚——但是更有代表意义的是,某种唤醒主人公沉睡意识的东西正好在这时候出现。在《青春穿插剧》中,"慈悲"提醒"罪人"注意到基督给他的伟大礼物,并把"罪人"从"放纵"的影响下解放出来,使他重新和"谦卑"为伍。在"坚毅"的城堡中,"忏悔"用他的长矛点击了"人类"的心房,将"人类"从邪恶的伴侣——七重罪——中解救出来。在《理智与知识》中,主人公"理智"在"怠惰"的怀中睡着了,他被变形成了傻瓜,头戴小帽手拿铃儿,后来他在一面镜子中看见了自己,意识到自己看起来"像一头笨驴",这才猛醒得救!仅仅在"理智"受到"羞耻"狠狠的鞭打,并受到一群严厉的教师——"教导"、"学习"、"勤奋"——的教诲之后,理智这才恢复其本来面目,并能够与"知识"女士喜结良缘。

道德剧说教味极为浓厚,而且通常写得十分拙劣,看起来有点古朴——对它们进行任何形式的概述都让人生厌——但它们确实风行过很长时间,一直到莎士比亚的青年时期都还流行。这种剧将高远的情怀和富于活力的戏剧能量融合起来,满足了从文盲到雅士的范围广泛的观众群体。如果说这些剧本对心理特点或社会构成之类很少或毫无兴趣的话,它们倒是常常具有颇为精警的民间智慧,外加十分流行的破坏性幽默效果。这种幽默可以通过猪鼻子国王的样子来表现,但更多时候以人们熟知的老角色"恶行"来表现。"恶行"爱开玩笑、爱恶作剧、吵吵嚷嚷的——他常出现在穿插剧中,有各式各样的名字,诸如"放纵"、"不公正"、"冒失"、"怠惰"、"暴政"、"双重恶"等,甚至还有"乡下人的克星"这种角色。在一个大家熟知的剧情中,"恶行"这个角色是邪恶与有趣两种精神的同时体现。观众当然明白他最终会被打败,会被人用拳头或鞭炮赶下台。但总会让他有一段时间趾高气扬,蔑视乡下人,侮辱年长的品德端庄者和虔诚者,戏弄轻信的人,精心设计恶作剧,将天真无邪的人诱进客栈和妓院。观众喜欢这样的剧。

轮到莎士比亚自己坐下来为伦敦剧院编写剧本的时候,他借鉴、利用了这类儿童时代曾为之着迷的相当陈腐的娱乐性戏剧材料。他也学会给他的许多戏剧人物取一些象征性的名字:如《亨利四世》下篇中的妓女谓之"玩偶·泪满巾"①和"杰茵·摸黑工";捕役叫做"罗网"和"爪牙";《第十二夜》中喝醉酒的那位托比·培尔契爵士的英文名字原意是"打嗝罐",清教徒马伏里奥的名字原意则是"居心不良"。② 有的时候,莎士比亚甚至进一步把拟人化的表征物直

---

① 原文分别是 Doll Tearsheet, Jane Nightwork, Snare, Fang。Doll Tearsheet 现中译本译作"陶·贴席",一定程度上也保留了象征意。——译者
② 英文原文分别是 Sir Toby belch, malvolio ("ill will")。——译者

接搬上舞台——如《亨利四世》下篇中的"谣言"就穿着绘满了舌头的长袍;①《冬天的故事》中的"时间"则手里拿了一个时漏。②但在大多数情况下,莎士比亚更多是间接、微妙地受惠于道德剧。他早年颇受其影响。这些道德剧有助于构成他创作的基础,虽然表面上不明显,但是在深层次上却有迹可寻。换言之,他的创作立足于道德剧贯注于观众头脑中的两个重大期望:其一,凡值得一观的剧总是会和某种与人类命运息息相关的东西贯通;其二,这种剧应不仅能获得知识分子精英群体的青睐,还应得到广大平民百姓的认同。

莎士比亚也从自己的道德剧演出技巧中吸收某些具体的因素。这些技巧性因素帮助他弄清如何将戏剧性特点聚焦于戏剧人物心理、道德和精神生活上,以及他们的外部行为上。这些因素帮助他塑造内心生活的外部生理象征,例如残损的胳膊和驼背表征了理查三世内心的邪恶。这些因素有助于他胸有成竹地围绕主人公灵魂深处的激烈冲突来构思剧本:哈尔王子是他的清醒、多忧、精于算计的父亲和不负责任、勾引女人、胆大妄为的福斯塔夫③之间的平衡人物;在《量罪记》中,代理法官安哲鲁虽然大权在握,却不知道自己受到主人,即公爵的暗中考验;奥瑟罗则辗转反侧于纯洁如天人的苔丝狄蒙娜和恶魔般的伊阿古所暗示的淫秽的苔丝狄蒙娜之间。尤其重要的是,他们为莎士比亚创造颠覆性和震撼性戏剧效果提供了源泉。

像道德剧中的"邪恶"这种伟大的颠覆性角色,就从未远离过莎士比亚的创造性心灵。哈尔说:"福斯塔夫是可敬的,可尊敬的邪恶、灰色的古董"(《亨利四世》2.2.413);滑稽、残暴的理查三世被比拟为"正儿八经的邪恶,古董"(3.1.82),哈姆莱特把阴险的篡夺王位的叔叔描绘成"国王中的邪恶者"(3.4.88)。"邪恶"这个单词不必直接产生于明显的影响:比如诚实的伊阿古露出一副和气的神态,说一些狡黠的笑话,公开坦诚自己的邪恶,是这种邪恶的典型。他非常险恶地设计陷害奥瑟罗、苔丝狄蒙娜表面上看恶作剧是玩笑,其实这样的事并不是偶然发生。这是"邪恶"这种角色玩弄的最残忍的阴谋之一。

乍看之下有点奇怪的是那位可爱的福斯塔夫,居然发现自己是克劳狄斯和

---

① 莎士比亚原文:Enter Rumour, painted full of tongues。人民文学出版社《莎士比亚全集》(1988年版)译作:"谣言上,脸绘多舌。"辜按:误。应译作:"谣言上,浑身上下画满了舌头图案。"——译者
② 时漏,或称沙漏、水漏。古人以一容器中均匀流出的沙或水之类记时。——译者
③ 哈尔和福斯塔夫都是莎士比亚《亨利四世》、《亨利五世》中的人物。——译者

伊阿古这种杀人不眨眼的凶手的伴侣。但莎士比亚还从道德剧中学到了另外一些非常有助于他的戏剧艺术的东西;他弄清了喜剧和悲剧之间令人惊异地相互渗透。在摩尔人艾伦(《泰特斯·安德洛尼克斯》中的黑肤反面角色)、理查三世、《李尔王》中的私生子埃德蒙这样的人物形象中,莎士比亚营造了一种特别令人震惊的效果。这种效果一定是他童年时期观看《安全的摇篮》和《青春穿插剧》这样一些剧中的"邪恶"时获得的;这种震惊的效果兼具恐怖与快感。在剧本结尾,代表邪恶的角色受到了罪有应得的惩罚。但是在很大一部分演出过程中,他抓住了观众的注意力,这种艺术想象提供了一种反向的假日之乐。

　　道德剧的作者认为他们可以强化试图获得的那种冲击性效果,办法是通过戏剧人物琐碎而独特的性格特点来暴露这些人物的本质。他们认为观众不会被这些角色个人特征方面的琐碎细节分散注意力。莎士比亚非常明白人类命运的大场景,事实上更引人注目得多,尤其是当他涉及到特定的有名有姓的人物而不是一堆抽象概念的时候。这些人物具有前所未有的个性特点:不是简单的叫做"青年"而是王子哈尔,不是一个凡夫俗子而是奥瑟罗。

　　为了获得这种紧凑性,莎士比亚一方面极力摆脱陈旧的道德剧模式,另一方面也尽力地改造它们。他随心所欲地抛弃了道德剧中的许多特点,但也大胆应用了道德剧的另一些特点。他利用这些特点的方式,连这些道德剧的作者本人都想不到。他时常强化某种恐惧感,伊阿古比"嫉妒"或者"捣乱者"更加无可比拟地叫人心烦,也更富于戏剧性。在另一些场合,他也极力强化快乐的笑声。在《仲夏夜之梦》这个剧中,邪恶的诡计和提供的快乐交织在一起。但是那种真正的邪恶特点完全被消解了,只剩下一点恶作剧而已。同样的道理,如果放在波顿(屁股)①上的驴头让人想起放在国王脸上的猪鼻子,那么道德教喻产生的成就感就完全被释放了。屁股是驴的,但是不需要采取魔术师的变换手法去揭示这一点;揭示出来的确实不像他的无聊特性那么有趣。他从来就没有为此羞愧,他的朋友也不嘲笑他。"这回叫我变成驴子了,"当他的朋友看到他驴子屁股样子都吓跑了的时候,驴头波顿就这样坚决地说:"如果他们能吓倒

---

① 波顿,Bottom,演员名字,同时有屁股的意思。——译者

我的话,就来吓我好了;但我决不会从这个地方挪动一下,像他们那样做"(3.1.106—108)。他对仙后充满激情的示爱感到惊讶,但还是大大方方地接受了她的爱:"在我看来,夫人,你这样做应该有什么理由吧。可是,说句实话,在现在这个时代,理智和爱情很少搅和在一块"(3.1.126—128)。他对自己的新形体心安理得:"看起来我特喜欢吃一包一包的干草,美丽的草,香甜的草,却没有吃草的伴"(4.1.30—131)。当驴头最终从他的身上取掉时,他并没有体验到一种道德上的觉醒,就像迫克①说的,他只是以傻瓜的眼光瞅了瞅这个世界。

在这种场合以及毕生中,莎士比亚完全挣脱了青年时代所看到的这些剧本显示的前途感。这些剧本的深层结构具有宗教性,因此这些剧本常常在一个具有洞察力的时刻达到高峰。这种洞察力标志着主人公获得的救赎,超越了常人熟悉的真理。这个真理超出了凡人的理解力。用《圣保罗致哥林斯人书简》中的话说,这些话是莎士比亚和同时代人熟知的,在教堂里也被重复过无数次:"眼睛没有看见,耳朵没有听见,上帝准备好的东西也没有走进人的心中"(《哥林多前书》,第2章第9句,引自《主教圣经》,1568年版。这个版本是莎士比亚熟知并且最常用的)。"我曾拥有一个最不寻常的洞察力。"当波顿恢复人形时这样说。然后,在大肆卖弄一番之后,他开始讲述他的经历。

"我做了一个梦,任什么聪明人都说不清那是什么梦。只有蠢驴才想要弄清楚这究竟是什么梦。我想我曾经是——不,我想我曾有过——可要是有谁自作主张地说我认为我曾经有过什么的话,他就是个大笨蛋。我那个梦啊,没有人的眼睛听到过,没有人的耳朵看见过,没有人的手尝到过,没有人的舌头想到过,也没有人的心能说得出来。"

(4.1.199—207)

这是一个百分之百的世俗剧作家的玩笑,他娴熟地把神圣的梦境变成了普通民众的娱乐形式:"我要让彼特·昆斯把这梦写成一首歌谣。这个歌谣就叫《无底梦》,因为这个梦没有底儿。② 我要在戏快终场的时候唱它一下"(4.1.

---

① 《仲夏夜之梦》的人物,又叫"好人儿罗宾"。——译者
② 原文 bottom 有"屁股"和"底"两义。波顿(屁股)故意取后一种含义。——译者

207—210)。在莎士比亚还是孩子时,这个笑话就四面传开了——从庄严肃穆的教堂布道坛直到那些职业戏班在边远乡村的演出中,也许还从上演这些剧目的低劣底本的业余演员直到有点笨拙的年轻莎士比亚本人。他那时充满了种种自己都说不明白的憧憬,急于把各种角色都扮演一遍。

在威尔的家庭生活中,这样的扮演机会一定少不了。这个少年男子很可能模仿过他从斯特拉福镇市政厅里高搭的戏台上、从巡回演出者的马车搭成的戏台上看到的东西,以此逗乐家人和朋友。随着他日益成长、独立,他观看演出的范围就不限于斯特拉福镇了:流动演出剧团常常横穿英国中部,在附近城镇和庄园演出。这个迷恋剧场的少年很可能看过当时最伟大的戏剧演员在离他的家乡不超过一天骑马路程的地方演出。

这个地区的戏剧生活绝非只依靠专业剧团的造访。斯特拉福镇附近的城镇跟这个国家的其他地方一样,有各种节庆,届时各种同业工会和互助会的成员都会穿上各色服装上演各类传统剧目。在某一个下午,普通老百姓——木匠、补锅匠、制笛匠等等——扮成国王、王后、疯子和魔鬼在邻居们面前鱼贯而过。在这方面,十八英里之外的考文垂特别值得一提。威尔年轻时很可能被带到那儿去看霍克节星期二节游戏。霍克节星期二是复活节之后的第二个星期二,传统通常认为它带来了夏天,标志着农历年的一半,因此许多地方都庆祝这个节日。妇女们会用绳子将过路人捆起来,要求他们施舍钱财。在考文垂这个地方,男男女女庆祝这个节日的方式很特别:他们搞了一个热闹非凡的庆贺某次古代英国人屠杀丹麦人的纪念会,据称英国人在那次战事中表现得特别勇敢。这种每年一度的节庆在那一带颇有名声,因此可能吸引莎士比亚一家人去观看。

在五月或六月下旬,他们也可能会趁着漫长而令人惬意的暮色时分,观赏一年一度的规模宏大的圣体节①露天表演,那些剧本展示了人类的整个命运,从开天辟地、人的堕落、直至人的获救。这些所谓的神秘剧组剧,可谓中古戏剧的最高成就,它们在英格兰的几个其他的城市一直流行到16世纪末。神秘剧最初与敬奉圣餐的浩荡队伍相关。上演神秘剧是一个重大的公民事业,必须有

---

① 圣体节,天主教节日,三一节后的第一个星期四。——译者

大量的参加者,且耗资巨大。在城里的若干地方,通常是在特制的台子或马车上——虔诚的(或者说生气勃勃然而矫揉造作的)市民们演出神秘剧中的某一部分——诺亚的故事、报喜天使故事、拉撒路复活的故事、耶稣上十字架上的故事、墓旁三玛丽的故事,如此等等。某些专门的行会承担费用并负责单个折子戏的演出,它们常常会根据具体情况物色演员:造船匠演诺亚方舟的故事,金匠演东方三博士的故事①,面包师演最后的晚餐的故事,而制针匠则演在十字架上钉死耶稣的故事。

清教改革者对戏剧不用说是抱敌视态度,因为他们希望摧毁传统天主教文化及其仪式。而这种露天表演正是这种文化及仪式的产物。他们大张旗鼓地要将这种演出彻底根除。但是这些戏剧并不是严格意义上的天主教戏剧,况且市民们对这些戏剧兴趣盎然,引以为荣,因此清教改革者们在进退两难的时刻犹豫不决,直拖到16世纪70年代和1579年,那时,威尔已经15岁,他和家人应该还能看见这些戏剧在考文垂演出。这些戏剧具有某种特殊魅力,例如可以成为组建趣味相投的观众群体的方式,确信天上人间万事万物都能在戏台上演出的信念,把高尚和粗野美妙地融为一体的做法,等等,这些都对威尔产生过影响。

在年复一年的节庆活动中,这些演出事件特别壮观。威尔关于年月的感觉就是这样形成的,这也影响到他后来对戏剧的理解。但有一派人认为这样的历法让劳动者享有过多的玩乐机会,另一派人则认为这些古怪服装多少有些天主教或异教风味。在这两派的夹攻下,许多传统节日渐渐寿终正寝。但这些道德说教者和宗教改革者们还没有对这种节庆年加以整饬,使它成为冷酷的禁酒年代。"有一次,我从伦敦骑马回家时,经过一个地方,"新教的大主教休·拉提默在1549年这样写道,

> 我头天晚上曾传话进城说我要在第二天早晨布道,因为这是神圣的日子,……教堂就在我前方,我牵着马和随从走了过去。我原以为教堂里会有很多听众,可走近一看,教堂大门紧锁。我在那儿等了半个多小时,钥匙终于被人找来了,一个教区牧师向我走来,对我说:"先生,我们今天忙极

---

① 《圣经》中由东方来朝见初生耶稣的三位贤人。——译者

了,我们没法儿听您布道,今天是罗宾汉节日。教区的人全都为了罗宾汉节日而外出聚会去了……"我只好让位给罗宾汉了。

传统的五朔节庆可能确实使该教区那天忙碌不已——人们长期以来就在五朔节把罗宾汉传说当节日庆祝,举行各种喧闹并且通常淫秽的仪式。

34年后,那位爱发脾气的辩论家菲力蒲·斯图伯司还重述了类似抱怨:

> 在五朔节、降灵节或别的时间,所有的男女老少都跑到林子里整夜整夜地胡闹……他们在树林里快乐地玩个通宵,早晨才回家,手里拿着桦树条或别的树枝……可是他们从那儿以崇敬心带回家的最主要的宝贝是五朔节花柱。具体情形是这样的:他们用20或40头戴轭的公牛,每头公牛的角尖上都挂着芬芳的花束;这些公牛将五朔节花柱载回家。五朔节花柱这种崇拜物有点臭烘烘的,它通身挂满了鲜花野草,从上到下用绳子捆绑着,有时候还涂抹着五颜六色。它后边往往有二、三百个男人或孩子兴致勃勃地追随着。他们扎着头巾,头顶上飘扬着旗帜,围绕着场地,在五朔节花柱四周扎上绿色的树枝,搭起夏日的楼堂、凉亭与藤架。然后他们绕着它跳起舞来,就像异教徒们供奉偶像时所做的一样,在这样的事情上,这是最常见的做法,或者说,当时人们过节就是这个样子。

斯图伯司是在1583年写下这些文字的,那时威尔19岁。即使斯图伯司有些愠怒地夸张了古代民间风俗的普遍性和生机勃勃,他的诚惶诚恐掩盖不了风俗的吸引力——他并没有信口胡诌:传统节庆尽管总是受到攻击,却一直顽强地存在着,直至16世纪晚期,甚至更晚。

威尔成长在这样的斯特拉福镇及其周围的环境,他会有什么样的参与行为呢?男人们、女人们、孩子们,脸上都发出快乐的光彩,环绕五朔节花柱舞蹈,身上装饰着各种色带与花环。罗宾汉节目还相当粗糙,节目中的图克修道士喝得醉醺醺的,少女玛丽安则有些淫荡。一个少妇用花环把自己打扮成五朔节女王。一个少年男子装扮成主教,以装模作样的尊严招摇过大街小巷。那位曾一度将世界折腾得天翻地覆的乱国之君则又打嗝,又放屁。这真是天下大乱的时候:女人们追逐男人,学童们将教师反锁在教室外。游行队伍火炬闪耀,扮演者们看起来挺像奇禽异兽、野人和巨怪。莫里斯舞者(据说他们起源于摩尔族)

膝盖上和脚踝都系着铃铛,另一些舞蹈者们则佩戴着柳条编织的称为摇动木马的精巧玩意儿,两帮舞蹈者相互腾挪跳跃。风笛手、鼓手和小丑们的服装可谓无奇不有,手里拿着种种玩具和猪尿泡做的气囊。在收获节和剪羊毛节,有各式各样的饮酒比赛和进食比赛。也许最有趣的节日是圣诞节,这时有哑剧演员的节目,他们扮演一个疯子和他的五个儿子——皮克尔·赫林(泡菜青鱼)、布鲁·布里琪(蓝马裤)、佩培·布里琪(胡椒马裤)、靳杰尔·布里琪(生姜马裤)和阿尔斯皮司(多香果)先生——以及一个叫西瑟丽的女人①(有时也叫少女马丽翁)。疯子首先和摇动木马格斗,然后和一条"野虫",即一条龙搏斗。儿子们于是决定杀死他们的父亲。他们把刀剑架在他的脖子上,强迫他下跪,并在赶走他以前要他立遗嘱。其中一个儿子皮克尔·赫林(泡菜青鱼)在地上跺脚,使他们的父亲死而复生。这个戏剧——或许根据其季节性特点、逼真性差及其古老的旋律应该叫做仪式——往往在快结束时让父亲和儿子们都一起去向西西里求爱,之后以奇异的剑舞和莫里斯舞收场。

这些民间风俗都深深植根于英国中部,对莎士比亚的想象力可谓影响深远,在形成他的戏剧观方面,甚至比那些流动剧团带到边远省份的道德剧起的作用还要大。民间文化的痕迹在他的作品中无处不在,这从作品中大量的典故及作品的深层结构即可看出。《仲夏夜之梦》中相会于雅典树林中的恋人们使我们回想起五朔节上的恋人们;《皆大欢喜》中亚登森林中被放逐的公爵可与罗宾汉相比;托比爵士、还有福斯塔夫,恰似把事情搅得天翻地覆的乱国之君;《冬天的故事》中作为宴会女王的戴花环的帕狄塔主持了一场乡村剪羊毛节,在大团圆中乡村年轻恋人们和手脚不干净的狡诈小贩跳舞联欢。

《冬天的故事》的作者不是民间艺术家,他以种种方式表明他确实不是这样的人。在环球剧院戏台上演出的剪羊毛节是一出精巧的悲喜剧的一部分,但事实上算不上剪羊毛节;这只是城里人想象中的乡村生活,虽然有许多逼真的成分,毕竟与原来朴实无华的根源有着微妙的差距。在处理这种差距方面,莎士比亚堪称大师;如果说他对乡下风俗心怀同情和理解,他也有种种方式表明这些东西已经不再是其本色了。事实上雅典恋人们不是在树林中庆祝五朔节;公爵和罗宾汉相

---

① 西瑟丽(Cicely),此名字源于 Cecilia。此词语义双关,亦指一种植物——欧洲没药。——译者

比也没有真正的共同点;剪羊毛节的女王并非牧羊人的女儿而是公主;说到年老发疯的父亲成了自己孩子的谋杀对象,这不是出现在哑剧演员演出的怪异喜剧中,而是出现在崇高的悲剧《李尔王》中。没有人能够在地上跺跺脚就能够使李尔或者他的女儿科迪利娅起死回生。托比爵士和福斯塔夫爵士的行为与乱国之君的行为实际上更接近——他们确实在某段时期内失掉理智、尊严与得体的礼仪——不过莎士比亚却在他们的骚乱状态过去后有点出乎意料地这样描述他们:"怎么,现在是开玩笑和闲混的时候吗?"哈尔王子勃然大怒地叫道,将葡萄酒瓶子朝福斯塔夫扔了过去(《亨利四世》(上),5.3.54)。"我憎恨这种游手好嫌的酒鬼,"托比爵士醉眼惺忪、有气无力地哀叹说(《第十二夜》,5.1.193—194)。

但是莎士比亚之所以这样对乡村风俗保持某种形式的距离,并非是在自我防卫什么或是执拗于世故与学问,也不是在扭扭捏捏地对城市人或上流礼仪表示好感。他和乡村有着千丝万缕的联系。实际上他的所有近亲都是农民。很明显,他小时候曾有很长一段时间是在这些亲戚的果园和市场菜园中度过的。他也必定曾流连于周围的田野、树林、村庄,受过乡村传统节庆和民间风俗的熏陶。

在他的成长过程中,他似乎吸收了这个乡村世界的一切,而且后来也不曾要故意背叛这些东西或是把自己伪装成另一副面目。而伊丽莎白时代颇有教养的文学批评家乔治·普登汉姆在写到所谓"乡下小子或乡下佬"时却难免有一种势利色彩。他描述这些人居然也能津津有味地听盲竖琴师弹奏,听酒店游吟诗人吟唱古老的传奇故事,欣赏圣诞节宴会上演唱的颂歌和旧式婚宴上的新婚曲。威尔十有八九也是这些乡下佬之一。对这样的快乐他似乎从来就不曾感到难堪,尽管他后来也成了上流社会的一员,而这种社会对所谓的土头土脑的乡村风俗是痛加嘲弄的。他把这些东西当成可利用的财产径直带到伦敦,或滥用,或节用,随心所欲。

莎士比亚对于跻身绅士之林一事绝不是无动于衷的。他诚然很在乎自己的社会地位,追求社会成功,心仪贵族与帝王生活,但是他并不因此就勾销掉他曾诞生其中的那个世界。或许可以说他太钟爱那个世界了,竟不肯抛弃那个世界的任何东西。一如他实实在在地利用他的一切人生经历一样,他也利用他的童年经历,将之作为取之不竭的文学隐喻之源。

在他的一个早期历史剧《亨利六世》(中)(约作于1591年)中,莎士比亚让他笔下野心勃勃、有共谋造反心的约克公爵解释说,是他诱使刚愎自用的肯特郡农民杰克·凯德叛乱的。约克公爵说,"我在爱尔兰看见过这个愚顽不灵的凯德……"和一群士兵格斗。

> 他战斗了很久,双腿中了好多支投镖,
> 就像身披羽刺的刺猬一般;
> 后来,他被救出的时候,我看见他
> 像疯狂的莫里斯舞者腾空跳跃,
> 那腿上血淋淋的标枪晃动得像铃铛似的。
>
> (《亨利六世》3.1.360—366)

莎士比亚本人好像从来没有打过仗,也从来没有看见一个士兵的双腿被利箭穿透,但他曾经是一个乡间小子,多半目睹过身披羽刺的刺猬。他也非常可能看见过跳莫里斯舞的人——即"疯狂的莫里斯舞者"——在一种心醉神迷的状态中腾跃蹦跳。由于目睹过这样的场面,所以他构思出了这个在狂热中难以自制的令人惊心动魄的凯德形象。更重要的是,由于积淀了这类场面、声响和仪式,他的有关剧院魔力的感觉逐渐成形。

但是对莎士比亚的想象力产生强大影响的还不只是这些具有永恒的幻觉与强大刺激性的传统民间仪式,在他家乡附近曾产生过一次人尽皆知的特别事件,那对于他的戏剧观似乎也颇有影响。1575年夏威尔11岁时,伊丽莎白女王曾在大批随从的簇拥下巡行到英国中部,她留给自己的臣民的印象是全身装饰着珠宝,好像一个拜占庭帝国的偶像。她视察王国,接受贡礼,如此等等,就只差没让接待她的东道主破产。此前女王已经分别在1566年和1572年巡幸过这个地区。在这样的场合,她是天之骄女,凡有幸觐见过她的人都惊喜得打颤又畏惧得发抖。1572年,沃里克郡的法官爱德华·阿格里翁庇曾正式接待过女王。阿格里翁庇是当地的显贵,莎士比亚很有可能知道他。他是个博学之士,仪表堂堂,可在面对女王时竟吓得哆嗦起来。"过来吧,小法官,"女王说,伸出手让他吻。"有人告诉我说,您看见我的时候会害怕,或者会出言不逊;但实际上与其说您怕我还不如我更怕您。"没有一个人——更不用说"小法官"本人——在此之前会想到过亨利八世的女儿会说出这种虚假的客气话。

1575年女王巡行的高潮是逗留于肯尼沃斯郡莱塞斯特伯爵的城堡。莱塞斯特伯爵即罗伯特·达德利,女王的宠臣。女王在此逗留的时间是19天,从7月9日到27日。肯尼沃斯在斯特拉福镇东北角约摸12英里的地方,女王的造访大概不免要让这个地方像整个地区一样做一番轰轰烈烈的迎驾准备。约翰·莎士比亚那时是斯特拉福镇的市政议员,地位卑微,不太可能参与专为接待女王而举行的种种盛会。这些宴会全是由一位女王称之为"我的双眼"的人安排的。但完全可以想象的是,约翰·莎士比亚会带着儿子威尔去瞅瞅他们能够看到的若干宏大场面。诸如:女王驾到的显赫场面,西比拉、赫拉克勒斯、湖上夫人和一位使用拉丁语的象征诗人分别致欢迎辞;放烟火;野人和厄科①之间的对话;逗熊游戏(这种游戏是将一头熊拴在桩上,然后让大驯犬去攻击它);放更多的烟火;由一个意大利人表演杂技;精巧的水上露天表演。

女王宠臣莱塞斯特伯爵这时正患失宠之忧,显然想巨细无遗地把握住时机尽可能地赢得她的欢心,所以也安排了一系列具有乡村风味的表演。这些表演很像我们当代人为来访的高官显贵或有钱的游客所安排的真真假假的文化表演。这些表演包括婚礼曲和莫里斯舞蹈,刺矛靶游戏(一种骑马对着靶子冲刺的游戏),和传统的考文垂霍克节星期二节游戏。莱塞斯特伯爵心里很清楚,这种民间娱乐形式曾受到道德说教家和严厉的宗教改革家的非议。但他也清楚的是,女王喜欢这些东西,憎恶清教徒的批评,因此对要求保留这些娱乐形式的呼声颇表同情。

威尔可能观看过为这些显赫的来访者上演的基于他自己的乡土文化背景的节目。他至少也风闻过人们热心地讲述这些事件。他也有可能碰巧读过由一位下级官员在一封绝妙的长信中对此事的细节所做的描述。该官员叫罗伯特·兰格哈姆,或者叫兰因哈姆,是"枢密院门房文书"。那封信印费便宜,流传广泛,对那些可能要招待女王的人来说颇有拜读的必要。而这样的招待事项,不久就落到了莎士比亚头上。

兰格哈姆的信说明,霍克节星期二游戏节目是一个通过舞台形式精心设计的文化政治节目。以泥瓦匠(号称科克斯船长)为首的某些"考文垂的好心人"获悉他们的邻居莱塞斯特伯爵打算款待女王,并且知道他急于用一切令人愉悦

---

① 厄科(Echo),意为"回音"。指古希腊神话中居于山林水泽的仙女,因爱恋Narcassus遭到拒绝,憔悴消损,最后只留下声音。——译者

的消遣形式让自己的辖区"欢欢乐乐",考文垂工匠们于是请愿说,他们不妨来个故伎重施。他们认为,女王会特别欣赏那场古代大屠杀的纪念活动,因为它显示出"我们的英国妇女为了爱国是如何英勇战斗的"。这意在引起女王特殊兴趣的诉求,具有某种自卫策略的性质。兰格哈姆对此颇为得意地概括道:"他们说,这样的活动是有传说依据的,并且每年都作为娱乐形式在我们的城镇里演出,没有不良的演出行为,没有天主教教义或任何迷信活动,而且这种事填充了一些人的脑瓜,免得他们胡思乱想。"这里提出的要求后来在莎士比亚整个生涯中一而再、再而三地出现,即一、为某些特殊的表演正名;二、保卫公共戏台:这里提到的表演是有历史依据的("有传说依据的");这是一种传统的娱乐形式;它没有思想方面的污染和不道德的因素;同时,它可以使人们分心,不去进行潜在的危险思考,即"胡思乱想"。意思就是说,观众会因此让头脑完全地专注于古代英国人斩杀丹麦人的英勇场面,而无暇去干别的恶作剧的事情了——比如思考什么东西正义不正义呀,憧憬旧宗教呀,甚或阴谋造反呀等等。

那么,问题出在哪里?为什么"源远流长"的霍克节星期二演出节目居然需要保卫了?原因是,工匠们承认道,这个演出活动"最近给撂下了"——即被禁演了。这些人搔着他们的脑袋说,他们不太明白这件事:"他们不知道是什么原因"。然后,好像灵犀一点通似的,他们找到了一种解释:"除非这是由于某些传道士的热情,这些人的行为和知识都很值得赞美,其说教都很悦耳,但是用这种说教来打发消遣的时光,还是嫌有点酸腐。"因此,肯尼沃斯的演出不仅仅是为了逗乐女王,不如说在逗乐女王的所有尝试里都掩藏着隐隐约约的预期目的。这里所谓的预期目的就是要使女王对本地僧侣施加压力,让他们停止反对本地节庆的活动:"他们想要让女王陛下接受他们卑微的请求,以便使他们的本地演出活动获得新生。"

尽管在霍克节星期二演出方面有过精心策划——整个表演就直接在女王房间的窗下进行——这个机遇还是没有得到很好的利用。许多事情当时都得同时进行——女王颇留心婚礼曲和舞蹈,而"拥挤状况"和获准进入庭院的人群之"无法无天"状态进一步分散了女王的注意力。(在这样的情况下,一个11岁男孩很可能趁机而入。)伊丽莎白女王只观看了很少的一点戏剧演出。考文垂的这些人曾大事排练,用尽心机,现在似乎前功尽弃。然而,意想不到的是,形势突然逆转——女王下令下个星期二再演出一次。结果大功告成:"女王陛下笑得很开心。"这些市镇演员们获得两辆可在上面摆酒宴的马车和五块银币,不禁欣喜若狂:"他们快乐,因为酬金丰厚;他们自觉功成名就,因为获得了女王的认可。他们大吹大擂,声言他们的演出是空前的尊贵与高尚,而作为演员获得如此丰厚的奖赏更是史无前例。"第二年的考文垂档案里有一个极为关键的记录可以说确认了他们的成功:"托马斯·尼克林市长……兹有上述市长本年度曾发起庆祝霍克节星期二活动,由是本城镇古代居民倾覆丹麦人之举获得彰扬,故该节庆当复兴且发扬光大。"

"女王陛下笑得很开心。"为博此笑,据说莱塞斯特伯爵日费万金、花销巨大,肯尼沃斯节庆活动犹如精心设计的庞大机器,以便让这些笑声出自这位声名远播、喜怒无常、统治全国的危险女人——当然,这部机器也连带生产了赞赏、惊奇与快乐。所有场面都经过周密安排、引人注目,但是莱塞斯特伯爵的注意力——无疑还有人群中许多别的人的注意力——一定是自始至终都集中在一个人身上。如果一位来自斯特拉特福镇的男孩确实目睹过女王的尊容,在他诧异的目光中但见女王身穿名闻遐迩的盛装,端坐在轿辇之上,抬轿的个个都是相貌出众的卫士,旁边簇拥着衣着华丽的王公大臣,那么这位男孩实际上有幸看到的是那个时代最富戏剧性的场景,正如女王曾经直言不讳地说过,"我等君王天生就是要在戏台上受天下人观瞻。"

终其一生,莎士比亚都迷恋于王者的超凡魅力:那种王者驾临时的群情激奋,那种连英雄豪杰都会有的胆战心惊,那种对伟岸者的敬畏。即使很久以后,莎士比亚已了解到王权的阴暗面,王权的傲慢、残酷、野心,王权酝酿的种种危险阴谋,以及王权策划怂恿的贪婪与暴力,他仍然陶醉于这种王权引发的欢乐和兴奋之中。在莎士比亚戏剧创作生涯的晚年,他创作了《亨利八世》,最初叫做《真实无妄》。在这出戏中,他仍然不忘渲染王权带来的兴奋感,想象着光彩照人的女王的诞生,就是那位1575年他曾在肯尼沃斯首次亲睹其尊容的女王。反正看到女王总有个第一次,即使不在肯尼沃斯,也会在别的什么地方,一次出行,一场大型表演,或者一次宫廷宴会。而一旦看到,莎士比亚心头就燃起熊熊的想象之火。少年莎士比亚无论是亲眼目睹,还是有所耳闻,或者只是读了兰格哈姆的那封信,在肯尼沃斯发生的盛况似乎已经在莎士比亚的剧作中留下了诸多印迹。

莱塞斯特为长期逗留的女王献上了许多娱乐节目,其中最为奢侈铺张的要算一条24英尺长的海豚模型船。它从毗邻城堡的湖水中显现出来。海豚的腹中隐藏着一支管乐队,背上坐着传说中的古希腊乐手阿里翁。就如兰格哈姆所写,阿里翁正为女王唱"一首愉快的乐曲","那乐曲的旋律设计得与当时的场合恰如其分,"兰格哈姆这样回忆道,

> 这乐曲先是由美妙的歌喉演唱,然后又由音乐家巧妙地分成音部,各部相配十分和谐。每音部都演奏得清清历历,每一种乐器都和谐入耳。此时正是夜晚,音乐声在安静的水面上回荡。由于女王陛下的威仪,由于人们迫切地聆听,现场一片鸦雀无声。节拍、旋律与韵味造出无比美妙的和谐音乐。这乐声向听者心中注入了何等的欢欣……何等的敏悟,何等的活泼乐趣。请您尽量地自己想象吧。因为上帝知道,我以所有的聪明才智都无法形容当时的盛况,这一点我可以保证。

几年后,莎士比亚在《第十二夜》中似乎还在回味这场灿烂的景观。船长这样安慰薇奥拉,说她的哥哥可能没有在船难中溺水:"他像阿里翁骑在海豚背上似地沉浮在波浪之间"(1.2.14—15)。

在《仲夏夜之梦》中(这部剧写于16世纪90年代中期,当时莎士比亚30岁左右),剧作家更是大大地借鉴肯尼沃斯的场面来辅助自己的想象,以此向伊丽莎白致敬。女王有可能观看了这部喜剧最早的某场演出(如果像很多学者所说,这部剧是为一场贵族婚礼所作的,而且女王临幸婚礼,那么也许女王光临了此剧的首场演出),剧团当时必然感到他们应向女王奉迎致敬。但莎士比亚不是简单地让演员们走出戏剧的虚拟氛围向女王致词,而是暗暗引入一段能取悦皇族的神话,它以回忆的方式出现。它讲的是爱神丘比特执箭瞄准了"坐在西方宝座上的一个童贞女"(2.1.158),这明显是在回忆十五年前莱塞斯特为取悦女王而设计的节目。仙王对得力助手迫克说:

> 你记不记得有一次我坐在一个海岬上,
> 望见一个美人鱼骑在海豚的背上,
> 她的歌声是这样婉转而谐美,

镇静了狂暴的怒海,

好几个星星都疯狂地跳出了它们的轨道,

为要听这海女的音乐?

(2.1.148—154)

我们不妨大声朗读后三行,以便体味诗句多么完美地描述了"婉转而谐美"的"歌声"。诗句跨越时间,美丽而奇异地幻化出多年后犹可观瞻的烟花景象(据目击者说当时二十里以内是可见的),并用幻想重现了那次水中的盛典。接下来的台词向年事渐高的女王所代表的童贞圣女优雅地屈身致敬:丘比特的箭没有射中,"那位童贞女王心中一尘不染,在纯洁的思念中安然无恙"(2.1.163—164)。向女王巧妙地致意之后,暂时搁置的情节继续铺陈。奥布朗向迫克说起的丘比特之箭本来瞄准宝座,现在射中了一枝西方的花朵。花的汁液如果滴在睡梦中的男女眼皮上,会令他们恋上自己见到的第一个生物。正是由于爱汁的诡计施在了错误的眼皮上,于是引起了剧中一番阴差阳错的混乱。

《仲夏夜之梦》里仅有一处约略提及海豚背,意在烘托繁华气氛。但有关美人鱼之歌的内容虽与情节无关,却道出了对该剧乃至剧作家的想象都至关重要的东西。对肯尼沃斯的追忆使人想起歌曲具有的力量,它既能营造安宁和秩序,也能激发几近痴狂的专注情绪。这种看似矛盾但未必矛盾的现象——艺术同时是安定祥和与深层骚动之源——是莎士比亚整个艺术生涯的关键。作为剧作家和诗人的他,既要维持必要的礼仪,又要颠覆这种秩序。莎士比亚身上这种双重的洞察力大可以追溯到他11岁时就在家附近观看过的这种惊人的场面:喧闹的人海在女王出场时安静下来,大家都专心致志地聆听远古诗人阿里翁的歌声。

莎士比亚在《仲夏夜之梦》里叙述的正是莱塞斯特的挥霍无度的娱乐性演出设法体现的深沉的文化幻想。这种幻想属于魔幻般的美丽世界,充满了潜在力量,产生了一种强烈的横溢无阻的情欲力量,一切众生——除了"西边王座上的美貌处女"①——都屈从于它。现实永远无法雷同于下述梦想:礼花不像是轨道里进出的星星;没有海,有的只是城堡湖畔汹涌躁动的人群;扮演美貌处

---

① 这里指伊丽莎白女王。——译者

女的是满口坏牙的中年妇人;海豚模型船的样子也并不好过一般的豪华浮舟;海豚背上的人物既不是阿里恩也不是美人鱼,而是名为哈里·戈尔丁汉姆的歌手。据当时的一则未刊庆典活动报导记载,这名歌手嗓音不佳:

> 为伊丽莎白女王准备的节目中有一个是在水上表演的,演员中的哈利·戈尔丁汉姆要扮演海豚背上的阿里翁,但表演时他发现自己的嗓音相当嘶哑难听,于是扯掉演出服,赌咒说自己根本不是阿里翁,不是他,而是朴实的哈里·戈尔丁汉姆;这种直率的坦白比按原定安排表演更让女王高兴。

女王的宽宏大量总算使下午的演出还算有吸引力,尽管它曾明显面对一败涂地的危险。相似的评论也适用于《仲夏夜之梦》的每场演出:观众见到的不是仙子飞过雅典附近月光照耀的森林,而是一帮看起来绝对是凡夫俗子的演员践踏舞台。但幻想破灭的危险仿佛反倒加深了对奇迹的感受。

莱塞斯特花费重金取得了预期的效果。莎士比亚提供的魔力效果只花费了很小很小的一点代价:在《仲夏夜之梦》里,伶人的野心是每人都能得到每天6便士津贴作为奖赏。因为这位剧作家依仗的不是制作精巧的机器船而是语言,是每位英国观众前所未闻的优美语言:

> 我知道一处茴香盛开的水滩,
> 长满了樱草和盈盈的紫罗兰,
> 馥郁的金银花,芬泽的野蔷薇,
> 漫天张起了一幅芬芳的锦帷。
> 有时提泰妮娅在群花中酣睡,
> 柔舞轻歌低低地抚着她入梦。

(2.1.249—254)

作为《驯悍记》与《理查三世》的作者,莎士比亚戏剧语言与众不同,粗犷与纤细均能达于极致。然而《仲夏夜之梦》一剧却充分展示了他创作"甜"(借用剧中一词)诗的才能。

莎士比亚作品中,学者们公认主要剧情属莎氏原创的寥寥无几。《仲夏夜之梦》算是"原创"之一。显而易见,月光幻影及精灵丛林的情节源于作家的独特想象与加工。他曾细心观察过"榆树的皱皮满布的手指"或者"蓟草叶尖上的红屁股野蜂"(4.1.41,11—12)。如果他的童年确如本书所述,他一定在五朔节和霍克节星期二时亲身体验过那些纷杂的快乐;他也会记得莱塞斯特伯爵为了取悦女王安排的层出不穷、五彩缤纷的节目。

如果说莎士比亚有关戏剧幻觉之转化魅力方面的观念可以追溯到1575年他在肯尼沃斯的所见所闻,那么同样的经历也使他能感受到:五花八门的幻觉之下常常掩盖着粗陋的现实。《仲夏夜之梦》最后一场,事实上可以解读为作者对诸如此类业余剧团娱乐表演的诙谐模仿——这些娱乐表演因为乏味、笨拙、不老到、幻觉效果不逼真等原因而受到挖苦。考文垂的工匠们为女王和她的朝臣们演出的霍克节星期二节目,作为素材被写成《仲夏夜之梦》的剧中剧——"关于年轻的皮拉摩斯及其爱人提斯柏的冗长短戏,非常悲哀的趣剧"(5.1.56—57),在贵族夫妇的婚礼上,雅典的匠人们演出了此剧。剧中的贵族与剧外的观众对于剧情的荒诞不经,演员的演技拙劣惊人,都忍俊不禁、捧腹大笑。因为这群人——"都是在这雅典城里作工过活的胼手胝足的汉子。他们直到现在才用过头脑"(5.1.72—73)。

《仲夏夜之梦》中有一个呆头呆脑的细木工匠叫斯纳格,这个角色似乎是莎士比亚对为女王表演时突然以真面目示人的哈里·戈尔丁汉姆的影射。愚蠢的斯纳格从一开始就对自己扮演的角色焦虑不已,其余的演员们也担心他扮演的狮子会吓着在场的女士们。因为这个原因,他一上场居然也像戈尔丁汉姆似的自报家门:

> 各位太太小姐们,你们都有温和善良的心肠,
> 见了地板上爬过一头顶小的老鼠都会害怕,
> 现在看见一头凶暴的狮子发狂地怒吼,
> 可能难免要浑身发抖吧?
> 但现在请看清楚,俺是细木工匠斯纳格,
> 只不过装扮成了狮子……
>
> (5.1.214—219)

果然,这种滑稽的笨拙反把女王逗乐了。"真是只温驯的野兽啊!"忒修斯公爵说道,"这么有良知"(5.1.222)。演出获得了此类表演历来企望得到的东西:

显贵者的笑容——"陛下开心地笑了"。

《仲夏夜之梦》作于大约 20 年前的肯尼沃斯庆典之后,它表明已成年的莎士比亚在创作中利用了他童年时代一些最难忘的场面,同时也表明他和自己的故乡已经有了一大段距离。在 1595 年,莎士比亚就已清楚地懂得用专业的伦敦娱乐业取代传统的业余表演,这是他事业成功的基础。这部伟大喜剧是莎士比亚祝贺自己逃避成功并臻于成熟的庆功剧。逃避什么呢?他逃避托马斯·普列斯顿等人的不入流剧作,逃避那些粗鄙的语言、磕磕绊绊的音步和冒充激情的咆哮。普氏写过《一个充满欢笑的不幸悲剧:波斯国王康比斯的一生》,莎士比亚曾经戏仿过这个很蹩脚的剧名。他逃避那些业余演员:他们天资鲁钝,记不住台词;举止笨拙,演出时不优雅;畏缩腼腆,演不出神采。最糟糕的是,他们虚荣自负,除了表现自己可笑的妄自尊大,别的什么都不会。织工尼克·波顿、裁缝罗宾·斯塔弗林,以及他们的导演——木匠彼得·昆斯,这一班表演《皮拉摩斯和提斯柏》的匠人,合在一起就是一个戏剧表演的灾难集锦。

《仲夏夜之梦》第 5 幕是莎士比亚作品中最耐看、最有趣的场次之一。该幕逗人发笑的原因是,它在观众心中激起了一种在智力、训练、教养和技艺上的优越感。观众被引入了戏台上那群嬉笑着的、来自上流社会的人物中间,跟他们一道寻开心。这种嘲弄行为宣告,年轻剧作家原来那幼稚朴素的业余创作水准已经决定性地转变为精致的品味和专业的技艺。然而令人好奇的是,这场戏激起的笑声却很温和,甚至满含爱意。这场戏作为笑柄之所以不致太令人不快,相反还有趣怡人,实际上得归功于那些工匠的沉着镇定。面对公然嘲弄,他们泰然自若。莎士比亚达到了双重效果:一方面,他挖苦了那些业余演员,他们连最基本的戏剧套路都无法领会。按照这些套路的要求,他们应该专心演戏,并且装作对观众视而不见、听而不闻。另一方面,他又赋予了波顿们一种出人意料的独特尊严,相比之下,那些嘲讽他们的贵族观众反倒显得十分粗鲁。

尽管莎士比亚提醒自己要保持与乡村演员之间的距离,他依然表现出同情他们,与他们休戚与共。当他从传统道德剧和民间文化中汲取营养时,他同时明白自己正在做别有新意的事情,并且对这些演员心怀感激之情。他为雅典匠人们安排职业时并非随心所欲——工匠、织工、木匠、裁缝都是莎士比亚伦敦剧院戏班仰赖的对象——他们上演的悲剧中所具有的不幸情侣、致命错误以及自杀等情节正是剧作家自己极感兴趣的。在戏仿《皮拉摩斯和提斯柏》的同时，莎士比亚也在创作《罗密欧与朱丽叶》，两剧的情节极其相似，这两个剧本可能同时摆在他的写字桌上。一个自我保护意识更强的作家很有可能会极力抹去那些与这类乡村演员有干系的痕迹，但莎士比亚的笑声可不是为了否认或隐瞒。剧中希波吕忒说道："这是我听到的最愚蠢的玩意儿。"忒修斯答道："这种东西演得再好也只是实际情况的影子而已；最坏的只要用想象弥补一下，也就不会坏到什么地步。"她又反驳说"那一定是你自己的想象而不是他们的"（5.1.207—210）——意指观众的想象而不是表演者的想象——但这正是关键所在：专业演员与业余表演者的区别不是至关重要的。

看来他们两人都很倚重观众的想象力。过了片刻，好像是印证这个观点似的，希波吕忒看到皮拉摩斯荒谬的自杀——

> 过来吧，狰狞的凶神！
> 快把生命的羁缠
> 从此后一刀割断；
> 今朝咱了结了残生！　　　　　　　　　　（5.1.272—276）

于是希波吕忒发现自己莫名其妙地被打动了："该死！我真可怜这人"（5.1.273—276,279）。

30岁的莎士比亚在创作《仲夏夜之梦》时，从生活经历中汲取了许多素材，他想起自己的职业，将把戏剧分解成神奇的、事实上是非人性的因素和非常人性的因素。他将前者与借助想象力摆脱现实羁绊相联系，将后者与工匠们制造实在、具体的东西——诸如楼房、阳台、服装、乐器等等——正是这些东西给予想象依托，并使它获得名称。他理解、并渴望观众理解：戏剧必须二者兼备，既要有幻想的翱翔，也要有稳固实在的朴实。

这种朴实是他的创造性想象的组成部分。他从未忘记他来自土气而平凡的世界，也未忘记戴着阿里翁面具的演员仍然是一个普通人。

第二章 复原之梦

　　根据乖僻、饶舌的传记作家约翰·奥布里在 1680 年左右记载的《斯特拉福镇传说》，威廉·莎士比亚操过他父亲的行业——当屠夫，时常得亲自动手宰杀牲畜："他宰杀小牛犊的时候，会先煞有介事地演说一番。"喜好盘根究底的奥布里试图弄清年轻的莎士比亚是如何解决自己的工作问题并确定职业的。莎士比亚大约在 16 世纪 70 年代或 80 年代初离开学校，之后在 16 世纪 90 年代初以职业演员和剧作家的身份初次被人提及，中间这段时间究竟发生了些什么事，这是他想知道的。

　　在学者们所说的"失落的年份"，即莎士比亚从人们的视野里消失，在以记录完备著称的社会中未留下任何痕迹的几年中，他究竟做了什么成了一个谜团，引起了大量的猜测。在他去世 75 年后，一些好歹似乎可信的传说也开始形成了，也就是说，可能接触过莎士比亚本人的人都已经去世了，但年轻时遇见过莎士比亚的同辈人、收集他的有关情况的人还健在。虽然奥布里提供的他当屠夫的说法不可信——约翰·莎士比亚并不是屠夫，也未得到宰杀牲畜的行业许可——但我们有把握认为，威尔从小就帮父亲打点自家的生意，在占了亨里街那栋气派的二层楼房部分空间的店面中制作、出售手套。

　　毫无疑问，他在闲暇时写诗，可他的家庭几乎不可能资助这种游手好闲的行为。当时的纸张价格高昂。一捆叠好、裁好、约含五十小张的纸至少值四便士，价格相当于八品脱啤酒、一磅多葡萄干、一磅羊肉和一磅牛肉、两打鸡蛋、两条面包。年少的威尔也许像《皆大欢喜》里的奥兰多那样，把诗句刻在树上。他的家人依然指望他干活。事实上，他的诗才为手套制作行业做出了贡献，这方面尚有模糊的线索可寻。1582 年亚历山大·亚斯匹诺到斯特拉福镇,担任国王新学堂的教师,那时威尔刚完成学业不久,他的弟弟们大概仍在校学习。17 世纪时有人在一本备忘录——一种通常用来记录难忘或稀奇事件的笔记本——上写下了教师亚斯匹诺送手套给他倾心的女子时附送的诗:

一份薄礼,尽表心意。
亚历山大·亚斯匹诺

这副手套大概是从约翰·莎士比亚的店铺里买的,因为人们将这句诗当成这位伟大诗人的作品记了下来:"莎士比亚题于教师赠情人之手套。"若非以戏剧创作为业,莎士比亚原本可以呆在家中,靠创作既富有个性,又巧妙地嵌入本人名字的短诗增加收入。

事实上,他并没有将这一切弃之脑后:手套、兽皮和皮革在他的剧本里频繁出现,这似乎可视为他非常熟悉该行业的表现。罗密欧渴望成为朱丽叶戴的那只手套,因为这样就可以触摸她的面颊。在《冬天里的故事》中,小贩闻出他包里的手套"像大马士革玫瑰那么香"(4.4.216)。哈姆莱特问道:"契约纸是羊皮做的吗?""是的,殿下,"霍拉旭答道,"也有用小牛皮做成的"(5.1.104—105)。《错误的喜剧》里的军官穿着小牛皮质地的制服——就像"装在皮匣子里的低音提琴"(4.3.22);《驯悍记》里的彼特鲁乔有一条羊皮缰绳;《裘利斯·凯撒》中的补鞋匠给牛皮鞋换鞋底;根据《冬天里的故事》,补锅匠随身携带的包是母猪皮做的。在《仲夏夜之梦》里,莎士比亚想要表现仙人们的奇异世界,他就将此行业微型化:蛇蜕下的"色彩斑斓的皮""足够把一个小仙人裹起来",仙后的随从和蝙蝠交战,为了"获得它们的皮翅/给我的侏儒做衣裳"(2.1.255—256,2.2.4—5)。

对莎士比亚来说,皮革不仅能用于描绘生动的细节,也可以用作隐喻的素材;显然,在构思他的世界时,他又自然地想起它来了。"一句话对聪明的人来说就像是一副小山羊皮手套",《第十二夜》里的小丑费斯特这样评论轻易就能扭曲的话语,"一下子就可以翻转过来"(3.1.10—12)。在手套店里帮父亲做事时,年轻的威尔无疑注意到了上好的"小山羊皮"的优点——这种细致的小山羊皮具有良好的弹性和柔韧性,获得了人们的青睐——这给他留下了深刻的印象:"哦,这儿有小山羊皮般的机智,"迈邱西奥拿罗密欧打趣,"它能从一英寸那么窄伸展到一厄尔那么宽(伸得很长:一厄尔等于45英寸)"(《罗密欧与朱丽叶》,2.3.72—73)。《亨利八世》中不情愿的安妮·波琳被告知"你那柔如小山羊皮的良心"会愿意接受国王的礼物,"只要你愿意拉押它"(2.3.32—33)。

约翰·莎士比亚既做羊毛生意,也做皮革生意。在这件事上他违了法,法律只允许得到授权的羊毛商做这种生意。但是这种人称羊毛走私的非法交易或许有利可图,和他签了合同的人遍及城镇、乡村,使他认为似乎值得冒点风险。为了做这种生意,约翰得到有羊圈和乡村市场的地方去,可能他会带大儿子一起去。看来这个记忆很久以后仍然深深地烙在威尔的脑海中。《皆大欢喜》里的牧羊人在解释他和同伴不像朝臣们那样行吻手礼的原因时说"我们常常触摸自己的母羊","你知道,它们的毛油腻腻的"(3.2.46—47)。《冬天里的故事》中的乡下人在仔细盘算剪取的羊毛能挣多少钱时用了这些词——"阉羊",表示阉割过的公羊;"托德",表示28磅的羊毛——孩提时代跟在父亲身边的威尔有可能听过这样的话:"让我看/11只阉羊每只都产出28磅的羊毛,每托德羊毛可卖一镑几先令。1500只羊剪了毛,这些毛能卖多少钱呢?"(4.3.30—32)。19世纪时约翰·莎士比亚住宅中用作店面的侧厅需要更新地板,人们发现地板木下边的土里嵌着碎羊毛。

有关亨里街的店铺和周围乡村的其他印记在戏剧和诗歌中保留了下来。注明时间比1564年,即威尔出生那年,早三年的法律文件称他父亲为"阿格里科拉",在拉丁语中为农夫之意。在斯特拉福镇定居很长时间之后,约翰·莎士比亚不仅做农产品生意,还继续购买、租赁斯特拉福镇周围的土地。威尔肯定曾经常和父母一起到乡村去。(伊丽莎白时代的斯特拉福镇大约只有两千个居民,无论怎么说,对这些居民而言,周围的农场和树林离他们都很近。)在威尔的想象中,最美好、最吸引人之处就是对动物的生活、反复无常的天气、花花草草和自然周期进行轻松、优美、准确的描述。他还能自如地谈论自然的商业周期。在《皆大欢喜》中,科林向来访者解释无法款待他们的原因时说:"我是其他人雇的牧人,还没有给我管的羊群剪毛。"这不是城里人想象中牧人吹麦笛的世界,而完全是更现实的情形。"我的主人脾气暴躁,"牧人接着说。

> 另外,他的茅屋、羊群、喂养羊群的地方
> 都正准备出售,我们的羊圈里现在

由于他不在没有任何

你们可吃的东西。

(2.4.73—75,78—81)

虽说他很熟悉乡村——看过牧人的"茅屋"(茅舍)的内部,也知道放牧法规定"喂养羊群的地方"将和羊群一道出售——但威廉·莎士比亚本质上并不是农村人,他的父亲虽是农村出身,但也同样不是农村人。事实上,父亲的乡村知识还不如他1570年因放债两度被传讯,以及他的财产交易给这孩子留下的印象那么深,这些才是频繁出现于其剧作的地图、契约、财产转让的现实世界的摹本。传记作家常常悲叹此类文件泛滥而更私人性的材料稀缺,但莎士比亚对财产投资的毕生兴趣——在这方面他和其他剧作家大不相同——可能应被视为对其私人生活的更佳展示,这一点我们通常不愿作此理解的。

无论如何,父亲身上可敬的企业家式精力和雄心必定让年少的威尔印象深刻。当时,约翰·莎士比亚,这个来自斯涅特菲尔德小村的佃户之子,正处于社会地位上升期。16世纪50年代,他娶了他父亲的地主之女玛丽·阿登,这是第一个决定性的提升地位的举动。阿登这个姓氏本身就是一笔重要的社会资产:阿登家族是沃里克郡最显赫的家族之一,它的谱系可以追溯到1086年为征服者威廉编写的《末日审判书》,一本财产所有权的伟大记录。在那本记录中,阿登家族的财产情况占了长长的四栏,斯特拉福镇以北、以西的大片森林在莎士比亚时代仍被称为阿登森林。

玛丽的父亲罗伯特绝不是家族的重要成员;他仅仅是个富裕的农夫,拥有7只母牛、8只拉犁用的公牛、2只阉牛和4只小牛犊。如果他过世时做的财产清单还能说明问题,也无非是表明了他家没有餐刀、餐叉,也没有陶器——而这些都是社会地位的标志,当时普通人家用餐时是以手拿取盛在木盘上的食物——他家里也没有书籍。阿登家最显著的文明的标志就是"彩布"——价格低廉的挂毯替代物,很典型地标有简洁的箴言——根据财产清单,这种彩布在大厅里有2块,房间里有5块,寝室里有4块。(莎士比亚写《露克丽丝受辱记》时嘲弄性地回忆了他们的家常课:"谁若害怕箴言和老掉牙的谚语/一块彩布就能让他畏惧。")我们并不清楚是否家中每个人都能看到彩布上的箴言;可能他们只是喜欢墙上写的东西所产生的警示效果。

爱德华·阿登拥有伯明翰附近的豪宅帕克府，在极其看重亲属关系的社会中，能和像他这样显赫、富裕的人沾亲，即便是远亲，也相当有意义。阿登这个姓氏对任何指望进入上流社会的人都极具影响力，何况玛丽的嫁妆包括的财富还不止这个姓氏。在家里的八个女儿中，玛丽最受父亲的宠爱。他于1556年去世时——像虔诚的天主教徒那样，把灵魂交给"全能的上帝，交给我们神圣的圣玛丽，交给天堂里所有的天使"时——给这最小的女儿留下了为数可观的一笔钱及其最值钱的财产，即地处威尔姆科特村的阿斯比斯农场和其他土地。约翰·莎士比亚结了一门好亲事。

约翰决定离开斯涅特菲尔德迁居斯特拉福镇的确切时间并没有留下记录，他很可能在斯特拉福镇当了手套商的学徒，但邻居们很快就发现了他的长处。1556年他当选为自治镇的啤酒品评员，负责检查啤酒和面包的质量，此时他才二十几岁。该职务的担任者必须"能干、慎重"，并能"不受个人喜恶的影响，按照自己的见解和良知做到赏罚分明"。接下来的几年中他继续出任地方官：1558—1559年任治安官(负责维护治安)；罚款人(负责确定法令未规定的罚款金额)；1561—1565年任财务管理人(负责管理自治机关的财产，包括收税、支付债款以及监督建筑物的修缮、改建)；1565年任高级市政官；1568—1569年任执行官；1571年任首席市政官。

这是一个值得信赖、令人敬畏的体面公民留下的记录，他是当地的杰出公众人物，一个受到喜爱、信任的人。在都铎时代斯特拉福镇的家长制世界里，这些职位无一不受重视。在约翰·莎士比亚的就任时期，天主教徒和新教徒之间存在严重猜忌，有爆发群体暴力事件之虞，治安官要勉力维持秩序。市政官要调查被认为生活"不检点"的居民的生活情况；他们可以下令逮捕离开主人的仆人和晚上九点宵禁后还胆敢出门的学徒；他们还负责决定是否将有"泼妇"之称的妻子绑在"马桶椅"上扔进埃文河中。伊丽莎白时代的执行官拥有的权力在我们看来是市长几乎不可能有的：未经其许可任何人不得在家中接待陌生人。约翰·莎士比亚的几个职务使他要定期接触该地区的要人：领地的主人沃里克伯爵，其祖先中世纪时拥有斯特拉福镇附近的封地；富有的绅士如托马斯·露西爵士，他曾在位于邻近的查理科特的住宅中招待女王；以及有识有势的伍斯特主教埃德温·桑迪斯。斯特拉福镇并不受这些大人物直接管辖，它是一个自治镇,1553年被并为王室自治区。但这些大人物享有相当大的权力和威望,地方官要很有策略和巧智,才能维护他们的权利。约翰·莎士比亚想必精于此道,否则就不会被授予这些职务。

威尔快满13岁时,他那乐观、成功的父亲变得情况不妙了。作为斯特拉福镇14个市政官员之一,约翰·莎士比亚13年来未出席市政委员会会议的记录仅有一次。从1577年开始,他突然不再参加会议了。他在委员会里必定有很要好的朋友,他们一再免除他的罚款,减少他的税款,把他的名字保留在花名册上。他一度为穷人慷慨解囊,可现在情况变了。1578年自治机关投票决定向每个参议员每周征收4便士济贫款,现任的"约翰·莎士比亚先生"被免除了这个义务。这一豁免是稀有的善意表示——并非所有经济困难的市政官都获得了同样的待遇。这样的豁免还有一次,他获准支付极少的保安队武装费:也就是给4人配长柄矛、3人配长枪、1人配弓箭所需的费用。约翰·莎士比亚肯定具有非凡的感染力和作用,因此他的同事希望他能以某种方式恢复常状,重新管理公共事务。但是他仍然没有出席会议,仍然无法支付欠款,甚至无法支付已经减少的税款。最后,由于连年未出席会议,莎士比亚的名字于1586年从名单上删去;那时他已不再是斯特拉福镇的重要人物了。他的社会生涯业已结束,私人境况也明显恶化了。

约翰·莎士比亚需要钱。这种需要到1578年11月已变得极为迫切,促使他做了伊丽莎白时代的家庭既害怕做也反对做的事:出售、抵押地产。还不仅是地产:事实上他在几年内卖光了妻子继承的所有财产。她结婚时带来的财物从缺乏远见的丈夫指缝间一件件地溜走,换成了现金。他父亲曾耕种过的斯涅特菲尔德的土地的所有权卖了4英镑;阿斯比斯以低微的租金转让了,据推测是为了提前获得报偿;1579年其他在威尔科特的房子和56英亩的土地也以40英镑的价格抵押给了他妻子的姻兄弟,石南农场的埃德蒙·兰伯特。这些现金显然很快就消失了,到翌年该还债的时候,约翰又还不上钱,于是地产就落到了别人手里。几年之后,他两次上诉想要弄回这块地,声称事实上他曾提出要付款,但法庭裁决兰伯特胜诉。威尔的母亲玛丽带来的嫁妆最后只剩下阿登这个姓氏。

女王的官员明察秋毫,他们提供的约翰·莎士比亚的经济状况概录最为惊人。当时的政府迫切地需要加强宗教统一。虽然女王宣称并不想以强力刺探个人心灵、调查私人信仰，但她还是想强制尽可能多的臣民至少在表面上持官方认可的新教信仰。她希望每人至少每月参加一次英国国教礼拜仪式，在这种仪式中使用新教公祷书，牧师们布道或宣讲由国家赞助、中央宗教权威撰写的训诫。违反定期参加仪式规定的人会被处以罚款和其他惩罚。罚款金额直到1581年还相对较低，一般人尚能应付；此后，随着系统打击不信奉国教者措施的实施，罚款金额变得极其高昂。

1591年，政府命令国内各郡长官提供未能做到每月上一次教堂者的名单。约翰·莎士比亚的名字出现在地方官员准备的名单上，但是单列一栏，以示区别："我们怀疑以下九人不上教堂是为了躲避诉讼。"数月后长官们归档报告时又重申这一解释："据说这最后九人不上教堂是为了躲避债务诉讼。"如果这种解释确切，而不是为不信奉国教者找借口，那么这位斯特拉福镇前执行官、治安官每周日都呆在家里——而且，很可能其他时候也一样——以躲避逮捕。这个公众人物已经变成了十分与世隔绝的人。

到了1591年，约翰·莎士比亚日益离群索居，他的长子一定是已经离开家乡：翌年人们初次提及他时，他的身份就是伦敦剧作家了。但父亲的屈辱处境早已开场，影响了威尔整个青年时代人生之剧的最后一幕。成年之后，威尔或许敏锐地意识到哪儿出了严重的差错。他不可能对自己所见的漠不关心；他的父亲恰恰是在他这个长子、继承人作为成年人脱颖而出时没落下去的。

没落的原因何在？当时和现今一样存在商业周期——16世纪最后几十年间中部地区的商业周期变得格外令人担忧——时事艰难，人们显然更不可能购买精致手套这类的奢侈品。但许多知名商人都熬过了低潮和个人不幸。1594年9月22日发生了横扫几条街的火灾，斯特拉福镇的另一位财务管理人亚伯拉罕·斯德利在火灾中失去了住宅，从此在经济上一蹶不振，但他还是设法让长子亨利留在牛津大学学习，并于次年将次子理查也送进了牛津大学。威廉·帕森斯，斯特拉福镇的另一位重要人物，在同一场火灾中也失去了住宅，但他同样设法将儿子送进牛津大学，让他当上了市政官、地方法官。约翰·莎士比亚的债务、抵押、损失及其突然从社会生活中消失，都暗示了导致这一切的不仅是手套业的周期性低迷。

可能性更大的原因是政府严重遏制了他的主要收入来源。16 世纪 70 年代出现了羊毛短缺,政府认为该将此归咎于类似约翰·莎士比亚的"走私犯",约翰·莎士比亚已两度因从事违法交易遭告发。1576 年 10 月,女王的重要顾问团枢密院下令召集羊毛商进行审讯,11 月他们暂停了所有羊毛生意;第二年他们要求所有已知羊毛"走私犯"交纳 100 英镑——这可是一大笔钱——作为保证金,保证今后不再从事非法交易。这对约翰·莎士比亚来说可是噩耗。

另一个经济打击又使情况更加恶化。1580 年,王室发布了一长串名单——单上人数超过 200 个——要求名单上提到的人在 6 月份指定的那天到威斯敏斯特英国高等法院具结保证"遵守女王及其臣民的法纪"。约翰·莎士比亚的名字也在名单上。"具结保证"——大致相当于管制令——是 16、17 世纪主要的初级法令和防止犯罪的手段。只要有人宣誓为自己的生命、福利或全社会的福利担忧,法庭就会下令要求引起这种担忧的犯罪嫌疑人出庭,保证他将循规蹈矩,并为此提供担保。现存记录并未表明是谁、因何宣誓反对约翰·莎士比亚。难道是因为他走私羊毛?或是因为他那曾招致诉讼的酒后口角?还是因为怀疑他的宗教信仰有问题?他设法找到了 4 个担保人,同时答应作其中一人的担保人。但是到 6 月份指定的那天,约翰和他的担保人都缺了席——也未说明缺席的原因——因此被罚了款。约翰自己被处以 20 英镑罚款,还为他曾发誓担保的诺丁汉制帽匠约翰·奥德雷另罚了 20 英镑。虽说他有其他困难,花这些钱还是免不了的。

此事严重影响了他的家庭。值得注意的是,威尔和约翰·莎士比亚的其他儿子不像斯德利、帕森斯家的孩子们那样到牛津大学学习。18 世纪早期莎士比亚的传记作者和编辑尼古拉斯·罗写道,约翰·莎士比亚送长子进斯特拉福镇的文法学校,在那儿他学了一些拉丁语,"可是由于生活贫困,家里需要帮手,他父亲只得让他从此辍学,这不幸阻碍了他在学习这种语言方面的进步"。罗误以为约翰·莎士比亚有 10 个儿子,其余的记录也同样不准确。但儿子辍学给家里帮忙的故事与文件记载的 16 世纪 70 年代的经济窘迫相吻合。从某个角度看,这种情况下还让长子分析拉丁文句子看来或许是种荒唐的奢侈。

"父亲在遗嘱里盼咐你给我良好的教育,"在牧歌式喜剧《皆大欢喜》中,奥兰多这样埋怨缺德的哥哥,"你却把我训练得像个农夫,不让我和上流社会接触"(1.1.56—59)。良好的教育标志着绅士和农民的区别。然而一切迹象都表明,莎士比亚并没有为上不成牛津或剑桥大学感到遗憾;他没有流露出任何当学者的意愿受挫的意思。同一部喜剧中贾克斯对学校的想象:"满脸红光的学童背着书包,像蜗牛一样慢吞吞地拖着脚步,不情愿地呜咽着上学堂",并未表现出对逝去的欢乐的留恋(2.7.144—146)。《温莎的风流娘儿们》里教授拉丁文的场面肯定很接近莎士比亚在国王新学堂的亲身经历。"我丈夫说我儿子没从书里学会任何东西,"佩奇夫人向威尔士教师休·埃文斯抱怨道,这时埃文斯——操着在英国人听来滑稽可笑的威尔士口音——正在检查小威廉的拉丁语。

> 埃文斯:"lapis"是什么,威廉?
>
> 威廉:石子。
>
> 埃文斯:"石子"又是什么,威廉?
>
> 威廉:卵石。
>
> 埃文斯:不对,是"lapis"。请你把这个记住。
>
> 威廉:"Lapis"。
>
> 埃文斯:这才是个好孩子。
>
> (4.1.11—12,26—32)

在这里,莎士比亚巧妙回顾了枯燥的死记硬背学习法和双关语——尤其是猥亵双关语——这是他上学时用来解闷的主要心理安慰。这种语言课设法将属格说成生殖器,还让我们听到了"妓女"这个词,而不是拉丁语中的"这个":

> 埃文斯:最后的"复数属格"怎么说,威廉?
>
> 威廉:复数属格?
>
> 埃文斯:对。
>
> 威廉:属格:"horum,harum,horum。"
>
> 快嘴桂嫂:珍妮的人格!她是个婊子,孩子,别提她的名字。
>
> (4.1.49—54)

每当莎士比亚想到拉丁文或任何语言课程时,这些下流笑话都会出现。"Comment appelez-vous les pieds et la robe?"("还有'脚'和'袍子',你怎么说?")《亨利五世》中的法国公主问,她想学用英语说"脚"和"长袍"。她的教师的回答使她感到困惑:"De foot,夫人,还有 de cown。"她和观众(至少那些听懂笑话的观众)把"脚"听成了法语中的"foutre"——"性交",她把念糟的"长袍"的发音听成了"con"——"阴道"。

  凯瑟琳:De foot et de cown? O Seigneur Dieu! Ils sont les mots de son mauvais, corruptible, gros, et impudique,et non pour les dames d'honneur d'user. [De foot 和 de cown? 啊,天哪!这两个词儿念起来真难听,真坏,真粗野,真不害臊,让高贵的小姐说不出口。]

(3.4.44—49)

  即使这些内容本身并不真正有趣,四百年后它们仍能引起吃吃的笑声,也许它们曾使极漫长的教学日变得轻松些。可以肯定这不是在影射失去的学业。本·琼森给他的罗马剧和古典风格的假面剧添加学究式的脚注;莎士比亚则带着笑容信手写些不正经的东西。

  正规学校教育的结束对威尔来说意味着要花更多时间在手套生意上,这使他熟悉了小山羊皮和鹿皮的特点。可到 16 世纪 70 年代晚期之后,需要帮忙的生意就所剩无几了。根据镇上的记录,1566 年出生的威尔的弟弟吉尔伯特是个"杂货商",1580 年出生的埃德蒙随威尔去伦敦当了演员。但威尔的三弟,1574 年出生的理查,大约活了四十几岁却没留下任何记录。他很可能也没当手套商,如果他和父亲的生意有什么关联,如果他在生意上取得了成功,就有可能留下记录。

  哈姆莱特告诉霍拉旭,人身上常有"一些丑陋的胎记"(1.4.18.8),就是指某种天生的癖好或弱点,毁坏了原本全然美妙的生活。哈姆莱特予以深切关注的缺点是酗酒,这是丹麦的国民习气之一,他说,"违背这种风气比遵循它更光荣"(1.4.18)。哈姆莱特悲叹其他国家叫我们醉鬼,因而玷污了我们的名声:

  事实上它使
  我们各项伟大的成就
  都因此而大为减色。

(1.4.18.4—6)

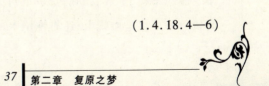

哈姆莱特就该缺点浮想联翩,这使这段话显得相当独特——他的态度极其认真,像是思想正勉力通过话语进行自我表达——同时又怪得不着边际,因为这部悲剧的其他部分都未将他那狡诈、精明的叔叔及其帮凶着意刻画成酒鬼。有一种《哈姆莱特》的版本干脆删掉了这几行台词,仿佛它们是失误的起笔,莎士比亚并没有顺着它继续写下去。

这难道是另一条解释他父亲为何没落的线索?难道这个1556年任自治镇啤酒品评员的人是由于饮酒而陷入困境?17世纪中期,公众开始对他们最伟大的剧作家的生平感兴趣,罗彻斯特的执事长托马斯·普鲁姆信手记下了他对这位斯特拉福镇手套商的看法,有人还见过他出现在这个"满面红光的老头"的店铺里,询问他那出名的儿子的情况。据说这个当父亲的这样答道:"威尔是个诚实的好孩子,"还补充说"[我]任何时候都会和他开开玩笑",似乎为了反驳别人的异议。这则轶事流传的时间很晚,所以不可能是目击者提供的,但它确实包含了有关约翰·莎士比亚这个真实人物的线索,他和蔼可亲,既为自己的儿子感到自豪又有点争强好胜,"满面红光"有可能不仅是天性淳良或年事渐高的表现吧?

莎士比亚在整个职业生涯中都在不断考虑酗酒问题。他借哈姆莱特之口意味深长地表达了对酗酒的厌恶。但他又为由酗酒产生的有趣的愚蠢、活力充沛的逗趣、友好的胡言乱语、对礼节的漠视、洞察力的闪现和对世间烦忧奇迹般的抹消而着迷。即便在刻画酒可能造成的灾难性后果时,莎士比亚也从未显出禁酒者的腔调,《第十二夜》里醉醺醺、无法无天的托比·培尔契爵士果断地奚落了清教徒马伏里奥:"你以为因为你讲道德别人就不许喝酒取乐啦?"(2.3.103—104)。最明白无误的例子出现在最伟大的悲剧《安东尼与克莉奥佩特拉》中,世界的主宰者们喝醉了酒,手拉着手跳起"埃及酒神祭献舞"(2.7.98)。甚至连严肃、精明的凯撒也不由得受了感染:"真奇怪,我的头脑越洗越昏。""诸位,我们散席吧,"他说,他看着周围人的面孔,感到自己的脸发烫,"你们看我们的脸都红了"(2.7.92—93,116—117)。

如果说凯撒冷静的节制标志了他可能在争权中取胜,它也同样表明了他远不及放纵不羁、生气勃勃的安东尼讨人喜欢。《安东尼与克莉奥佩特拉》中的高贵——不仅是血统上、还有性格上的高贵——都与无节制有关,这种扩展到莎士比亚多部剧本的观念颇有经验之谈的说服力。也许在他那观察力敏锐、想象力丰富的孩子眼中，约翰·莎士比亚只有在沉湎于杯中物、满脸通红时才最像绅士。

但在剧本中，酗酒是和小丑、丑角、失意者、国王相联系的。在早期剧作《驯悍记》里，醉酒形象通过人物克里斯朵夫·斯赖得到了几近完美的表现，这个人物吵吵嚷嚷、软弱无能又争强好斗，根本不愿赔偿他打破的杯子。当酒店女主人骂他是无赖，威胁说要去喊官差的时候，这醉醺醺的乞丐傲慢地强调了他的家族荣耀——"俺斯赖一家可不是无赖。瞧瞧编年史——咱们的老祖宗是和征服者理查皇帝一起来的"（序幕1，3—4行）——说着他马上就睡着了。过了一会儿，一个贵族想要骗骗这个乞丐，使他相信自己是个勋爵，被搞糊涂了的斯赖坚持对个人身份更加朴实的看法："怎么！你们把我当作疯子吗？我不是勃登村斯赖老头子的儿子，出身小贩，学过制梳羊毛刷手艺，也曾领过驯熊，现在当补锅匠的克里斯多弗·斯赖吗？你们要是不信，去问曼琳·哈基特，那个温科特村里卖酒的胖婆娘，看看她认不认识我。"（序幕2，16—20行）

莎士比亚写这部喜剧时刚到伦敦不久，所以斯特拉福镇附近地区在剧中留下了鲜明的印记：他的亲戚兰伯特居住的石南庄园、或许他得知住着哈基特一家的温科特、可能还包括斯赖本人，因为有个斯蒂芬·斯赖就住在斯特拉福镇。这些引入城市舞台的熟悉细节使对乡下人的荒唐事的描述显得真实可信，莎士比亚肯定觉得这很有趣。也许他也像他的喜剧人物一样，被刚发生的转变弄得眼花缭乱。他已经从地方上的一个无名小卒变成了大都市伦敦的职业演员兼剧作家了，他用这些细节提醒自己记住自己的身份——斯特拉福镇老约翰·莎士比亚的儿子。克里斯多弗·斯赖这个人物不太可能是对他父亲的刻画——他父亲的成就和社会地位都要高得多——但也许酗酒、家族自尊心、不断增加的债务、不情愿付账、无法付账似乎和石南庄园、温科特这些熟悉的地名一样，是对家庭的回忆。

莎士比亚对醉酒最伟大的表现是由约翰·福斯塔夫爵士这个人物来体现的，这个奇胖无比的骑士不断要人给他来杯从西班牙和加那利群岛进口的白酒，他的吆喝实际上成了他的格言："给我来杯干葡萄酒。"在《亨利四世》的第二部分中，福斯塔夫爵士发表了自己的狂想，列举了产于安达卢西亚赫雷斯的白葡萄酒"雪利酒"的优点——对其引发巧智和勇气的能力进行了戏仿性的科学分析：

> 一杯上好的白葡萄酒有两重作用。它升上头脑，把包围在头脑周围的一切愚蠢沉闷混浊的乌烟瘴气一起驱散，使它变得敏悟机灵，才思奋发，充满了活泼热烈而有趣的意象，把这种意象形之唇舌，便是绝妙的辞锋。上好白葡萄酒的第二重作用，就是使血液温暖。一个人的血液本来是冰冷而静止的，他的肝脏显着苍白的颜色，那正是屡弱和怯懦的标志。可是白葡萄酒会使血液发生热力，使它从内部畅流到全身各处；它会叫一个人的脸上发出光来，那就像烽火一样，通知他全身这个小小王国里的所有人民武装起来；那时候分散在各部分的群众，无论是适处要冲的或是深居内地的佃民贱隶，都会集合在他们的主帅即心灵的麾下，那主帅拥有这样的军力，立刻精神百倍，什么勇敢的事情都可以做得出来。而这一种勇气却是从白葡萄酒得来的。

(4.2.86—101)

当然，剧作家可能在啤酒店听过这种酒颂的原型，或是自出机杼信笔写就。他父亲从一度成功的执行官变成藏在家中躲债者，有了这一转变为背景，这个演说的结尾就变得引人注目了："要是我有一千个儿子，我所要教训他们的第一条合乎人情的原则，就是戒绝一切没有味道的淡酒，把白葡萄酒作为他们的终身嗜好"(4.2.109—111)。也许家庭经济情况变差之后，这就是威尔心目中父亲的首要原则，是快破产的手套商决心留给他的遗产。

但这并不意味着威尔必须接受这个遗产。有关莎士比亚最早的逸闻之一表明他虽然是个好同伴，却不"喜欢交际"——他"不喜欢寻欢作乐，如果接到正式邀请不得不去：他就称身体不适"。奥布里记下这些情况时已是大约1680年，这位剧作家已去世多年，但它作为对往事的独特回顾，有可能是真实的。"他就称身体不适。"在美人鱼酒店里和乡村酒徒赛酒量、醉后妙语横生，仰慕他的贵族一赠千金的故事，比起用礼貌的借口谢绝邀请留在家中的脾性，更适合充当传奇的材料。无论怎么说，某种程度的踏实稳健听起来真实可信；否则很难想象莎士比亚如何做到他所做的一切——背台词、上台表演、帮助管理剧团的复杂业务、买卖乡村房地产和农产品、撰写需要精心构思的十四行诗和长诗,并且在约二十年间平均每年写一部惊人之作。

莎士比亚通过特写镜头刻画酒鬼——他注意到他们双脚不稳,鼻子、面颊上的静脉破裂、说话含糊不清——而他在刻画他们时带有理解、赞同之情,甚至带有喜爱他们的倾向,这点不同寻常。但他的同情混有其他因素,其中包括哈姆莱特所表达的莫大的浪费感。他从托比·培尔契爵士身上看到了一个寄生虫,他榨取侄女的钱财、无情欺骗轻信的朋友安德鲁爵士,他被他认为好欺负的柔弱男孩痛打一顿完全是罪有应得。在福斯塔夫身上他看到了某些大致相似之处——正在陷入困境的绅士——但困境更深、更严重:一个放荡的天才、深不可测的愤世者,几乎令人无法抗拒的自信的人,一个病态、怯懦、迷人、可爱的怪物,一个不可信任的父亲。在两个例子中,酗酒似乎都与快乐和即兴的巧智相关,贵族式的漫不经心既作为狡猾、精明策略的一部分,又作为对旁人的无情剥削受到了令人惊心的揭露。同样的,失败的策略:堂皇的计划、想象的财富、对无穷未来的幻想——一切都化为乌有,在已经长大成人的儿子对使他失望的象征意义上的父亲所持的鄙视中幻灭。福斯塔夫看到哈尔在伦敦获胜时欢呼道:"上帝保佑你,我的好孩子!"在莎士比亚撰写的最具毁灭性的演说之一中,哈尔做了这样的回答:"我不认识你,老头。"

> 跪下来向上天祈祷吧;
>
> 苍苍的白发罩在一个弄人小丑的头上,是多么不称它的庄严!
>
> 我长久梦见这样一个人,
>
> 这样肠肥脑满,这样年老邪恶;
>
> 可是现在觉醒过来,我就憎恶我自己所作的梦。
>
> (《亨利四世》第二部分,5.5.41,45—49)

这就是铭刻在这部历史剧中的话,是刚加冕的英格兰国王对他那极其有趣、极其危险的朋友所说的话。在表现哈尔与福斯塔夫的关系所包含的莫大力量与感伤时,难免要流露出某些非同寻常的私人化的力度。

没落手套商的儿子是如何走向剧坛的呢?在毫无文献记载的情况下,一代代热心崇拜者们以莎士比亚的作品为重要根据,从中寻找线索。他们细心研读了他留下的众多作品,那些剧本、诗歌首先闪现了作者的生活意趣,又对他可能从事过的职业提供了引人入胜的暗示。

在他的剧作和诗歌里频频出现的法律场景和术语——大体上使用正确,并渗透到最出人意料的场景中——使人们一再猜测他曾在地方律师事务所工作过,处理次要诉讼、资质调查等事务。无疑,这种工作总体而言令人生厌,但它能挣来桌上的饭食,满足他对新鲜词汇和新奇比喻的嗜好。我们不难作此想象,这个法律事务所职员在做文件盖章这种单调活计时浮想联翩——正像上拉丁文课的学童——想象出色情幻象。几年之后,这些幻象以热烈追求年轻俊美的猎手的女爱神形象出现,仍残留着卑微出生的痕迹。气喘吁吁的维纳斯说道,"纯洁的嘴儿呀,你既在我柔软的唇上盖了封印",恳求再得到一个吻。

> 我能作什么交易让你继续盖下去?
> 哪怕是把我卖给你我也千肯万肯,
> 只要你肯出价买我,肯作公平交易。
> 你若是认可这买卖偏又怕出问题,
> 请在我封蜡似的红唇上再盖个印记。

(《维纳斯与阿多尼斯》,511—516 行)

根据这条有关莎士比亚生平的记录,在火漆上盖印的意象不仅表现了想象中的亲吻,还表现出累月甚至长年从事法律工作在诗人想象中留下的深刻印象。

也许是这样。但威尔作品中频繁出现的皮革行业术语之所以被视为可靠的个人线索,只是基于他曾在父亲的店铺里工作的客观可能性。一旦脱离了这种大致确定的经历,莎士比亚那不可思议的能力就会使我们陷入困境,他能从众多行业中吸收新词,并把专门术语闪电般转化为对思想、感情的精湛表达。这种吸收并不均衡——例如,虽然他一生中多次买卖房产,他吸收的建筑术语以及房产生意术语却相当少——但人们难以用语言为线索追溯他从事过的职业,这是个相当鲜明的总体印象。无疑他吸收了法律语言和概念,但他对神学、医学、军事语言、概念的熟悉程度也同样显著。难道他也亲身从事过所有这些职业吗?作为一个没盼头的年轻人,他可能跑去参军,参加荷兰海战——一些对他剧本中使用的军事行话有印象的人这样猜测。从他对航海旅行的显著兴趣看,他有可能在开往美洲的船只上找到职位——像沃尔特·罗利说的那样"去寻找新世界","寻找黄金、赞誉和荣耀"。可是据保险业的统计,他能从这种冒险中生还的可能性微乎其微。从事这些行业的可能全都无法解释从斯特拉福镇到伦敦的发展趋势。每种职业实际上似乎都只会让他远离生命中最重要的地方——剧场。

一个有才华的小伙子加入剧团最有可能的方式是从学徒做起。可威尔的结婚证书确凿无疑地说明1582年11月他在斯特拉福镇，这时他18岁，他的孩子们——苏珊娜的洗礼仪式是在1583年5月26日举行，双胞胎哈姆尼特和朱迪斯的洗礼仪式是在1585年2月2日——强有力地证明了他仍在那里生活或至少定期到那里去。学徒通常从青少年时代就受聘，而且还不准结婚（更别提在近20岁时当爸爸）。但当剧院学徒所需的技能仍为了解年轻的莎士比亚离校后很可能学习的东西提供了线索。

莎士比亚的一名演员同事、生意伙伴兼朋友奥古斯丁·菲利普斯（留给他的"同事"莎士比亚一枚"30先令的金币"）在临终遗嘱里提供了有关学徒所需技能的信息："我赠给过去的学徒塞缪尔·吉尔本40先令、还有我那条灰褐色的天鹅绒紧身裤、一件白色的塔夫绸紧身上衣、黑色塔夫绸套装一套以及我的紫色斗篷、长剑、短剑、低音六弦提琴。给我的学徒詹姆士·桑兹40先令、一把西特琴、一把三弦琴和一把鲁特琴，学徒契约期满他就可以得到这些物品。"金钱只是遗赠的一部分。过去的学徒吉尔本和现在的学徒桑兹都得到了有价值的道具：服装、武器和乐器。詹姆士·桑兹要等到学徒期满才能得到遗赠，这表明菲利普斯把他的剧团的利益摆在至高无上的位置：他不希望年轻的演员继承了钱和乐器后服务于该剧团的竞争对手。

菲利普斯的遗嘱采用的措辞表明了剧团对演员的某些期望。演员首先应该是有才华的乐师，至少能弹奏菲利普斯显然会弹奏的种类相当繁多的弦乐器——类似吉他的西特琴、类似曼陀林的三弦琴（"班卓琴"这个词就源于该乐器）、极受欢迎的鲁特琴和低音六弦提琴。其次，演员们应该懂得打斗——至少要能有模有样地假装打斗——而且是用长剑和短剑打斗。更笼统地说，他们必须动作灵巧：在伊丽莎白时代的戏剧中常有舞蹈和打斗，无论是悲剧还是喜剧，剧终时演员们都要表演一场复杂的舞蹈。（想象《哈姆莱特》或《李尔王》结束后演员们清除掉舞台上的血迹，手牵手表演高超的舞蹈还真的要费点劲，不过他们就是这么做的。）再次，就像遗赠清楚表明的那样，他们应该着装优雅：菲利普斯那条"灰褐色的天鹅绒紧身裤"无疑是用于展示他的腿——在长裙风行的年代,吸引目光的是男人的腿而不是女人的腿。

音乐才能、斗剑,以及上述的昂贵天鹅绒、丝绸服装(因为塔夫绸在这一时期指的是一种无花纹的丝绸)都表明了伊丽莎白时代演员训练中最重要的方面:演员应能像样地模仿绅士、淑女的举止。也就是说,几乎完全从占人口98%的"非贵族"人士中挑选出来充当演员的男孩和男人要假装那2%的上层人士的风度。当然,并非戏中所有的角色都是贵族,有些演员无疑专演低层人物,但是在有保留剧目的剧团里,大多数演员都应能扮演多种阶层的人物。剧团的预算表清楚地表明它们愿意花费大量钱财,使演员能够逼真地扮演贵族。除了场地费之外,剧团最大的一项开支就是置装费——用来购买观众们期望看到的、为扮演绅士淑女的演员增添风致的华服。

这儿有个自相矛盾之处。官方把演员与流浪汉归在同一等级;演员们从事的行业一向受到侮辱和蔑视。作为"无主之人"——这种人没有家庭、没有正当工作又不附属于别人的家庭——他们有可能被逮捕、鞭打、戴上足枷、手枷或是打上烙印。(因此他们在法律上自称为贵族仆从或行会成员。)可他们行业的要点却是令人信服地扮演上流人士,以此取悦有眼光的观众,而观众之中就有真正的绅士淑女。奥古斯丁·菲利普斯遗留给学徒的是该行业所需的道具,该行业要求他们花大量时间学习如何摹仿社会层次更高的人的外貌、举止。菲利普斯自己显然想在剧场之外继续这样的表演:他买了一枚无权使用的盾形纹章,此举使他遭到一名纹章局官员的攻击,这个官员(主要因为其佩戴的机构徽章)被称为赤龙纹章院官员。

我们几乎不了解自己对特定职业的爱好是如何产生的,更不用说能了解一个四百年前的人为什么喜欢该行业了。对语言的喜爱、对演出的敏感以及某种假戏真做引起的情欲刺激都可能吸引他走向舞台。但是,从莎士比亚的家庭背景来看——母亲的出身可以追溯到显赫的帕克府的阿登家族,父亲在社会上崭露头角后又没落下去——伊丽莎白时代戏剧表演的核心在此得到了强烈的暗示。威尔受表演行业的吸引,或许部分由于它主要涉及对贵族生活的摹仿。当然,真正以此为跻身贵族行列的渠道是荒谬的:想要提高社会地位,当演员或是当剧作家很可能是想象得出的最糟糕的手段,就类似于想通过当妓女来成为贵夫人。但正像妓女变成贵夫人的传奇故事那样,某些职业中确实有强大的摹仿魔力在起作用。在舞台上莎士比亚能变成他的家庭出身说明他是、而他也自认为是的人。

即使没有正式的剧团学徒期，威尔青年时代可能就在斯特拉福镇掌握了所需的大部分知识。当地有不少有才华之士；能言善辩想象力丰富的威尔可能向一个多才多艺的邻居学弹鲁特琴，向另一个学跳舞，再向另一个学剑术。他也可能看着镜子里的影像和墙上的影子背诵气势磅礴的演说、练习具有宫廷气派的举止。由于母亲和帕克府的阿登家族沾亲，父亲的声望虽不如从前但仍然显要，他或许自认为能获得绅士的角色，实现父母的梦想。

约翰·莎士比亚一度有过很高的期望，想象自己的成就能让家族有个辉煌的未来。处在财富和威望的顶峰时——1575 或 1576 年，正是在他开始没落之前——他向纹章局申请了一枚盾形纹章，这是个花费巨大的工程，他这么做既是为自己争取权利，也是为了提高子孙们的社会地位。争取被授予一枚盾形纹章——不是像菲利普斯那样打算偷偷买一枚，而是通过官方程序获得——是超越表演面对现实之举。

伊丽莎白时代的社会具有严格、普遍、显著的等级制度：男人的地位高于女人，成年人高于儿童，老人高于青年，富人高于穷人，出身名门者高于平民。任何人若违反这些规则：比如说忘记给地位高于自己的人让座、试图当着地位高于自己的人的面穿过一道门、在教堂里或饭桌上马虎地坐在自己不配坐的地方，都会惹上麻烦。斯特拉福镇附近小镇的乡绅威廉·库姆曾把一个名叫希科克斯的人投进沃里克的监狱并禁止保释，就因为希科克斯"在他面前没有表现出他所期待的尊敬"。社会精英生活的世界充满了细致规定的表示尊敬的举止。他们要求地位低的人在他们面前不断表示尊重：鞠躬、下跪、脱帽、卑躬屈膝。劳动事实上没有获得尊重，相反，无所事事才得到赞誉。服装上也不民主——权贵和工匠穿着一致的文化离莎士比亚生活的世界再遥远不过了。这不仅仅是钱的问题。王室公告正式规定只有贵族才能穿丝绸和缎子服装。演员不受这种规定的限制，但在剧场之外穿这些质地的服装也不合法。政府官员和王室对待上层社会人士与下层人民的方式截然不同，甚至连处决的方式也有讲究：下等人绞死，上等人斩首。

从自耕农——约翰·莎士比亚离开土地在生意上取得成就后仍算自耕

农——变成绅士是社会地位的一大改变,实际上是改变社会身份。伊丽莎白时代的社会严格地分为许多等级,但主要的是贵族和"普通人"、"下等人"之间的界限。这种划分一般被神化为血统的区别,一种无法改变、与生俱来的特性。但这种界限同时又是可以跨越的,其途径众人皆知。"至于绅士,"与莎士比亚同辈的观察家、精明的托马斯·史密斯写道:

> 他们在英格兰变得廉价了。因为任何学习王国律法、上过大学、声称受过文科教育的人,简单地说,任何无所事事、不从事体力劳动、具有绅士的姿态、钱财和外表的人都会被称作老爷,因为这是人们对乡绅和其他绅士的称呼……而且,如何需要的话,他可以出钱向纹章局购买新造好、新设计的纹章,这个称号就会由上述纹章局伪称是通过细读旧文献发现的。

"上过大学",不仅是身为自耕农、手套商的约翰·莎士比亚缺少的经历,也显然是他没能让长子获得的经历。但这还不算全盘皆输。跻身精英行列的关键要求是活得像个绅士——也就是说,要"无所事事",并把开销维持在某一显著水平上。另一个要求是把向上爬的梯子藏起来——也就是说,要假装原本就是绅士。史密斯提到,可以通过向专门捏造历史、掩盖社会地位变化的机构纹章局购买纹章,满足这个要求。金钱会使纹章官伪称他在旧文献中发现事实上由他——或是申请人——捏造的内容。

这件事并不像史密斯那荒谬的记录里所写的那样简单。要成为"阿米格尔",即一个有权获得纹章的人,还得满足某些以纹章局总局嘉德勋章院为首的官僚机构制定的要求。

按约翰·莎士比亚的情况,是他担任的公职帮他获得了资格:"任何被提升到公共管理职位或高级职位的人,"一个这方面的专家认为,"无论其获得的是神职、军衔、还是公共职位……纹章局都不该拒绝为该公众人物设计纹章,只要他提出请求,并愿意接受所设计的样式。"斯特拉福镇的执行官正是这样的"公众人物",因此,约翰·莎士比亚向纹章局呈交纹章的草图时,必然自信申请能获得批准。可是虽然从法律上说通过购买盾形纹章,你和你的后代可以永远自豪地使用它,但你一定要付钱的。纹章局索价高昂。经济情况恶化后,晋升到绅士地位看来无异于无望的浪费,还可能是个讽刺,就像乞丐梦想当国王一样。约翰·莎士比亚的申请就被搁置起来遗忘了。

可他的长子似乎没有忘记此事。十年之后,就在 1596 年 10 月,这个程序又重新启动了。原来的草图——"盾面为金色,深褐色的纹章对角线上有一裹金银枪。顶端有一猛隼为纹章之标志。猛隼双翼张开,系纯银制成,猛隼站在与之同色的花环上,执一只金矛。依惯例置于头盔、斗篷与穗缨之上"——从架子上取了下来,它搁在那里已经蒙上灰尘了;约翰·莎士比亚的申请得以重新考虑,这一次获得了批准。是谁重新提出申请,提供了必要信息,把费用付给因贪婪、傲慢、暴躁而臭名昭著的伦敦纹章局总长威廉·德思克爵士?这不会是上了年纪的手套商夫妇,他们的经济情况不可能有很大改善,也不可能是地方缝纫用品商吉尔伯特、看来不存在的理查、失败的演员埃德蒙、或是未婚妹妹琼。显而易见答案是威廉,这时他已经在伦敦剧坛上相当成功了。

他为什么要费这个事呢?最显著的原因是帮助父亲完成这个工程可称既有远见、又于己有利的大方举动,这个剧作家和他的孩子可以借此获得贵族地位。此时的威尔无疑不仅能在舞台上扮演贵族,还能把这个角色带出剧场,但他自己和旁人都知道他在扮演不属于他的角色。通过他父亲曾担任的职务,他现在有办法合法地获得原先只能扮演的角色。他可以合法地在剧场之外穿舞台上所穿的服装。对一个特别注意社会地位的人来说——莎士比亚的职业生活的大部分是在想象国王、贵族、绅士的生活——对特权的期待似乎是甜美的。在临终遗嘱上他可以这样签名:"生活在沃里克郡埃文河上斯特拉福镇的威廉·莎士比亚,绅士。"他的继承人及其后代可以更加远离手套店,因此,也远离剧场;他们可以奢侈地视自己的贵族身份为理所当然,不受嘲弄地自以为像那条某人——完全可能又是莎士比亚本人——设计的陪衬盾和纹饰的箴言那样:Non sanz droict(并非无权)。

"并非无权"这句箴言难道不带几分自辩色彩,以及获得绅士地位会使人扬眉吐气的意味吗?如果是这样,这种不安全感看来不是来自贫穷的手套商,而是来自他那当剧作家取得成功的儿子。因为无论约翰·莎士比亚遇到了什么麻烦——酗酒、愚蠢地借贷还是其他种种——他在斯特拉福镇担任的职位毕竟还使他拥有合法的社会地位,使他有权要求得到绅士地位。他的儿子就不一样了。对受过教育的人来说,再也没有别的职业比当演员更叫人在社会上蒙羞的了。从他写的十四行诗里,人们可以猜出莎士比亚深切意识到了这种耻辱,他在诗里写道,就像染工的手一样,他被自己从事的职业玷污了。就是出于这样一种对社会耻辱的自觉——即对上蹿下跳使自己变成众人眼中的小丑的滋味的体验——他提出具有半挑衅、半防御意味的家族箴言。

把这句话写在纹章授权文件草稿上的办事员犯了个很能说明问题的错误——要不是出于无心就是狡猾地表示讽刺——只好把写错的地方划去:他写了两遍"Non, sanz droict"。这个逗号把箴言变成了官方的反对意见:"不行;理由不当"。经过修改,箴言终于写对了,纹章也颁发了。但对威尔来说,这种不安全感——或至少说是不合理性——不可能消失,因为总有笑话传开,还有讨厌的家伙提起这件事。大多数社会意见的表现——扬眉毛、做鬼脸、讽刺性的俏皮话、打趣——都会很快消失,维持不了一两天,更不用说四百年。可在这件事情上,或许是由于侮辱性声浪之高,或许是因为威尔是公众人物,社会意见的踪迹保留了下来。1599 年,"内务大臣供奉"剧团在新建的环球剧场上演了本·琼生的讽刺喜剧《人人扫兴》,剧中有个名叫索格里亚多的粗俗丑角花了 30 英镑买一枚可笑的纹章,他的熟人开玩笑建议给他一条侮辱性箴言"并非无芥末"。作为"内务大臣供奉"剧团的成员,威尔在排练、演出时很可能一再听到这种嘲弄。他很可能会不自在地笑笑——除此之外还能拿这种嘲弄怎么样呢?

1602 年又发生了使他不自在的事,约克纹章局一个心怀不满的系谱专家拉尔夫·布鲁克正式起诉嘉德勋章院的威廉·德思克爵士滥用职权,把低等人擢升到他们不配享有的地位上来。布鲁克开出属于此类情况的 23 人的名单。"演员莎士比亚"在其中名列第四。

莎士比亚机智地嘲笑了这种小题大做,也很可能他已经知道自己将会招致尴尬的处境。也许他认为社会威望值得畏惧,但他的进一步重要举动表现于德思克起草的批准约翰·莎士比亚申请的文件上的特别说明。这些说明肯定是以为申请付款者所提供的信息为根据的,如果纹章局官员工作负责,他们可以核实这些情况。这个说明中自然没有提及手套商的店铺或对羊毛和其他商品的非法交易,而是模糊地提到申请人的祖先的显赫地位,据称其祖先曾"忠勇地效力于"亨利七世,尽管这种效力或因此所获的奖赏没有留下记录,德思克注明了"上述的约翰娶了威尔姆科特罗伯特·阿登的女儿即其继承人之一,"

并出任过斯特拉福镇的治安官和执行官,还拥有价值500英镑的"土地及象征财富的住宅"。

到了1596年这些条件就像克里斯多弗·斯赖的夸口"咱们是和征服者理查皇帝一起来的"那样,成了梦一般不现实的东西。约翰·莎士比亚远不至于贫困潦倒——虽然受了损失,仍然拥有产业——但已经不像当初提出申请时那样"富裕"了。威尔可能提供给嘉德勋章院的说法——这是一个其祖先曾为国王效力、自己娶了出身显赫的女继承人、并晋升到高级地方官员职位的人的事迹,简言之,这是一个拥有相当资产者的事迹——它抹消了这个人的其他情况,比如抵押妻子的财产、因为躲债不敢离家,到1582年与镇民关系恶化,出于对"死亡和毁损肢体"的恐惧只好申请获得四个人的治安担保。在纹章申请中,约翰·莎士比亚不仅恢复了失去的职位,还被提升到他从未获得的位置上。

复原之梦毕生萦绕着莎士比亚。在《错误的喜剧》中,叙拉古的商人寻找失踪的双胞胎,在敌对城市以弗所被捕,除非他付一大笔罚金,否则就有被处死的危险。身份不明引起了滑稽的混乱,在混乱中他的一个儿子因欠债被穿皮外衣的官员(就是那种过去陪同执行官约翰·莎士比亚的官员)逮捕,经历了混乱之后,因33年前的海难失散的父亲和双胞胎及他们的母亲、他所深爱的妻子,得以重新团聚。商人保全了性命,罚款也取消了,儿子的债务解决了,一个家庭神奇地恢复了原样。在《威尼斯商人》中,一个富裕的商人在一系列海难中失去了所有财产,将被无情的犹太债主整死,可通过对法律的聪明阐释,他重新获得了失去的一切,还得到了债主的钱财。在《第十二夜》中,一个贵族的儿子和女儿由于在伊利里亚海岸发生的海难而失散。儿子此后过着梦游一般的生活,女儿改名换姓假扮成小伙子西撒里奥。这个假身份使她的社会地位骤降——西撒里奥当了仆人——可她在伪装之下仍坚持自己原来的出身。傲慢的女伯爵问"你的父母是什么样人?"仆人回答说"比我的身份高,不过我的身份也不恶;/我是个绅士。"女伯爵被打动了:

> 我敢起誓你是:
> 你的谈吐,你的相貌,你的四肢、举止、精神,
> 给了你五种勋章证明你的身份。

(1.5.247—249,261—263)

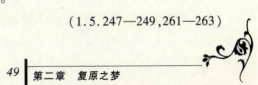

第二章 复原之梦

不是他的服装和职位,而是他的谈吐、相貌、四肢、举止、精神这"五种勋章"使西撒里奥获得了绅士的纹章。当兄妹偶然相见时,他们也坚持原来的身份:

  西巴斯珊:请问你对我有什么情谊?哪一个人?姓名是什么?父母是谁?

  薇奥拉:我是麦萨琳人;我的父亲是西巴斯珊。

(5.1.224—225)

他们不仅恢复了本来的社会地位,还和比自己地位高的人结婚,年轻女士嫁给了伊利里亚公爵,年轻人娶了有钱的女继承人。

  上述例子中的复原都不是简单直接的。叙拉古的商人重新获得了由于灾难性的海难实际上不复存在的家庭。轻视高利贷的威尼斯商人不仅重获在海上失去的财产,还获准"使用"犹太放债者积聚的财产的一半。双胞胎兄妹的重聚和恢复原有身份就不太一样,因为他们有了新的配偶,薇奥拉嫁给了长久以来疯狂爱慕女伯爵的公爵,这个女伯爵就是西巴斯珊极其富有的新娘。但提高社会地位的成功奇怪地笼罩在女伯爵的管家马伏里奥的阴影中,他梦想着能有西巴斯珊那样的亲事。

  马伏里奥表现了莎士比亚本人对获得绅士地位的幻想的阴暗面。据讨厌他的女仆玛丽亚所言,马伏里奥是"一个虚矫的蠢驴,背诵熟了体面的会话,成本大套地对人说"——也就是说,他背诵地位比他高的人使用的既威风又夸张的言辞。他还很自恋:"自以为满是优点,凡是和他接触的人必定都爱他"(2.4.132—135)。莎士比亚十四行诗所刻画的困扰作者本人的"自恋的罪过"困扰着马伏里奥:"我认为没有谁的面容如我的一般优雅。/没有谁的身材如我的一般挺拔"(62.1,5—6)。因为他有这些特点,对头们的报复见效了,使他成了"大家的笑柄"(2.3.121)。

  那么说来使马伏里奥贻笑大方的不仅是暴躁的性情或清教徒式的严肃,而是他那成为绅士的幻想。包括莎士比亚在内的演员学习行业知识的过程也很接近受嘲笑的内容。玛丽亚告诉她的同谋"他在那边的太阳光下和自己的影子练习礼节"(2.5.14—15)。当他足够接近时,嘲笑他的人看到他在预演自己"成为马伏里奥伯爵!"的幻想,"现在他已经深陷进去了,"一个同谋低声说,

"你看想象使他多么忘形"（2.5.30,37—38）。观众们应邀观看一个人如何——"深陷进"——自己扮演的角色中,他们还能看到临时准备的布景,连带着服装、小道具、对话和演员们所说的背景故事：

> 娶了她三个月之后,我在宝座上坐着……叫我的官员们环立着,我穿着绣花的绒袍；我是才从一个沙发床上起来的,奥利维娅还在那里睡着……然后摆起贵人的架子：慢腾腾地望他们一转,告诉他们我晓得我的位分,愿他们也知道他们的位分,叫我的族人陶贝来……我手下的七个人,立刻奉命去请他。我皱眉一下；或者拿出我的表来上弦,或是玩弄我的——[摸了摸表链]一些贵重的宝石。
>
> （2.5.39—54）

马伏里奥就要被骗入为他设的圈套,这圈套会使他系起交叉着绑的黄袜带、摆出不相称的微笑,使他被当成疯子关起来,还要遭受奇耻大辱。这是莎士比亚最出色的喜剧情节,其素材来源于他的内心世界,包括对整个——他自己和父母——谋求贵族地位——计划的嘲笑。

莎士比亚发现恢复从前的乐趣和讽刺具有无穷的吸引力,甚至在悲剧和悲喜剧中也不例外。在《李尔王》的高潮部分,老国王的坏女儿被打败了,国王本人在历尽损失和可怕的苦难后重获"绝对的权威"（5.3.299）。可是这些都来得太迟了：他深爱的女儿考狄利亚死在他怀中,他自己也怀着绝望的苦痛和以为她还活着的幻觉痛苦地死去。同样的命运也落到雅典的泰门头上,他发现自己失去财产时也失去了朋友,于是独自在树林中生活。从地里挖草根吃时他发现了黄金,他最不希望得到的东西,一下子又成为极富的人,这让他恶心得要死。在《冬天里的故事》中,国王雷欧提斯十六年后又找到了似乎已因其过分猜疑所产生的妒忌而死的妻女。但时间上的鸿沟无法轻易抹去：雷欧提斯说,他的妻子并不像他发现的女子,因为她"脸上没有那么多皱纹,并不像/这座雕像一样老啊"（5.3.28—29）,其妒忌的其他受害者——他唯一的儿子迈密勒斯王子和忠实的大臣安提格努斯,却无法奇迹般地复生了。回到过去的情感得到了强烈的表现——看来无可挽回的损失极其意外地挽回时的感受——但这种挽回与其表面绝对不太相似：挽回的过去变成了杜撰或幻觉,更糟的是它加重了失落感。在戏剧生涯马上要结束的时候,莎士比亚在《暴风雨》中再次采用了这种情节结构,赋予其几近纯粹的形式:一个统治者被夺走了公爵领地,被迫和幼小的女儿一起坐着漏船在海上漂荡,因为船难来到了奇怪的岛屿;几年之后,他施展法术战胜了对头收复了领土。这些主题既熟悉又老套,但引人注意的是莎士比亚一再表现出对收复失去的财产、头衔和身份的强烈渴望。

威尔剧作中不同形式的复原和更新失效的绅士身份申请之间没有直接联系。艺术极少如此明晰地取材于生活环境,否则它的吸引力会大打折扣。莎士比亚的职业使他能够打动成千上万人,他们中无论是谁都没理由对斯特拉福镇手套商的生意和社会地位感兴趣。但他或许试过很多影响观众的方式,对某一套故事情有独钟——他感到这些故事能起作用,甚至可能浸淫其中,对它进行处理——这似乎不完全是臆测。虽然他的想象力翱翔在遥远的地方,激发其想象力的幻想似乎总根植于他生活的现实环境,或是因该环境而落空的期望与憧憬,因此,即便是在以神话般的雅典为背景的《仲夏夜之梦》,或在以浪漫的波希米亚为背景的《冬天里的故事》中,总有一些提示使我们想起在斯特拉福镇亨里街长大,梦想自己是绅士的小伙子。青年时代晚期的某个时候,这个年轻人意识到这个梦已经和母亲的嫁妆、父亲的公职一起消散了。可是,正如我们在他的生活和艺术中所见,他并没有放弃这个梦想。

在他的剧本中,无法预料的灾难——船难是他喜爱的一种表现方式——一再将看似乐观的进展、前景、顺利的航行突变为灾难、恐惧和损失。物质损失显著而直接,但身份的丧失才令人更加无法抵抗。身处陌生的海岸,没有朋友、熟人、家庭关系——这种灾难常以有意改名换姓或失去姓名为缩影,而随此而来的就是社会地位的改变和消失。莎士比亚笔下的人物们一再宣称自己属于贵族阶级,因为这点已不再显而易见了,贵族阶级通常拥有的标志已让狂暴的海浪一扫而空。

在威尔的想象中,父亲的失败看来或许正像一场船难,不过莎士比亚一家没有可靠的贵族身份可作起点。即便能获得他父亲申请的纹章,这个家庭最多也只是将要变成贵族。当然,他母亲有可能向长子灌输了帕克府的阿登家族、阿登森林的特吉尔,以及田产在《末日审判书》里占了四栏的贵族祖先的故事。如果是这样,威尔可能梦想过自己的家庭也许会通过父亲担任的公职重新获得阿登家族与生俱来的地位。他似乎也一直保留着这一梦想。纹章申请得以更新几乎肯定是由于威尔的斡旋和出资,三年之后,也就是 1599 年,他最有可能是另一个获纹章局批准的申请的幕后人,该申请是为了把阿登的纹章加到(用术语说就是"合绘到")现在所称的莎士比亚家族的"古老纹章"上。最终威廉在墓碑上只用了莎士比亚家族的纹章,但这一象征明确指出:我不应当只受雇工待遇,不应当像流浪汉那样受鞭挞;我不是仅在舞台上装扮绅士的人;我是个真正的绅士,鉴于父亲对女王的杰出效力和母亲的显赫出身,我有权获得纹章。这里还隐藏着另一个遮遮掩掩的象征性声明:我凭自己的努力和想象使家庭恢复到情况恶化之前的模样;我矢志维护了母亲的显赫姓氏,恢复了父亲的荣誉;我对失去的世袭权提出权利要求;并已创造了这一世袭权。

第三章　巨大的恐惧

即便威尔十几岁或二十岁出头就已决定要当演员,事实上他也不可能简简单单直奔伦敦到剧坛上碰运气,一路上靠唱曲、变戏法挣些小钱充食宿费。在伊丽莎白时期的英格兰,一个人若脱离了家庭和团体就会有麻烦。这是个对流浪汉疑忌重重的社会(此后莎士比亚在剧本里对流离失所、失去保护的人的苦难作了大量描绘)。四处探险的骑士和漫游的行吟诗人的时代业已结束——如果它真的不仅仅存在于想象世界的话。游荡的行乞修道士和朝圣者当然还存在,但也只在健在者的记忆里,因为国家废除了宗教仪式,狂热的宗教改良者关闭、破坏了朝圣场所。路上有些流浪者,但他们很容易受伤害。攻击、强奸没有同伴和保护人的妇女的人几乎不受惩罚。单独在外的男子面临的危险虽然不像这样大得惊人,但他们也必须采取一切可能的保护措施。需要旅行的生意受到了严格限制——甚至连小贩和补锅匠也需要一张至少由两名所在郡治安官颁发的执照,任何人没有这种执照都可能成为官方或非官方的牺牲品。四肢健全的乞丐和无所事事的流浪汉可能被依法逮捕,带到地方治安官面前接受审讯和处罚。能唱歌跳舞、变戏法或吟诵故事也不能当作借口:1604 年颁布的流浪汉法像过去的法令那样,把穿插剧表演者、剑师、养熊人、吟游诗人、求乞的学者、水手、手相师、算命先生、代诉人等都归为流浪汉。如果流浪汉无法证明他拥有自己的土地或为之效力的主人,就会被绑在柱子上当众受鞭刑。然后要么被遣送回出生地,去做生来该做的事,要么被罚做苦役或戴上枷直到有人愿当他的主人为止。

少数人过着特许的无所事事的生活,大多数人则生活在物质匮乏的环境中,这个社会正如莎士比亚所说,不能容忍不做苦工的人。劳动的成果则属于明白事理、并留在属于自己的地方的人,至少理论上是这么回事。社会法规严厉得出奇:似乎惟恐鞭刑和枷刑过于仁慈,16世纪中期的法令规定要在流浪汉身上打上烙印,强制他们像奴隶一样做苦役。虽然这种苛酷的法令未被得到严格执行——这方面的证据太少,不能确切说明问题——在当时的社会风气下,没有明确前途又要挣钱养活妻子和3个幼儿的乡村小伙子不可能天真地冒险前往大都市,像狄更斯先生笔下的米考伯先生那样,想着能交上好运。

　　饶舌的约翰·奥布里17世纪时信手记下的某些情况强有力地表明,威尔没有立即在剧团里找到职位或是直接从斯特拉福镇到伦敦去谋生。"他那时还很年轻,"奥布里写到,"是个乡村教师。"我们对奥布里记载的大多数莎士比亚的逸闻都应持怀疑态度,但这则逸闻比其他大多数可信,因为他注明这则逸闻是演员威廉·毕斯顿提供的。此人之父是莎士比亚原属的"内务大臣供奉"剧团里的同事克里斯朵夫·毕斯顿。因此,这则生平信息可以直接追溯到确实认识莎士比亚的人身上。(记录表明1598年他们一起参加《人人尽兴》的演出。)没人能够确切说明莎士比亚究竟在"乡村"何处教书,但许多学者已经开始认真对待一种1937年首次提出的有争议的观点,这种观点认为,莎士比亚在兰开夏郡呆了大约两年,受雇于一个极其富有的信仰天主教的绅士,亚历山大·霍顿,霍顿死后,他又受雇于他的朋友,即住在邻近的露福德的托马斯·赫斯克斯爵士。

　　都铎王朝时期社会存在的邪恶、黑暗的宗教纷争有助于解释为什么刚完成学业的少年会冒险离开英格兰中部地区到北部去,他怎样和有势力的天主教家庭产生联系,为什么那个家庭会费事去雇他而不雇受过牛津、剑桥教育的、有执照的教师。

　　和王国的其他地方一样,这个时期的斯特拉福镇已经在名义上新教化了,1533年亨利八世——他一心想离婚并获得修道院的巨大财富——宣布自己为"英国国教的最高领袖"。英格兰已经和罗马断然决裂。但16世纪早期,英格兰的家庭在宗教信仰方面的特征是四分五裂,许多人内心的宗教信仰也同样四分五裂。亲族内通常会有人坚持过去的天主教信仰,皈依新教者通常会时常感到对天主教信仰的愧疚,普通天主教徒在亨利八世反抗教皇权威时也常萌生出民族自豪感和对国家的忠诚。这些矛盾心理直到1547—1553年间,即亨利八世之子爱德华六世统治时期,也还未消失,而这一时期英格兰统治阶层的精英们已经明确信守新教教义和仪式了。这些年来当局采取了重要举措,使得恢复天主教,哪怕只是在想象恢复,都变得更加困难。

新英国教会的牧首们说,拯救并非源自罗马天主教的弥撒和其他仪式,而是源于信念,也只源于信念。于是遭到攻击的就不仅是古老的修道院和著名朝圣场所。充斥教堂的祭坛装饰、雕像、十字架、壁画都被当作诱使人们变得无知、迷信的偶像。这些东西被损坏、刷掉、粉碎了,随后狂热的破坏者还攻击了由来已久的信仰表达方式,包括仪式、游行和戏剧。

天主教仪式中最使人情绪高昂的就是"举扬圣饼"部分。仪式中衣着华丽的牧师背对观众,身体半藏在覆盖着巨大的十字架的屏风之后,举起被视为神圣的薄饼。这时,钟声响了,信徒们从各自的祷告中抬起头来,争着看那块奇迹般地变成上帝的血肉的饼。新教论者给这种仪式起了一系列诨名以示敌意——如"圆桌会议"、"玩偶匣"、"蚯蚓肉"等等——他们同样给弥撒起了"教皇的剧场"等侮辱性的绰号。

他们承认弥撒是令人难忘的表演,但也认为它纯属戏剧化虚构,是由谎言和假象构成的。剧场也许有它的价值——新教狂热分子,包括写过反天主教剧本的约翰·贝尔在内,都明确地这样认为——但它不该影响到礼拜仪式。天主教徒宣称,饼的实质并没有发生奇迹式的转变,而只是庄重的纪念行为,因此应该在桌前,而非祭坛上进行。信仰有赖于上帝的话语而非华而不实的表演,有赖于圣经的内容而非诱人的形象。唯一可靠的指南就是《圣经》。宗教革新者一再抗议,称将《圣经》刻意摆在世俗男女无法企及的位置上,使其只能局限于牧师咕哝的拉丁文版本的《圣经》,有辱宗教(天主教权威人士认为将《圣经》译成英文属异端行为,并把译本投进篝火堆中烧毁)。16世纪20年代印刷机发明之后,新教徒们推出了符合革新派原则、传播广泛的英译本,并开展扫盲活动使普通人能接触到他们所说的直白、朴实的真理。他们还把《公祷文》译成英语,并颁布《公祷书》,这样所有的信徒都能理解仪式,一致用母语做祷告。

这是英语语言发展的关键阶段,在这个阶段,最深刻的、决定灵魂命运的东西用普通、熟悉的日常用语表达了出来。威廉·廷代尔和托马斯·克莱蒙两人在完成该使命的过程中发挥了别人无法匹敌的作用。没有他们,就没有伟大的《新约》英译本,没有能引起巨大共鸣、给人深刻印象的《公祷书》英译本,也就难以想象会出现威廉·莎士比亚。

这种成就来之不易。对教义态度保守的亨利八世认为廷代尔太过激进,于16世纪20年代将他驱逐至欧洲大陆,他在那里被天主教当局逮捕,以绞刑处死。克莱蒙在爱德华六世统治时期担任坎特伯雷大主教,领导新教改革,但1553年体弱多病的爱德华死后,王位传给了他的姐姐,信仰天主教的玛丽·都铎。她立即改变了宗教导向,克莱蒙和其他未能逃往德国或日内瓦的革新派人士,于1556年被烧死在牛津的火刑柱上。对这些处决的记忆——后来成了约翰·霍克斯撰写的伟大的新教《殉道者书》的核心部分——到16世纪晚期依然徘徊不去,使反罗马天主教、同情被处决的改革者的强烈情绪更加显明。

1558年玛丽无嗣而终,历史的车轮又开始转动:25岁的伊丽莎白很快就明确表示她将使国家回到由她父亲、更是由她哥哥引上的宗教轨道上去。虽然女王在实施极端的改革措施时小心翼翼,她还是在1559年1月14日,即加冕的前一天巡幸时表示了自己的新教观点。在切普赛德街的小喷泉边,她拿起真理的象征者呈给她的《圣经》英译本,亲吻了该书,把它扬起来,然后把它抱在胸前。几天后她在威斯敏斯特教堂不客气地打发走了举着熏香、圣水、蜡烛上前祝福她的僧侣,"把火把拿开,"她下令说,"有日光就够亮了。"在随后的几个月中,重修的祭坛装饰和雕像被拆除,祭坛又被改成朴素的案台,古老的天主教《公祷文》为《公祷书》所取代。天主教牧师在他们视为梦魇的爱德华六世统治时期脱颖而出,这时被迫皈依新教或再度销声匿迹。他们有的流亡海外,有的乔装改扮,藏身于信仰天主教的绅士家中,后者具有更大的危险性。

最初的压制相对而言较温和。伊丽莎白女王表示,比起信仰的纯粹,她更关注顺从和统一。她宣称自己既不希望、也不打算去"窥刺人们的内心和隐秘的想法"。她所要求的是人们在行动上服从其权威和官方的宗教法令。她要求人们定期参加国家指定的礼拜仪式,在这种仪式上,当权者不问诸如此类的问题:"你是否想要过去的天主教圣餐仪式?""你是否相信存在炼狱?""你是否认为牧师有权赦罪?""如果老鼠吃了被视为神圣的圣餐,你是否认为它吃掉了基督的血肉?"她的官员们虽说有时不太情愿,一般会照章办事,直到他们觉得新教的宗教法令受到威胁。

这发生在威廉·莎士比亚6岁的时候。1570年5月，富裕的天主教徒约翰·费尔顿把宣布将伊丽莎白女王逐出教会的教皇诏书钉在伦敦主教住宅的门上。皮尔斯教皇五世诏告她的臣民"他们不得服从她以及她颁发的诫谕、训令和法律"，否则他们也将被逐出教会。费尔顿遭受了酷刑，并以叛国罪处死。英国天主教徒遭受了更大的怀疑。

这个——后来被美化、封圣的——教皇为什么要把信徒置于不可理喻的立场上呢？因为在他和其他许多人眼中，伊丽莎白是刚愎自用的英格兰回归天主教信仰的唯一严重障碍。他坚信大多数普通的英国人保留了原来的宗教信仰，1567年他的代理人进行了一次调查，英国贵族中有52人不是坚定的天主教徒就是具有强烈的天主教倾向，只有15名贵族坚定地信仰新教。问题在于这种宗教信仰能否化为政治行动，教皇认定可以。于是教皇下诏发动了一系列可怕的阴谋和迫害，阴谋和反阴谋始终贯穿着悠长的伊丽莎白统治期。

斯特拉福镇也经历了整个16世纪在大部分国土上发生的突变、不安和观念混乱。16世纪30年代和40年代，该地区的修道院和女修道院都遭到洗劫，某些家庭——包括查尔科特的露西家族——靠搞破坏发了财。到16世纪50年代约翰·莎士比亚迁居斯特拉福镇之时，玛丽女王统治时期复兴的天主教用来烧死当地新教领袖——包括考文垂的劳伦斯·桑德斯、格洛斯特的约翰·胡珀、牛津的休·拉蒂默在内的许多人——的柴堆还散布在周围地区。伊丽莎白即位后，就轮到天主教领袖有大麻烦了，尽管女王在统治初期出于性情和政策原因宁愿采用罚款、免职、监禁，而不是合法但不公正的死刑判决。曾为莎士比亚的头生女琼洗礼的斯特拉福镇天主教牧师罗杰·狄欧斯被免了职，接替他的是虔诚的新教徒约翰·布莱希格多。1564年4月26日是他为莎士比亚的头生子"约翰尼斯之子古利埃尔马斯"施洗礼。除了宗教动荡之外，此时出生还有其他不利因素：7月份镇上爆发了黑死病，冬天到来之前镇上的人死了1/6。那年在斯特拉福镇出生的婴儿只有1/3活到了一周岁。也许玛丽·莎士比亚收拾行装带新生儿到乡村去住了几个月，远离了传播疾病的街道。

对约翰和玛丽·莎士比亚那一代的父母而言，他们的孩子降生的这个世界必定显得是奇特、动荡而危险的。他们有生之年目睹了英格兰的转变：从极其保守的罗马天主教信仰——16 世纪 20 年代亨利八世猛烈攻击路德,因此获得了教皇授予的"信仰保护人"称号——变为以国王为领袖的天主教信仰;再变为小心翼翼、犹犹豫豫的新教信仰;再变为更激进的新教信仰;又变为复兴的激进罗马天主教信仰;再变为伊丽莎白统治时期的新教信仰。这些统治期中都不存在宗教宽容。每个转变都伴随着阴谋、迫害的浪潮,充斥着拷问台、拇指夹、斧钺和火刑。

大多数人认为屈从官方规定避免麻烦,使自己的良心与教义、仪式的变动保持一致是可以做到的。为了适应生存需要,有些人养成了一种习惯,即对双方的强烈主张都保持怀疑性的超然态度,因为这些主张虽然使用了爱的名义,却是靠酷刑和迫害来实施。但也有些人相信不朽灵魂的命运取决于恰当的崇拜形式——这毕竟是那些强烈主张的关键——官方信仰和规定仪式的改变对他们来说极其痛苦。地方社团解体了,友情破裂了,家庭也支离破碎——父母反对孩子、妻子反对丈夫——人们的内心世界受到怜悯和恐惧的折磨。

并不仅是虔诚的人发现难以避免麻烦(更确切地说,是保住自己的脑袋);连自命不凡的人也这么认为。主要人物——如有势力的贵族、声名显赫的人、女王枢密院的成员——当然应该公开表明立场,像约翰·莎士比亚这样的小官吏们也得这样做。1558—1559 年他担任治安官时适逢统治权的剧烈更替期,政权从信仰天主教的玛丽转到信仰新教的伊丽莎白手中,而他必须使天主教徒和新教徒和平共处。做到这点无疑是不容易的,可只要他愿意,他至少能刻意摆出一种中立姿态。但他身为财务管理人、参议员和执行官,要执行国家的政策,这就不像维持治安那么简单了。

在威尔诞生前的几个月和他出生后的几年里,财务管理人约翰·莎士比亚负责着斯特拉福镇行会礼拜堂的"修缮"工作。"修缮"是种委婉说法,就是指他雇用工匠带着石灰桶破坏教堂壁上的中世纪油画——包括圣海伦娜和十字架的发现、圣乔治和龙、贝克特的圣托马斯遇害和拱门上的最后审判日图。他们的任务还不止于此:工匠捣毁了祭坛,代之以朴素的案台、拆除了高处的基督受难像楼厢——这是一个画廊,它将教堂中殿和唱诗班的席位隔开,上面插有十字架,向信徒们展示了十字架上的基督的形象。镇上的权威人士随后廉价出售了颂扬弥撒之神秘的天主教牧师穿过的华丽服装。应该插说一句:约翰·莎士比亚并未亲自动手做这些事,做这些事的命令也完全可能不是他一个人下的,但他对此负有行政上——1564年1月10日、1565年3月21日和1566年2月15日上交的账目上有他的签名许可,这就足以为证——和道德上的责任。

他付款实施的改造是什么呢?是宗教改革的具体声明,精心安排的反传统天主教信仰的象征性暴力举动和迫使公众承认新仪式、遵循其举行方式。在这些举措中隐约可见无情的空谈家的神学、微妙的教义与哲学论点。但斯特拉福镇财务管理人为之付款的做法却不难捉摸:人们带着锤子、锥子、吊钩粗暴地改变了教堂的面貌,连同在内举行的信仰仪式。

约翰·莎士比亚是意识形态破坏者的发薪人,他以虔诚新教徒的官方代表、斯特拉福镇宗教革新代理人的身份采取行动。在市镇政务会上,他投票支持免去信仰天主教的财务管理员罗杰·埃奇沃思的职务,聘用信仰新教的布莱希格多——后者学识过人,其藏书包括了人文主义和神学的经典著作——取代信仰天主教的原助理牧师。我们难以估计约翰·莎士比亚采取这些举措时的热心程度。或许他对它们抱有宗教狂热分子的热情,但他给我们的总体印象却表明了一种更为复杂的态度。

是镇政务会聘用了新教区牧师布莱希格多,也同样是它为国王新学堂接连聘用了多个教师,他们的学识特别渊博,但与天主教的关系也紧密得出奇。这些教师或许表面上皈依了英国国教——因为任职必须得到沃里克伯爵的正式批准,此人是个虔诚的新教主义者——但他们心中显然还忠于原有的信仰。从他们的用人情况看,约翰·莎士比亚及其同事并不急于识别持旧信仰者,也不急于对将教育斯特拉福镇儿童的人进行意识形态考察。相反,他们允许——纵容或默许——那些人教育孩子,尽管他们心里可能还残留着圣人崇拜或圣母玛利亚崇拜,甚至明显具有献身天主教信仰精神。西蒙·亨特来自兰开夏郡,此地位于更执着于旧信仰的英格兰北部,他是威尔7岁至11岁时的老师,1575年他做了个极端举动,即离开斯特拉福镇,到欧洲大陆去参加在杜埃举行的天主教研习会,最终成了耶稣会会士。为什么说这是个极端的举动呢?因为此举意味着他要么在流亡中度过余生,要么就只能秘密回到英格兰。他知道官方会对他穷追不舍,一旦被捕,他就会被当作煽动叛变的叛徒处死。在斯特拉福镇当教师的几年里,亨特显然没有对自己的信仰完全保密。看来他至少把一个学生——比威尔大7—8岁的罗伯特·狄布戴尔——带到杜埃去了。狄布戴尔家族住在附近的夏特里,这一家也信仰天主教,或许亨特也曾留意过其他来自不遵奉国教家庭的、有出息的孩子。他可能会对威廉·莎士比亚感兴趣,因为莎士比亚的母亲和该地区的主要天主教家族沾亲,虽说是远亲,甚至还可能和狄布戴尔家族是亲戚。

亨特和狄布戴尔的叛逃似乎并未妨碍斯特拉福镇政府决定新教师人选:牛津圣约翰大学的毕业生、特别研究员托马斯·詹金斯,经由该院创建者、信仰天主教的托马斯·怀特爵士推荐成了新教师。圣约翰大学和牛津、剑桥的其他所有学校一样,形式上奉行新教——教育机构不准有其他信仰——但它欢迎愿服从女王、并宣布为其效忠的天主教人士入学,因此有一定名望。这样的双重信仰——内心虔信天主教,而行动上坚定服从官方宗教法令——在英格兰是普遍存在的,因为英格兰拥有大量所谓信仰国教的天主教徒。詹金斯或许认识埃德蒙·坎皮恩,他也是圣约翰大学研究员,是个杰出天主教学者,还可能曾与他一道学习。詹金斯或许很擅长维持这种微妙的平衡。虔诚的坎皮恩也设法在遵奉国教的限制中呆了几年——这一时期中,他的杰出才华给信奉新教的莱塞斯特伯爵和女王本人都留下了深刻的印象——但1572年他乘船去杜埃学习,走上了当牧师的道路,参加了耶稣会,并在布拉格传教点传教,后来作为密使回到英格兰。

托马斯·詹金斯从1575年到1579年在斯特拉福镇任教四年,所以应该与西蒙·亨特同样是威尔生命中重要的教师。此后大约在威尔将离开国王新学堂的时候,詹金斯辞了职,另一个牛津大学毕业生约翰·科塔姆接替了他的职位。科塔姆和西蒙·亨特一样来自兰开夏郡,他大概教过莎士比亚的弟弟们,威尔肯定也认识他,此人同样与天主教大有关联。他的弟弟托马斯从牛津大学毕业后就出国正式当了天主教牧师。

1580年6月,这个教师的弟弟秘密回到英格兰,身份是科塔姆和另一名耶稣会会士罗伯特·帕森斯率领的使团的成员。托马斯·科塔姆打算去斯特拉福镇的附近地区——明确地说尤其要到夏特里村去。他带了一封由其密友兼耶稣会同道罗伯特·狄布戴尔写的介绍信,狄布戴尔本人到斯特拉福镇文法学校来的时间只比他早了五年。狄布戴尔将几样天主教的信物——一块纪念章、几块罗马硬币、一枚镀金十字架以及一串念《玫瑰经》用的念珠——委托科塔姆带给他的家人,并在信中敦促他们和这个信使"共同商量""非常重大的问题"。

科塔姆是永远无法抵达夏特里的。在欧洲大陆时,他误向名叫斯莱德的英国天主教徒透露了秘密。斯莱德竟然是告密者,他向夏特里当局精确地描述了科塔姆。于是人们所说的"搜查者"就前去监视多个港口,等待他的到来。科塔姆在多佛港口一下船就被捕了。他逃亡了一段时间;那个押送他去伦敦的人暗中信仰天主教,他放走了囚犯。但1580年11月,这名看守也面临缧绁之灾,托马斯·科塔姆就向当局自首了。

伦敦塔的官员为了查清科塔姆内心最深处的秘密,动用了最可怕的铁箍刑具,人称该刑具为"清道夫之女"。它是一种铁环,能慢慢箍紧犯人的脊骨,几乎把它折成两段。显然,官员们审讯出的信息不足以证明立即审判的正当性。于是,他们把他囚禁在伦敦塔内将近一年时间,直到他们抓获了使团的其他成员才做处理。1581年11月,科塔姆和其他人都被指控犯有叛国罪。1582年5月30日,他被以恐怖手段处死,该手段是专为展示政府的震怒之用的:他坐在囚笼车里,被拖过通向泰伯恩行刑场的泥泞街道,经过嘲笑他的人群,然后被施以绞刑,还没死的时候又被解下来,割去睾丸;他被开膛剖腹,肠子被拖出放在垂死的他眼前焚烧,随即被斩首,身体被劈成4块用作警告。几年之后,罗伯特·狄布戴尔也遭到了相同的命运。

托马斯·科塔姆被捕可能震动了斯特拉福镇政务会。不声不响一连雇了三名信仰天主教的牧师是一回事;雇用一个有叛国嫌疑的天主教牧师则另当别论,何况这个牧师还是在前往邻近地区时被捕的,很可能他要去拜访教书的弟弟和狄布戴尔一家。1581年12月,即托马斯被传讯的一个月之后,约翰·科塔姆辞去了斯特拉福镇国王新学堂的职务,回到了北方。可能是市政委员会暗示他离开,或者是他自己觉得回信仰天主教的兰开夏郡更自在些,因为那儿安全地远离了警惕的沃里克郡治安官托马斯·露西爵士,此人早就在积极搜索乔装改扮的牧师及其不信奉英国国教的同党了。

这个年轻的牛津大学毕业生只是带了些珠子,政府为何要如此在意呢?从天主教徒的观点看,这样的人是英雄式的理想主义者,他抛弃了获得平静生活、职业、荣誉、舒适和家庭的可能性,每日冒着生命危险为严阵以待的信徒团体服务。科塔姆这样的牧师经欧洲大陆的神学院任命为牧师后,就被秘密送回已成为其宗教死敌的英国,他可能避开告密者藏身于富有同情心的天主教家庭。在那儿,他可以假扮家仆或孩子的家庭教师进行传教,在秘密祭坛上举行圣餐仪式,可以听忏悔、为垂死者举行临终仪式,或许也能像罗伯特·狄布戴尔那样为人驱邪。从新教徒的观点看,他顶多是个可怜的、受骗的傻瓜,更可能被视为危险的狂热分子,一个为外国势力服务的阴谋家,是受罗马那邪恶主子指使的叛徒,他会不择手段地使英格兰回复教皇及其同盟的统治。

新教徒的恐惧不是没有根据。罗马天主教会已经动员英国天主教徒反叛,1580年它挑明了这种煽动的含义,教皇格雷戈里十三世宣布暗杀英国的异端女王不算重大罪过。这个公告就是明确的杀人许可。牧师托马斯·科塔姆恰是此时被捕,当时他带着一小袋天主教信物,前往斯特拉福镇附近地区。难怪他弟弟在小镇当教师的任期缩短了:约翰·莎士比亚和其他参议会成员——尤其是那些近亲中有天主教信徒的成员——肯定感到不安。审讯很可能会牵累他们。

这种恐惧看似愚蠢可笑,因为教师约翰·科塔姆没做任何错事,但可不能低估了这些危险年月里弥漫的偏执狂情绪和现实威胁。如果伊丽莎白在执政初期遇刺,英格兰宗教气候的一切必定会改变。如果说事后看来当时许多人害怕成千上万的英国新教徒会像法国胡格诺派教徒那样遭屠杀、或是害怕某些英国天主教徒会欢迎、支持外国势力入侵荒诞不经,对阴谋的怀疑却绝非毫无道理——确实存在许多阴谋。大规模迫害天主教徒事实上使得这种支持无可避免;那么多虔诚的英国天主教徒仍对打算镇压他们的政权忠心耿耿,时隔多年看来真是异乎寻常。

根据确立英国国教的法令,弥撒已被视为非法,举行任何《公祷书》中未记载的仪式也同样不合法。对没有按时参加教区教堂礼拜活动的人要处以1先令的罚款。1571年声称将女王逐出教会的教皇诏书下达以后,议会宣布将任何教皇诏书带回国内或是称女王为异端均属非法行为。在国外接受神职、接受或带回任何表示信仰的物品,如"信物、十字架、画像、念珠或其他来自罗马教皇的虚饰",也属非法。1581年耶稣会士秘密使团事件后,议会宣布遵奉天主教或促使无论何人遵奉天主教、放弃效忠君主均属叛国行为。到了1585年,担任天主教牧师即属叛国,法律规定收留牧师,或有意帮助、支持牧师均属违法(1585年之后算是犯了死罪)。对不参加当地教区新教仪式者的罚款提升到了高昂的每周20英镑。虽然这种罚款没有常常施行,它还是高悬在每个不进教堂的人头上,作为可能导致破产的威慑。甚至连极少数能够支付这笔罚金的人也开始效法较穷的天主教家庭:一旦孩子年满16岁——罚款的有效年龄——父母就把他们送到遥远的地方,减小他们受苛刻制度处罚的可能性。

如果托马斯·科塔姆是在斯特拉福镇被捕,行政司法长官可能会挨家挨户进行搜查。他在伦敦被捕使当地天主教人士免于一场全员恐慌。但1580年的耶稣会士使团事件和随后几年错综复杂的阴谋增加了涉及有不信奉国教之嫌的家庭的流言、侦查和不定时搜捕。这些家庭中大都藏有仔细搜查就能发现的秘密,亨里街的那一家也不例外。例如,如果威尔的母亲玛丽和她父亲一样都是虔诚的天主教徒,她可能会存有类似牧师身上搜出的宗教信物的物品——念珠、纪念章、十字架。如果搜查者搜查得彻底——他们有时确实会将所有房间里的一切东西撕开,为自己赢得搜查彻底的恶名——他们可能会发现一份极其危险的文件,约翰·莎士比亚不久前在上面签了名——这是一份虔诚的天主教"信仰声明",与他表面服从革新后的信仰的情况不符。

原文件已经逸失——它的内容仅保留在一份抄本中——可是鉴于这种信仰声明的危险性,存留下来的任何有关线索都格外值得注意。一个砌砖匠于1757年给原属约翰·莎士比亚的房子铺新瓦,他在椽子和瓦片之间发现了6页用线缝在一起的手稿。这些手稿除了第一页之外,18世纪莎士比亚作品的伟大编辑者埃德蒙·马隆最终得到它们,并将之出版,但后来又怀疑它的可靠性,指出了某些不规则的拼写方式。手稿的真实性可能尚有疑问,但20世纪对文件来源的发现有力肯定了它的真实性,这份文件的作者是伟大的意大利政治家、学者红衣主教卡罗·波罗密欧。耶稣会士坎皮恩和帕森斯在前往英格兰途中,曾与波罗密欧一起呆在米兰,可能就是当时从他本人那里得到了这份文件。这份文件经过翻译和印刷,留有供信徒们填写姓名的空白处,其大量副本被悄悄带回英格兰秘密分发。坎皮恩自己就可能在途经英国中部地区,逗留在斯特拉福镇20英里之外的莱帕华斯时分发过副本,逗留期间他住在虔诚的天主教徒威廉·盖茨比爵士家里,这个爵士和阿登家族有姻亲关系。约翰·莎士比亚可能从任何耶稣会士同情者的地下网络成员那里得到副本,而露西和其他沃里克郡官员正想消灭这些人。

"信仰声明"与财务管理人约翰·莎士比亚批准并为之付款的偶像破坏活动严重抵触。这就使人感到在威尔的成长过程中,因为父亲是斯特拉福镇宗教革新派的积极代理人,母亲是彻头彻尾的天主教徒,父母之间有矛盾,甚至连他父亲心里也有矛盾。他的一面是投票解雇斯特拉福镇原来的牧师,代之以革新派牧师的市政官员,一个发起粉刷旧壁画和祭坛等破坏活动的官员,是面带笑容代表城镇与托马斯·露西爵士等新教狂热分子磋商的公众人物。另一面是在"信仰声明"上签名,祈求得到圣母玛利亚和主保圣人圣威尼弗雷德的特别保护,表示深刻认识到自己不配成为"神圣天主教信徒"的人。或许他就是帮助信仰天主教的教师亨特、詹金斯和科塔姆获得任用的官员;甚至有可能是个不信国教者,他不上教堂,让市政委员会里的朋友为他找了担心欠债被捕的借口。

或许暗藏的天主教徒才是约翰·莎士比亚的真面目,信仰新教、老于世故、雄心勃勃的地方官员不过是他的表面。同样,也可能约翰·莎士比亚成年后的大半生都坚信新教,只是短暂地转向(比如说由于一场疾病,或只是为了安抚妻子)他置之脑后的天主教。约翰·莎士比亚的长子了解这个秘密吗?他能弄清哪个才是"真正的"父亲吗——是那个社会地位不断升高的人,还是那个屈从于对古老信仰的恐惧和憧憬,以此求得家庭安宁或内心平静的人?他或许感到父亲在扮演一个混淆想象与现实界限的角色。也许他曾无意间听到父母低声的争论,观察到诡秘的行为。在某种程度上——若继续猜测下去——他可能得出了奇怪但可信的结论:他父亲既是天主教徒又是新教徒。约翰·莎士比亚就是拒绝在两种对立的信仰体系间做出选择。威尔遇见的许多人——可能像教师西蒙·亨特、托马斯·詹金斯和约翰·科塔姆那样——过着双重的生活:表面上服从官方的新教法规,至少要服从到足以保住职位的程度,但内心仍坚持过去的信仰。可约翰·莎士比亚的儿子可能注意到父亲与此不同。他想为两种选择都留下余地——毕竟他阅历丰富,懂得可能再度发生剧变;他想在涉及今生和来世的事务上都掩饰自己的态度;他确信这两种信仰虽然表面上不相容,实际上是可以同时保有的。与其说他过着双重生活,不如说他拥有双重的信仰。

威尔自己又怎样呢？他于1579至1580年间离校时大约十五、六岁,他是否也具有双重信仰呢？莎士比亚的剧作总是提供了双重甚至多重信仰的充足例证:在某些时候——《哈姆莱特》就是最好的例子——他似乎同时信仰天主教和新教,但又对这两者怀有强烈的怀疑。然而,虽然老莎士比亚具有宗教信仰矛盾的明显特征,小莎士比亚的信仰(如果他知道自己信仰什么的话)才是全然难解的。我们可以通过传言、暗示和隐约的线索瞥见朦胧的印象,正如能从老墙上的斑点中看出图案来。

既奇特又惊人的是,斯特拉福镇的几个教师都和远离此地的兰开夏郡有关,而兰开夏郡又是英国国内特别固守天主教信仰的地方。约翰·科塔姆的家业距有财有势的重要居民、天主教徒亚历山大·霍夫顿家只有10英里。据厄恩斯特·霍尼格曼和其他学者推测,霍夫顿可能让科塔姆推荐一名有出息的年轻人给他的孩子们当教师——他要的不是个有执照、经地方主教证明信仰天主教的学校教师,而是大家庭的私人教师。科塔姆也许向他推荐了刚离学的威尔·莎士比亚,他由于父亲经济窘迫没法上大学,正在找工作。或许科塔姆留心寻找的人不仅教育程度要够高——倘若是那样,他碰巧找着了国内才华最惊人的年轻人——还必须是个虔诚的天主教徒。因为虔诚的霍夫顿家族肯定非法地藏有牧师,还有其他用来举行仪式的非法用品,并收集了大量被查禁和怀疑的书籍,因此他们就需要能保守那些危险秘密的可靠仆人。

有关莎士比亚逗留兰开夏郡的少量线索中完全不含任何涉及宗教的信息,与天主教和新教都毫不相关。相反,它显示的信息与剧场有关。在注明日期为1581年8月3日的临终遗嘱中,行将就木的亚历山大·霍夫顿把自己所有的"与音乐有关的器具[原文如此]和各种戏装"都赠给他的兄弟托马斯,倘若托马斯无意供养演员,就送给托马斯·贺斯凯斯爵士。遗嘱还补充说,"我最恳切地请求上述之托马斯·贺斯凯斯爵士友好地对待现与我同住的法尔克·吉罗姆和威廉·莎克夏夫特,请他或是允许他们为他服务,或是为他们找到好主人"。"莎克夏夫特"并不是"莎士比亚",怀疑者指出有许多当地人都姓"莎克夏夫特"。但在姓名拼写极不规范的年代——马洛的名字在多份记录中被拼写成马娄、马里、马琳、马伦和马林——"莎克夏夫特"还算接近"莎士比亚"了,加上与科塔姆和霍夫顿的联系、莎士比亚后来从事的职业和其他的细微暗示，许多学者都相信"莎克夏夫特"就是斯特拉福镇的威尔。

这个早熟的青年——据科塔姆的推荐,他有才华、教育良好、行事谨慎,还是个虔诚的天主教信徒——也许是 1580 年到北部当教师。遗嘱的措辞表明他很快就和亚历山大·霍夫顿供养的演员一同表演,起初很可能纯粹是娱乐,后来就越来越认真了。无论他教书教得怎样,他的表演才能或许立即引起了这一家子和主人的特别注意,这个年轻表演者很可能凭借自己的非凡魅力——就像《第十二夜》中的西撒里奥一样——很快超过别的演员和原来的仆人,得到主人的信赖与欢心。

1581 年 8 月霍夫顿去世之后,莎士比亚或许很快就成了贺斯凯斯的仆人,后来又被推荐给——就像霍夫顿请求的那样——别的人。最有可能是推荐给了贺斯凯斯有权有势、也更喜欢戏剧的邻居。这儿的邻居就是指身为史传治勋爵、第四代德比伯爵的亨利·斯坦利和他的儿子费迪南多,他们雇了一群有才华、有职业抱负的演员(费迪南多还为他们写过剧本),这群演员以史传治勋爵供奉剧团的名义得到了枢密院的特许。主要演员——威尔·坎普、托马斯·蒲柏、约翰·赫明齐斯、奥古斯丁·菲利普斯和乔治·布赖恩——后来都成了与莎士比亚有关联的伦敦"内务大臣供奉"剧团的核心人物。莎士比亚与该剧团产生联系的精确时间已不可考,但这种后来成为其职业核心的联系,至少其最初的接触——短暂但此后得以继续的接触——很可能是 1581 年在英格兰北部发生的。

威尔在北部的生活也许是戏剧性与危险性的独特混合体。一方面,这种生活让他的才能——个人魅力、音乐技能、即兴创作能力、表演才华、甚至写作天分——初次获得了公开、充分展示的机会,他的才能通过不仅供家庭成员和朋友圈子观看的表演得到了充分发展。他的表演不完全是公开的,也不单是晚餐后的娱乐活动。贺斯凯斯家族已经堪称豪富,霍夫顿家族更有过之,斯坦利家族则属于封建领主阶层。他们代表了财富、权力的世界,以及正如他们未被国教同化的宗教信仰那样,还未被都铎王朝的中央集权和等级规划完全同化的文化世界。他们拥有家臣和扈从,众多同盟者、亲属和佃户;具有被周围人的曲意奉承助长而成的自负;有为谋求"一家之主"的声誉而表现出的慷慨,他们在宴会厅中招待大批客人,厅里可以便利地进行戏剧表演。大厅里的精彩表演有助于提高慷慨的主人的声望。我们不知道法尔克·吉罗姆即兴创作的能力和表演才华如何,但威廉·莎士比亚在这方面的才华足以使他几年后在伦敦首席剧团里谋得职位,他的想象力虽说已在兰开夏郡富绅士家的大厅里开始得到一星半点的表现,行将就木的霍夫顿的慷慨则对其强度做了极好的证明。

在另一方面,威尔可能生活在秘密之中,甚至连最卑微的仆人也知道些什么——上锁的橱子,内装圣餐杯、书籍、服装和其他做弥撒所需的物品;神秘陌生人带来有关苏格兰女王玛丽或西班牙军队的不祥传言;涉及阴谋的窃窃私语——这些要是暴露出去就会给这家人带来灾难。这一时期的兰开夏郡因期待、怀疑和焦虑而气氛紧张。威尔在这里逗留之时适逢耶稣会士坎皮恩也前往此地,向女王臣民中最顽固的天主教徒寻求相对的安全保障。按女王枢密院的观点,兰开夏郡就是"天主教会的藏污纳垢之处,那儿的不法行为和包藏秘密的不法分子比王国里的其他任何地方都多"。1581 年 8 月 4 日,即亚历山大·霍夫顿把莎克夏夫特推荐给朋友托马斯·贺斯凯斯爵士的第二天,枢密院下令到"一个名叫理查德·霍夫顿的人"——也就是亚历山大的表兄弟——"位于兰开夏郡的住宅里"搜查坎皮恩的文件。同年晚些时候,也就是威尔还在为他当差时,贺斯凯斯因未能取缔家中的不信国教者入狱。威尔有可能参加的演出活动融会着欢乐与猜忌的气氛。

坎皮恩和罗伯特·帕森斯带领的使团不仅激发了天主教徒的虔敬之心,也让政府大为惊恐。不仅教皇明确支持刺杀女王,还有一支远征军在英国天主教徒尼古拉斯·桑德的率领下刚刚抵达爱尔兰,试图发动反对新教殖民者的叛乱。这个尝试悲惨地失败了:1580 年 11 月 10 日远征军无条件投降后,大约 600 名西班牙、意大利士兵和他们的爱尔兰盟军,包括几个妇女和牧师,都被沃尔特·罗利率领的英国士兵屠杀了。英国的这种残暴对策也许是想打消将来的入侵企图,但无人会怀疑教皇及其同盟颠覆伊丽莎白政权、收复该国的决心。甚至连那些死心塌地为伊丽莎白效忠的天主教徒——他们为数甚多——也感到了鼓舞人心的希望,认为耶稣会士的虔敬行为和英雄式的决心可能以某种方式彻底消除对他们的信仰的缓慢、无情的扼杀。全国上下的天主教徒都在秘密传阅一份人称"坎皮恩的大话"的著名文献,在文献中,坎皮恩解释了自己的使命,此人一度在牛津大学教书,后来成为全国严密搜捕的目标。"在这个繁忙、警觉、疑心重重的世界上",他以几近活泼的平静笔调写道,自己最终很可能被捕、被迫说明自己的意图。因此,为了替所有人节省时间、避免麻烦,他事前提供一份自白书。他不是被派来扰乱政事的;他的使命是"传播福音、举行圣礼、教导天真淳朴的人,改造罪人、驳斥错误观点"。当然,他知道政府会把天主教牧师从事的这些活动称为扰乱政事,他也知道他们对此会有激烈反应。但他和同伴已经"下定决心决不放弃英格兰,要么为它争得天堂,要么就死在它的长矛之下"。对于参与国际阴谋和"企图"侵略、征服英格兰的罪名,他大胆地予以嘲弄:

> 谈到我们的教友团,你们可能知道我们成立了联盟——包括世界上所有的耶稣会士,他们的继承人和数量会战胜英国所有的图谋——只要我们还剩下一人享受你们的泰伯恩行刑场,接受你们的拷问,消耗你们的监狱,我们就会愉快地背负着你们强加给我们的十字架,决不因被发觉而绝望。我们估计了要付出的代价,启动了这项事业。它属于上帝,因此不可阻挡。我们的信念既已建立,就必须被恢复。

坎皮恩在此表现的崇高信心在使他的小册子赢得绰号的挑战中也显而易见:他写道,虽然他讨厌说任何听起来类似"自负的吹嘘"的话,但他对天主教信仰的澄澈真理有足够的信心,敢于与任何新教徒进行辩论。他的话在他们听来很怪,似乎他不是生活在一个充满阴谋、密探和刑讯室的世界,而是生活在学者们以书籍为坐骑,出门去参加武士大赛的世界:"我将以最谦卑、最迫切的心情请求与他们所有人、与他们中的任何人、与所能找到的最重要的人物论战:他们越是准备充分,我就越欢迎。"

在坎皮恩看来,英国新教政府的残酷是畏惧公开辩论的标志,因此也是他们业已绝望的标志。他在挑战书后附了一份篇幅更长、学术水平更高的拉丁文作品——《十个理由》——他原想用《绝望的异教》为题。这篇作品的构思是他好歹在几个月内完成的,这段时间充满了可怕的警报和惊险的死里逃生,他一直试图躲避追捕者、改变伪装,频繁地从一家转移到另一家。他在唯一一个拥有足够的时间和庇护、能够查阅书籍、能坐下来写作的时期和场所完成了这篇作品:那只能是在1580年深冬至1581年初春的兰开夏郡。即便是在那里,在北部地区，他也只得过几天就突然换一个藏身处，以迷惑政府间谍和线人。他穿着仆人的服装，在一个过去的学生和他妻子的带领下，急匆匆地从一个不信国教的家庭转移到另一个不信国教的家庭。"通过他们，"19世纪为坎皮恩作传的优秀传记作家理查德·辛普森写道，"坎皮恩被领去拜访沃辛顿家族、塔尔博特家族、索斯沃斯家族、贺斯凯斯家族、红衣主教兄弟的遗孀艾伦女士、霍夫顿家族、威斯特比家族、瑞格梅顿家族——他在这些人家里从复活节呆到了圣神降临周（4月16日）。"

贺斯凯斯家族和霍夫顿家族：那么威尔完全有可能在这些人住宅中的安全地方亲眼见过这个被追捕的杰出传教士。坎皮恩的拜访肯定是秘密的，但也不是严格的私人事务，它们招来了许多人，多达上千名的信徒，他们就睡在附近的谷仓和外屋里，为的是清晨听坎皮恩布道，从他手中接过圣餐。这位牧师——可能已经脱去仆人的衣服换上牧师服装——会熬夜听忏悔、尽力解决道德上的窘境，并提供建议。这个来自埃文河畔斯特拉福镇的年轻人是否也是和他低声交谈过的人之一呢？

让我们想象他们两个坐在一起，一个是年方16羽翼未丰的诗人和演员，一个是40岁的耶稣会士。莎士比亚可能会觉得坎皮恩很有吸引力——甚至连他的死敌也承认他魅力超凡——也可能发现他身上具有和自己相类似的东西。但威尔并不赞同他的虔诚，因为（在对事件的这种描述中）威尔此时是个虔诚到能以秘密相托的天主教徒，在他后来撰写的浩繁卷帙里，并无被挫的宗教意愿的迹象。但是坎皮恩——一个比威尔大1/4世纪的人——同样来自普通家庭；他凭雄辩的口才、聪明才智和灵活机敏吸引了人们的注意力；他热爱书籍，与此同时又被世俗生活所吸引。他学识渊博但缺乏创意；更确切地说，他长于以明晰、优雅的语言和打动人心的风度为传统思想注入新生命。措辞巧妙、富有想象力、杰出的即席发挥才能使他能将冥想的严肃与强烈的戏剧性结合起来。假如这个少年跪在坎皮恩面前，他可能就看到了变了形的自己的形象。

这个耶稣会士或许在短促的会面中也注意到了年轻人的独特之处。坎皮恩是个有才华的教师，在更太平的年代曾写过教育方面的论文。他写道，理想的学生必须由信仰天主教的父母所生。他的思想必须"精妙、热情、清晰；他要具有适当的记忆力，柔顺、甜美、响亮的嗓音；他的步态和一切举止都应活泼、文雅、稳重，整个人看起来应该像是适于智慧居住的宫殿"。在就学的几年中，他必须饱读古典著作：熟悉"维吉尔的庄严、奥维德的悦人雅致、贺拉斯的韵律和塞内加悲壮激昂的语言"。好学生并不仅仅被动接受文化修养；还须是多才多艺的音乐家、成长中的演说家、有才华的诗人。简而言之，他就是——倘若饱受折磨的逃亡者坎皮恩有机会仔细观察他——年轻的莎士比亚。

唔，也并非完全如此。因为莎士比亚并不可能继续深造——学习哲学、数学、天文学、希伯来文，关键是不会学神学——而这些都包括在坎皮恩的教育计划中。而且，他无疑已经违反了该计划之精髓的根本部分，他还会继续尽力违背它。坎皮恩说，理想的学生要学习诗歌，要进行诗歌创作，但有个重要的例外条件：他决不能读情诗或写情诗。

从威尔这一方看，无论他确实遇到了坎皮恩本人，还是从 1580 年到 1581 年间洪水般四处蔓延的传闻中听说过他的情况，他都表现出有力的内在抵制和崇拜。坎皮恩拥有勇气、魅力、说服力和吸引力，每个见过他的人都看出了这些才能，它们至今仍在他的文字中闪现。但他也具有一种意识，即他了解值得为之生、为之死的永恒真理，为了它他会心甘情愿地牺牲自己和他人。当然，他也不是刻意要当殉道者。回英格兰并不是他的本意；他对红衣主教威廉·艾伦说，他正在布拉格传教点为教会做有价值的事。但他是严阵以待的教会的忠实战士，当他的指挥官命令他投身战场时，尽管敌我力量极其悬殊，他也会从容地前进。他可能会带着年轻的莎士比亚或者其他任何值得带的人一块去。坎皮恩是个狂热分子，更确切地说是个圣人。莎士比亚终其一生都明白圣人是危险的。

或许说莎士比亚不了解圣人更正确，即便他了解，他也无法全然喜欢他们。他的剧作中出现的人物数量惊人，但大体称得上是圣人的却少得出奇。在早期的历史剧中出现了圣女贞德，可她是女巫、妓女。国王亨利六世具有圣人般的性情——"他信仰宗教，天天摸着念珠，朗诵经文，进行祷告"（《亨利六世》第二部，1.3.59—60）——可他软弱得可怜，导致了王国的大乱。纳瓦拉宫廷里的优雅青年们发誓要过"清静、敛心默祷的"生活，过苦行修道者那样与"世俗的欲望的大军"（1.1.14,10）交战的生活，但在《爱的徒劳》中，他们很快为法兰西公主及其侍女的魅力所倾倒。《量罪记》中严肃的安哲鲁是个"难得承认／他的血液会沸腾"(1.3.51—52)的人，但他不久就意识到自己在图谋迫使美丽的见习修女伊莎贝拉和他睡觉，至于伊莎贝拉，她非常忠实于守贞的使命，可她决定牺牲兄弟的性命来维护贞操，这就太缺乏人情味了。

  莎士比亚的剧作中的英雄主义有许多形式，但意识形态方面的英雄主义——强烈信奉一种理念和机构，并愿做出自我牺牲——并不包括在内。他的作品中没有任何内容表现了对现实教会的深刻信仰。他塑造的几个杰出的天主教徒形象——《罗密欧和朱丽叶》中的劳伦斯长老就是一例——十分富有同情心，但这并非由于他们在教会统治集团中身居高位。相反，莎士比亚的剧本总是把有势力的高级教士刻画得令人生厌，他那部不出名的历史剧《约翰王》虽以13世纪早期为背景，却也使用了情辞激烈、犯了时代错误的新教术语攻击教皇。约翰王愤愤不平地质问教皇的使节，教皇怎敢把他的意志强加给"神圣的君主"？

> 主教，你定然提不出一个比教皇更卑劣猥琐的荒谬名字
> 来要求我答复他的讯问。
> 你就这样回报他；从英格兰的嘴里，
> 再告诉他这样一句话：没有一个意大利的教士
> 可以在我们的领土之内抽取捐税；
> 在上帝的监临之下，我是最高的元首，
> 凭借主宰一切的上帝所给予我的权力，
> 我可以独自统治我的国土，
> 无须凡人的协助。

(3.1.74—84)

  莎士比亚从青年时代起就领受了对待天主教信仰的成熟态度，而这个新教声讨教皇的宣言直率得几近粗鲁，因此并非是对这方面的总结。我们从中也看不出这年轻人假如站在逃亡的耶稣会士面前会作何感想。但莎士比亚毕生热烈信奉的圣徒，似乎正来于坎皮恩希望他的学生不惜一切代价全然规避的主题和激情：色情崇拜。

  罗密欧：那么我要祷求你的允许，把手的工作交给了嘴唇。

朱丽叶:你的祷告已蒙神明允许。

罗密欧:神明,请容我把殊恩受领。(吻朱丽叶)这一吻涤清了我的罪孽。

朱丽叶:你的罪却沾上了我的唇间。

罗密欧:啊!你责备得多好啊!这一次我要把罪恶收还。(吻朱丽叶)

朱丽叶:你连接吻都讲究章法。

(1.5.100—107)

这些台词带有坎皮恩能立即辨出的天主教意味,但神学和宗教仪式在此都被机智地转化成了欲望及其满足。

《罗密欧与朱丽叶》中这些优美、幽默的台词是16世纪90年代中期写的,也就是在莎士比亚可能与坎皮恩会面的大约15年之后。但易位和挪用的巧妙混合、从传统宗教素材到世俗表演的翻新以及神圣与亵渎的混杂确实是莎士比亚所有著名诗歌、戏剧的特征。在他的初出茅庐之作《仲夏夜之梦》中,新婚夫妇的床按照新教徒宣布为非法的天主教通行仪式受了祝福,但用的不是圣水,仙人们在上面撒了"原野上神圣的露珠"(5.2.45)。在戏剧生涯末期写的《冬天里的故事》中,他对穿"天人的服装"的牧师所举行的庄严仪式做了迷人的刻画,但这些服装的"严肃的穿用者"并不是在举行弥撒;剧中描述的是模棱两可的神谕:

我必须说
给我印象最深的是那种神圣的法服和穿着法服的——
我想我应该这样形容——庄严的教士那种虔敬的神情。
啊,那种祭礼!——
在献祭的时候,
那礼节是多么隆重、严肃而神圣!

(3.1.3—8)

这并不是对弥撒的拙劣模仿,也不完全是从审查者眼皮底下溜过的狡黠赞辞。相反,这些台词和他作品中其他许多类似台词都说明了他是如何完整地吸收了天主教教义,使之服务于自己的诗歌。这些目的比坎皮恩的要稚嫩得多,其显而易见的差距或许——可能尤其是在——1581年的兰开夏郡就已经存在了。

造成这种情况的不仅是威尔的性情——缺乏宗教使命感,对传教士的狂热信仰怀疑地保持距离,以及青少年对自身的所有权意识。虽然威尔只是个年轻仆人,他能轻易注意到某些东西,它超越了他所在的这个奇特、危险世界的宗教信仰。北部是反对王室中央集权的地方,他所生活、工作过的家庭都做过近似叛国的事。莎士比亚所有的早期历史剧——16世纪90年代他凭这些剧作在伦敦建立了自己的声望——都和叛乱有关,他坚持把叛乱看作家庭事务。这些戏剧都稳妥地以15世纪的英格兰为背景,事件也取材于编年史,但要使戏剧人物带有现实色彩,莎士比亚还需用到阅读材料之外的东西。充斥其想象的男女强大、不羁、雄心勃勃,甘冒极大风险玩弄权术。塑造这些人物形象时,他很可能是取材于在北部逗留期间细致观察过的家庭成员。

这就表明即使莎士比亚1581年确实见过坎皮恩,他很可能当时就战栗了,退缩了,他或是拒绝了圣人暗示的邀请,或是拒绝了其直接、热切的恩惠,不愿背起十字架投身于天主教的信仰斗争。正如霍夫顿的遗嘱所暗示,威尔正以演员身份引起关注——这很可能是他平生头一遭;他已经开始意识到自己能做的事和内在的才华。他并不想卷入这场光荣、叛逆、自杀性的宗教战争。如果说他父亲既信仰天主教又信仰新教,威廉·莎士比亚就往两者都不信奉的方向发展。

莎士比亚——假设他是霍夫顿遗嘱里提及的莎克夏夫特——在回斯特拉福镇之前,在兰开夏郡至少呆到了1581年8月。坎皮恩比他更早离开该地;他受帕森斯之命回伦敦附近检查《十个理由》的秘密印刷情况。虽然时间紧迫,风险又极大,印刷工还是按时完成了任务,赶上了6月27日举行的牛津大学毕业典礼:列队来到圣母玛利亚教堂的学生和研究员看到座位上放着成百上千份扎好的副本。几周之后,坎皮恩在前往兰开夏郡的途中被诱捕,押进了伦敦塔,推进了顾名思义诨号"不舒服"的小牢房。四天痛苦的监禁之后——因为在这种小牢房里犯人既站不了也躺不了——他突然被带出去,押到船上,驶向极有权势的莱塞斯特伯爵的宅邸,该伯爵几年前还装作是他的恩主。和莱塞斯特伯爵一道的还有贝德福德伯爵和两名国家大臣。更令他震惊的是,伊丽莎白女王也在屋里。他们问他为何到英格兰来。为了拯救灵魂,他答道;于是伊丽莎白就直截了当地问他,是否承认她是他的女王。"不仅是我的女王,"坎皮恩回答,"也是我最合法的女主人。""合法"这个词并没有逃过伊丽莎白的注意;她问教皇能不能"合法地"将她逐出教会?他能否解除她的臣民服从她的义务?这些问题都被坎皮恩形容为"极其残忍、伪善、致命"。他马上明白自己无法提供她所要求的答案,那些答案不仅能还他自由,还能像女王表明的那样给他财富和荣誉。他被带回伦敦塔,接受审问和酷刑的折磨,判以叛国罪,然后与托马斯·科塔姆等其他人一起被处决。

威尔可能只是通过传闻或政府印发的高度扭曲事实的报告了解这些可怕事件。他肯定听说了坎皮恩被捕的事——这是一则国内新闻——他也可能带着特别强烈的焦虑听说坎皮恩在酷刑之下泄露了许多他的接待者的姓名。(政府大肆吹嘘的招供内容还存在争议,但随后在兰开夏郡和其他地方发生的逮捕的规模,以及坎皮恩自己上绞刑架时说的话都说明了他招供的人数比预想的多。)

莎士比亚可能也曾听说或读到在这名耶稣会士被捕和处决期间发生的特别事件。政府无疑被坎皮恩的"大话"——他挑战说要和任何人就天主教的优点进行辩论——和《十个理由》的秘密出版激怒了。8月底的一天,坎皮恩事先未获通知就被带出了小牢房,押到伦敦塔的小礼拜堂里去。在那里,当着守卫、其他天主教犯人和济济一堂公共权威人士的面,有两名新教神学家要与他进行辩论,一名是圣保罗学院的院长亚历山大·诺威尔,另一名是温莎公学的院长威廉·戴。桌上堆满了书和笔记本,桌边坐着的神学家都是著名辩论家。在另一张桌子边坐着同样显赫但也几乎不算中立的人物,即格雷律师学院的威廉·查克和剑桥大学的钦定神学教授威廉·惠特克,他们是辩论的公证人。犯人会得到他所要求的辩论,但辩论场所和规则得由政府决定。

坎皮恩抗议自己事先没有时间准备,也没有笔记和书籍,又受了"地狱般的"酷刑。伦敦塔的执行官欧文·霍普顿爵士无耻地声称犯人"只是被稍微掐了一下,所以只能说是被夹了一下,而不能说是受过拷问"。对此,坎皮恩庄严地回答说他自己"能够对此做更好的描述,也是最诚实的判断者,因为他感觉到了痛苦",于是他接受了——既然别无选择——非常不公平的辩论条件。然后他开始辩论,几乎所有人都认为他击垮了对手。政府对此大为恼火。随后的几个月中安排了新的辩论,并严格限制了坎皮恩回答的余地和形式,他们又举行了三场辩论——都不允许天主教旁听者在场——直到他们能够宣告胜利,感到满意为止。于是他们把坎皮恩带到泰伯恩行刑场的绞刑台上去,当着极多围观者的面把他绞死,又把他的尸体切成四块。旁观者之一是个名叫亨利·沃波尔的新教徒,他所站之处很靠近绞刑吏把坎皮恩的尸体碎块往沸水桶里扔的地方。一滴血水溅到了他的衣服,沃波尔说他立即感到自己皈依了天主教。他离开英格兰到欧洲大陆去,成为耶稣会士,又被送回英格兰,在这里他同样被当作叛国者逮捕、处决了。这就是圣人和殉道者的事迹。

莎士比亚从未公开提到坎皮恩,这并不令人惊讶。也许《李尔王》中的埃德加隐藏着对逃亡牧师和与他一道的传教士的回忆,埃德加清白无辜,却受私生子弟弟诽谤,被迫乔装打扮逃命。被放逐的埃德加说"我听说他们已经发出告示捉我,"

> 幸亏我躲在一棵空心的树干里,才
> 没有给他们找到。没有一处城门可以出入无阻;没有一个地方
> 不是格外警卫森严,
> 准备把我捉住!我只有逃走
> 才能保全自己的性命……

(2.3.1—6)

但埃德加并不是传教士,莎士比亚或许首先会感到应当远离1580年冬和1581年春危险地迫近自身的东西,这种愿望压倒了其他的念头。他还可能为自己没有卷入噩梦般的迫害、酷刑和死亡感到莫大的欣慰。

翌年,威尔就回到了斯特拉福镇。或许他毕竟愿意冒点小风险,这种风险涉及了不幸的托马斯·科塔姆及某些"关系重大的"东西,也就是科塔姆想送到罗伯特·狄布戴尔家去的那些东西。那家人住在距斯特拉福镇两英里之外的夏特里村,因为很可能威尔踏上归途不久,就显然要沿着穿过田地通向夏特里的路走。他有可能为这个逃亡牧师捎什么秘密消息给他父母吗?这就很难说。但可以肯定那18岁的男孩确实在村里,因为他遇到了他父亲的老朋友的长女,这个老相识就是虔诚信仰新教的农夫,一年前刚去世的理查德·哈瑟

维。安妮·哈瑟维 26 岁——似乎是为了标志自己与坎皮恩,与深刻的信仰、叛逆的低语以及夹具、可怕的绞架之间具有决定性的距离——威尔就去追求她。这种秘密生活也产生了重大后果,但那属于非常不同的类型。他们 11 月结了婚,六个月后他们的女儿苏珊娜就出生了。

第四章 求爱、成婚和后悔

如果威廉·莎士比亚在兰开夏郡做了危险的逗留之后,于1582年回到斯特拉福镇,如果那年夏天他答应到夏特里去,将一条危险信息或是一件宗教信物捎给狄布戴尔家族,那么追求安妮·哈瑟维显然就算休假了,这是对高度紧张的逃避,对恐惧王国的反叛。安妮的世界与他或许接触过的危险世界截然相反:那个危险世界里只有强大的纯男性纽带,由与学生罗伯特·狄布戴尔一道去研习会的教师西蒙·亨特建立;还有保护坎皮恩、帕森斯、科塔姆和其他耶稣会士传教士的密谋,以及自取灭亡的虔诚年轻人组成的秘密团体。但即便情况没那么可怕,即便威尔只是不经世事的斯特拉福镇青年,他的主要社会关系不过是父母和国王新学堂的男孩们,安妮·哈瑟维也代表了一种可供选择的惊人余地。几乎可以确定威尔的家庭倾向天主教,安妮的家庭则几乎必定倾向于与其对立的新教。安妮的父亲理查德在遗嘱中要求别人"以适当方式埋葬"他,这个密码般的词就是指清教徒喜欢的简朴刻板的葬礼。安妮的弟弟巴塞罗谬也要求同样的葬礼,"希望在审判日复生,接受成为他的选民的奖赏"。"他的选民":这些人和坎皮恩大不相同,因此也和与莎士比亚的母亲沾亲、信奉天主教的阿登家族大不相同。

安妮·哈瑟维代表另一种意义上的逃避:她拥有的自主权不同寻常。在伊丽莎白时期,年轻的未婚女性很少能决定性地掌控自己的生活;警觉的父母会为女儿做重要决定,在理想状态下,他们会征得她的同意,但事情并非总是如此。可是安妮——一个二十五、六岁的孤儿,拥有父亲在遗嘱中留给她一些财产,结婚后还能得到更多——用那个年代的说法,就是能"完全自己做主"。独立的她事实上注定要激发年轻男子的性兴趣,而她也能自由地做决定。被安妮·哈瑟维唤醒的自由意识可以说是莎士比亚毕生着迷于此类独立女性的根源。他感到自己摆脱了家庭束缚,或许也摆脱了伊丽莎白时期道德家认为与演戏有关的性混乱和性矛盾。如果假想的学童表演普劳图斯剧作一事属实——如果威尔在和其他男孩表演爱情场面时,体会过令人不安的性兴奋——那么安妮·哈瑟维为他在性方面的矛盾心理和困惑提供了可靠、传统的解决方法。

和想象的解决方法——其吸引力虽然短暂,但效果却不可低估——大不相同的是,安妮提供了引人入胜的快乐之梦。因此我们至少能从以求爱为核心的大多数莎士比亚作品,从《维洛那二绅士》和《驯悍记》到《冬天里的故事》和《暴风雨》中得出这样的结论:求爱,并不是从性交,而是这个词所包含的热烈追求、恳求和憧憬的早期意义来看,持久地占据了他的注意力,他对它的领悟和表达超过了世间其他任何人。这种领悟当然并不一定和他娶的女人有关,但理论上说,它必定和生活经历相关。探究莎士比亚生平情况的全部推动力都来自一种强烈的信念,即他的戏剧、诗歌不仅来源于其他戏剧和诗歌,也来源于亲身经历,来源于他的身体和灵魂。

成年的莎士比亚感到乡村青年的求爱方式非常滑稽可笑。例如,在《爱的徒劳》中,他嘲弄了愚蠢的乡巴佬爱慕一个挤奶女工,甚至去亲吻"她那美丽、皲裂的手曾经挤过的牛乳"(2.4.44—45)。但隐藏在笑声之后的,可能就是对自己年轻时那笨拙尝试的扭曲怀念,这种尝试获得的补偿超过了他的期望。因为夏末安妮·哈瑟维就怀孕了。

19世纪伟大的藏书家托马斯·菲利普斯在伍斯特主教的档案室里找到了一本奇特的档案,从那以后莎士比亚的婚姻就不断引起人们的狂热兴趣。这份注明日期为1582年11月28日的档案是一份保证书,它是为了交纳40英镑(斯特拉福镇教师年薪的两倍;伦敦布匠年薪的八倍)这么一大笔钱,以便让"威廉·莎士比亚"与"伍斯特教区斯特拉福镇的少女安妮·哈瑟维"成婚一事而立的。

这对夫妇——或某对姓名与这对夫妇近似的人——希望能尽快举行婚礼。保证书并未明确指出他们急着结婚的原因,但曾经有过一个正式存档的解释:6

个月之后——确切地说,是在1583年5月28日——就举行了他们的女儿苏珊娜的洗礼。尽管保证书上提到"少女",但伍斯特教区斯特拉福镇的安妮·哈瑟维绝对不是"少女"。

通常,婚礼只能在结婚预告——对结婚意图的正式公布——之后才能进行,结婚预告要在当地教区的教堂连续宣布三个周日。变幻莫测私了诉讼的教会法(教会的法规章程)可以解释该程序必然限制的预告间隔,因为在教历的某些时期不允许宣读此类预告。1582年11月底,这样的禁期很快又到了。有了保证书确保不存在预告旨在扫除的障碍,交钱之后就有可能获得特许,马上得到结婚证书。但为了支持这个保证书,还必须设法保证不会发生某些突发事件——如有婚约在先、一方的父母反对选未成年者为婚姻对象,或是对象签了合同,要到学徒期满才能结婚——虽有庄严的誓言,这样的事件仍不免引起法律纠纷。因此这个保证书在无障碍出现的情况下是不起作用的。

我们不知道威尔的父母是否同意18岁的儿子娶已经怀孕的26岁的新娘,在当时和现在的英国,男子18岁结婚都被视为早婚;1600年(最早存有可靠数据的时间)斯特拉福镇男子的平均结婚年龄是28岁。男子娶了比他大这么多的女子也不常见;这一时期的妇女平均要比丈夫小两岁。例外情况通常见于上流社会,那个阶层的婚姻实际是家庭之间的财产交易,孩子很小的时候或许就订了婚。(在这种情况下,婚后多年夫妇才圆房,新婚夫妇通常要等很久以后才共同生活。)在安妮·哈瑟维这种情况,新娘有些遗产,可又远非大笔财产的继承人——她父亲在遗嘱里答应在她结婚时给她6英镑13先令4便士——经济困窘又有显要公共地位的约翰·莎士比亚可能希望儿媳妇带来更多的嫁妆。莎士比亚的父母如果真的强烈反对,可以挑起法律纠纷,因为他们的儿子还未成年。(21岁才算成年。)他们没有这么做,就像法律记录表明的那样,可能是由于莎士比亚的父亲和安妮的父亲是老朋友。但约翰和玛丽·莎士比亚仍有可能认为威尔的亲事不尽人意。

威尔对此怎么看呢?几世纪以来,18岁的男孩碰到这种情况都不十分急着结婚。威尔的确可能例外。诚然他也能以剧作家的身份想象这种迫切。"我们在什么时候遇见,在什么地方求爱,怎样彼此交换着盟誓,这一切我都可以慢慢儿告诉你,"凯普莱特家的舞会结束后的清晨,罗密欧这么对劳伦斯长老说;"可是无论如何,请你一定答应就在今天替我们成婚"(2.2.61—64)。

《罗密欧和朱丽叶》中对冒失情人狂热的迫切心理的刻画是与幽默、讽刺、尖刻和否定相交织的,但莎士比亚首先要表达的还是对青春年少、渴望结婚、被延迟折磨之感的深切同情。在伟大的阳台场景中,罗密欧和朱丽叶虽然刚相识就交换了"忠实的爱情誓约"。"要是你的爱情的确是光明正大的,/你的目的是在于婚姻,"在莎士比亚写得最动人的爱情场面结尾,朱丽叶告诉罗密欧说,"明天就给我回音。"她对罗密欧说,知道"在什么时候什么地方举行婚礼,"之后,她会"把我的整个命运交托给你,把你当作我的主人,跟随你到世界的尽头"(2.1.169,185—186,188—190)。

因此就有罗密欧急切地在清晨拜访长老的一幕,也有了朱丽叶打发乳母去听罗密欧回话,等她等得发狂的一幕。"上了年纪的人,大多像死人一般,"这个年轻女子抱怨说,"手脚滞钝,呼唤不灵,慢吞吞地没有一点精神。"当乳母终于蹒跚而至,朱丽叶却仍旧几乎无法打听出那对她而言至关重要的消息:

乳母:我累死了,让我歇一会儿吧。哎呀,我的骨头好痛!我赶了多少的路!

朱丽叶:我但愿把我的骨头给你,你的消息给我。求求你,快说呀,好奶妈,说呀。

乳母:天啊!你急什么?不能等一下子吗?你不见我气都喘不过来吗?

朱丽叶:你既然气都喘不过来,那么你怎么会告诉我说你气都喘不过来?你费了这么久的时间推三阻四的,要是干脆告诉了我,还不是几句话就完了。……他对结婚的事情怎么说?

(2.4.25—46)

恼怒的急躁从未得到更巧妙、更动人的描述。

对罗密欧的急切只是相当仓促地做了描绘;对朱丽叶的急切所做的刻画范围更广,也更细致。同样,很可能急于立保证书的主要人物是有三个月身孕的安妮,而不是年轻的威尔。当然,这是伊丽莎白而不是维多利亚统治的英格兰:在16世纪80年代,未婚母亲并不像在19世纪80年代那样按例受到猛烈、无情的社会羞辱。但莎士比亚时代人们确实视未婚母亲为耻,认为她们在社会上蒙羞;社会对私生子强烈不满,因为他们要吃要穿;安妮要找到丈夫才能得到那6英镑13先令4便士遗赠。

使婚礼尽快举行的物质保证是由斯特拉福镇的两名农夫,福克斯·桑德尔斯和约翰·理查森提供的,他们是新娘先父的朋友。年轻的新娘和准爸爸对这慷慨的支持心怀感激,但他更可能是个不情愿或很不情愿的受惠者。如果剧作家后来想象出了一个急着结婚的罗密欧,他也想象出了一系列迟疑不决的新郎,他们或是出于羞耻之心,或是迫于形势娶了同自己睡过觉的女人。"她已经有两个月身孕了,"丑角科斯达德对农家女诱骗者、大言不惭的阿玛多这样说。"你这是什么意思?"阿玛多问,他想用咆哮、威吓来摆脱当时的处境,但科斯达德坚持道:"她很快就要生了。那孩子已经在她肚子里说话了;它是您的"(《爱的徒劳》,5.2.658—663)。阿玛多并不是《量罪记》中的路西奥或《终成眷属》中的伯特伦那样的风流英雄,他遭到了讽刺、嫌恶和鄙夷。这些正是莎士比亚在回顾自己的婚姻时产生的感想。

在最早的作品之一,《亨利六世》的第一部分中,他让一个人物比较了被迫的婚姻和自愿的婚姻:

> 不顺心的婚姻如同地狱一般,
> 一生斗来斗去,无法安宁,
> 与之相反,得到一个满意的伴侣,
> 便可以百年合好,欢乐无限。

(5.7.62—65)

这是个扮演伯爵的角色,他愤世嫉俗地鼓动国王答应一门坏亲事,但对福佑的梦想,以及对"不顺心的婚姻"几乎一定会导致不幸的认识是正确无误的。这些台词大约是莎士比亚在16世纪90年代早期写的,当时他可能在反思自己婚姻不幸的根源。也许个人的反思就蕴涵在格洛斯特的理查德所狡黠观察到的情况"轻率的婚姻是不太好的"(《亨利六世》下篇,4.1.18)和《第十二夜》中奥西诺公爵的建议里:

> 女人应当拣一个
> 比她年纪大些的男人,

> 这样她才跟他合得拢来,不会失去她丈夫的欢心。
>
> (2.4.28—30)

当然,这些台词都有特定的戏剧背景,但它们的作者年仅18岁就匆忙娶了比自己大的女人,后来又把她抛在斯特拉福镇。如果没有亲身经历、本人的失望和挫折为素材,他怎么能写出表现了这一切的奥西诺的台词呢?

另一份文件更使人们相信威尔不愿结婚。批准授予威廉·莎士比亚和安妮·哈瑟维结婚证书的保证书注明是在11月28日颁发的,但伍斯特档案中还存有一份早一天,也就是在11月27日颁发的准许威廉·莎士比亚和坦普尔克拉夫顿的安妮·沃特利结婚的证书。可能沃里克郡另有一个姓莎士比亚的人也恰在此时结婚。然而,假设这种巧合是不可能的,坦普尔克拉夫顿位于斯特拉福镇以西约5英里,来自那里的安妮·沃特利到底是谁呢?是威尔爱慕着,并且直到受桑德尔斯和理查森胁迫娶了怀孕的安妮·哈瑟维,仍然急于与之结婚的女人吗?

这种可能性富有小说般的感染力:"此后,他在寒冷的11月还骑马到坦普尔克拉夫顿去,"想象力突发的安东尼·伯吉斯写道,"冬天的第一个征兆就是刺骨的寒冷。路上的马蹄声听来尽是寒意。快到夏特里时,有两个人把他拦住了。他们喊着他的名字命令他下马。"但大多数学者赞同1905年约瑟夫·格雷所下的结论,格雷经过广泛研究,认为负责将名字抄在证书上的职员出了差错,把哈瑟维写成了沃特利。大多数学者也想象威尔在某种程度上愿意结婚。但大家都不知道他结婚时的心态怎样,只能猜测在此后32年的婚姻生活中,威尔对妻子的态度如何。在得到结婚证书和立临终遗嘱之间的这段时间里,威尔没有留下其他能够明确表明夫妻关系的私人信息——或者说所有此类信息都逸失了。人们并没有发现这个善于表达的人写给安妮的情书,没有任何信息能表明他们分享过的苦乐,没有建议性的言辞,连经济往来也没有。

有幅作于19世纪的动人图画,其表现的场景是莎士比亚在斯特拉福镇的家中,为家人朗诵自己的剧本——他的父母在较远的地方听着,一只狗躺在他脚边,三个孩子围着他,他的妻子则从针线活上抬起头来崇拜地看着他——但这种场合即使真的存在也非常之少。因为婚后大部分时间他都呆在伦敦,安妮和孩子们显然是留在斯特拉福镇。这件事本身并不一定暗示着感情的疏离;夫妻俩时常只得长期住在远离彼此的地方。可在莎士比亚时代,要跨越这段距离保持密切关系尤其困难。使之更为困难的是,他的妻子安妮有可能既不会读也不会写。当然,当时社会上大多数妇女都不识字,或只略微识几个字,但普遍情况也无法改变一个事实:莎士比亚的妻子完全有可能不曾看过他的作品的只言片语,他从伦敦发给她的任何书信都得由邻居读给她听,如果她想告诉他任何事情——如当地的小道消息、他父母的健康状况、他们的独生子病危——都要委托送信人代劳。

乐观主义者的观点也许是对的,他们虽然多年分居两地,关系却不错。急于表明莎士比亚婚姻状况良好的传记作家强调说,他在演剧界一挣了钱,就把妻子和家人安顿到他在斯特拉福镇买的房子"新地"去;他可以常到那里看他们;他选择及早退休,并在英年早逝的几年前永久地回到斯特拉福镇。一些人甚至猜测他可能让安妮和孩子们到伦敦来,和他共度了相当长的时间,杰出的古文物学家埃德加·福利普提到"没有人比莎士比亚更坦率、更精确地谈到真正的'枕席'之乐"时,引证了《考利欧雷诺斯》中的台词:

我曾热恋着我的妻子,为她发过无数挚情的叹息,可是我现在看见了你,

你这位高贵的英雄!我狂喜的心,

比我第一次看见我的恋人成为我的新妇,

跨进我的门槛的时候还要跳跃得厉害。

(4.5.113—117)

可即便这些台词如福利普所想,是剧作家对多年前亲身体会的回忆,这种回忆也是辛酸苦涩大大多于缠绵悱恻的:这些话是武士奥非地阿斯说的,他那颗一向沉稳的心在他看见所仇恨并一直想杀死的人时跳跃不已。

莎士比亚未写到的内容或许和写到的一样,指明他的婚姻出了严重的问题。事实上,这个艺术家取材于一切可得的材料。除了少数例外,他通常从生活中接触到的风俗、职业和人际关系里提炼材料。他是最擅长描写求爱过程的诗人:要了解这一点只需想想年事渐高的十四行诗作者和俊美的年轻人、气喘吁吁的维纳斯和不情愿的阿多尼斯、奥兰多和罗莎琳德、皮丘西奥和凯特,甚至畸形、邪恶的理查三世和安妮夫人。他也是描写家庭生活的大诗人,对兄弟之

间致命的敌对状态和复杂的父女关系抱有既独特又强烈的兴趣:埃格斯和赫米亚、勃拉班修和苔丝狄蒙娜、李尔和他那两个可怕的女儿、配力克力斯和玛瑞娜、普洛斯帕罗都是很好的例子。可虽说婚姻是戏剧中的男女主人公为之奋斗的应许之地,虽说家庭分裂是萦绕不去的悲剧主题,莎士比亚对婚姻真实情况的描述却出奇地有限。

当然,他也提供了一些让人着迷的零星刻画。他塑造出的一些夫妇,其关系差到了互相厌恶的地步:"啊,戈纳瑞!"《李尔王》中愤慨的奥本尼喊道,"你的价值还比不上那狂风/吹在你脸上的灰尘。""不中用的懦夫!"她尖刻地咒骂说。"你让人家打肿你的脸,把侮辱加在你头上,……这就是你的男子汉的气概——呸!"(4.2.30—32,51—69)但更多夫妇是处于更为微妙、复杂的疏远状态。主要是妻子们觉得受到忽视或排斥。《亨利四世》(上)中凯德·珀西问她的丈夫哈利(叫他烈火骑士大家会更熟悉些),"我究竟犯了什么过失,这半个月来我的哈利没有跟我同衾共枕?"说实话她并没有犯错——烈火骑士此时正专心策动反叛——但她觉得受排斥是情有可原的。烈火骑士决定把妻子蒙在鼓里:

> 可是听着,凯德。
> 从此以后我不准你问我到什么地方去,或是为了什么理由。
> 我要到什么地方去就到什么地方去。总之一句话,
> 今晚我必须离开你,温柔的凯德。
>
> (2.4.32—33,93—97)

反叛也成了家务事——烈火骑士是被父亲和叔叔拉下水的——可他妻子的命运必定也将受到反叛结果的影响,而她得知这件事的唯一途径就是他在不安的睡梦中发出的呓语。烈火骑士带着直率、亲切但嫌忌女性的神情,解释他就是不信任她:

> 我知道你是个聪明人,可是不论你怎样聪明,
> 你总不过是哈利·珀西的妻子;我知道你是忠实的,
> 可是你总是一个女人;没有别的女人比你更能保守秘密了,因为我

相信

> 你决不会泄露你所不知道的事情,
>
> 在这一个限度内,我是可以完全信任你的,温柔的凯德。
>
> (2.4.98—103)

话说得又和善又热情,烈火骑士说的话大部分都如此,但这些话勾勒出的婚姻关系却以相互孤立为核心。(在同一部《亨利四世》(上)中,爱德蒙·摩提默和他的威尔士妻子是对另一场类似婚姻的生动刻画:"这是一件最使我恼恨的事,我的妻子不会说英语;我也不会说威尔士话"[3.1.188—189]。)

在《裘利斯·凯撒》中,莎士比亚再次回到这一主题,剧中勃鲁托斯的妻子鲍西娅埋怨她丈夫有意将她排除在他的内心世界之外。鲍西娅的丈夫没像凯德·珀西之夫那样不和她同衾共枕,可她被排除在他的内心想法之外,她说这使她觉得自己是个娼妓:

> 我虽然是您自身的一部分,
>
> 可是那只是有限制的一部分,
>
> 除了陪着你吃饭,在枕席上安慰安慰您,有时候跟您谈谈话以外,没有别的任务了吗?
>
> 只有当你心里高兴的时候,您才需要我吗?假如不过是这样,
>
> 那么鲍西娅只是勃鲁托斯的娼妓,不是他的妻子了。
>
> (2.1.281—286)

此处和别的剧本都提到的问题是夫妇间可以亲密到什么程度,对此莎士比亚一再提供了极其有限的答案。

莎士比亚并不是他那个时代中唯一认为亲密无间的夫妇关系难以描绘,甚至难以想象的人。清教教义持续几十年强调婚姻中伙伴关系的重要性,这才改变了社会、文化和心理状况。到1667年弥尔顿发表《失乐园》时,情况就发生了决定性的变化,婚姻不再是缺乏更崇高的禁欲信仰者的安慰奖;不再是教义允许的避免通奸罪的手段;不再是传宗接代、转让财产的主要方式。它成了人们对持久爱情的梦想。

但是,我们并不清楚当威尔急切或不情愿地同意迎娶安妮·哈瑟维时,他对这种梦想的热心程度如何。弥尔顿撰写提倡离婚的重要小册子并非偶然,憧

憬在婚姻中充分获得情感满足的结局竟然严重依赖于离婚的可能性。大多数作家似乎都同意,在这种可能性不存在的世界,最好是就忍耐性开开玩笑,谨慎地对大多数婚姻保持沉默,为配偶之外的任何人写情诗。但丁那篇热情洋溢的《新生》不是为妻子乔玛·多娜蒂写的,而是为孩提时有过惊鸿一瞥的比阿特丽斯·波蒂娜丽而作。很可能被授予圣职的彼特拉克为美丽的劳拉,而不是为和他育有乔凡尼、弗朗西斯卡二子的无名女人创作了成熟的欧洲情诗——一大套十四行诗。在英国,菲利普·锡德尼爵士在十四行诗组诗《埃斯特菲尔斯和斯特拉》中热切凝望过的星星斯特拉是指嫁作他人妇的珀涅罗珀·德威瑞克斯,而不是妻子弗朗西斯·沃尔辛厄姆。

希望在婚姻中得到稳定与安慰合情合理,但可不要有更多指望,即使没能找到任何想要的东西,或是夫妻关系恶化到反目成仇的地步,你也无法结束婚姻从头开始。离婚——即便只是作为想象而非实际的解决方式——在1580年埃文河畔的斯特拉福镇,对于莎士比亚那个阶层的任何人都不存在,对任何人几乎都一样。就像那时结婚的人一样,无论婚姻令人满意还是成为灾难,无论他选择的人(或是选择了他的人)过了一年左右仍然让他动心还是变得让他恶心,婚姻关系都要维持一生。

但降低了的文化期望至多只能部分解释为何莎士比亚似乎不愿或无法从婚姻内部表现婚姻。因为他确实表现出了受挫的、对亲密配偶关系的期望,尽管他几乎完全将这种期望局限在女性身上。除了凯德·珀西和鲍西娅,在《错误的喜剧》中,莎士比亚还鲜明地刻画了受忽视的妻子阿德里安娜。这部剧本取材于一部罗马闹剧,其中的妻子形象不带任何感情色彩——剧作家普劳图斯在剧末玩笑般地拍卖这个妻子——因此莎士比亚对其痛苦所做的细致刻画就尤其引人注目:

> 啊!我的夫,你现在怎么这样魂不守舍,
> 忘记你自己?
> 因为我们两人结合一体,是不可分的,
> 你把我遗弃不顾,就是遗弃了你的自己。
> 啊!我的爱人,不要离开我!
> 你把一滴水洒进了海洋,

就没法把它重新收回，

因为它已经和其余的水混合在一起无法分辨；

我们两人也是这样，你怎能硬把你我分开，

而不把我的一部分也带了去呢？

(2.2.119—129)

说这番话的场景是喜剧性的，因为阿德里安娜不知道自己正对丈夫失散多年的双胞胎兄弟而不是丈夫本人说话。但话这么长，痛苦又这么强烈，连笑声也无法将它全然掩盖。

虽然喜剧造成热闹的混乱，阿德里安娜在剧末（当然是错误地）仍被责为导致丈夫魂不守舍的原因——"妒妇的长舌／比疯狗的牙齿更毒"(5.1.70—71)——她的痛苦产生了独特、真实的共鸣。这个场合发挥了莎士比亚的想象力，似乎他亲身经历过或非常熟悉被忽视、被抛弃的配偶的痛苦。在该剧高潮部分亲人激动相认的场景中，并未出现观众理应期待的配偶和解的场景。就和其他众多剧本的情况一样，莎士比亚在《错误的喜剧》里似乎回避了这种和解——它意味着分享一生——的主旨。

《冬天里的故事》偶尔会大略提及超越受挫的亲密渴求的内容。赫美温妮有九个月身孕，她愉快地想和丈夫列昂特斯逗趣，她的逗趣表现出的夫妻感情多于急切的依赖。列昂特斯没能说服密友延长已经够漫长的拜访，于是就请妻子帮忙，妻子成功地说服友人后后，列昂特斯夸张地赞扬她，赫美温妮马上揪住他话中的不适宜之处：

列昂特斯：他有没有答应？

赫美温妮：他愿意住下来了，陛下。

列昂特斯：我请他他却不肯。赫美温妮，我的亲爱的，你的三寸舌建了空前的奇功了。

赫美温妮：空前的吗？

(1.2.88—91)

与这部极其注重语调的剧本相称的是，这些简单的台词表面并未暗示任何不对劲的地方。但赫美温妮也许已从列昂特斯的回答中察觉到了轻微的烦躁，

她本能地想把这变成夫妻间的玩笑:

  赫美温妮:空前的吗?

  列昂特斯:除了还有一次之外,可以说是空前的。

  赫美温妮:什么! 我的舌头曾经立过两次奇功吗? 以前的那次是在什么时候呢? 请你告诉我;把我夸奖得心花怒放,高兴得像一头养肥了的家畜似的。

(1.2.91—94)

就像平常的夫妻谈话那样,这里的对话也是表面不露声色,而实际暗藏风波。与谈话相称的是,赫美温妮虽然称列昂特斯陛下,和他说话的语气却轻松自如、自视平等,还混有性玩笑和温和的嘲弄,她在欢迎丈夫赞扬的同时又拿它打趣。列昂特斯意识到自己的失误,立即把原来说的"空前的"纠正为"除了还有一次之外,可以说是空前的",然后对怀孕的妻子说了她渴望听到的话:

  那就是当三个月难堪的时间终于黯然消逝,
  我毕竟使你伸出你的玉手来,
  答应委身于我的那时候,你说"我永远是你的了"。

(1.2.103—107)

  这是莎士比亚写的内容最丰富的夫妻对话,尽管它表面有点拘谨——毕竟这是夫妻二人当着朋友和其他人的面说话——但它所暗示的深情厚谊,话里充满的紧张和幽默非常真实可信。列昂特斯和赫美温妮可以愉快地回忆共同的过去。他们不介意拿对方逗趣;关注对方的想法和感情;他们就是在成了家、招待客人的时候,还仍然感到对对方的性渴望。但恰是在这略显过分的亲密时刻,列昂特斯的心让偏执性的恐惧攫住了,他怀疑妻子不忠。在这种偏执恐惧导致了许多灾难性事件之后,有一个感人的和解场面,但赫美温妮的话题完全围绕着失而复得的女儿,对她拥抱的列昂特斯根本就没说什么。

  《冬天里的故事》暗示了列昂特斯和赫美温妮的婚姻无法维持下去——也一定无法恢复——婚姻中一度存在的令人满足、不安的情感,以及性和心理上的亲密关系。在和《冬天里的故事》关系密切的悲剧《奥瑟罗》中,苔丝狄蒙娜在婚姻中完美、大胆的存在:

> 我因为爱这摩尔人,所以愿意和他过共同的生活;
> 我的心灵完全为他的高贵的德行征服。
>
> (1.3.247—249)

——似乎激发了丈夫杀气腾腾的妒忌。但也许把这样独特的关系说成婚姻是不对的:它似乎仅仅持续了大约一天半时间就崩溃了。

但莎剧中还是有些夫妻的。在莎士比亚撰写的剧本中,许多地位显赫的夫妻在戏开场之前早就因死亡分离了:戏里没有波林勃洛克夫人、夏洛克夫人、里奥那多夫人、勃拉班修夫人、李尔夫人和普洛斯帕罗夫人。偶尔会有涉及她们的模糊线索:夏洛克的妻子名叫利亚,她曾给过丈夫一枚绿松石戒指,他们的女儿杰西卡没心没肺地用它换了一只猴子。更少见的是像《仲夏夜之梦》那样,隐约地暗示了是什么让思恋的女子离开人世:"可她,一个凡人,为那个少年死去了"(2.1.135),但大多数情况下莎士比亚并不费心提供这些信息。

人口统计学家证明,在伊丽莎白时期的英格兰,分娩是很危险的,但这种危险性也不足以解释剧中众多妻子的缺席。(莎士比亚的父母尽管年龄上有差距,他的母亲还是比他父亲多活了7年,莎士比亚本人的妻子也比他多活了7年。)显然,莎士比亚不愿写米诺娜夫人对女儿的追求者固执己见的《驯悍记》,或是老国王的妻子反对国王退位的《李尔王》。

在所有文学作品中快乐的婚姻都很少见,这正如文学作品很少表现善。大部分18、19世纪的小说在叙事过程中提到的婚姻都单调乏味、令人绝望,但它们还是极力使读者相信,以其婚礼结束作品的年轻浪漫恋人会从彼此身上得到最深沉的满足。在简·奥斯丁的《傲慢与偏见》中,班尼特夫妇的关系就很糟糕,夏洛特·卢卡斯与愚蠢的柯林斯先生的关系也一样,但读者都设想伊丽莎白与达西的关系会很好。而莎士比亚就是在最欢快的喜剧中也不曾试图让观众相信有这样的事。

《皆大欢喜》中的罗瑟琳说,"男人在未婚的时候是四月天,结婚的时候是十二月天","姑娘们做姑娘时是五月天,一做了妻子,季候便改变了"(4.1.124—127)。罗瑟琳自己可能不信这些话——她假扮成小伙子,拿奥兰多对她的爱取乐。在《温莎的风流娘儿们》中,同样的尖刻观点也借傻子斯兰德之口漫不经心地抖了出来:"也许在起头的时候彼此之间没有多大的爱情,可是结过婚以后,大家慢慢互相熟悉起来,日久生厌,也许爱情会自然而然地一天不如一天"(1.1.206—210)。几乎无法避免的老套设想被《无事生非》中的贝特丽丝总结成简洁的程式,即"求爱、成婚、后悔"(2.1.60)。

　　表达这些观点的语调与其说悲观还不如说幽默、活泼又不失真实。可这种真实不会阻碍任何人的婚姻。在该剧剧末,贝特丽丝和培狄尼克和莎士比亚喜剧中的所有恋人一样准备结为夫妇,无视对可能产生的后果的明确估计。这些喜剧的部分魅力在于它们即显示了这种现实的估计,又不曾抑制每对情人的快乐与乐观。莎士比亚并未试图、或几乎没有试图说服观众相信这特定的几对情人都是该法则的例外;相反,他们自己说出了这条法则。观众被引入富有魔力的爱情领域中,明知这很可能是转瞬即逝的幻象,但至少在此时——在表演尚未结束的时候——他们不关心这一点。

　　莎士比亚没能轻易想象出打算长期获得幸福的夫妇。在《仲夏夜之梦》中,拉山德和赫米娅之间的爱情一瞬间就消失了,而狄米特律斯和海伦娜之间的爱情也只能延续到滴在他们眼中激发爱情的花汁挥发掉为止。一对好演员能使《驯悍记》的观众相信披特鲁乔和凯德的争吵中带有隐约可见的强大性吸引力,但该剧结尾特意提供了两个几乎同样令人不快的婚姻设想,一个设想中夫妇总是吵嘴,另一个设想中妻子的愿望总是破灭。《皆大欢喜》的结尾之所以成功,就是因为人们不必仔细思量罗瑟琳、奥兰多和试金石所说的"其他乡下配偶"的未来家庭生活(5.4.53)。因为薇奥拉穿着伪装性的男性服装,《第十二夜》的观众不必容忍她可能扮成端庄的年轻女子的剧情;在剧末,奥西诺甚至和这位柔弱的"男友"订了婚。该剧的过程中没有任何内容涉及他们的感情关系,或是暗示他们很般配,他们未来的生活一定幸福美满。《威尼斯的商人》中的杰西卡和罗兰佐可以用从她父亲夏洛克那里偷来的钱寻欢作乐,但他们的玩笑逗趣中却带着明显的紧张情绪:

　　罗兰佐:正是在这样一个夜里,杰西卡从犹太富翁的家里逃了出来,跟着一个不中用的情郎从威尼斯一直走到贝尔蒙特。

　　杰西卡:正是在这样一个夜里,年轻的罗兰佐发誓说他爱她,用许多忠诚的誓言偷去她的灵魂,可是没有一句话是真的。

(5.1.14—19)

这儿表现的紧张状态——混合着对别人前来追要钱款、对不忠和背叛的恐惧——甚至影响了鲍西娅和巴萨尼奥,以及他们的滑稽伙伴尼莉莎和葛莱西安诺。和《无事生非》中的希罗与幼稚、残酷的克劳狄奥相比,这些人都是前景美好的新婚燕尔。在该剧中,实际上在莎士比亚的所有主要喜剧作品中,似乎只有贝特丽丝和培狄尼克可能保持稳定的亲密关系,而这种可能性也有赖于观众忽略他们的彼此侮辱,忘记他们是受骗恋爱,并假设他们和各自的断语不同,是真的爱着对方。

这里值得停下来做个总结:欲望是使人快乐地、不屈不挠地追求婚姻的动力,莎士比亚16世纪90年代末创作的一系列喜剧是出色地刻画了欲望的经典浪漫之作,但从这些作品中却几乎找不出一对真正情投意合的恋人。憧憬、调情、追求没完没了,对相互理解的长期承诺却少得惊人。热情、正派、稍显迟钝的奥兰多怎能真正理解罗瑟琳呢?愚笨、自满的奥西诺又怎能理解薇奥拉?而这些人都欢天喜地,准备结成大家认为美满的姻缘。莎士比亚明显表现出他意识到了这些浪漫喜剧所提出的问题:在完成这些剧本之后的几年,即大约在1602到1606年间,他写了两部喜剧表现幸福伴侣之间实际潜藏的危机。

在《量罪记》的结尾,玛利安娜执意嫁给令人厌恶、直到罪行暴露还在撒谎、密谋作恶、诽谤他人的安哲鲁。在同一个高潮中,文森修公爵提出要娶依莎贝拉,而她却已经明确表明自己真正的希望是到教规严格的修道院去当修女。仿佛这还不够让人反感,公爵处罚了名叫路西奥的无赖,命令他娶怀了他的孩子的女人。"求殿下开恩,别让我和一个婊子结婚,"路西奥乞求他,但公爵毫不通融,坚持要采取这种相当于"要人的命、鞭打、吊死"的处罚方式(5.1.508,515—516)。《终成眷属》中还有比这更让人不自在的情节:容貌秀丽多才多艺的海伦娜莫名其妙一心爱慕粗鄙的贝特兰伯爵,最后,不顾他的强烈反对,她达成了令人扼腕的交易,和他结婚。这么不般配的一对根本不可能获得美好未来。

在《量罪记》和《终成眷属》中,一切婚姻实际上都显得不是强加给这一方就是强加给那一方,天伦之乐的模式看来遥不可及。这些让人别扭的名剧——通常被称为"问题喜剧"——的拙劣结尾并不是由作者的漫不经心造成的;尽管这些剧作仍然强调婚姻是唯一能解决人类欲望问题的合法、恰当的方式,但它们似乎表达了对长期婚姻幸福的前景的深切怀疑。

莎士比亚不情愿或是无法想象长久保持亲密关系的夫妇,但也有两个不容忽视的例外,可又怪得令人恐惧:一对是《哈姆莱特》中的葛特露和克劳狄斯夫妇,另一对是麦克白夫妇。这些婚姻虽说截然不同,但都充满了力量,可略微提及他们真切的亲密关系还是让人不安,甚至令人恐惧。恶毒的克劳狄斯几乎无论说什么都具有欺骗性,但他谈及对妻子的感情时,却带有既奇特又让人信服的温情:"我的生命和灵魂是这样和她连在一起,"他对雷欧提斯说,"正像星球不能跳出轨道一样,我也不能没有她而生活"(4.7.14—16)。葛特露这一方似乎也同样深情。她不仅赞同克劳狄斯认哈姆莱特为子的提议——"哈姆莱特,你已经大大得罪你的父亲啦,"在他上演"戏中戏"来试探叔父的良心之后,她这样责备他(3.4.9)——而且,更能说明问题的是,当雷欧提斯在宫殿里狂怒咆哮时,她冒着生命危险英勇地保护丈夫。雷欧提斯一心想着要为被人谋杀的波洛涅斯复仇,带着杀心前来,这儿莎士比亚就像他在关键场合常做的那样,为剧本提供了一条舞台说明。葛特露显然挺身拦在丈夫和可能要复仇的人之间,事实上她已经亲自动手制止暴怒的雷欧提斯,因为克劳狄斯两次说,"放开他,葛特露"。雷欧提斯质问"我的父亲呢?"克劳狄斯坦白地回答"死了",葛特露听了马上补充说"但是并不是他杀死的"(4.5.119,123—125)。

在这部引起大量评论的剧本中,那简单的几个字几乎没有引起人们的注意。葛特露正在使杀气腾腾的雷欧提斯的怒火从她丈夫转移向别人:即杀死波洛涅斯的真凶哈姆莱特。她未曾直接图谋让别人杀死她的爱子,但搭救丈夫的冲动战胜了她。这并不意味着她是个同谋——这部戏根本没有明确说明她是否知道克劳狄斯杀害了老哈姆莱特,克劳狄斯忏悔自己的罪行也并不是对自己的妻子坦白,而是在密室里自言自语,徒劳地试图借祷告摆脱良心的负担。

葛特露和克劳狄斯之间的密切关系让有所察觉的哈姆莱特既恐惧又憎恶,这种关系是以彼此的性吸引力,而不是分享秘密为基础的。"你不能说那是爱情,"想到中年母亲的性欲就恶心的儿子断言,"因为在你的年纪,热情已经冷淡下来。"但他知道葛特露的热情还没有冷淡下来,于是他就一直想象母亲和叔父"生活在汗臭垢腻的眠床上,让淫邪熏没了心窍,在污秽的猪圈里调情作爱"的形象。关于油腻的、让精液弄脏(垢腻)的床单的淫猥念头唤来了他父亲的幻象——或许这真是鬼魂?——暂时分散了注意力。但鬼魂一消失,儿子又回到这个话题,请求他的母亲"今天晚上自加抑制"(3.4.67—68,82—83,152)。

如果说《哈姆莱特》中的亲密夫妇关系让人隐约感到恶心,《麦克白》中的类似关系就令人恐惧了。在莎士比亚写的剧本中,似乎只有这部剧里的夫妻像真夫妻那样用玩笑口吻对话。"最亲爱的宝贝",麦克白这样深情地称呼妻子,他控制自己不告诉她正在做的事——也就是策划谋杀他的朋友班柯——这样事成之后能得到她更多的赞扬。当晚宴出了可怕的差池时,忠实的妻子试图为丈夫打圆场:"坐下,尊贵的朋友们",麦克白一人见到被杀的班柯坐在他的位置上时发出了惊呼,惊呆了客人,她则对客人说,

> 皇上常常这样,
> 他从小就有这种毛病。请各位安坐吧,
> 他的癫狂不过是暂时的,
> 一会儿就会好起来。
>
> (3.4.52—55)

然后她悄声敦促他控制自己:"你是男子汉吗?"(3.4.57)

这些话中遮遮掩掩的性嘲弄是麦克白夫人一再采用的重要语气。也是她用来敦促犹豫不决的丈夫杀死国王的主要手段:

> 是男子汉就应当敢作敢为;
> 要是你敢做你所不能做的时,
> 那才更是一个男子汉。
>
> (1.7.49—51)

如果这些嘲弄对麦克白有效,那是因为夫妻间了解并利用了对方内心最深处的恐惧和欲望。在分摊完成的蓄意谋杀暴行上他们达成了共识:

> 我曾经哺乳过婴孩,
> 知道一个母亲是怎样怜爱那吮吸她乳汁的子女;
> 可是我会在他看着我的脸微笑的时候,
> 从他柔嫩的嘴里摘下我的乳头,

> 把它的脑袋砸碎,要是我也像你一样,
> 曾经发誓下这样的毒手的话。
>
> (1.7.54—59)

麦克白不知怎的为这种想象大为震动:

> 愿你所生育的都是男孩,
> 因为你的无畏的精神,
> 只应该铸造一些刚强的男性。
>
> (1.7.72—74)

这样的对话使观众看到了这场独特婚姻的内部情况。无论是什么激发了麦克白夫人对她描述的血腥场面的想象,无论麦克白对她的想象作何想法——恐惧、性兴奋、妒忌、极度恶心还是臭味相投——其核心就是莎士比亚想象出的主要夫妇的意义。

  在这个场景以及麦克白夫妇关系中的令人震惊之处在于他们对彼此思想的占据。初次出场时,麦克白夫人正在看丈夫的来信,信里描述了他遇见了女巫,她们预言他要当国王:"我想我应该把这样的好消息告诉你,我的最亲爱的有福同享的伴侣,好让你不至于因为对于将得到的富贵一无所知,而失去了应该享有的欢欣。"他等不及回家再告诉她:他要让她立即分享这种幻想。从她这一方看,她不仅马上深陷其中不能自拔,还几乎就在同时对丈夫的天性做了深刻清晰的反思:

> 它充满了太多人情的乳臭,
> 使你不敢采取最近的捷径;你希望做一个伟大的人物,
> 你不是没有野心,可是你却缺少那种和野心相连的奸恶;
> 你希望用正直的手段,达到你的崇高企图,一方面不愿玩弄机诈,
> 一方面却要非分地攫取;
> 你没有事后的追悔,
> 却有太多事前的顾忌。
>
> (1.5.9—11,15—23)

说明是充分的,说明方法是从简单观察开始,深入到某些复杂得令人不安的内

容,二者都生动地证明妻子把握着丈夫内在性格的曲折变化,完全理解丈夫。深刻的理解使她产生了要深入到他内心的愿望:"赶快回来吧,/让我把我的精神倾注在你的耳中"(1.5.23—24)。

因此,莎士比亚戏剧融汇的一方面是对婚姻大体不同的刻画,另一方面是某种噩梦般的意象,它就在这两部剧精心刻画的两场婚姻中。人们在读他的作品时,很难不去考虑他在漫长的婚姻生活中有很大部分时间都不与妻子共度。也许不知为什么,莎士比亚害怕被配偶或其他任何人完全了解;也许他无法完全接纳任何人;也可能是由于他在18岁时犯下了灾难性的错误,只好承担后果既当丈夫又当作家。他或许暗自认为大多数夫妻都不般配,就连那些为爱情结婚的夫妇也不例外;人决不能草率地结婚;小伙子决不能娶比自己大的女人;强制性的婚姻——"被迫的婚姻"——就是地狱。或许除了这些之外,他在构思《哈姆莱特》、《麦克白》、《奥瑟罗》和《冬天里的故事》时,还暗自认为婚姻中的亲密关系是危险的,梦想获得这种亲密关系本身就是一种威胁。

莎士比亚也可能暗自认为他和安妮·哈瑟维的婚姻从一开始就注定不幸。当然,他一再告诉观众,在婚前保持贞洁至关重要。朱丽叶尽管将和罗密欧在黑暗中交换过的誓言称为"契约",还是明确指出在她看来这种契约并不等于婚姻(这正和伊丽莎白时代某些人的观点一致),所以当天晚上她必须让罗密欧"得不到满足"(2.1.159,167)。一旦得到长老主持的婚姻的保护——在《罗密欧和朱丽叶》中并没有公开仪式,取而代之的是瞒着有世仇的家庭举行的圣礼——朱丽叶就可以抛开女孩应有的忸怩作态。这对年轻的爱人对自己的欲望极其坦率、大胆、镇定自若——他们能像朱丽叶所说"想象真爱不加节制的行为"(3.2.16)——但这种坦率有赖于表现这些欲望前共同的婚姻承诺。这种承诺赋予他们那鲁莽、秘密的婚姻某种崇高的天真无邪。就好像正式的婚礼作为结合的条件具有一种近乎神奇的功效,能使本来污秽可耻的欲望和满足变得完全正派。

创作《量罪记》的时间大约比《罗密欧和朱丽叶》早八年,在该剧中,莎士比亚描绘了与他少年时的经历相类似的情况。克劳狄奥和朱丽叶私下交换了庄严的誓言——即克劳狄奥所说的"真正的婚约"——未举行公开仪式就圆了房。他的妻子现在显然怀孕了——"可是我们秘密的交欢,却在朱丽叶身上留下了无法遮掩的痕迹"(1.2.122,131—132)。当国家发起严惩"私通"运动时，克劳狄奥被捕入狱，并判了死刑。令人震惊的是他似乎服从判决。没有公开的仪式，他那"真正的婚约"一文不值，在充满自我嫌恶的台词中，他谈到了放纵性欲结果招致了迫近的死亡：

> 正像饥不择食的饿鼠吞咽毒饵一样，
> 人为了满足他的天性中的欲念，也会饮鸩止渴，送了自己的性命。
>
> （1.2.108—110）

在婚姻范围内可以坦率、自如加以承认的天生的欲念在婚姻之外就成了毒药。

对婚前性行为及其后果的见解如此可怕，这与莎士比亚有两个长大成人的女儿是密切相关的。他对婚前性行为的危险做了明确告诫，在《暴风雨》中表现为父亲对追求女儿的年轻人所做的严厉警告。但在戏剧生涯晚期所写的剧本中，普洛斯帕罗的台词包含了莎士比亚对个人不幸婚姻的回顾，并有把这种不幸与多年前它的开端相联系的意味。"接受我的女儿吧，"普洛斯帕罗对斐迪南说，但又补充了一些介乎诅咒和预言之间的话：

> 但是你如果在未用盛大仪式举行神圣婚礼之前
> 就破坏了她的处女的贞洁，
> 上天将永不降福使这婚姻美满；
> 而使不育的厌恨、尖酸的侮慢，夫妻间的反目，
> 弄得你们的床笫变成荒芜之场，
> 以至你们两个都厌恶它。
>
> （4.1.14—22）

这些台词——其措辞之激烈和大胆远远超过了该剧所需——似乎取材于不幸婚姻的苦难深渊。普洛斯帕罗警告说，如果在"盛大仪式"前就发生性关系，这个婚姻不但得不到上天的福佑（"降福"），还必然会变成灾祸。这恰恰是对威尔和安妮的婚姻状况的写照。

就算这些严峻的台词是对其本人婚姻状况的简要回顾，莎士比亚也并非就注定要过没有爱情的生活。他肯定体会过痛苦、辛酸和悲观，但他既没有采取同样的态度，也没有试图以弃绝欲望的方式来逃避它们。在其作品中欲望随处

可见。但他对爱情的想象和所有他可能获得的爱情体验都在婚书之外繁荣兴盛。莎士比亚创造的最伟大的恋人就是安东尼与克莉奥佩特拉，而他们是通奸的至高象征。他写的情诗——其复杂与热烈在英文诗中空前绝后——即那一系列十四行诗，写的既不是他的妻子，也不是对某个可能嫁给他的人的追求，而是写他和一个俊美的年轻人与饱经风月的黑肤女士之间错综复杂的关系。

安妮·哈瑟维完全——或至少是几乎完全——被排除在十四行诗所表现的同性之爱和通奸情节之外。正如一些批评家所暗示，十四行诗145——"那爱神亲手创造的嘴唇"——结尾的对句可能间接提到了她。诗中的叙述者回忆有一次他的爱人对他说了可怕的话"我恨"，但接着又暂缓了这些词似乎下达的判决：

    她把"我恨"的"恨"字抛弃，

    补一句"不是你"便救了我的命。

如果"把恨字抛弃"如评论家所言是意指哈瑟维的双关语，那么这首诗可能是幸存的莎士比亚的最早作品，它显然是在求爱时写的，后来又漫不经心地添加到组诗中。这样的由来可以解释为何该诗的韵脚不规则——这是组诗中唯一用八音步而不是十音步写的诗——更能解释其题材的拙劣。

他无法摆脱贯穿于婚姻之中的莫大束缚感。但三年之后他设法和妻子分居，住处到斯特拉福镇的距离即便是快马加鞭也要花两天时间，这就与亨里街以及后来的"新地"安全地保持了距离，在那里他写出了惊世之作，并且发了财。在伦敦租住的房间让他设法获得了一点私生活——那也许就是奥布里所说的"不爱交际"和他拒绝"寻欢作乐"之邀的意思。他不是酒馆的常客，也不是朋友们熟悉的同伴，他在他从未提及的人那里找到了亲密关系、欲望和爱情。"他赢得的女人们，"《尤利西斯》中的斯蒂芬·代达罗斯是詹姆士·乔伊斯的变相自我，他在对莎士比亚的婚姻进行伟大反思时说，"是温柔的，是巴比伦的娼妓，是法官夫人们，是胖墩墩的酒馆掌柜的娘儿们。狐入鹅群。在'新地'有个懒散的浪荡女人，当初如肉桂般动人、甜美、清新，而今她的叶子都落了，落尽了，变得光秃秃的了，她对狭窄的坟墓心怀畏惧，并且未得到宽恕。"

莎士比亚大约在1610年的某个时候从伦敦隐退，作为一个投资广泛的有钱人回到斯特拉福镇,回到住在"新地"的被忽视的妻子身边。这意味着他们最终建立了某种亲密关系吗?《冬天里的故事》大约创作于该时期,其结局是看似已经永远分离的夫妇的动人和解。或许这是莎士比亚对个人生活的想象,可如果是这样,想象与真实情况并不一致。1616年1月莎士比亚拟写遗嘱之时显然已重病在身,他尽力确保将实际拥有的一切财产,包括"新地"和所有"谷仓、马厩、果园、花园、土地、房屋",以及在斯特拉福镇及其周围地区的土地,都留给长女苏珊娜。他的另一个女儿朱迪思、唯一还健在的妹妹琼和其他亲戚朋友都得到了一份财物,他还为镇上的穷人捐了点钱,但绝大部分产业都留给了苏珊娜和她的丈夫约翰·霍尔医生,他们显然是将要撒手人寰的莎士比亚关爱信任的人。快辞世时他不打算将财产交给妻子;他想象自己的财产将传给长女、再传给她当时还未降生的长子、再传给长子的长子,就这样代代相传。他无法容忍对这种设想的任何干涉和阻碍:苏珊娜和她的丈夫被指定为遗嘱执行人。他制定的设想——对他们偏爱至极的设想,将由他们来执行。

　　至于与他结发34年的妻子安妮,他什么也没留,的确是什么也没留。有些人为了使这种疏忽看来不那么显眼,就争辩说寡妇在任何情况下都有权获得对先夫1/3财产的终身权益。但持相反意见者指出,那个时代的体贴丈夫会在遗嘱中说明这一点,因为这实际上并不总能得到保障。但作为一份对毕生精心积累的财产进行最后分配,满含对朋友和家庭的体恤的文件,莎士比亚的遗嘱——其亲属关系的最后线索——在涉及他妻子时惊人地保持了绝对沉默。问题不仅在于根本没有表示爱意的措辞——如"我至爱的妻子"、"我亲爱的安妮"或任何类似的话——而这些言辞通常是持久夫妻关系的证明。遗嘱中对任何指定继承人都没有使用这类词,也许莎士比亚或记录他的话的律师决定写一份相对冷淡、客观的文件。问题在于莎士比亚最初草拟的遗嘱中根本没有提及安妮·莎士比亚;她似乎被完全抹去了。

　　似乎有某个人——他的女儿苏珊娜,或是他的律师——提醒他注意这种抹杀和只字不提。或许当莎士比亚躺在床上,感到身体渐渐衰弱时,忧郁地想起了他和安妮的关系——想起那曾经把他吸引到她身边的性兴奋、想到这场没能满足他的期望的婚姻、想到自己或是她的不忠、想到他在别处建立的亲密关系、想到他们埋葬了的儿子、想到内心深处对她既奇特又挥之不去的嫌恶。因为在

3月25日对遗嘱所做的一系列补充中——主要是为了确保女儿朱迪思的丈夫无法插手莎士比亚留给她的财产——他最终承认了妻子的存在。在最后三页的一页上仔细地写出了世系说明,以确保尽可能将财产传给其女苏珊娜的头生男嗣,还有将"银质镀金大碗"赠给朱迪思,把剩余所有"物品、动产、租赁物、金银餐具、珠宝、和家用物品"都留给苏珊娜的内容,在它们之间插写了一项新的条款:把我第二好的床及床上用品留给我的妻子。

学者和其他作家为了使这些话听来乐观一些付出了艰辛的努力:在同期的其他遗嘱中,我们发现最好的床都是留给妻子之外的人;赠给安妮的可能是他们的婚床(最好的床或许是客人用的);"附件"——就是指像被单和帘布等床上用品——也许很值钱;甚至如约瑟夫·昆西·亚当斯所望,"第二好的床虽然不那么值钱,但很可能是最舒适的。"简而言之,就像1940年一个传记作者乐观地说服自己,"这是一个丈夫温柔的致意。"

如果这就是莎士比亚温柔致意的例子,任何人都不敢想象他的侮辱会是怎样。这么认为无疑是既荒谬又一厢情愿的:莎士比亚可是个毕生都在想象如何精妙刻画爱情和伤害的人。至于立遗嘱者是否试图通过指明单一继承物来取消寡妇按例有权获得的对1/3财产的终身权益——也就是剥夺她的继承权,就留给研究法律的历史学家去讨论吧。可这充满敌意的做法似乎雄辩地说明了莎士比亚在别处找到了可信任的人,找到了他的幸福、他的亲密关系和最好的床。

"为了我们照耀此地吧,"约翰·邓恩对正在升起的太阳说,"你无所不至/这张床是你的中心,这些墙就是你的国度。"邓恩也许是文艺复兴时期这种规则的伟大例外:他最热烈的情诗中有很多是为妻子写的。在《葬礼》一诗中,他想象自己戴着某件来自恋人身体的珍贵信物下葬:

> 来为我穿尸衣的人啊,不要弄坏
> 也不要仔细探究
> 那绕在我臂上头发制成的精致手镯。

在《遗物》一诗中,他又重复了这种想象——"白骨上佩戴的金发制成的手镯"——并想象任何人挖开他的坟墓放进其他尸体,想到"这儿躺着一个深情的爱人"都不会去碰触遗体。对邓恩而言,这梦想就是让他所爱的人"在最后的繁忙日子里"来"坟墓里相会,并稍事停留"。

莎士比亚最伟大的情侣——罗密欧和朱丽叶,安东尼与克莉奥佩特拉,分别在年少的热情产生的甜蜜激动和中年通奸者复杂并略带讽刺的激情中——产生过某种类似的想象。"啊,亲爱的朱丽叶,"可怜的、绝望的罗密欧在凯普莱特家族的墓地里沉思,

> 你为什么仍然是这样美丽?
> 难道那虚无的死亡,
> 那枯瘦可憎的妖魔,
> 也是个多情种子,
> 所以把你藏匿在这幽暗的洞府里做他的情妇吗?
> 为了防止这样的事情,我要永远陪伴着你,
> 再不离开这漫漫长夜的幽宫。
>
> (5.3.101—108)

朱丽叶醒后发现罗密欧已死,也赶忙自尽以便永远追随着他。同样,克莉奥佩特拉感到内心"对不朽的憧憬",穿戴停当到来世去与安东尼相会、成婚——"丈夫,我来了"(5.2.272,278)——得胜的凯撒明白他应该怎么做:

> 抬起她的眠床来,
> 把她的侍女抬下陵墓。
> 她将要和她的安东尼同穴而葬;世上再也不会有第二座坟墓怀抱着
> 这样一双著名的情侣。
>
> (5.2.346—350)

对爱情的梦想就谈到这里。莎士比亚临终时试图将妻子遗忘,但后来又用次好的床向她致意。当他想起来世时,最不希望的就是与妻子合葬。他那立于斯特拉福镇教堂圣坛之上的墓碑刻有四行诗:

> 朋友,看在耶稣份上请住手,
> 不要挖掘这里的泥土。
> 不掘此墓者,将获福佑。
> 动我尸骨者,定受诅咒。

第四章 求爱、成婚和后悔

1693年一个墓地参观者被告知这篇墓志铭"是他死前不久亲自写的"。如果事实如此,这些诗行很可能就是莎士比亚最后的作品。也许他害怕自己的尸骨会被掘出来扔到附近的尸骨存放处——他似乎惧怕那种命运——但更令他害怕的可能是有一天坟墓会被挖开以容纳安妮·莎士比亚的尸体。

第五章 过 桥

　　1583年的夏天，19岁的威廉·莎士比亚已经有家有室了，他还有个刚出生的女儿。他和父母、妹妹琼、弟弟吉尔伯特、理查德、埃德蒙，以及他们雇得起的数目不详的仆人一同住在亨里街那幢宽敞的房子里。他也许在手套店做事，或许靠教书或当助理律师挣点小钱。在业余时间里，他或许继续写诗、练习弹奏鲁特琴、练习剑术——继续提高模仿绅士生活方式的能力。至于他在北部地区的逗留，假设真有此事，对他来说也已成为过去。如果他的职业演员生涯在兰开夏郡就已经开始，至少目前他得先把它搁下。如果他接触过存在天主教阴谋、圣徒、殉道者的可怕世界——把坎皮恩送上绞架的世界——他一定会打着哆嗦，更坚决地避开它。他接纳了平凡，或者说平凡接纳了他。

　　在16世纪80年代中期的某个时候（具体日期不详），莎士比亚离开了家，离开埃文河畔的斯特拉福镇，前往伦敦。直到最近，传记作家还基本赞同由17世纪晚期的一个牧师——理查德·戴维斯初次记录的故事，他采取这一重大举动的方式和原因还是不为人知。戴维斯写到莎士比亚"在偷猎鹿和野兔时陷入了极大的麻烦，尤其是因为偷了——露西爵士的鹿和野兔，这个爵士派人多次鞭打他，还将他关押了一段时间，最终迫使他逃离故乡，直奔大好前程而去"。尼古拉斯·罗是18世纪早期的传记作家兼编辑，他就迫使莎士比亚"离开故乡和开始从事的工作"的"过分行为"发表了类似的描述。在罗的故事中，威尔结交了狐朋狗友：他开始结交偷猎鹿的年轻人，和他们一起多次在属于托马斯·露西爵士的园林里偷猎，这个园林位于斯特拉福镇4英里之外的查理科特。

为此他遭到这位绅士的惩罚,他似乎认为处罚太过严厉,出于报复就以绅士为讽刺对象写了首打油诗。这首业已逸失的诗可能是他的第一篇作品,据说笔调十分尖刻,致使处罚加倍。他被迫离开沃里克郡的工作和家人一段时间,到伦敦去避难。

18世纪中期时,约翰逊博士给这个故事写了序:"为了逃避刑事惩罚的威胁",威尔独自来到伦敦,他身无分文,无依无靠。他给剧场看门、为没仆人的人牵马,挣到了维持生计需要的钱。"他细心认真、服务周到,在这一行里出了名,"约翰逊写道,"很快每个偶然结识的人都叫他威尔·莎士比亚,只要他在场,其他侍者都不太能得到看马的机会。这就是他的幸运的开端。"将莎士比亚描述为停车场服务员的守护神确实吸引人,不过近两个世纪以来,很少有传记作家以此为真。问题部分在于档案学者已经认识到,莎士比亚的家庭即便在他父亲没落时,仍然还保留了部分亲友关系;他父亲从未落到一无所有的地步;有的故事说这位流离失所的年轻人穷困潦倒、孤立无援,在剧场门口为人牵马,这是不可靠的。

针对偷猎鹿这件事,在17世纪晚期流传着四个不同说法,如今的传记作家也怀疑它的真实性。首先,在该时期托马斯·露西爵士并没有位于查理科特的园林。第二,鞭挞并非当时对盗猎行为的合法处罚。但这些论据都不确凿,虽然莎士比亚有可能因盗猎被抓的时候,露西并没有带围栏的园林,但他确有一个供小型猎物繁殖的围场,可供野兔和其他猎物,可能还有鹿,在里面繁衍。显然,他并未漠视自己的所有权:他雇了看守来保护猎物,防范盗猎者。1584年,他还在议会里提出一项反对盗猎的议案。至于鞭挞,它或许不是合法的处罚方式,但治安官可能想给冒犯他的年轻人一点教训,尤其是在怀疑该盗猎者及其父母都不信国教的情况下。无疑,托马斯·露西爵士身为治安官,却判决本人是受害者的案件是不合适的,但要是认为地方要人会恪守法律条文,谨慎地避开利益冲突,那就未免太天真啦。毕竟,这个故事提到了莎士比亚受虐待的感觉——也就是说,他认为受到的处罚超过了自己应得的限度。

问题的关键不在确证的多少,而在这一事件可供发挥想象的余地,这件事是提供莎士比亚生平、职业情况的关键信息的重要途径。致使他被告发的具体行为本身如今已不重要,与此相关的故事也渐渐从传记中淡出。但在莎士比亚的时代和进入18世纪后,偷猎鹿的观点引起了特别的反响,因而以此为有效手段,重建促使这个年轻人离开斯特拉福镇的来龙去脉是有道理的。

伊丽莎白时代的人并不把饥饿视为偷猎鹿的主要原因,偷猎鹿是种冒险而非绝望之举。牛津大学的学生就因搞这种恶作剧出了名。最初,偷猎鹿只是一种鲁莽的游戏:非法侵入大人物的领地,杀死一只大猎物并把它拖走,还得提防别让领地巡逻者捉住,这需要高超的技巧和冷静的头脑。"嘿!你不是常常射中一头母鹿,"在莎士比亚的一部早期剧作里,有某个人问道,"当着看守人的面把她抢去吗?"(《泰特斯·安德洛尼克斯》,2.1.93—93)盗鹿是对财产的巧妙侵犯,对社会秩序的象征性违背,对权威的秘密挑战。这种挑战必须有所节制:游戏者要灵巧机敏,还要能适可而止。毕竟,不能殴打看守——那样一来轻罪就成了重罪——也不能被逮住。偷猎鹿包含了猎杀的乐趣,行窃与要诈的快乐,还有了解行为限制,携猎物脱逃的技巧。

在其剧作家生涯中,莎士比亚始终是个盗猎者——巧妙地进入标明属于他人的领地,在里边尽取所需,然后从看守的鼻子底下带走战利品。他特别善于夺取、占有上层人士的所有物,例如他们的音乐、姿态和语言。当然这只是个比喻,并不能证明年轻的威尔的确盗过猎。我们和原来传播流言的人所了解到的,是他对权威的复杂态度,即狡黠又亲切地表示顺从,同时又微妙地予以挑战。他能征服评论界,看穿谎言、伪善和曲解。事实上,他暗中破坏了当权者粉饰自身的一切主张。但他又是那么随和、幽默、委婉悦人,他的口吻甚至带有为之辩护的意味。这种对待权威的态度如果不是与生俱来,而是后天习得,那么影响其复杂学习过程的,可能就是与所在地区一位主要权威之间的危险冲突了。

故事所有的版本都表明某些事情出了差错:莎士比亚被逮住了,受的惩罚还超过了在他看来合适的程度(甚至也超过了法律允许的范围)。据说他写了尖刻的打油诗以示抗议。打油诗有不同版本也在意料之中——但没有哪个版本有趣,或是像确实由莎士比亚创作的诗歌那么可信。"正如有些人读错的那样/"卑鄙"就是"露西"/露西无论如何是个卑鄙小人",等等。更有趣的是这种观点:莎士比亚必定用侮辱性的作品攻击了露西的人品或是他妻子的名誉,以此抗议苛刻的惩罚。

现代传记作家对此深表怀疑,因为他们认为莎士比亚不是那种人,而露西又太有权势,太有名望,不可能受到这样的中伤。"托马斯爵士在公共场合令人敬畏,在私人事务中却平易近人,"最亲切、最杰出的莎士比亚传记作家塞缪尔·叔恩勃姆观察说。"他为普通的女仆和境况不佳的仆人写了品质证明书。"但17世纪晚期散布流言的饶舌者或许更了解当时的社会。他们明白露西这样的人可能兼具和蔼可亲和热心公益——在查理科特招待女王,供养了一个戏班子,在瘟疫时期行事果敢、有决断力——以及冷酷强横的特点。他们知道任何反对当权者的作品都是危险的——你会因"中伤官长",即诽谤官员,而遭起诉——同时,这样的作品也是无权者反抗当权者的主要武器。最重要的是,他们认为是某个严重事件,迫使莎士比亚离开斯特拉福镇,事情的起因并不限于他有诗人的梦想和戏剧才华,对婚姻的不满,或是当地的谋生机会有限。

换言之,他们怀疑莎士比亚不是毫无目的到伦敦去寻求新机遇的。他们认为要不是有什么惊人的事发生,无论莎士比亚是否曾帮父亲料理不景气的生意,是否在律师事务所里当过穷经纪人(有时也叫抄写员),是否给学童教过拉丁文基本语法,他本来会继续按照生活安排的轨道生活下去。他家里的田产抵押了,自己的教育也结束了,他没有工作,却要供养妻子和三个孩子,他已经深陷进那个轨道了。散布流言者听说了某件事,因而相信他得罪了权威人士,被赶走了,而人们谈论到的权威人士正是托马斯·露西爵士。他们还认为莎士比亚写的某些东西与他惹上的麻烦有关。

早期传记作家不仅去寻找那首逸失的讽刺诗,还仔细审阅了已出版的莎士比亚作品,希望从中发现些蛛丝马迹,来说明他早年与愤怒的治安官有过摩擦。几世纪前,罗和戴维斯都指出在《温莎的风流娘儿们》的开场部分中,莎士比亚刻画了傲慢的夏禄法官这个人物,这是在有意讽刺因威尔偷猎鹿而迫害他的托马斯·露西爵士。夏禄抱怨福斯塔夫杀了他的鹿,并恐吓说要把他告上刑事法庭(英国15—17世纪存在的司法机构,在其他法院闭庭期间开庭,以暴虐著称,此法庭的天棚起初以星装饰,因而得名——译者注)。他依仗自己的身份,正如他侄子斯兰德所说,"出身就是绅士","签起名来,总是要加上'大人'两个字,无论什么公文、笔据、账单、契约,写起来总是夏禄'大人'"。"对了,这三百年来,一直都是这样"(1.1.7—11)。拉丁语"大人"一词意指盾形纹章的拥有者,煞费苦心一再重复这个词,是对受嘲笑的自负的清晰刻画。嘲笑的对象还包括了过分以出身为荣的整个贵族阶级,该阶级的成员热切主张世袭地位与新贵地位的不同。(有些人认为,在这一时期,一个家庭至少要三代拥有纹章,才能被确认为真正的"大人"。)

这显然是一种讥诮,针对了随后提到的露西家族纹章上的图案而发,画的是一种名叫狗鱼的淡水鱼。签名时要加"大人"二字的不仅是夏禄,斯兰德补充说:"他的子孙在他以前就是这样了,他的祖宗在他以后也可以这样;他们家里那件绣着 12 条白梭子鱼的外套可以作为证明"(1.1.12—14)。接下来有一段对话,现在人几乎完全不知所云——大多数现代演出都把它删掉了——这段对话即便在莎士比亚时代或许也是很难懂的。它与休·爱文斯爵士无意间提出的一系列双关语有关,这个威尔士牧师把"狗鱼"念成"虱子",把"外套"念成"鳕鱼"——即伊丽莎白时期用指"阴囊"的俚语。就像该剧中的课堂场景一样,猥亵之辞混杂在恭敬的话语里。这段对话丑化了露西的盾形纹章,却伪装得天真无邪,无懈可击。

即便事实如此——倘若莎士比亚确实象征性地报复了那个因其触犯什么法规而羞辱、迫害他的傲慢者——这个报复也显得含糊、迟滞、遮遮掩掩。《温莎的风流娘儿们》作于 1597—1598 年间,时间至少是在迫使莎士比亚离开斯特拉福镇的事件发生十年之后了。和这些事件在时间上更接近的是最早的剧作之一《亨利四世》,本剧似乎反映了剧作家要同迫害自己的人和解,《亨利四世》的上篇特地塑造了威廉·露西爵士的可敬形象,而他是露西的先辈之一。

"大人"所包含的讽刺几乎算不得猛烈、尖刻——这是个身上的伤痕已不再作痛的人发出的暗自嘲笑。在迷人的剧场之外,这种笑并非固执地指向其对象。只有极少数观众能从特定暗示中领会到它指的就是沃里克郡要人:暗示就在那里——如果真有暗示的话——主要是留待剧作家本人和一小群朋友来领会。在嘲笑为拥有盾形纹章而自负的人时,剧作家也暗自忍受了同样的嘲笑。因为从《温莎的风流娘儿们》的写作时间看,它紧随莎士比亚更新父亲的贵族地位申请,也就是说,为了能在签名时加上"大人"而努力,并且取得成功之后。也许是因为得到了纹章他才敢拿露西打趣,同时又能让自己与对社会地位的渴求保持距离。

莎士比亚是具有双重意识的大师。他既为纹章花钱，又嘲弄这种权利要求的做作虚伪。他既进行地产投资，又在《哈姆莱特》中明确嘲笑了与自己相类的投资家。他把毕生时间和最大的激情都投在剧场上，但又嘲笑这一行当，为它使自己变成了观赏对象而懊悔。虽然莎士比亚似乎反复应用了碰到的每个词、遇见的每个人、经历的每件事——否则很难解释其作品无与伦比的丰富性——但他同时又设法自我隐藏，设法避免受到伤害，消除形成亲密关系的可能性。至于他和托马斯·露西爵士起冲突一事，到16世纪90年代晚期，他或许已将支配过他的强烈愤恨的踪迹埋葬在众人轻松的笑声里了。

尽管已移居伦敦，成为受人认可的演员和剧作家，莎士比亚还是可能无法完全掩饰年轻时和沃里克郡治安官有过节的事实。但他有充足的理由来改写、美化使他背井离乡的事件。托马斯·露西的鹿苑的传说可能蕴藏了更大的麻烦，而或真或假的盗猎插曲是对此的表露和掩盖。在借《温莎的风流娘儿们》散布暗示之前，莎士比亚可能早就在私人谈话中提到使之离开斯特拉福镇的略显可笑的不幸。故事或许被用作合适的藉口，如果它有点事实根据，这样的藉口就更合适了：它承认与露西有关，但他的责任可用并不讨厌的夏禄治安官的形象来模仿、嘲弄。它也承认莎士比亚遇到了麻烦，但这种使牛津大学的学生出名的麻烦被忽略了，并未引起迫害。露西可能发过更严重的恐吓——他不再保护自己的猎物，而要迫害不信国教者——被抹去了，斯特拉福镇又呈现出一派宁静祥和的乡镇景象。

但在16世纪80年代，斯特拉福镇的日常生活与别处一样不平静。坎皮恩和其他传教士被捕、审讯和处决，这根本没能平息英格兰的宗教纷争。纷争不仅与国际阴谋和大人物的野心有关。就算莎士比亚完全不受殉道者的狂热的影响，就算他全心投入有家室的乡镇居民的生活，专注日常琐事，他也不可能假想信仰问题不存在而生活。在那个时期，任何有理性的人都无法那么做。

英格兰有许多男女——更激进的新教徒和天主教徒——对宗教法令不满，感到无法随心所欲地追随自己的信仰。无疑，莎士比亚认识这样的人，他的家人可能就是这类人。对更虔诚的人来说，这种经历必定是痛苦的：他们相信自己、家人和其他村民能否获得永恒的救赎，有赖于信仰的形式和这种信仰所表达的信念。也因为这一点，年轻绅士约翰·萨默维尔从1583年夏天起，花很多时间与岳父庄园里的园丁认真谈话。谈话与花卉无关,这个园丁装束的人是休·霍尔,他岳父窝藏的天主教牧师。

威尔·莎士比亚当时确实是个无名小卒,为生意萧条的手套商父亲帮工;约翰·萨默维尔则在牛津大学受过教育,家境富裕、出身高贵,交游甚广。但这两个来自沃里克郡的年轻人可能是远亲:萨默维尔娶了帕克府爱德华·阿登之女,而这一家的主人很可能与莎士比亚之母玛丽·阿登是远亲。这两人可能是表兄弟关系,或许他们从小就满心希望英格兰的旧信仰能恢复。

如果说威尔正远离这种憧憬,约翰·萨默维尔则愈加危险地为其力量所吸引。牧师休·霍尔——根据审判霍尔和萨默维尔时检举人的报告——曾对他谈起英格兰天主教会的困境,说希望就寄托在受到可耻虐待的苏格兰女王——美丽的玛丽身上。他还谈起伊丽莎白的情况,说她是被逐出教会的亨利八世的私生女,道德堕落。霍尔讲述了一些关于女王宠臣罗伯特·达德利的有伤风化的传闻,提醒这个年轻人教皇已明确解除了英国人服从女王的义务,还赞许地描述了一个西班牙天主教徒的举动,最近他行刺了信仰新教的奥林奇王子。

同时,很可能事有凑巧,萨默维尔的姐姐给了他一本《祈祷和沉思》的译本,该书于1582年在巴黎出版,作者是西班牙修道士路易斯·德·格兰纳达,译者理查德·哈里斯在此书开篇就悲叹了英格兰教会的分裂、异端、不信奉正统宗教和无神论兴起的现象,哈里斯认为这些祸害就是世界将要灭亡的可怕标志,是撒旦为恶魔的最后胜利所进行的疯狂挣扎。他写道,年轻贵族和绅士尤其"应该比其他出身不明、地位低贱的人更热爱美德"。

萨默维尔被深深打动了。此书似乎促使这个年轻人做了铤而走险的决定:他要单枪匹马为国家除掉占据王位的毒蛇。1583年10月24日,他悄悄离开妻子和两个幼小的女儿前往伦敦,只带了一个仆人,不久就把仆人也打发走了。萨默维尔并未走出多远。在大约四英里之外的客栈里,别人听到他自言自语,喊着要用手枪射杀女王。他立即就被捕了,几天后在伦敦塔内受审。

当局很清楚这个年轻人精神错乱,可或许是和他的恐吓较了真,或许仅是以此为由清算一些旧账,他们马上行动起来逮捕了他的妻子、姐姐、岳父母、牧师休·霍尔等人。萨默维尔和岳父以叛国罪被处以死刑。这个年轻人在处决执行的前一天,在小牢房里自缢了,但当局仍然砍下他的头示众,作为警告。爱德华·阿登的过失原本很可能至多是过分虔信天主教,又选了个疯女婿,可他却遭到了叛国者的恐怖命运。伦敦桥上立着尖桩,他们的首级就被钉在上面。

在埃文河畔的斯特拉福镇,莎士比亚至少能从没完没了的议论中得知这些事,如果远亲关系对他有某种意义——他最终把莎士比亚家族的纹章"钉在"了阿登家族的纹章上,这意味着他在意这种关系——他显然会对这些事感兴趣。也许他只是庆幸自己远离了遇到的任何天主教阴谋,但也有几条零星线索暗示他的态度是更为复杂的。

那本给了萨默维尔致命影响的天主教书,莎士比亚显然读过,还领会了它的内容。哈姆莱特在墓地中的忧思——"谁知道亚历山大高贵的尸体,不就是塞在酒桶口上的泥土?……并且这么臭?呸!"(5.1.185—185)——很可能隐含着路易斯·德·格兰纳达对坟墓引发的恐惧所做的沉思:"还有什么比活着的君王的身体更令人尊敬的呢?还有什么比同样的身体死后更令人鄙夷、更可憎的呢?于是他们在地上挖了7、8英尺长的洞(整个世界也容纳不下的亚历山大大帝也不需要更大的洞),他的身体就得满足于那小小的空间。"这与其他类似事件一样,可能表示了这两个沃里克郡的年轻人虽然性格、命运迥异,在文化信仰上还是有共同之处的。

萨默维尔和莎士比亚之间的另一个联系更为有趣,他们不仅看过同一本书,还受同一个人迫害。在萨默维尔被捕后,当地主要的事务官扫荡了邻近地区——有个治安官忙着逮捕、搜查可疑天主教徒的住宅、审问仆人等事务——他就是托马斯·露西爵士。

露西于1532年出生,很久以来他就在这个地区拥有很大的影响力。他14岁时和富有的女继承人结了婚,此后在查理科特建了一座豪宅,伊丽莎白女王曾于1572年亲临此地,并送给他女儿(根据王室编写的详细礼单)一件珐琅饰品,它的造型是一只蝴蝶在两朵雏菊间飞舞。露西的账本表明,他雇佣了近40名仆人,其中有一班演员,他们就是考文垂记录中提及的"托马斯·露西爵士的演员"。

露西具有浓厚的新教背景。孩提时代他就师从约翰·霍克斯,此人著有宗教改革经典《法令与纪念碑》,此书更广为人知的名字是霍克斯的《殉教者书》,这本史书记载了那些为真理、为新教捐躯的人。所有英国教堂都必须买这本书,它收录了在玛丽·都铎时期被烧死在火刑柱上的近代人物及其先驱,如著名的重要改革家、1417年被处决的科巴姆勋爵约翰·奥尔德卡斯尔爵士。

霍克斯以私人教师身份住在查理科特的几个月中,他那本影响巨大的史书还未写好,甚至还未构思出来,但史书内含的深刻信念——即英格兰是上帝选中的代表,要与罗马天主教会进行最终的斗争,罗马天主教会就是基督之敌、恶魔似的代理人,——已经在他身上根深蒂固,这似乎还影响了他那年幼的学生。托马斯·露西成了国内最好战的新教派别的得力代表。被莱塞斯特伯爵封为骑士后,他就到议会里任职,因提出反对假扮仆人的牧师法案,更笼统地说,是因为热情支持宗教改革事业而出了名。

耶稣会士使团事件之后,成立了获准搜寻天主教阴谋者的调查团,萨默维尔被捕时,露西已是该团的主要成员。露西可能算不上狡诈恶毒,但他是个危险人物,他会不屈不挠地从事他视为属于上帝的事业,意志坚定、冷酷无情。他对爱德华·阿登的家人特别感兴趣——政府似乎将之视为家族阴谋——他也许听说过约翰·莎士比亚的妻子玛丽和爱德华·阿登的妻子是亲戚。约翰·莎士比亚从出任斯特拉福镇治安官时起就认识露西,知道他能做出什么事。如果莎士比亚家真的同情天主教,他们很有理由感到惊慌。

当地天主教团体大为恐慌,匆忙藏匿任何可能引起指控的文件与宗教物品。"除非你们能让萨默维尔、阿登、牧师霍尔、萨默维尔的妻子或他姐姐自己说出你们希望发现的事,"枢密院秘书向在伦敦的上司报告,"在这里我们除了已有的发现之外,不可能发现更多了,因为村子里的天主教徒已经清除了家中一切可疑迹象。"该评论所提供的些微线索,指出了一些可能时常发生,却极少得到详细报道的事:在政府代理人用力撞门急于搜查的时候,天主教家庭匆忙烧掉或埋掉可能致罪的证据——念珠、家族十字架、喜爱的圣人的画像。住在斯特拉福镇亨里街的莎士比亚一家可能也正忙着藏匿他们的"可疑迹象"。

他们的恐惧不会随着萨默维尔和阿登的死亡而消失。托马斯·露西爵士在议会供职一年之后,于1585年回到沃里克郡,他又多了一项可吹嘘的业绩:由于他出力,"反对耶稣会士、神学院牧师和其他类似不顺从者"议案通过了。这项议案得到了一致赞同,但在第三次宣读时,威廉·帕里这名孤立的议会成员起来抨击它是"具有不义意味的措施,对英国公民来说充满鲜血、危险和绝望,并充斥着并非使女王而是使私人富有的罚款和没收。"他马上被捕并受到审判。当查明帕里与反对女王的阴谋有瓜葛时,露西首先请求将他作为叛国者处死。1585 年 3 月,帕里被绞死并开膛剖肚。国内所有牧师都受命进行布道,谴责刺杀上帝选择的君主伊丽莎白的企图,并庆祝她避开了邪恶的叛国者。

得胜的露西必定变得更加好战、警惕。毕竟 16 世纪 80 年代随着刺杀女王,让她那被囚禁的堂姐、信仰天主教的苏格兰女王玛丽即位的阴谋声浪愈加高涨,有必要保持警惕。枢密院的成员和全国上下成百上千的新教徒发誓,假如伊丽莎白遇刺,他们会杀死任何觊觎王位的天主教信徒。当时还有悲观的传闻,说西班牙的菲利普二世正在招募舰队,用来运载一支军队穿过英吉利海峡,而英国国内叛逆的天主教徒将支持这种叛乱。就是在局势极为紧张之时,莎士比亚与露西起了冲突,他才决定必须逃走。

基于莎士比亚的双胞胎于 1585 年 2 月出生,他似乎有可能在斯特拉福镇至少呆到了 1586 年夏天,大概不久之后他就告别妻儿到伦敦去了。他可能是撞了好运才得以逃脱。他在北部逗留期间或许遇到了奥林奇勋爵供奉剧团,他和他们重新建立了联系,或是遇到了另一个巡回剧团,该团恰好需要一名新成员。1584 到 1585 年间,莱塞斯特伯爵供奉剧团就在附近的考文垂和莱塞斯特。1586 到 1587 年年间,该团来到埃文河畔的斯特拉福镇,埃塞克斯伯爵供奉剧团也在这些地方巡游。海军大臣供奉剧团于 1585 年到 1586 年年间到过考文垂和莱塞斯特,1586 到 1587 年间又到了莱塞斯特,苏塞克斯伯爵供奉剧团也沿相似路线巡演。

近年来,学者探讨的最有趣的可能性涉及到当时首屈一指的巡回剧团,女王供奉剧团。1587 年女王供奉剧团就在斯特拉福镇,并且需要人手。因为 6 月 13 日晚上 9 点或 10 点时,他们的主要演员威廉·奈尔在泰晤士河附近的镇上因与该团的另一名演员约翰·汤恩酒后斗殴而丧命。初出茅庐的莎士比亚不可能顶替著名的奈尔,但由于人事突变,女王的仆人剧团可能需要一个新手。如果莎士比亚起步时加入的是这个剧团,他更应加倍小心,尽量避免透露残留的天主教信仰,或是偷猎鹿等与托马斯·露西的冲突。因为学者们认为,1583 年建立的女王供奉剧团的宗旨是在动荡不安的王国中鼓吹新教与忠君热情。

只要这些剧团中的任何一个提出要雇用他,无论薪水多低,莎士比亚都能得到离开斯特拉福镇的好机会。当然,对他妻子和三个十分年幼的孩子而言,这似乎不算什么好运:即便他许诺寄钱给他们,尽可能早回家,常回家,他的离去必然近似抛弃。抛弃妻儿的原因——如果有原因的话——目前根本无法查明。从伦理学观点看,如果他是个注重反省个人行为的人,他可能像保罗·高更抛弃家庭追求艺术那样,希望获得现代哲学家所说的"精神上的机运"。也就是说,如果莎士比亚觉得自己具有某些重要品质,而且这些品质只有抛开家庭义务才能实现,他只能希望在真正获得成功后,再来证明这一举动的适当性。他需要精神上、经济上的机遇。

假设莎士比亚受到雇佣,和剧团建立了关系,该剧团也并不可能立即到伦敦去。如果他确实于1587年6月受雇于女王供奉剧团,该团可能继续巡游于中部的乡镇和好客的贵族的府邸。到那年夏天8月,该剧团,或其部分成员——因为女王供奉剧团常分成几个支队巡游——到了东南部地区,这或许为这个年轻人提供了初次瞻仰多佛白垩峭壁(后来在《李尔王》中大大出了名)的机会。剧团沿途表演,途经海特和坎特伯雷等村镇向首都进发。这样的路线为莎士比亚提供了轻松、熟悉的乡村环境,供他锤炼技巧:练习某些舞步,弄清迅速换装的方法、令人信服地从人数众多的场面或战争场面中脱颖而出,并且开始掌握全面的技能。他必须尽快学习——如果没有超凡的记忆力和出色的即席表演能力,任何人都无法在竞争激烈的伊丽莎白演剧界生存。他的作品表明他具有几乎堪称独一无二的天赋,能够投入陌生环境,掌握其复杂之处,几乎立刻就对其了如指掌。可即便是最有经验的演员,在接近伦敦时都会感到一阵紧张,更不用说一个新手了。

伦敦是新来者的城市,每年都会有许多新来者从乡镇涌到伦敦,其中大多数是近二十岁或二十岁出头的男女,他们前来此地,是因为受工作机会的诱惑、对财富和权力的期冀,或是为非凡未来的梦想所吸引。可他们中大多数人的命运就是早死——伦敦鼠害成灾、过于拥挤、污染严重、火灾、暴动频发,是个极不安全、极不卫生的地方。偶然——以我们的标准看,次数多得可怕——还有传染病肆虐。最糟糕的一种就是黑死病,它一再横扫城市,散布恐慌,导致不少家庭全家丧命,还导致邻近地区大量居民的死亡。在没有发生黑死病的年份,伦敦教区记录的死亡率也总是高于出生率。但城市还是不断发展,这似乎是个无法抵挡的诱惑。

不断增多的民众大部分在小片地区里居住、工作,这小片地区位于泰晤士河以北与河对岸,靠近大约 1400 年前罗马人兴建的锯齿形高石墙。这堵墙上开有许多城门,其中一些门的名字——如拉德门、艾尔德门、克里普尔门、摩尔门——至今仍能在伦敦市民心中引起共鸣,而建筑物本身早已荡然无存了。在莎士比亚时代,这堵墙好歹还完整,可那时它的轮廓就已经不太清晰了:人们正在填塞那条宽阔的护城河,那个世纪初期,护城河还深得足以淹死不留神摔下河去的人、马,新地被租借出去建造木匠的作坊、园地和可供出租的房屋,当时的一名观察者注意到,"因此,这堵城墙就被遮盖起来了。"

从征服者威廉时代起,巨大、阴森的伦敦塔就是围城东边的一座标志性建筑。西边的标志性建筑是旧的圣保罗教堂,它的中殿在全欧洲教堂中算是最长的。西边的更远处,靠泰晤士河北岸有许多房屋,它们起初是教会要人在伦敦的居所,宗教改革之后,它们就成了有权势的贵族与王室宠臣的住宅。例如声名显赫的新贵沃尔特·雷利就在达拉谟主教曾接受朝拜的地方招待客人,南安普顿伯爵就住在原属巴斯和威尔斯主教的豪宅里。每座住宅都有独立的河畔船坞,富有的主人可以带着穿号衣的仆人从那里逆流而上,乘船到皇宫白厅去谒见女王,或者到附近的议会参加会议。如果他们运气不佳,就会被顺流而下载到伦敦塔去,在那里打着哆嗦沮丧地由叛国者之门进入塔内。

伦敦城的人口就超出了城市的界限,因为城市里充斥着小工厂、码头和仓库、巨大的食品市场、酿酒厂、印刷厂、医院、孤儿院、法律学校、同业公会集会所;充满了服装、玻璃、篮子生产者,砖匠,造船工人、木匠、洋铁匠、兵器制造者、缝纫用品商人、毛皮商、染匠、金匠、鱼贩子、书商、蜡烛制造者、布料商、杂货商,还有他们那为数众多、不守规矩的学徒,此外还有政府官员、朝臣、律师、商人、牧师、教师、士兵、水手、搬运工、马车夫、船夫、旅馆主、厨师、仆人、小贩、吟游诗人、杂技演员、玩纸牌诈骗者、皮条客、妓女、乞丐。这座城市不停地运转,以前所未有的速度改变着面貌。伟大古文物研究者约翰·斯托生于伦敦,16 世纪晚期,垂暮之年的他撰写了杰作《伦敦概况》。在《概况》中,他仔细记录了平生亲眼目睹的成千上万的变化。举个简单的例子:斯托忆起自己年幼时,城里有个信仰圣克莱尔,又称小兄弟会的女修道院,他到女修道院的农场去取"很多新挤的热牛奶,牛奶只售半便士"。这个修道院已遭破坏——它是宗教改革的牺牲品之一——在它的位置上,斯托写道,建起了"制造盔甲和军服的体面大石屋"。至于农场,它的新主人起初用它养马,后来把它细分为园地,它的产出使农夫的儿子和继承人过上了"绅士般的"生活。

市政官执政团和行政司法长官、市长都竭力想用细致的法规制度对城市略加控制,但法规制度的执行因人口过多产生的压力,因许多不受其管辖的区域、自治区的存在而困难重重。几十年前,这些选区——多明各会选区、奥斯汀会选区、圣三一小修道院选区、艾尔德门选区和斯托曾购买半便士之值的牛奶的小兄弟会选区——曾是拥有附属建筑物、大花园和农场的大修道院,都享有经教会特许不受城市法规管辖的权利。宗教改革之后,这些教士和修女都不在了,建筑物和土地就落到了私人手里。但豁免权还保留着,因此业主可以藐视政府要人的禁令,继续从事要人们所厌恶、并视之为有碍公益的丑恶活动——如上演戏剧。

而且,城市周边的郊区实际不受任何法规制约。健在者仍记得这些选区还相当开放也不拥挤的时候。斯托还记得,自己年轻的时候,主教门附近还有"令人愉快的旷野,非常便于市民散步、拍照,或是在清新、卫生的空气里娱乐休闲,放松疲倦的精神。"16 世纪 90 年代撰写《概况》时,他抱怨这些地方,即从西边的豪斯狄楚区远至怀特查普区,还有更远的东边,都和别处一样"连绵不断地充斥着"肮脏的村舍、供出租的小房屋、菜园、工场、垃圾堆等物。不仅一度美丽的进城之路变脏了,交通情况也变得骇人:"驿车车夫坐在马尾巴后,用鞭子抽马,也不往后看;货运马车车夫在运货马车上或坐或睡,任由马把他拉回家。"斯托写道,使情况恶化的是,年轻人似乎已经忘记如何步行了:"这个世界靠马车运输,但许多人的父辈宁可步行"。

英国还有其他喧闹的城市,如果年轻的莎士比亚曾做过旅行,他一定会看到一两个这样的城市,但它们都与伦敦截然不同。伦敦拥有的人口近 20 万,其数量几乎是英格兰和威尔士其他人口较少的城市的 15 倍;在欧洲,只有那不勒斯和巴黎超过它的规模。伦敦的商业也十分兴旺:正如那个时代的人所说,伦敦是个"经年不散的集市。"这意味着伦敦远远超越了国内其他城市的周期,它也超越了支配其他地方的对当地人身份的强烈意识。在英格兰,只有在这里你才不会被了解你和你的家庭、还有你生活中的许多最私密细节的熟人包围,只有在这里,你的衣服、食品和家具才不是由你的熟人制作。它的一个重要之处在于,不仅能提供相对隐姓埋名的机会,还能让人充满憧憬:在这里,你可以期望逃避原来的出身,变成另一个人。

莎士比亚必定怀有这样的期望:它就潜藏在当演员的意义中,对剧作家这个行业至关重要,也正是它使观众乐意破费几便士来看戏。也许他还有其他私人动机,比如想避开那些使他和托马斯·露西起冲突的事,想要避开妻子和三个孩子,避开目光短浅的父亲的手套生意和非法羊毛生意。在剧作中,他一再设置了这样的场景,人物脱离家庭纽带丧失了身份,又误入陌生的领地:例如阿登森林里的罗瑟琳和西莉亚、伊利里亚海岸上的薇奥拉、石南树丛中的李尔、葛罗斯特和埃德加、塔萨斯的配瑞克里斯、西西里的幼年潘狄塔、威尔士山林中的伊诺琴(或伊摩琴),还有《暴风雨》中来到精灵出没的岛屿的所有人。

然而,这些场景很少依赖城市观念。伦敦原本可以充当上演变形的幻想的主要场所,莎士比亚就是在此改头换面的,可它并未直接、显著地影响他的戏剧想象。在《炼金术士和巴塞洛缪》中,与他同辈的本·琼生就表现了对生长于斯的城市的强烈兴趣,琼生是一个砌砖匠的养子,家住斯特兰德街附近哈茨霍恩巷。托马斯·德克和托马斯·米德尔顿等与莎士比亚同辈,又是生于伦敦的剧作家,对普通市民如鞋匠、妓女、小商人和船夫的生活也同样感兴趣。但激发莎士比亚想象力的主要是伦敦更邪恶、更令人不安的方面。

在早期历史剧《亨利六世》第二部中,莎士比亚刻画了一伙肯特郡低层叛乱者,他们以制布工杰克·凯德为首袭击伦敦,企图扰乱社会治安。凯德许诺进行一种原始的经济改革:"从此,在我们的英国,只需花一个便士,便可以买到价值三便士的面包。十道箍的酒将取代三道箍的。我将认为饮用淡酒的人是叛逆"(4.2.58—60)。这些叛乱者——"都是乡野村夫,衣着破烂。/又无礼又凶残"(4.4.31—32)——想要烧毁王国的档案、消灭文化、冲进监狱去释放犯人,让喷泉流出酒来,把贵族处死。"我们首先要做的事就是,"凯德的一个追随者说了一句名言,"杀掉所有的律师"。(4.2.68)

这一系列狂乱几近怪诞的喜剧场景如同噩梦,年轻的莎士比亚在其中想象了——并要求观众想象——伦敦如果落入半疯癫又好斗的乡村文盲暴徒之手,会变成什么样。某种与想象有关的东西似乎使刚到伦敦的新剧作家激情勃发。在这部早期历史剧中,上层人物大都拘谨僵化,不够可信——尤其是形如虚设的国王——下层社会的叛乱者们却活力惊人。莎士比亚似乎已经领会了戏剧创作的精髓:他能将自我和自我的背景分解成许多元素,再把每个元素塑造成生动的形象,然后一边笑,一边颤抖着毁灭他们。

他强调了毁灭,仿佛这些目不识丁、企图叛变的乡下人,这些吵吵闹闹的屠夫和织工与剧作家本身毫无关系。"死去吧,生下你的这个恶女人也应该遭到报应!"最终杀死凯德的富裕乡绅喊道(5.1.74),似乎杀死他还不满意,随后又用剑刺穿了尸体。伴随着如此愉快的热情被毁灭的,不仅是私有财产的敌人,也是莎士比亚的同类人的敌人,他是明白这一点的。从凯德的第一个受害者身上可以看出隐蔽的自我刻画。"你是常常签自己的名字呢,"凯德问不幸让暴民捉住的书吏,"还是如老实人那般画一个符号?"

  书吏:大人,我谢谢天主,我非常有教养,我会签写自己的名字。

  凯德的所有追随者:他供认了——把他带走!他不是一个好人,是个反贼。

  凯德:带走他,我命令!在他的领上套上笔墨,让他死!

(4.2.89—97)

而写这些台词的剧作家,其父母用符号代替签名,本人可能是家中第一个会写名字的。

同时,在幻想获得财富、熟悉低贱行当的叛乱者涌向伦敦的场面中,我们还能发现莎士比亚其他方面的情况。

  叛乱者乙:我发现他们了!我发现他们了!那不是白斯特之子,温汉姆的硝皮匠吗——

  叛乱者甲:他可以剥下敌人的皮,制成皮革。

(4.2.18—21)

制革就是莎士比亚父亲的职业——很可能也是他的职业:"狗皮"就是他们对制手套的低等皮革的叫法。那么说,莎士比亚和这些奇形怪状的人之间存在奇特的相似之处,他和他们的首领杰克·凯德更是像得出奇,凯德自称"名门之后",有自负的老毛病,又梦想着获得高位。

莎士比亚将编年史的某些内容戏剧化——为了获得创作历史剧的素材,他典型地从这类书籍中,尤其是爱德华·霍尔的《兰卡斯特和约克这两个高贵、显赫家族的结合》和拉尔夫·霍林谢德的《英格兰、苏格兰及爱尔兰编年史》中提炼材料。他以1381年爆发的农民起义的细节为素材,把15世纪反叛者凯德推到了更早的时代中。但就像《错误的喜剧》中的以弗所,与其说它是古代小亚细亚的缩影,还不如说它更像莎士比亚生活的伦敦的缩影。《亨利六世》第二部中的中世纪英格兰与其说充斥着与过去的差异,还不如说充满了与莎士比亚时代的相似。

正是伦敦的民众——他们数量空前,在狭窄的街道上拥挤,在大桥上来往,挤进酒店、教堂和剧院——才是整场演出的关键。所有这些人——包括他们的吵闹、呼吸发出的臭味、好争吵的倾向和使用暴力的可能——似乎就是这座伟大的城市给莎士比亚留下的最初、最持久的印象。在《裘利斯·凯撒》中,他又回到了嗜血的暴民漫游街头搜索阴谋家的场面:

> 市民丙:先生,你的名字呢?确确实实地说?
>
> 西那:确确实实地说,我的名字是西那。
>
> 市民乙:撕碎他的身体!他是一个奸贼。
>
> 西那:我是诗人西那,我是诗人西那。
>
> 市民丁:撕碎他,因为他做了坏诗。撕碎他,因为他做了坏诗。
>
> 西那:我不是参加叛党的西那。
>
> 市民乙:不管它,他的名字叫西那,把他的名字从他的心里挖出来,再放他去吧。

(3.3.25—34)

《科利奥兰纳斯》中也刻画了为了面包而暴动,威胁要颠覆社会秩序的城市暴民。同样是这种暴民——"那些操着百工贱役的奴才们,/披着油腻的围裙,拿着木尺斧锤"——在克莉奥佩特拉的想象中观看变成俘虏的她被押过这座伟大城市的街道。一想到得咽下他们为罗马胜利而欢呼时发出的"浓重腥臭的呼吸",就足以坚定她自杀的决心(《安东尼与克莉奥佩特拉》,5.205—207)。

即便莎士比亚把戏剧场景设在罗马、以弗所、维也纳或威尼斯,他提到的城市始终是指伦敦。古罗马人可能穿着宽松长袍,但不戴帽子,可当《科利奥兰纳斯》中叛乱的平民遂了心愿时,他们还是像伊丽莎白时代的伦敦人那样抛起帽子来。然而,莎士比亚只是在最早创作的历史剧中,才坚定不移、毫不掩饰地把这些伦敦民众设置在他生活、工作的城市里。"现在我就在这伦敦石础上坐着,"妄自尊大的凯德指着著名的坎农街路标说,"我命令在我当政的第一年里,尿管子只能流冰红酒。市政府负责开支"(4.6.1—4)。"如今,你派几个人去拆掉兰开斯特皇族的萨伏伊宫殿,"他对追随者说;"再去拆几个别的宫殿——毁掉它们"(4.7.1—2)。正如穷人的乌托邦梦想,法庭将被摧毁,喷泉会流出酒来。难怪中产阶级的市民惊恐四散,城里的下等人——"乡野村夫"(4.4.50)——则起来支持叛乱者。

叛乱者抓住他们最恨的敌人赛伊勋爵后,凯德列举了他的罪行:

> 你用心不良,建立文法学校来腐化本国的年轻人。过去我们的祖先用在棍子上刻线来数数,并无书本,你却想印书,你还冒犯了陛下和王室的尊严,建立造纸厂。我要直接告诉你,你选中不少人,与他们大肆谈论名词、动词的,以及与此类相似的一些令人讨厌的词儿,任何信奉基督教的人都无法忍受这一切。
>
> (4.7.27—34)

造纸厂和印刷厂都属于年代错误——凯德叛乱时,英格兰还没有这些东西——但这无关紧要:莎士比亚感兴趣的是个人意识的来源,即使他远离刻痕和标木(人们用来记录小笔账目的棍子),进入印刷书籍的世界的文法学校。

痛恨现代化、鄙视学习,赞扬无知是美德的人的疯狂怒骂也令莎士比亚着迷。即便在这里,他的特点也得到了表现——当他想象那些人可能攻击身份与他类似的人时——从他们的话里,他不仅听出了可笑的愚蠢,还听出了悲伤:

> 而且你还选了许多法官,他们随便召唤穷人,将一些穷人们不能做出的事情视为他们的过错,你还关押穷人,只是因为他们不识字,你甚至吊死他们,然而正由于他们没有受过教育,他们才最配活在这个世界上。
>
> (4.7.34—39)

认为罪犯不识字就应获赦免的想法是疯狂的,但凯德也抗议了似乎同样疯狂的英国法律的实际特征:如果被告能证明自己识字——通常是通过读赞美诗的诗句——就能获准申请"神职人员不受普通法院审判的特权"。也就是说,他可以凭着识字在法律上被归入牧师行列,因此只受宗教法庭的判决,这种法庭没有死刑。结果大多数情况下识字的窃贼和杀人犯能免受惩罚,虽说只有一次机会:对于成功申请到"神职人员不受普通法院审判的特权"的违法者,如果是盗贼就打上 T 字烙印,杀人犯就打上 M 字烙印,下回再犯就要处死。因此,从其他角度看难以理解的凯德的控诉完全有意义:"你还关押穷人,只是因为他们不识字,你甚至吊死他们。"而且其他从别的角度看无法理解的对名词、动词和文法学校的愤怒也情有可原:凯德下令将萨伊勋爵和他的女婿詹姆士·克罗默爵士一道斩首。当他们的首级被挂在竿上带回他面前时,他命令道:"让他们亲吻一下,因为他们没死时是十分亲近的。"这个场景让他很满意,于是他提议穿过伦敦游行:"如今要挂起人头,放在马前面,让其充当仪仗队,我们骑着马儿游行,每到拐弯处便让它们亲吻一次。"这种可怕的景象意味着要激发更多的流血事件。"到鱼街去!"他喊,"拐到圣麦格纳斯街拐角,把他们干掉!把他们杀死!将他们丢进泰晤士河吧!"(4.7.138—139,142—144,145—146)

圣麦格纳斯街拐角位于伦敦桥北端,它或许就是莎士比亚初到伦敦时的第一个所到之处。很可能他和所参加的剧团一起巡游。也许在接近首都时,他们会拿很久以前向伦敦进发的饥饿、反叛的屠夫和织工的事开玩笑。无论如何剧团总希望引起注意,好让公众得知他们已经回城,并将在某地、某时演出。他们会穿上最华丽的服装,敲着鼓摇着旗,选择到达的时间和最繁忙的路线。如果他们是从南面接近伦敦,他们会取道萨瑟克大街,穿过伦敦桥。

那么,可能这就是伦敦给莎士比亚的第一印象:一个大约 800 英尺长的建筑奇观,据法国观光者埃提埃那·柏林所说,这是一座"世上最美的桥"。它那拥挤的桥面由 20 根 60 英尺高、30 英尺宽的石柱支撑,两侧是高大的房屋和商店,它们凭借支柱一直延伸到水上。许多商店出售奢侈品——上好的丝制品、针织品和天鹅绒帽子——一些建筑物本身就惹人注目:你可以在 13 世纪建造的石制双层建筑中买东西,而该建筑曾是献给圣托马斯·贝克特的小教堂,一个为死者的灵魂做弥撒的地方。从建筑物之间可以看到大河上下,尤其是西面的壮观景象。以腐肉为生的鸟儿在空中盘旋,河里有成千上万只天鹅,它们每年拔一次毛,羽毛用来给女王做被褥和遮盖家具的材料。

有一个奇观肯定能吸引莎士比亚的注意,这是一个主要景点,常常被指给新来者看。离萨瑟克街方向两拱门之遥,就是钉在大石门柱子上的首级,一些首级只剩下了颅骨,其他的被煮到半熟又经过硝皮处理,还可以辨出面目。这些并非普通盗贼、强奸犯、杀人犯的首级。绞死普通罪犯的绞架成百上千,遍布于城内的空地。观光客们会被适时告知,桥上的首级属于作为叛国者被处死的绅士和贵族。1592 年,一个到伦敦去的外国游客点数了首级,共有 34 个,另一个 1598 年去的说他算出是 30 多个。莎士比亚初次从桥上走过,或是不久以后,必然会从中认出约翰·萨默维尔和爱德华·阿登的首级,后者与他母亲同姓,可能还是他的远亲。

父亲和女婿的首级在相对的柱子上裂口而笑。"让他们亲吻一下,因为他们没死时是十分亲近的。"在桥上看到的首级肯定冲击了他的想象力,这种冲击不仅表现于《亨利六世》第二部中的凯德一场。如果莎士比亚确实在兰开夏郡度过了危险的几个月,他肯定吸取了关于危险以及谨慎、隐藏和谎言之必要的深刻教训。斯特拉福镇紧张局势骤起,阴谋、刺杀、入侵的流言蔓延时,这些教训的印象或许得到了加强。但桥上的景象才最有说服力:保持自制,别落到你的敌人手里。要精明、坚强、现实,要掌握隐蔽和逃脱的策略,要保住自己的项上头颅。

这些教训对希望在世间出名的诗人、演员来说是严酷的。其中的某些教训也许使莎士比亚下定决心从此以后不让别人轻易了解自己的身份。他的私人信件在哪?为何学者几世纪来搜寻他曾拥有的书籍,却一无所获——他为何决定不像琼生、邓恩等同辈人那样在书籍上签名?为何在他卷帙浩繁的作品中找不出他对政治、宗教、艺术的直接看法?为何他的一切作品——哪怕是十四行诗——所使用的表达方式都隐藏了自我及其内心最隐秘的想法?长久以来,学者们都认为原因在于漠视和偶然:同辈人认为该剧作家的个人观点不够重要,不值一记。无人留意保存他的日常信件,留给他女儿苏珊娜的几盒文件可能最终也被卖掉了,用来包鱼或加固新书的书脊,或是干脆烧掉了。这都有可能发生。但在他进伦敦那天,柱上的首级可能对他透露了什么——也许他完全注意到了它们的警告。

第六章　郊区生活

在他过去的生长环境中,紧接在街道尽头的就是原野,至多步行几分钟就能看到。现在他周围尽是小小的廉价公寓、仓库、小菜园、车间、兵工厂、砖窑和风车房,以及发臭的沟渠和垃圾堆,这些东西在伦敦的破城墙外绵延数英里远。莎士比亚初次见识了郊区,体会到向往开阔乡村的滋味。

伦敦人也喜欢步行到原野上呼吸新鲜空气——人们普遍认为瘟疫由空气传播,由浊气携带,这使熟悉的郊区之乐变得更加浓厚。城市居民经过拥挤发臭的街道时都嗅着花束,或用丁香塞住鼻孔。在室内人们燃起喷香的蜡烛和薰香炉,以此阻挡城市有害的恶臭。乡村的新鲜空气简直被视为具有救命的功效——因此在瘟疫发生期,有办法出城的有钱人和渴望到原野上散步的人就大量涌出城去。

从市中心出发,精力充沛的步行者在很短的时间内就能到达围着树篱的牧场,奶牛在那里安闲地吃草;或是来到空地上,洗衣女工在那里用桩子晾晒洗好的衣物,染匠用张布架和张布钩(词组"如坐针毡"的出处)齐整地摊晾布匹。在莎士比亚时代,离伦敦人不远的空旷之处虽已逐渐消失,但还有其他事物吸引人们穿过城门、河流到郊区去。有许多旅馆和酒店,其中一些还相当古老——例如乔叟笔下的朝圣者前往坎特伯雷的起点,泰伯德酒店,就位于泰晤士河南岸的萨瑟克,——在几乎没有隐私可言的环境中,这些场所能为人们提供饮食和私人房间。在城市北部的芬斯伯里区,射手们四处游荡,避开行人向上了漆的树桩射箭。(1557年,一名孕妇在和丈夫外出散步时,被射偏的箭射中了颈部而丧命。)其他娱乐场所还包括射击练习场(用来练枪法)、斗鸡场、角斗场、保龄球场、音乐厅和舞厅、用来弄断罪犯的肢体或是绞死罪犯的平台,还有大批引人注目的"度假屋",也就是妓院。道德家们当然极为激烈地抨击后者,并要求将之关闭,不过市政府打击妓院的举措总是力度不够。作为《量罪记》的故事背景的维也纳,怎么说都像伦敦,那里的统治者从事道德改良运动,下令关闭"郊区的妓院"(1.2.82—83)。但命令没有执行。

　　拥挤的城市当时为各种娱乐区重重包围,莎士比亚就在这种地方度过了大部分的职业生涯。他的想象力无所不包,连如今显得微不足道的事物也未曾遗漏。例如,保龄球戏就给他留下了深刻的印象,尤其是球会在离心力作用下突然转向,因此你仿佛要瞄准别处才能击中目标。这种意象不断在他脑海中闪现,他用它来设计复杂的情节中惊人的跌宕起伏。他对伊丽莎白时代的所有运动和竞赛,例如箭术、角斗、人称刺靶练习的拿枪刺标杆活动等也是如此:不直接刻画它们(如《皆大欢喜》中的角斗场面)的时候,就一再拿它们当意象。

　　更粗俗的郊区娱乐活动也激发过莎士比亚的想象力。亨利八世把一种嗜好传给了他的孩子们,即观看"逗弄"公牛和熊,也就是把公牛和熊关在斗技场中,或是链在桩上,再放猛犬攻击它们。公牛——有时被逗弄到"累死"——似乎多少彼此类似,但熊都有自己的名字和个性:有萨克森、内德·怀廷、乔治·斯通,还有哈利·汉克斯(为了增加乐趣,这只熊被弄瞎了)。这种游戏几乎堪称英国特产——在旅行日志中,外国游客常常提到观看了这种活动,伊丽莎白女王也曾招待来访的大使观看这种表演。蓄养动物的开销靠将这种活动公开化来获取:大批大批的民众付了入场费,到木制竞技场中观看表演。有个流行的噱头是让狗攻击绑在小马背上的猿:"这畜生在狗群中又踢又蹬,伴随着猿的尖叫,"一个观众写道,"恶狗咬住小马的耳朵和脖子不放,真是非常滑稽可笑。"

　　"城里有熊吗?"《温莎的风流娘儿们》中那个愚蠢的斯兰德问,"逗着熊玩是很有意思的"(1.1.241,243)。很明显,莎士比亚亲自去过熊园——他有职业理由关注让观众兴奋的事物——但显然他并不完全喜欢这种活动。他不无讽刺地观察到,这种活动能使世上类似斯兰德的人感到自己更像个真正的男子汉。"我曾经看见那头著名的撒克逊大熊逃出来二十次,我还亲手拉住它的链条,"斯兰德吹牛说。"可是我告诉您吧,那些女人们一看见了,就哭呀叫呀地

第六章　郊区生活

闹得天翻地覆,实在说起来,也难怪她们受不了,那些畜生都是又难看又粗暴的家伙"(1.1.247—251)。

伊丽莎白时代的人认为熊丑陋之至,是粗鲁、暴力的象征,莎士比亚一再附和了这种观点,不过他也领会到了别的东西:麦克白看见四面包抄的敌人时说,"他们把我系在桩上,我跑不了,""可是我必须像熊一样挣扎到底"(5.7.1—2)。这就远非对逗熊或谋杀的感伤描述了——叛贼麦克白最终得到了应有的下场——但它暂时平息了斗技场内的粗俗笑声,暗示了比这种表演更让人无法忍受的东西。

为何伊丽莎白时代和詹姆士一世时期的人都喜欢这种残忍、卑鄙的表演呢?值得注意的是,连都铎和斯图亚特时期的君主也不例外,他们是这种活动的特别赞助人。(17世纪末曾有人试图复兴这种"皇家游戏",但自从1655年清教士兵射杀7只熊之后,该活动一直没能从这个打击中真正复苏。)要明确解答这个问题正如解释现代人对残酷表演的爱好一样困难。但从莎士比亚的同辈人托马斯·德克的评论中,我们可以找到一条线索:"最后,一只瞎熊被系在桩上,逗它的不是狗,而是一群具有人的形体和基督徒面孔的生物(要么是矿工,要么是马车夫或船夫),他们担负起差役的职责用鞭子抽打汉克斯先生(熊名),直到它苍老的背部鲜血淋漓。"在这种情况下,观众看到的就是,至少是怪诞的——因而滑稽可笑——社会通用的惩戒性鞭挞——父母常常抽打孩子、教师常常抽打学生、主人抽打仆人、差役抽打妓女、治安官抽打游民和"四肢健全的乞丐"。斗技场中的表演具有奇特的双重效果,莎士比亚将会无限强化这种效果。它使事物的秩序无限化——这是我们的行为——同时也质疑了秩序——我们的行为是可笑怪诞的。

伦敦是个刑罚不断的剧场。到伦敦之前,莎士比亚肯定目睹过肉刑——斯特拉福镇也有行鞭刑的柱子,有颈手枷、足枷和手枷——但处罚的频繁与酷烈超出了陶尔希尔、泰伯恩、史密斯菲尔德、感化院和马夏尔西监狱,超出了城墙内外众多场所的公共绞架,这在他看来还是新鲜的。几乎每天他都能看到国家对其视为违法的人施以烙刑、断肢或死刑。这种表演还不局限于伦敦的许多常设刑场:在某些谋杀案例中,谋杀犯会在犯罪现场或其附近被砍下右手,然后鲜血淋漓地一路游街示众,直到刑场。生活在这个大都市的人都难免要遇到这样的场景。

　　穿行于这些街道有什么感觉？每隔几天就看到这般景象呢？城市的公共娱乐是鞭打瞎熊，悲剧表演反映的是频繁的酷刑，生活在这样的城市又有什么感受？无论莎士比亚是否特意观看过这种法律和秩序的血腥仪式（有的剧作家更热衷于和当众折磨犯人者、和绞刑吏竞赛），它们都在他的剧本中得到了刻画。对于《泰特斯·安德洛尼克斯》中拉维尼娅的可怕命运——她被砍去了双手，割掉了舌头——伊丽莎白时代的演员轻易就能进行生动、细致的再现，因为他们在剧场附近郊区的绞架上见过同样的"真人秀"。当莎士比亚的人物们展示理查三世或麦克白那血淋淋的头颅时，观众们会轻松地将这种令人兴奋的东西和真的首级做比较。

　　莎士比亚不仅为粗俗的观众提供了他们渴望看到的东西，他本人显然也着迷于周围发生的刑罚场面，但着迷不等于认可。事实上他的着迷蕴涵着强烈的憎恶。在他的作品中，最可怕的酷刑——《李尔王》中弄瞎葛罗斯特公爵的场面——乃是道德怪物的行为，剧作家明确表明了这一点。但刻画这种独特邪恶行为的恐怖并不等于全盘批判他生活的社会中存在的野蛮刑罚。在《奥瑟罗》的结尾，邪恶的伊阿古拒绝解释编织阴谋的原因——"什么也不要问我，你们所知道的，你们已经知道了。/从这一刻起，我不再说一句话"——威尼斯的行政官们确信能从他那里得到答案："酷刑会让你开口"（5.2.309—310, 312）。即便他们没有成功——伊阿古在剩余的剧情中保持沉默，剧中也没有任何内容鼓励我们相信折磨可以改变他的决心——威尼斯人决定对这个恶棍的行为实施某种报复。事实上，正如国家大臣的解释，他们会无所不为地增强、延长他的痛苦：

　　　　我们将用一切巧妙的酷刑加在他的身上，
　　　　使他遍受种种痛苦而不至于立刻死去。

（5.2.342—344）

　　虽然折磨伊阿古既不能让苔丝狄蒙娜复活，也不能使奥瑟罗重生，《奥瑟罗》还是鼓励观众认可所建议的做法是合法的：无论其效果多么有限，它都表示要努力弥补被损害的道德秩序。由于亲身经历，莎士比亚和观众们会在悲剧的特殊前景外联想起国家刑法，上述做法与国家刑法一样，都是世界的一部分。

《无事生非》是莎士比亚最欢乐的喜剧之一，就是在该剧剧末的快乐气氛中，在所有恶毒的怀疑都烟消云散，痛苦的误解都消除之后，还是有想到拷问台和拇指之时。私生子唐·约翰——一个无能的伊阿古——的阴谋真相大白，这恶棍也逃走了。克劳狄奥和希罗和好如初，并将和贝特丽丝与培尼狄克这一对最有趣的情侣同时结婚。快活的培尼狄克让人奏乐——"我们还是先跳舞再结婚"——当有人报告抓获了唐·约翰时，培尼狄克说"现在不要想起他，明天再说吧"，该剧中他所说的结束语是"我可以给你设计一些最巧妙的惩罚他的方法。吹起来，笛子！"(5.4.112—113,121—122)

这就解释了，或者说部分解释了生活在充满无尽的可怕刑罚的伦敦有何感受。这些场面是社会结构的一部分，也就这样被接受了。诀窍在于懂得何时注意、何时忽略这种场面，懂得何时处罚、何时起舞。娱乐场所就与充斥痛苦和死亡的场所相临——河畔的绞架离妓院很近——这也吸引了莎士比亚的想象。他的剧本时常刻画妓院（"窑子"）——桃儿、快嘴桂嫂等同样操皮肉生意的人，以及相应的皮条客、看门人、酒保、仆人，都得到生动活泼而令人难忘的刻画。他把妓院描绘成充满疾病、罪恶与混乱的地方，但这种地方也满足了人类根深蒂固的欲望，使男人和女人、绅士和平民、老人和青年、有文化、没文化的人聚到一起，结成在等级森严的社会中别处罕见的同志关系。最重要的是，他把妓院刻画成在严峻的条件——竞争强烈、顾客粗暴吵闹或是冷漠无情、市政府充满敌意——之下挣扎，利润不多的小生意。

在莎士比亚和大多数同辈人眼中，这些特征把妓院与另一个当时才成立不久的郊区机构紧密相连，这个机构还是莎士比亚的职业生活中心。莎士比亚出生时，英格兰的剧院还不独立，它一度包容并提供"娱乐区"必须提供的一切：舞蹈、音乐、杂技、血腥表演、刑罚和性。事实上，戏剧模仿与现实，一种娱乐形式和其他娱乐形式之间的界限常常模糊不清。至少在剧院反对者的想象中，妓女勾搭看戏的民众，他们直接在小房间里做交易。

一个外国人1584年到伦敦观光，他描述了一个8月的下午在萨瑟克区看到的精彩表演：

> 那儿有个3层楼高的圆形建筑，里面大约养着100只英国大狗，每只都有各自的木屋。人们让这些狗和三只熊一一对阵，这些熊一只比一只

大。随后一匹马被带进来充当狗群追逐的对象,最后是只公牛,它勇敢地进行自卫。接下来有若干男女从独立的隔间中出来,他们一同表演舞蹈、对话和打斗;还有一个男人往观众们间撒了些白面包,观众们纷纷去抢。场地中部的上方固定了一个喷嘴,它被烟火点燃了;突然间有许多苹果、梨从那里落到下面站着的人身上。当人们纷纷去抢苹果时,更多的烟火从喷嘴中落下来,这使观众既吃惊又觉得很有趣。之后从各个角落飞出烟火和其他焰火,这就是演出的终场。

"这就是演出的终场":如今很少人会把这样残酷、花哨的表演当作戏剧。但在伊丽莎白时代的伦敦,逗弄动物和戏剧表演非常奇特地穿插在一起。它们都惹火了担忧交通堵塞、民众无所事事、秩序混乱与公共健康问题的市政当局——因此表演场地设在像萨瑟克这样的地方,位于市议员和市长的管辖范围之外。道德家和牧师也用类似的话来攻击它们,恐吓说以肮脏、渎神的表演取乐的人会受到上天的报应,但表演场所又吸引了大群民众,同时还得到贵族的赞助与保护。它们有时在极其相似的建筑中上演。事实上,这些建筑之一——希望剧场——既用来逗熊也用来演戏:在1614年上演了本·琼生的剧作《巴塞洛缪集市》,其中有个角色提到了前一天的斗技留下的臭味。希望剧场的主人菲利普·亨斯洛既是典当商、放债者又是剧场的剧本管理人,还开了妓院。伦敦的娱乐活动——和它们带来的钱财——从某种程度上说全都落到了这些人手里。

同时,真正和其他类型的斗技场有区别的剧院(希望剧场除外)确实是非常重要的新兴事物。当时在专门剧场(与用烛火照明的私人大厅、酒店中庭和马车后车厢相对)演戏还是伦敦的新鲜事,出现的时间大大晚于血腥的斗技。1542年萨瑟克的地图上已经标出主要街道上的斗牛场,但直到1567年,富裕的伦敦食品商约翰·布莱恩才建起了城里第一家独立剧场——位于斯戴普尼的红狮剧场。这是个相当大胆的计划——自罗马帝国衰亡以来,英格兰还没有建过类似的东西。我们对红狮剧场知之甚少——或许它很快就被拆毁或另作他用了——但在无畏的布莱恩看来,这一定是个有希望的投机事业,因为9年之后他又做了更大的尝试。这次他的连襟詹姆士·伯比奇当了他的生意伙伴,此人原是细木工,后来成了受莱塞斯特伯爵庇护的演员。他的木工水平很可能至少和演技不相上下,因为他在建造主办者简称为"大剧院"的多边形木制复杂建筑时发挥了主要作用。

"大剧院"这个名字和文艺复兴的观念很相称,文艺复兴从字面来看就是指古代经典的复活:在1576年相对还显得陌生的词"大剧院"自然令人联想起古代竞技场。因此也难怪"大剧院"几乎立即被牧师攻击为是"模仿罗马旧时的异教剧场"而建。伯比奇和布莱恩很明智地把它建在进城的主教门外的肖狄楚郊区,那是享有特许权的豪利威尔租地。它是本笃会修女的豁免区,该剧院归女王的枢密院而非市政府管辖。牧师们会继续谴责,市参议员们会继续恐吓,但表演也会继续进行。

莎士比亚到伦敦之前已经看过、演过戏剧,但还从未见过独立的剧院。很可能有人对他详细描述了这种戏院,或许到过伦敦的家庭成员或朋友曾为剧院画过细致的素描,但此时他才初次真正踏进这样的地方。他看见有高起的矩形平台,它一直延伸到为分层的楼座所环绕的大院子中央。供"低价座的观众"站着看戏的院子是露天的,但舞台上有绘了画的遮篷——即人们所知的"天堂"——它由两根柱子支撑。高出地面5英尺的舞台没有护栏——正在斗剑的演员必须十分留意自己的位置。舞台上有扇活板门,它通往俗称"地狱"的储藏间,它能制造强大的戏剧效果。舞台背面的木墙上开了两扇供上下场之用的门,某些剧场在这样的门之间还有带帘幕的空间,帘幕可以拉开供正式登场之用,或是用来表现更私密的场景。后墙上的门上方是回廊,它隔开包厢,买了最好的票的观众就坐在包厢里。回廊中部可用来上演戏剧场景:即使不是立即上演也很快就会上演。莎士比亚开始想象这个空间的利用方式,比如说用它来当阳台,或是城堡围墙那高耸的城齿墙。

因为没有灯光设备,布景也极少,几乎没有现代剧场惯用的创造各种幻象的余地,但观众一再证实了他们不必被笼罩在黑暗中就能想象黑夜,不必看到纸糊的树就能想象一座森林。伊丽莎白时代的观众所重视的是服装产生的幻觉效果。舞台后墙之后是个"化妆室",演员们可以在里面穿上精致的戏服,高悬的遮篷仔细地保护着戏服不被雨水淋湿。整个设计非常有用,也非常灵活。巡回剧团表演时所用的贵族、绅士的豪华会馆、私人大厅有它们的优点,但演员们必须不断构想新的表演方式,为了适应每个原本不供演出之用的场地而调整舞台调度，逐步处理场地的空间特征。无论是来自乡村的年轻演员，还是有抱负的剧作家，进了伦敦的剧场都会感到是死后进了戏剧天堂。

这些令人愉快的天堂至少有某些方面是熟悉可靠的。由回廊围绕的露天空地令人想起伦敦酒店的中庭和时常演露天戏的乡村。（戏剧更经常是在大房间里上演。）酒店主人——或管家，他们当时是这么叫的——把场地和服装、道具一起租给巡回演员。在演出结尾，他们在人群中传递帽子收钱。16世纪80年代的剧团已经开始试行在酒店门口征收入场费的做法，抵达伦敦之前，年轻的威尔本人或许不止一次收过那些便士了。新建的"大剧院"和随后建立的其他剧场运营机制不同，但经营者总是同样自称管家，就好像拥有一家酒店（如今的弄暗"观众席的灯"或剧院"客满"等用语大概就因此而来）。

伯比奇和布莱恩的投资项目确实还包括了一家酒店，这就是格雷斯教堂街（在今天的利物浦车站附近）的交叉钥匙酒店，演员们时而也到那里去表演，但主要的剧场是座独立建筑，这使投资者能够充分实行新理念：观众看表演前，必须先在门口交费。演员在剧末只请求掌声或邀请观众再次光临。因此票房——原指上锁的现金箱——就诞生了。这种革新——显著改变了演艺人员与观众的关系——肯定立即获得了商业成功，因为附近很快建了另一座剧场，比如"帷幕"（此处指用来遮风挡雨的墙——译者注）剧场，不久又建起了其他剧场。花一个便士就能进院，在人群中站上2—3小时，可以左顾右盼，买苹果、橘子、坚果还有瓶装啤酒，或是尽可能地挤到舞台边缘去；多交一个便士就可免去雨淋（有时是酷热）之苦，在剧场四周带遮蓬的回廊里得到一席之地；花三便士就能获得低层回廊上"绅士间"里的加垫座位，据当时的戏迷说，这是"最舒适的位置"，"坐在那里不仅能看清一切，还能得到别人的注意。"

建立这种收费制度部分是为了保证某种财务透明：一便士票位的收入应该归演员，二、三便士票位的收入全部或部分归"管家"。可是老板们很快发生了争执——布莱恩断言伯比奇用一把秘密钥匙从钱箱里偷钱——他们做了伊丽莎白时代的人在经济安全受威胁时常做的事——上法庭。指控和反诉直到1586年布莱恩死后也没有平息。相反，它们变得越来越复杂，越来越激烈。到1590年11月16日就恶化为一场激战，因为布莱恩的遗孀和支持者来到"大剧院"，试图收取部分收入。詹姆士·伯比奇和妻子从窗口探出身子高呼他们的小姑子是妓女,来收钱的人是傻瓜。他们最小的儿子,当时大约16岁的理查德拿着扫帚柄四面出击,并"轻蔑倨傲地"攻击其中的一个收钱者。有证词说,他"嘲弄立誓者的鼻子"。这个拿扫帚柄的男孩就是后来的著名演员,他扮演了哈姆莱特等大多数莎剧的伟大主角,这个粗鲁形象就是他初次留下的大略记录。

莎士比亚得以进入的演剧界反复无常,风险很高,竞争激烈又缺乏保障。剧场有叫嚣的敌人:牧师、道德家指责剧场是维纳斯等恶魔般的异教神的庙堂;体面的已婚女子天真地去看戏,很快就被引诱到淫荡的生活中去;诱人的男孩演员激发了男人的性欲;《圣经》遭到嘲弄,虔诚成为笑柄;庄重的权威人士受到鄙视;煽动叛变的思想被灌输到大众头脑中。

一个名叫约翰·诺斯布鲁克的牧师怒吼道:"如果妻子想学会如何变得不忠,去欺骗丈夫,或是丈夫想要欺骗妻子,如果想学娼妓的手段来获得爱情,学强奸、诱骗、背叛、奉承、撒谎和诅咒,学改良为娼、学谋杀、下药、忤逆、反叛君主、铺张浪费和贪婪,学洗劫破坏城市、游手好闲、亵渎神灵、唱下流情歌、污言秽语、自高自大……"就去看戏吧。这一串刻毒的教训长得令人透不过气。多年来不断有许多别的牧师加入到谴责戏剧的行列中。对此剧院的敌人似乎还嫌不足,他们抱怨说,与舞台的邪恶相应的是观众的邪恶。斯蒂芬·高森于1579年写道,在我们的剧场里,"你可以看到人们如此这般费劲地推挤,如此这般渴望抢到女人旁边的座位;她们对自己的服装如此这般在意,竭力不让人踩到它们;那么多双眼睛如此这般地盯着她们无遮无挡的膝盖;她们的背后如此这般放了靠垫,因此她们不会被弄伤;她们的耳朵上带着如此这般我叫不上来的面具;别人如此这般给她们苹果消磨时间;有的做出如此这般的秘密调情动作[即碰脚调情]……;如此这般的嗔怒、闲话、笑容、眼色,表演结束后如此这般派人送她们回去。"道德家们讥讽道,许多人能快快活活地看两小时的戏,却不能耐着性子听一小时的布道,这真是可怕。

这些责难就是为了关闭剧院,但它们除了使星期天的表演遭到禁止之外,主要还是增加了公众对剧院的兴趣。在1578年出版的《英—意短语集》中,作者约翰·弗罗里奥写道,"我们去哪呢?到布尔剧场去看戏吧,要么去其他地方。"弗罗里奥在伦敦出生、长大的,他的父亲是流亡的意大利新教徒。他那简

单的语言课程——如同现代课本里的语言课,正因努力做到通俗易懂,贴近生活,反映了许多问题——接着是:

> 你喜欢看喜剧吗?
> 是的,先生,我在圣日看喜剧。
> 我也觉得它们很有趣,但是牧师不让演喜剧。
> 这是为什么呢?你知道原因吗?
> 他们说,喜剧不好。
> 为什么他们这么说?
> 因为人人都喜欢喜剧。

"因为人人都喜欢喜剧":为剧院辩护的人整理了许多论据——戏剧表现善有善报,恶有恶报,教人懂礼节,还充实了否则会设法捣乱的头脑,诸如此类——但剧院之所以能幸免于难,兴旺发展,只是因为下至低贱的学徒上至女王本人都很喜欢看戏。

有权势的贵族、政府主要官员和女王本人都保护公共剧场和剧团。他们认为倘若王国里真有危险的颠覆力量存在,也不是剧场,而是剧场的敌人,是那些新教激进分子,他们心怀不满,爱管闲事,不知疲惫,想要消灭一切世俗快乐。但女王及其顾问可不是无条件地保护剧院的。他们也对公共集会感到紧张。他们或是由于猜疑过度,或是从痛苦的实际经验里吸取了教训,总显得是将群众当作天生的危险分子,认为他们极易变得凶暴,一有机会就要攻击社会地位更高的人,攻击社会的根本体制。虽然官方文件一再强调女王诚挚地信任亲爱的臣民,她有许多不经意的评论却表明她对民众抱有强烈的怀疑。当菲利普·锡德尼爵士和地位更高的牛津伯爵在网球场玩推挤角力时,伊丽莎白告诫锡德尼,一个伯爵和一个卑微的骑士是有区别的,她还加了一个警告:她问,你能否想象,如果平民学你不尊重等级和头衔将会发生什么事?

伊丽莎白的官员对任何无法控制的公共场面都感到担忧。即使是一小部分人聚在一起,也会惊动当局。密探被派到旅馆和酒店去探听人们的谈话,汇报任何可疑的事情。政府还颁布公告,要人们留心任何"出言不逊"者。政府发出警告禁止人们"偷偷躲在角落和不道德的地方,打听消息和动静,传播流言蜚语"。潜藏在伦敦的流浪汉会遭到严惩。难怪剧院尽管有掌权的朋友也依然岌岌可危。

　　16世纪80年代晚期到达伦敦的莎士比亚很可能受雇于剧团,他进入了一个相对新鲜的活动领域,这不是指该领域还未形成基本轮廓,而是说它仍然在变动,在不断发展。剧团适应了几乎不断巡游的流浪生活,人员常常变化,有时分开,有时重新合并。人口迅速膨胀的城市渴求娱乐,剧场的兴起至少使这些剧团有机会得到有利可图的大本营,那里能上演大部分的剧目。虽然仍需不时上路,但他们职业生活中心已不再是装了戏服和道具的马车、四处求索演出场地和不安地与当地政府协商。

　　但即便是最成功的剧团,想要转而过上更稳定的、以伦敦为中心的生活也并非易事。巡游令人疲惫——寥寥几场演出之后,剧团就得打点行装上路——但演员只需准备少量保留剧目。在伦敦情况就不同了。露天剧场很大——可以容纳2000或更多人——而以16世纪标准来看人口众多的城市,其人口也不过仅仅20万。这就意味着要想获得生存需要的经济条件,仅靠一个旺季上演一、两部成功剧目,不停演上好几遍,是行不通的。剧团们必须促使人们、而且是大量人,养成一再上剧场的习惯,这就意味着要时常更换剧目,每周要有5—6个剧目。这样一来总数就大得惊人:每个剧团每年大约要上演20个新剧目,还有近20个前几季的保留剧目。

　　莎士比亚似乎很快就抓住了发展中的大众剧场所创造的机遇。在剧场表演的剧团对新剧本的需求量是巨大的。他能帮助满足这种需求,或是自己写剧本或是与别人合著。这个时机对他来说再好不过了。当时他不需要加入作家行会、不需要特殊的介绍信,能够继续冒险而不需要任何前提条件。伦敦能让他实现也许是从斯特拉福镇带来的写剧本、演戏的早期抱负。

　　据说他后来的创作极其轻松。"演员们常常提起一点,并把它当成莎士比亚的荣耀,"他的朋友兼对手本·琼生说,"他无论写什么都一行也不删改。""我的回答是,"琼生刻薄地补充道,"如果他删掉一千行就好了。"从他剧作和诗歌现存的多个版本来看,莎士比亚实际上可能悄悄地删改了成千上万行。有充足理由认为他详尽修改自己的作品。但创作轻松的印象仍然保留着,连他的早期作品也具有这种风格。他能轻松地想好措辞,迅速地学习,并已经吸收了几个意义丰富的戏剧模式。虽然既年轻又缺乏经验,他具备了立即为舞台写剧本的条件。尽管如此,还是有许多迹象表明,他还需要一个惊人的艺术冲击才能完全走上作家之路。

编年史作家斯托写道,伦敦是"实现任何伟大愿望的强大工具和手段"。16世纪70年代以来兴起的主要大众剧场——"大剧院"、帷幕剧院、玫瑰剧院、天鹅剧院、环球剧院、红牛剧院、命运剧院和希望剧院——鼓励、迎合了这些伟大的愿望。莎士比亚几乎是刚到伦敦就看到了该宗旨最完全的表现。因为1581年他刚到伦敦时,人们都涌到玫瑰剧院去看海军大臣供奉剧团上演《贴木尔》,它的作者就是克里斯托弗·马洛。莎士比亚很可能看了这个(以及随后的一系列)剧目,很可能还看了又看。这也许是他最早在剧院里看的剧目——也许是第一部剧——并且,从它对其早期作品产生的效果,可见它似乎给他留下了强烈、深刻的印象,实际上,这种印象改变了他的一生。

马洛的这部剧残酷得惊人,它激发并充分满足了统治之梦。本剧的主人公是个塞西亚牧人,凭着自己的决心、超凡的精力和绝对的无情,出人头地并征服了绝大部分已知世界。这部剧具有史诗规模,充满了喧嚣,充满了异国情调的壮观和血流成河的场面——有飘扬的旗帜、从舞台上曳过的战车,还鸣放了大炮——但其魅力主要在于符咒般地赞美了权力意志:

> 自然用四种元素将我们塑造,
> 它们在我们胸中争夺支配权,
> 这就教我们要有远大志向。
> 我们的灵魂能领会世界的奇妙构造
> 测量每个运行的天体的轨道,
> 并且仍然向往无穷的知识
> 就像这不息的天体,
> 希望我们奋发努力永不驻足
> 直到我们获得到最成熟的果实:
> 那完美的福佑和唯一的幸福,
> 就是俗世皇冠这美妙的成果。
>
> (2.7.18—29)

在该剧表现的空间里,学校、教堂、说教、公告和持重的传单上灌输的所有道德准则都失效了。最高的善——"那完美的福佑和唯一的幸福"——不是向上帝默祷,而是获取皇冠。血统贵贱、上天赋予的合法权威、需要服从的天赋义务和道德束缚都荡然无存。相反,剧中有的是不断的暴力冲突,它只能靠掌握(或梦想掌握)至高权力才能完全平息。

扮演贴木尔的是海军大臣供奉剧团才华横溢的年轻演员爱德华·艾伦,当时他年仅21岁。比他大两岁的莎士比亚也许从未体会到他不可能成为伦敦剧坛的首要演员,看了他的表演,莎士比亚也许就能体会到这一点了。艾伦正是这样的演员:他的外表威严庄重,声音清脆,"音调悦耳",能够吸引并保持众多观众的注意力。扮演这个"傲慢咆哮"的角色使他立即获得了持久的声誉。后来他还扮演了浮士德、巴拉巴斯等其他许多重要角色。他娶了亨斯洛的养女,靠娱乐业很快变得极其富裕,还创办了著名的达尔维奇学院。

莎士比亚的演员素质可能令他从艾伦对贴木尔的演绎中察觉到了哪些是强有力的因素,但他的诗人素质使他还领会到了其他东西:吸引观众的魔力不仅在于演员悦耳的声音,甚至也不在于主人公为带来极乐的俗世的王冠而大胆奋争的形象。鸦雀无声的观众在该剧使用的素体诗——动感十足的5音部10音节无韵诗行——剧作家克里斯托弗·马洛已经在舞台上纯熟使用了这种诗——那空前的活力和威严的说服力中已经体会到了贴木尔的力量。这些诗就像比普通人更伟大的人类的日常语言,它决不仅有浮夸的文辞。其魅力在于"奇妙的建构":精巧的节奏,一系列的单音节突变成响亮的"有抱负的"一词,还能听到"果实"变为"成果"的快感。

莎士比亚从未听过类似的东西——在沃里克郡观看的道德剧和神秘剧巡演中肯定没有类似之物。也许他会对自己说,"你已经不是在斯特拉福镇了。"对看着道德剧和神秘剧长大的人而言,贴木尔就像是过去扮演"暴乱"的角色带着无法比拟的语言力量支配了舞台。也许,在那些早期表演中——人们当时还不了解马洛精力之充沛——莎士比亚曾和其他观众一起等待饱蘸无辜者鲜血的暴君垮台。毕竟这才是宗教剧中"暴乱"和希律王的一贯下场。可他看到的却是狂暴的胜利接连不断,胜利者浮夸的言辞变得愈加激动人心。残忍的征服者在剧末兴高采烈地说"几百万的幽灵坐在冥河的河岸上,"

  等待冥府渡神返航。

地狱和极乐世界充满了人类的亡魂

那都是我给送去的……

(5.1.463—466)

无论是恐惧、顺从还是对事物现存秩序的尊敬，都无法阻挡贴木尔："君主和帝王躺在我脚下气息奄奄"(5.1.469)。他说着这些话，大肆屠杀大马士革的无辜少女，娶了美丽非凡的泽诺克拉特，被征服的埃及苏丹的女儿。然后这部剧就结束了，令人既吃惊又愤怒。观众们纷纷鼓掌，为自己一再被教导要珍视的东西遭到践踏而欢呼。

这是莎士比亚在伦敦的重要经历，它挑战了他所有的美学、道德和职业设想。当他听说马洛实际上和他极其相似，这种挑战就变得更激烈了：马洛同样是1564年生于一个小乡镇。他的父亲不是富裕的绅士而是普通的手艺人，是个鞋匠。如果没有马洛，莎士比亚无疑也会写剧本，但那些剧本必定大不相同。鉴此，他显然做了对其事业而言极为重要的决定——不仅要当演员谋生，还要尝试为自己表演的舞台写剧本——在马洛的影响之下写剧本。《贴木尔》(最初的一部和很快出现的续编)的印记在已知的莎士比亚最早的戏剧作品中随处可见，例如《亨利六世》三部曲——尽管早期的版本学学者认为《亨利六世》是由莎士比亚和马洛合著的。这些剧本明显参差不齐的风格说明莎士比亚很可能是与别人合著，但大多数学者并不认为马洛也是合著者之一。更恰当地说，是新手莎士比亚与合著者们参考了马洛的成就。

马洛创作两部《贴木尔》时取材于本人的独特经历——他是个密探、双重间谍、造伪币者和无神论者——但他如饥似渴广泛涉猎的书籍也是同样重要的素材来源。或许马洛从流行的英文书中精选了一些关于这个斯基台征服者生平的详细资料，但学者证明他曾根据这些书提供的线索，找到了其他比较难得的拉丁文原始资料。《贴木尔》中的一些细节还表明，马洛甚至选用了他在世时还未译成任何西欧语言的土耳其语素材。最关键的是，为了写这些充满异国地理名称的剧本，他需要阅读伟大的佛兰德地理学家奥特里阿斯撰写的《双半球投影世界地图》，该书当时刚刚出版，而且价格高昂。一个鞋匠的儿子是在哪儿看到这本书和其他材料的呢？要弄清这点就要考虑到剑桥大学的文献资源和人力资源，马洛于1581年成为剑桥大学学生。比如说，那年7月有人送了一本奥特里阿斯的地图册给大学图书馆,而马洛就读的圣体节学院已经有了这本书。

莎士比亚没有可供选取素材的类似资源。但他有个朋友此时已成为伦敦演剧界的重要人物,他就是理查德·费尔德。1578年,费尔德从埃文河畔的斯特拉福镇到伦敦来给印刷商托马斯·沃德洛里尔当学徒,印刷商本人是从巴黎逃亡的新教徒。费尔德的父亲与莎士比亚的父亲是同事。沃德洛里尔的生意很红火:他出版了教科书,一版加尔文的《基督教原理》、一本拉丁语《公祷书》,还有法语作品和好几版主要经典书籍。这样一描述,书单听来相当乏味,但沃德洛里尔也允许自己冒点风险,比如说出版异教神学家和激进的意大利哲学家乔达诺·布鲁诺(后来被烧死在那不勒斯的火刑柱上)的作品。他最知名的出版物中有一本后来成了莎士比亚最喜欢的书之一:托马斯·诺斯翻译的普鲁塔克的《名人传》。这是《裘利斯·凯撒》、《雅典的泰门》、《科利奥兰纳斯》,尤其是《安东尼与克莉奥佩特拉》的素材来源。

理查德·费尔德在新行业中干得不错:他给沃德洛里尔当了六年学徒、给另一个印刷商当了一年学徒之后,于1587年获准进入印刷业行会的文具商公司。同年沃德洛里尔去世,费尔德娶了他的寡妻杰奎琳,接管了生意。到1589年,他已经成为印刷师,拥有繁忙的车间,还承印一系列作家的书。这些作家范围广泛、引人注目,又富有思想魅力。他肯定有竞争对手印的书,还能弄到其他书。对来自斯特拉福镇的年轻剧作家而言,他是个极宝贵的素材来源。

虽然莎士比亚是个梦想获得不朽荣誉的诗人,但他似乎没有将这种荣誉与书籍印刷相联系,甚至在成了很有名的剧作家之后,圣保罗教堂周围的书摊都出售其剧本时也依然如此。他对付印作品兴趣极小,或者说根本没有表现出个人兴趣,更别提确认版本的正确性了。他似乎从未料到事情会变成这样:他会同时活在剧本和舞台表演中。他作为作家的命运与他访友时在黑僧区的印刷厂里初次见到的技术牢不可分。门一打开,莎士比亚首先会看到伦敦印书业搏动的心脏:排字工人弯腰查看手稿,伸手到托盘里取出一个个活字把它们排列好;印刷工给固定好活字的完整的"印版"或帧页上墨,拧紧螺丝,它将上了墨的印版压到铺了大张纸的机床上。从印刷机里出来的纸页被折成书页,校对工校对纸页上的字,让排字工纠正错字,然后书页就被送到装订工那里装订起来,这一切本身就是挺有趣的表演(莎士比亚作品中的许多意象都带有印刷业的标志和印记),但对他来说,更激动的是能看到书。书籍是昂贵的,年轻的演员和初出茅庐的剧作家买不起书,但雄心勃勃的莎士比亚如果想出色地应对马洛的惊人之作提出的挑战就离不开书籍。

人们并不了解莎士比亚如何想到要写叫板《贴木尔》的作品——三部关于15世纪亨利六世动荡不安的统治时期的剧本。也许这并不是他本人的主意:有证据表明马洛的成功可能困扰了与他有关的女王供奉剧团,所以剧团决意采取对策。莎士比亚也许是应邀加入已经开始实施但陷入困境的计划。剧本常由几人合著,即便是更有成就的作者也可能欢迎别人的帮助。起初他可能只是提供一些小建议,后来发现自己更加投入,负责的部分也更大了。另一种可能是他从一开始就负责这些剧本的创作。但无论如何,他与任何合著者与马洛一样需要书籍。主要的书籍——英国编年史,例如爱德华·霍尔写的《兰卡斯特和约克这两大高贵家族的合并》、杰弗里·蒙默思写的《大不列颠历史》、威廉·鲍尔温和其他人合著的《治世之鉴》,尤其是拉斐尔·霍林谢德撰写的《编年史》,这本必不可少的书当时刚出版——并不是费尔德或他原来的老板沃德洛里尔出版的,但很可能莎士比亚的朋友有这些书,或者能让他接触到看过这些书的人。

莎士比亚决定像马洛那样写一部史诗,但要写一部英国史诗,它将记载都铎王朝带来秩序之前充满血腥的动荡年代。他想像马洛那样使一个世界重生,塑造奋争至死的人物形象,它们比平常人更伟大,但这回舞台上演的不再是东方的奇异王国,而是英格兰本国的历史。这部历史剧的伟大构想——让观众回到至关重要的时代,这个时代虽然已被世人遗忘,却仍然奇异地为人熟知——并不完全新鲜,但莎士比亚赋予其前所未有的活力、力量和说服力。莎士比亚的《亨利六世》仍显粗糙,与其此后创作的同类成功剧作相比更是如此,但它们造成了一种惊人的印象,即剧作家从霍林谢德的《编年史》中精心挑选了能模仿《贴木尔》的素材。

虽然模仿确实存在,它却不完全是崇拜的表现,而是个怀疑性的回应。马洛的戏剧把世上所有促人上进的抱负都集中到一个非凡的超级英雄身上,莎士比亚的三部曲则充满了类似贴木尔的怪诞人物,包括我们已经谈到的乡下佬杰

克·凯德。凯德无意中成了为权力发狂的约克公爵的傀儡,这个公爵摹仿了贴木尔的狂言:

> 随后我将让一场黑色的暴风雨席卷英格兰。
> 那场暴风雨葬送了成千上万条生命,
> 或是将他们送上了天国,或是将他们推进了地狱。
> 那摧毁一切的风暴将会变得更加厉害,
> 直至我戴上金光闪闪的王冠。
> 到那时,它才会如同灿烂的阳光一般,
> 平息了那场风暴。
>
> (《亨利六世》第二部,3.1.349—354)

理查德是约克的恶子,在他的话里,马洛式的语气就更明显了:

> 头戴王冠是何等春风得意呀,
> 王冠带着一个快乐的天地,
> 所有诗人能幻想获得的快乐。
>
> (《亨利六世》第三部,1.2.29—31)

这种残酷成性的快乐也不再限于男性世界,它也波及到了战胜对手约克的王后,令人敬畏玛格丽特:

> 约克,你为什么默默无言?你应该发疯呀!
> 我如此讥讽你,目的就是想让你发疯呀,
> 以足顿地吧,怒吼吧!大发雷霆吧!如果你这样的话,我便会开心得手舞足蹈了。
>
> (《亨利六世》第三部,1.4.90—92)

这种妇人表露出的凶残甚至使残暴的约克也感到震惊:"妇人的外表里裹着虎狼的心肠!"他喊道(1.4.138)。秩序崩溃的时候,人人都想当贴木尔。

在马洛设想的奇异东方,永不止息的傲慢野心建立了一个残酷却壮观的伟大世界秩序。就像《贴木尔》第二部表现的那样,那种秩序崩溃了,但这是因为一切最终都崩溃了:必死的命运是冷酷的现实,此外就不存在其他道德了。在莎士比亚设想的英国历史中,傲慢的野心导致了混乱,导致了失控的致命分裂,

结果造成了国内外权力的丧失。马洛的主人公残酷无情,或者正因为残酷无情,他像神一样支配世界,为所欲为——"这就是我的想法,我愿意这样想"(4.2.91)。相反,莎士比亚的小贴木尔们虽贵为皇后、公爵,却如同思想错乱的小镇罪犯:虽然能做出令人难以置信的可怕事情来,却和庄严、伟大不沾边。

产生这种局限的部分原因是诗歌技法不够娴熟:莎士比亚至少当时无法胜过马洛那种滔滔不绝、热情澎湃的豪言壮语。但部分原因也在于莎士比亚有意这么做:马洛快活地赋予了贴木尔无限权力,莎士比亚却未将之赋予任何角色,连坚毅的英国战斗英雄塔尔博特也不例外。人们可以简单地将贴木尔视为大力神般的权力化身,看到塔尔博特则让人气馁。把塔尔博特诱到自己城堡中的奥凡涅伯爵夫人说"以我之见,别人的传言有点过头了,"

  说一个如此柔弱,形容委琐的小矮个子,
  能让敌人闻风丧胆吗。

          (《亨利六世》第一部,2.3.17,22—23)

塔尔博特是个普通人。英国军队溃退时,他和儿子都被恶魔般的圣女贞德率领的法国军队杀死了。这个世上没有谁是无敌的:鬼魂抛弃了贞德之后,她很快就被恢复活力的英军逮捕,因施巫术受审,被烧死在火刑柱上。

16世纪80年代晚期,《亨利六世》的观众蜂拥而至——这是莎士比亚获得成功的首部戏剧,它使他成为能够生存的剧作家——他们观看该剧不是因为幻想获得至高权力,相反,他们是要为全国叛乱和内战的恐怖而颤抖。他们似乎也为品味英雄式的牺牲和哀悼遭受的损失而来。"勇敢的塔尔博特会怎样快慰地得知,"与莎士比亚同辈的剧作家托马斯·纳什写道,"自己死后200年还能在舞台上获得胜利,他的遗骨(在多次演出中)接受了至少一万名观众的泪水的香沐,这些观众看到扮演塔尔博特的悲剧演员,还以为看到他刚流出的鲜血。"纳什有可能和莎士比亚合著了《亨利六世》的第一部,所以他的说法不客观。但就算他有所夸大,他也指出了剧本的商业胜利。爱德华·艾伦在扮演塔尔博特的"悲剧演员"——很可能是理查德·伯比奇——身上发现了对手;克里斯托弗·马洛幻想式的诗才则受到当时还未出名的天才,一个来自埃汶河畔斯特拉福小镇的小演员的挑战。

第六章 郊区生活

第七章 震撼剧坛

如果莎士比亚在《亨利六世》取得成功之前还未见过马洛，在那之后不久他必定就遇见马洛了，或许还遇见了和马洛在一起的其他许多剧作家——当时被称为"诗人"——他们都为伦敦舞台写剧本。这是个不同寻常的团体，就像是在某些神奇的时刻突然出现，就像十几个或更多的杰出画家似乎同时集中于佛罗伦萨，或是像数年来，新奥尔良和芝加哥似乎层出不穷的优秀爵士音乐家和蓝调音乐家。在这种情况下，纯粹的遗传巧合在起作用，但也存在使巧合合理出现的制度条件与文化条件。在16世纪晚期的伦敦，这些条件包括城市人口的显著增加，大众剧院的出现和新剧本竞争市场的存在。条件也包括了迅速普及的读写能力，教育体系培养对修辞效果的高度敏感性，对精巧表演的社会品位和政治品位，强迫教区居民听冗长复杂的布道的宗教文化，以及生气勃勃、躁动不安的知识分子文化。对有抱负的知识分子来说，可供选择的余地寥寥无几：教育系统的发展远远超出了当时的社会体系，文化程度高的人如果不想从事神职工作或法律工作，就得自己找事做。剧场虽说名誉不佳，但也自有魅力。

16世纪80年代的某个时候，莎士比亚走进一间屋子——很可能是夏洛狄楚、萨瑟克或河畔的酒店——很可能发现有许多重要作家在一起饮酒用餐：他们是克里斯托弗·马洛、托马斯·沃森、托马斯·洛奇、乔治·皮尔、托玛斯·纳什和罗伯特·格林。其他剧作家或许也在场——例如托马斯·基德或约翰·里利，但1554年出生的里利比其他人大得多。基德后来与马洛合用一屋，但整个团体似乎有意与他保持距离。因为他除了写剧本，还充当乏味的代笔人，就是那种以抄写文章为业的文人，挣了足够维持生计的钱，可大多数时髦作家都瞧不起这低贱的行当。这个团体的成员都集极端的个性和傲慢的自命不凡于一身。

至少对马洛来说,剧院的乐趣部分在于其边缘化。他过着臭名昭著的冒险生活。但他只不过是一个极端例子,像许多回应剧院诱惑力的人那样具备了精力充沛、喜欢冒险的特点。伦敦出生的托马斯·沃森是马洛的密友之一,他曾在牛津大学学习,但十三、四岁时,他没拿学位就离开了学校,此后他到欧洲大陆旅行、求学,用他的话说是学习了"不同的语言"。他回伦敦表面上是为学法律,但也涉入了欺诈性高风险活动,这种活动介于当间谍与敲诈勒索之间。同时他又投身文化界,很快成为该领域学识最渊博的人物崭露头角。他24岁时就出版了索福克勒斯的作品《安提戈涅》的拉丁文译本,还用拉丁文写诗,并把普鲁塔克和塔索的作品译为六步格的拉丁文诗,继怀亚特和萨里试用英文创作风行欧洲大陆的十四行诗之后,这是又一崭新的尝试。

在紧张忙乱的生活中,他好歹还设法挤时间为大众舞台撰写英文剧本。弗朗西斯·弥尔斯在回顾16世纪90年代的剧坛时,将沃森、皮尔、马洛与莎士比亚并称为"最好的悲剧作家"。一个对头在指责沃森的欺诈行为时,更尖刻地称他"能在一部剧中设计二十个谎言和恶作剧,这就是他的日常行为和谋生伎俩"。这些剧本无一幸存,如今沃森最知名的原因是曾经干预马洛和酒店老板之子威廉·布拉德利的街头口角。这场口角发生于临近"大剧院"和"帷幕剧院"的霍格小巷,结局是沃森的剑刺入布拉德利的胸部6英寸深。沃森和马洛作为谋杀嫌疑人被捕,但最终以自卫为由获释。

沃森集惊人的学识、文化抱负、欺诈、暴力和不安分因素于一身,这为理解他与马洛——可以说是他的亲兄弟——的密切关系提供了线索。或许这就解释了他为何能够加入年轻的莎士比亚可能在创业初期就遇到的这群作家,即所谓的大学才子。在这个团体中,并不是每个人都像马洛和沃森那么邪恶。托马斯·洛奇比莎士比亚大六岁,他是牛津大学的毕业生,后来学了法律。他是伦敦市长大人的次子,家人已为他安排了大好前程,行将就木的母亲留下遗赠供他学习、从事法律行业。但他显然厌恶这个行业,于是辍了学投身文艺界,因此失去了这笔遗赠和父亲的关爱。大约在莎士比亚创作或与人合著《亨利六世》三部曲的时候,洛奇也写了以派系纷争毁灭国家为题材的剧本,题为《内战的创伤》,由海军大臣供奉剧团上演。从这部剧和其他洛奇参与写作的剧本都看不出他多有才华,他自己似乎也明白这一点,1588年他就冒险航行到加那利群岛去。归来时他展示了一部新作,一篇题为《罗莎琳德》的优美散文故事:"这个辛劳的成果",他自己写道,"是在海上写的,每一行都让海浪打湿了。"与马洛、沃森一样,洛奇也勇于冒险——1591年他和托马斯·凯文迪什乘船到巴西和麦哲伦海峡去,回来后描述了此番经历。不过他不那么冲动:和他共饮者比较不担忧自己的钱包和生命。

乔治·皮尔是作家圈子的另一名成员,他是伦敦盐商兼会计师的儿子。还在牛津大学就读时,他就出了名地爱胡闹,生活放荡不羁——关于他可能冒过的险还出了一本编年史呢——但他很早就以诗才和翻译欧里庇得斯作品而得名。他似乎有时当演员,有时精力充沛地创作抒情诗、田园诗,以及露天表演和大众剧场所用的剧本。到莎士比亚可能遇到皮尔的时候,他已经发表了赞扬朋友托马斯·沃森的诗,为市长大人的露天表演写过剧本,还有一部剧作《帕里斯受审》曾在女王面前成功上演。他很可能正在写剧本《要塞之战》,用来与马洛那部获得巨大成功的《贴木尔》一决高下。但这些激动人心的活动无一能带来丰厚收入,皮尔很快把妻子的嫁妆挥霍一空。不过他必定能够让同伴感到快乐:关于其出轨行为的逸事已广为流传,他的朋友托马斯·纳什称他为"目前在世的快乐的主要拥护者"。

纳什并不时常夸奖别人。他是大学才子中最尖刻的讽刺作家。16世纪80年代他刚到伦敦,就在一系列反清教的小册子中展现了讽刺才华。他比莎士比亚小三岁,是赫里福郡小教区副牧师的儿子,以"减费生",也就是作为领取助学金的学生进入剑桥大学,取得学士学位,有权在签名时加上"绅士"二字之后,他还继续学习了一年左右。致"两所大学有身份的就学者"的书信是他发表的第一部作品,它是对当时文艺创作的苛刻评论——一个无礼的年轻人的残酷评价,混杂一些对密友们的奉承。

纳什赞扬了皮尔、沃森等几个"智慧高深的学者",但他对暴发户"(出于傲慢)认为借助浮夸的无韵诗的夸张文辞,就能压倒更好的作家的人"的评论尤为尖刻。纳什文风华丽,以晦涩的措辞为乐:"事实上或许是某种已成习性的过分自负,使他们的想象如醉汉般偏执,由于不习惯以其他方式发泄本性,就把消化焦躁和忧虑的使命交付给纠缠不清、嗡嗡作响的十音节诗行。"但人们透过自炫的迷雾,可以清楚地看出他的观点:某些人只受过文法学校的教育,却敢用素体诗给大众舞台写剧本。这类厚颜无耻的乡巴佬——一个几乎不懂或根本不懂拉丁语、法语和意大利语,注定要当仆人或小镇律师秘书的人——忙于进行"艺术尝试",模仿受过大学教育,而且地位更高的人的诗歌风格和喜爱的音步,自认为能跻身于新职业:"在严寒的早晨,如果你好好请求他,他会为你提供整部《哈姆莱特》,我必须说是几段悲剧演说。"这些文字是早在莎士比亚撰写《哈姆莱特》之前就写的。尖刻的话语针对的大概是托马斯·基德,他没有大学学位,当过律师的秘书和仆人,写过现已逸失的《哈姆莱特》剧本。但这种以毁灭性攻击为目的的大部分言辞大致也完全适用于莎士比亚,这是莎士比亚心知肚明的。

　　纳什的书信附在可怕的传奇故事《梅纳封》之前,故事作者是罗伯特·格林,作家圈子的中心人物。格林将在莎士比亚的生活中发挥很大的影响,可他在作家团体中绝不是最有成就的。他的才华不及马洛,又根本写不出能与纳什的歹徒小说《不幸的旅行者》,或是皮尔迷人的剧本《老妇谭》相提并论的作品,甚至根本写不出能与洛奇那优雅的奥维德体诗《斯库拉的变形》相媲美的东西。但格林富有传奇色彩,他是个无赖,才华惊人、学识渊博、洋洋自得、喜欢自我戏剧化、大话连篇、厚颜无耻、毫无修养。他比莎士比亚大4岁,出身于诺维奇贫穷家庭,和马洛、纳什一样设法靠助学金进入剑桥大学,并于1583年获得了硕士学位,还得到了牛津大学颁发的另一个学位。有了这些引人注目的证书,又娶了"一个嫁妆丰厚的绅士之女",格林似乎要过富裕日子了(有一小段时间他想去学医),可欲望却把他带到了相反方向。他把妻子的嫁妆挥霍一空后,抛弃妻小离家去了伦敦,但对如何谋生却毫无打算。

　　格林时常虚构生活经历,写过自己如何应征成为剧作家的故事。由于他撒谎成癖,我们没理由相信他讲述的一切,但这个故事对他的同辈人来说必定真实可信,它还成了一种投身文学的神话。"罗伯托"——他的自称——正坐在路边的树篱里抱怨命运不佳,这时有人认出他是倒霉的绅士,于是走上前来。"我想你是个学者,"这个陌生人说,"有学之士过穷日子真可悲。"

　　于是格林对社会不识良才做了揭露性的描述。他问这个和蔼可亲的陌生人,一个学者如何才能找到报酬丰厚的工作?这个陌生人回答说他那一行的人全靠雇佣学者谋生。

"你是做什么的?"罗伯托问。

"说实话,先生,"他说,"我是个演员。"

"是演员!"罗伯托说,"我还认为你是高贵的绅士呢,如果从外表评论[即判断],我告诉你,别人会以为你是有钱人呢。"

这里直率表现了成功扮演有地位的人、模仿绅士"模样"的惊人的全部情况,正是这些吸引威尔投身演剧界。可对格林来说,这种表演就是欺诈:演员能假扮成有钱人,而他本身则一文不值。

要成功地在别人面前创造幻觉,演员不仅需要昂贵的服装,言辞还得富有说服力,这就需要假绅士不会作的诗。因此他要找个能雇用的真绅士,即罗伯托这类人——受过教育、有文化、需要钱的人。在格林的故事里,罗伯托签约受雇,跟着演员到镇上去,发现他住在"零售店",也就是妓院里。他不再有饿死之虞——"现在罗伯托成了首屈一指的写剧本的诗人,文明(闻名)(原文如此)于世,他的财源如海潮般时涨时落,但却很少缺钱花,他的劳动总能得到尊重"——不过,他滥用了学识和才华。打牌作弊者、赝造者和扒手成了他的日常伙伴,梅毒损害了他的骨骼,"饮酒无度"令他腹部肿胀,使他变成"浮肿的样板"。他也曾有过短暂的懊悔,喋喋不休地表示要改变生活,可新的玩乐一挑逗,他的决心就烟消云散了。他那"绅士出身的妻子"恳求他回到她身边,却遭他嘲笑。他带着情妇和私生子从一处搬到另一处,欺骗酒店老板。欠客栈的债越来越多,他要躲避债主。"他所有的骗术都那么狡猾,似乎除了诡计之外就身无长物。"

这就是格林的自画像——"在这里就把我当成罗伯托好了,"在记叙过程中他撕下薄薄的虚构面具插写道——对一个臭名昭著的撒谎者来说,这种说法的精确度出人意外。使他出名的有酗酒懒惰、暴饮暴食、爆发性的活跃写作,还有他的赤贫、欺诈、熟悉黑社会、洗心革面的短促决心和无法避免的堕落。他写道自己曾回诺维奇去,在那里听的布道感动得他下定决心改邪归正,但放荡的朋友一嘲笑,决心就崩溃了。他的情妇埃姆·保儿——曾为他生过一个早夭的儿子,格林给他起名为福图内特斯——是个盗贼团伙首领的姐姐,这首领名叫

虽然马丁·德罗肖特(1601—1650)在莎士比亚去世时年仅15岁,不可能见过莎士比亚本人,但他为第一对开本(1623年版)的书名页制作的雕版画似乎逼真得足以令该书的编者感到满意,这些编者都很熟悉莎士比亚。图片由W.W.诺顿公司提供。

莎士比亚的父亲制作的那种手套通常属于精致的奢侈品,如这副由皮革、缎子和金线花边组成的17世纪手套。图片由V&A图片/V&A博物馆提供。

年幼的威尔很可能是借助人称角贴书之物学习字母:这是将一块印有文字的羊皮纸或普通纸蒙在木板上,再覆以兽角做的透明片制成的书。图片由福尔杰莎士比亚图书馆提供。

斯特拉福互助会教堂的中殿,墙上残留着表现基督与最后审判的中世纪壁画,1563年在当地财务管理人约翰·莎士比亚的指令下,这些壁画被人用石灰刷掉。图片由玛雅国际影像公司提供。

这是一份埃德蒙·坎皮恩的肖像画的副本,原画作于1581年他被处决后不久,画上人物手执象征殉道的棕榈枝,将由天使授予花冠。天主教会更迟表彰坎皮恩:1886年12月9日他受到教皇利奥十三世的美化,1970年教皇保罗六世封其为圣人。图片由兰开夏郡的斯通尼赫斯特学院提供。

斯特拉福教区保留的记录说明威廉和安妮·莎士比亚所生的双胞胎,哈姆尼特与朱迪思,于1585年2月2日接受洗礼,双胞胎是以邻居哈姆尼特与朱迪思·塞德勒的名字命名。三年后塞德勒家生了儿子,他们给这个儿子取名叫威廉。图片由莎士比亚出生地托管会授权使用。

在这幅被认为是罗伯特·匹克(1551—1626)作品的画作中,队伍中让人抬着的伊丽莎白女王像一尊缀满珠宝的偶像。图片由布里奇曼艺术图书馆授权使用。

莎士比亚家族的家徽,1602年由一名官员草草勾勒,此人认为"莎士比亚是个戏子",不该拥有绅士地位。图片由福尔杰莎士比亚图书馆提供。

克雷斯·简茨·维斯切所作伦敦桥雕版画的详图,图中显示了戳在桩子上的叛徒的首级。图片由福尔杰莎士比亚图书馆提供。

阿姆斯特丹雕版画家克雷斯·简茨·维斯切(1587—1652)所作的17世纪初伦敦全景图,图中描绘了圣保罗教堂、环球剧院、熊园和伦敦桥等名胜。图片由福尔杰莎士比亚图书馆提供。

在这幅尼古拉斯·希利亚德（1547—1619）绘制的小像中，20岁的亨利·里兹利，即第三代南安普顿伯爵，展示了他那著名的赤褐色长发。图片经布里奇曼艺术图书馆授权使用。

没有任何堪称逼真的克里斯托弗·马洛的肖像流传于世，但这幅藏于剑桥大学圣体学院的16世纪末画像以其标注的日期与出处至少可能描绘出了剧作家还是沉思中的大学生的模样。图片由剑桥大学圣体学院提供。

卡汀·保儿,后来被绞死在泰伯恩行刑场上。毫无疑问,这个手腕高超的内行告密者帮助格林成了某种人种学者,他写小册子向体面的英国读者介绍伦敦那由骗子、诈骗犯和扒手:"招摇撞骗者"、"小偷"、"卖假货者"、"讹诈者"和"以行骗为生者"组成的复杂社会,以此挣钱。尽管他有大学学位和绅士派头,他的道德准则与生活方式与盗贼无异:使他特别得意的是,他能将一部剧本《疯狂的奥兰多》卖给两个剧团,女王供奉剧团和海军大臣供奉剧团。他的朋友纳什称他是"骗子和诈骗犯的首脑"。显然,在格林看来,演员——他认为自己和其他当诗人的绅士都受演员剥削——是最适合欺骗的对象。演员都梦想着让别人把自己当绅士,格林的梦想则是变成愤世嫉俗、自高自大的伦敦恶棍,这个梦想他倒是完全实现了。

他那刻薄的对头,剑桥大学教师加百利·哈维说,"他那放纵淫荡的生活在伦敦何人不晓?"哈维写道,这是个艺术大师、一个受过教育的人,可他情愿"用暴徒式的发型、不体面的装束和更不体面的同伴"装饰自己。虚荣的浮夸、小丑般的粗俗举动和对每个新潮流的蹩脚模仿使他声名狼籍。但重要的是可别低估了他:他狡猾得足以在赌徒的肮脏行当中使之受骗。格林不守承诺,出言不逊,亵渎神灵,缺乏道德准则,生活混乱不堪。哈维尽可能地列举了所掌握的细节,用于说明格林有伤风化:他暴食如怪物、时常改变住所、宴请朋友不付账就开溜、抛弃了贤妻、典当了剑和斗篷、找妓女作情妇,生了个私生子名叫英福图内特斯、雇情妇的恶兄弟当保镖、这兄弟后来被判了死刑。他侮慢地位更高的人,缺钱时"会厚颜无耻地写小册子、瞎编乱造穿插剧,走投无路时就用文字中伤别人的名誉"。"瞎编乱造穿插剧"就是哈维对格林的戏剧创作的说法,这可以联系到其他冗长、枯燥的流言中的一项:"他无耻地流连于河畔、夏瑞得狄奇区、萨瑟克和其他下流场所。"人们总能发现格林出现在使他自在的地方:剧院的附近。

这指的是莎士比亚16世纪80年代晚期到达的附近地区,在那里他遇见了剧作家团体的中心人物,该团体的成员都处于20几岁到30岁出头这个年龄段。或许莎士比亚轻易就看出马洛具有伟大的才华,但在不羁、饥饿的作家的互助会中,最引人注目的是派头十足又有两个硕士学位的格林,此君红发高耸、胃口惊人,他的活力如同火山,很容易爆发。

也许莎士比亚与格林及作家团体起初关系友好。在这个古怪人物和他著名的朋友身上,新来者显然能发现许多有趣、甚至迷人的地方。事实上,他可能立即觉察出情况最终会是怎样:他会和他们一起开始自己的作家职业,他会终生铭记他们,并想象丰富地对其加以发挥利用。《贴木尔》对他产生的效果如同电流,但只是这种迷人之处的一方面。莎士比亚学习了沃森的十四行诗和洛奇的《斯库拉的变形》(在《维纳斯与阿多尼斯》中他借用了该诗的诗节),他可能与皮尔合著了血腥的复仇剧《泰特斯·安德洛尼克斯》,还一再效法了纳什的讽刺性诙谐,很可能以他为模型创造了《爱的徒劳》中的莫特。事业如日中天时,他将洛奇的传奇小说《罗莎琳德》改编成《皆大欢喜》,在戏剧生涯末期,他想写老派的剧本,一个"冬天里的故事"时,就把格林的《潘道斯托》加以戏剧化,原作以不近情理的妒忌为题材,如今已被遗忘。相对而言,莎士比亚的作品很少反映斯宾塞、邓恩、培根或和雷利等同辈伟人的影响。在当时健在的作家中,就数他刚到伦敦时在剧院附近的破酒店中遇到的那些对他影响最大。

从作家团体这一方来看,这群不安分的年轻作家及其领袖格林起初也许觉得莎士比亚是个随和的家伙。所有描述都显示,他是个友善、诙谐、令人愉快的同伴,他的作品早就表现出真正的才华。也许最初他是受雇协助纳什或皮尔创作以亨利六世为题材的剧本,而在其间他显示了个人风格。另一种可能是莎士比亚自己着手写历史剧。无论情况如何,他作为剧作家获得的惊人成功都赢得了尊重。纳什在出版物中承认发生了非凡事件——成千上万人为两百年前死去的英国英雄落泪——但更难忘的赞颂是马洛的模仿:他动手写自己的英国历史剧,记载国王爱德华二世悲剧性的生与死,这个国王因迷恋英俊的宠臣而垮了台。其他几人也开始摹仿编年史,滥写英国历史剧。只有马洛取得的成功接近莎士比亚。无论怎样,确实有足够迹象表明,莎士比亚早期作品得到了关注,那群作家或许从此积极地想结识他。

他们很可能感到非常失望。当然最主要的是因为莎士比亚缺少加入他们那个迷人团体的主要资格:他既未上过牛津,也未上过剑桥。从都铎王朝时期的标准看,这个作家群体还算是相当民主。出身和财产并不很重要:纳什的家族据他本人说"谱系比继承权还长",但纳什和补鞋匠的儿子马洛来往,前任市长大人的儿子洛奇和格林共饮。格林的父母住在诺维奇,他们的生活审慎、朴实,与作家团体成员五光十色的生活大相径庭。重要的是应上过其中一所大学。甚至连尖刻的纳什也为就读过的剑桥大学圣约翰学院说了好话,多年之后他写到他"始终喜爱这个学院,因为它曾经是,也依然是该校提供的最美好的知识摇篮。"告别母校多年之后,格林将一首用于题献的书信体诗文题为《克莱尔学院学习有感》。

大学教育的社会威望相当大,因此这些作家都乐于炫耀这一点。但公平地说,人们尊重大学教育,也因为它代表了学识。纳什精读过阿雷蒂诺和拉伯雷的作品,还兴致勃勃地用希腊文、拉丁文、西班牙语和意大利语杜撰新词。皮尔和纳什一道嘲笑加百利·哈维写的六音步诗。沃森在早期译作《安提戈涅》之后附了讽喻诗,它们用了不同的拉丁文诗歌体裁:有抑扬格、萨福体、抑抑扬格二韵脚,还有扬抑抑扬格埃斯克里庇亚德斯散文诗格。莎士比亚绝非白丁——戏剧生涯的早期作品《错误的喜剧》表明,他能十分优雅、轻松地运用拉丁文喜剧知识——但他既不能够,也不愿意像沃森那样炫耀学识。

再者,莎士比亚是乡村出身,更确切地说,他没有完全将乡村置之脑后。如果说他避开了父亲的行业、离开了父母,他并不像洛奇那样招致父母的诅咒;如果说他离开了妻子和三个幼小的孩子,他并不像格林那样恩断义绝。他毫无浪子的邪恶魅力。事实上,就连他的想象都还与乡村生活的地方细节紧密相连。如果说生活放荡的年轻作家们会诧异地发现,他们视为乡巴佬的人对许多事情都做过深刻思考;如果说他们领会到他的想象力远不像他们的那样囿于常规;他具有敏捷的才思和广博的词汇,对任何遭遇都能予以惊人的吸收和利用,如果这令他们震惊,他身上某种类似道德保守主义的东西也会令他们恼火。这种保守主义在《亨利六世》三部曲中已清晰可见,在三部曲中,莎士比亚重新肯定了马洛的《贴木尔》大胆质疑的传统戒律。但同样明显的是,莎士比亚拒绝完全投身于混乱无序的生活。奥布里提到莎士比亚"不愿寻欢作乐"时没有说明具体是指哪种社交场合,但大有可能是来自罗伯特·格林的一切邀请。

莎士比亚也许察觉到了大学才子们傲慢的优越感,倘若他们不歧视他,或是他没觉察到这种歧视,那才是怪事呢。他没有为他们在16世纪80年代晚期和90年代初期出版的任何书籍写过赞美诗。无疑没人请他写。与之相应的是,他也不可能请他们为他的作品写那种他们通常互相写的赞辞。无论什么赞辞都没有。他也没有卷入他们的文学纷争，仿佛被排除在他们乱哄哄的社交圈子之外，或是他自觉与这个圈子保持着距离。毕竟此后不久这个人就要接管自己的剧团事务——他稳健（且不说杰出）地从事写作二十多年、积蓄了大笔钱财、没蹲过监狱、避免了毁灭性的诉讼、投资于农田和伦敦地产，在自己出生的镇上买了最好的房屋之一，并于年近五十时隐退，回到那个镇子。这种行为模式既不是突然出现的，也不是后来才出现的，它早就形成了，很可能在度过动荡、混乱、痛苦的年月后很快就形成了，正是那年月使他逃离斯特拉福镇前往伦敦。

莎士比亚通盘考虑了为剧团写剧本的绅士诗人。他结识他们，品味其不安分生活的惊人有趣之处。他后来的职业使我们能够更充分地想象他的反应。他看到他们为大学学位而骄傲、他们熟练的拉丁文和希腊文、他们的嘲弄、挖苦和漫不经心。他看到他们时常不分昼夜地饮酒，然后在半醉状态中匆匆拼凑什么东西给印刷商或演员。他很有可能领会到，无论自己写了什么，在他们眼里他始终是个演员，而不是诗人。虽然他们有时因为这个来自斯特拉福镇的年轻人感到紧张——《亨利六世》系列剧的成功给他们留下了印象，但毕竟也令他们不安——他们很可能认为他是相当天真、容易利用的人。格林曾用捉笨伯的滑稽故事逗乐大家，很可能他特别把莎士比亚视为该被捉住的笨伯。

毫无疑问，这至少是部分真实的：与格林和作家团体其他成员不同，莎士比亚不认为自己是以诗人身份为剧院写剧本，而是以演员身份写。他并不是唯一一个为自己所表演的舞台写作的人，但他最擅长此道，演员们很快认识到了他的可贵。他在金钱方面似乎格外谨慎、可靠——这与大学才子们恰恰相反——因为伯比奇和坎普的剧团1594年的财务文献提到了他，这说明当时他已身为该团财务管理人员之一了。他知道如何挣钱，也知道如何存钱。

格林则与此相反，1592年8月他的钱袋显然是空空如也。他与纳什共进晚餐，盐渍青鱼与莱茵河酒下肚之后，他就病倒了。所有的朋友都抛弃了他，多亏穷鞋匠伊萨姆和他好心的妻子收留他，在最后的日子里服侍他，否则他会像无家可归的乞丐那样死去。加百利·哈维是格林的夙敌，为了搜寻可以攻击他的信息，哈维亲自找伊萨姆先生谈话。或许我们应当怀疑哈维描绘的很多景象——这个无耻的恶棍"满身虱子"，陷入极度恐惧无法自拔，苦苦哀求别人给他一罐"一便士的白葡萄酒"——体现了令人不快的仇恨,但有些悲惨的细节听来真实可信。哈维写道,那女人说这垂死的人"是个可怜的家伙,他只得借她丈夫的衬衫穿,因为他自己的送去洗了;她告诉我他怎样把紧身上衣、长筒袜和剑卖了3个先令;他的裹尸布花掉4先令,昨天的葬礼在疯人院附近新教区牧场举行,又花了6先令4便士。这好女人好心给我看格林立的10英镑借据,它表明他受了她丈夫极大的恩惠"。她还给他看格林写给被他抛弃的妻子的信:"多尔,我请求你看在我们年轻时的爱情、看在我灵魂的安宁的份上,务必将欠款还给此人;如果没有他和他妻子的解救,我已经死在街头了。"

格林还有另一个遗愿。他请伊萨姆夫人放一个"月桂花冠"——桂冠——在他头上;他要以桂冠诗人的身份进坟墓,即便授予桂冠的是鞋匠之妻也无所谓。可想而知,哈维对这种告别式看法尖刻——"恶棍最后总是要得到报应的"——他还提供了更完整的墓志铭:

> 看!这个疯狂的人,满脑筋坏水,怪想上千:他是个学者、演说家、马屁精、无赖、赌棍、情人、士兵、旅行者、商人、掮客、技师、蹩脚作家、讼棍、演员、骗子、抱怨者、乞丐、集大成者[就是杂家]——一个快活的无名小卒:一个仓库,充塞了枯燥、累赘的材料,这些材料都不值得回应和阅读:一个无足轻重[即:一文不值]的人,他为无赖和笨蛋写作:一个游手好闲的样板、奇思怪想的化身、一个虚荣的写照。

罗列的内容表现出一个人惊人的恶贯满盈的一生,格林自己也常用老人的忧伤口吻回顾放纵的青年时代,虽然死时年仅32岁。

很快这个作家群体的其他成员就陆续过世了。托马斯·沃森同样在1592年9月下了葬,享年35岁,死因不明——也许在那瘟疫流行的可怕年头,不必特别说明死因。有两卷诗在他身后发表——他的朋友们无疑读过诗的手稿——他的名字还因更不名誉的原因流传了一段时间:他受到传讯,被视为参与了两起恶性诈骗案的无赖。次年5月,他的朋友,不满30岁的马洛在酒店斗殴中被杀,斗殴的起因据说是"账目",也就是账单。

乔治·皮尔是了不起的纵酒狂欢之徒,他发表了动人的诗篇纪念死去的朋友沃森和马洛。几年之后,很可能在1596年,他自己也死了。死时还不到40岁,据说是死于一种"讨厌的疾病",也许是梅毒。1601年,原作家团体中最年轻的成员托马斯·纳什也死了,享年33岁。他那悲痛的当牧师的父亲把儿子葬在乡村教堂的墓地里。

莎士比亚在16世纪80年代末结识的受过大学教育的剧作家共六人,其中只有托马斯·洛奇活过了30岁,活到了当时算是长寿的年纪。但那并不是文艺生活:洛奇放弃了诗歌和剧本,拿了个医学学位,成为当时最重要的医生之一。他于1625年去世,时年67岁高龄。

1593年之后,格林、沃森、马洛都死了,不满30岁的莎士比亚没有劲敌。《亨利六世》获得成功之后,他写了杰出的剧作《理查三世》。血腥的《泰特斯·安德洛尼克斯》是他试着创作的悲剧,该剧虽粗糙却有力。他也展现了伟大的喜剧才华,写了《维洛那二绅士》、《驯悍记》和《错误的喜剧》。他获得了成功。但冷嘲热讽的余味还未消散。正如传言所说,格林临终时还不停地乱写。这种说法并非空穴来风:他这种作家把毕生精力都化成了价值一便士的骇人的小册子。他身后留下的材料足够让惟利是图的印刷商、有时也是剧作家的亨利·切特尔集结成书。《格林的一百万次忏悔换来的毫末智慧》在他尸骨未寒时就匆匆付印了,这本书主要是切特尔写的,或是某个人——有流言说也许是纳什——与切特尔合著的,但书中带有格林式的怨毒。他喋喋不休地痛骂自己,还险恶地指责马洛——"这个使悲剧增色的名人"——是无神论者。然后他的怒火就转向了莎士比亚。

格林在列举过去的诗人和演员对手时,提醒他那些绅士朋友马洛、纳什和皮尔不要信任那些用"我们的声音说话的""傀儡",也就是演员。演员不过是附在作家外套上的芒刺。事实上他们要不是用"我们的色彩装饰自己"就毫不起眼,可这些没良心的在他需要帮助时抛弃了他。这么一说,格林的话适用于伯比奇和艾伦这样的演员,而几乎不适用于已经证明自己是个成功剧作家的莎士比亚。为了使这些话适用,格林(或是他的代笔人)出名地掉转了笔锋:"是啊,别信任他们:因为有只新崛起的乌鸦用我们的羽毛美化自己,凭着'裹在演员外衣下恶虎般的心肠',认为自己完全能够像我们中最优秀的人那样创作无韵诗:他是个地地道道的'打杂工',却自负地自认为是国内唯一的'轰动舞台的人'"。"妇人的外表下藏着恶虎般的心肠!"这是在《亨利六世》第三部中,约克在形容那个可怕、无情的女人时喊的话,她在他面前挥舞着手帕,手帕上蘸了他被杀的儿子的血。

　　读到这行拐弯抹角影射他的文字时,莎士比亚或许会认为格林在指责他的无情,或是指责他对地位高于他的人的风格作了过度诗意的夸张。这种辱骂模棱两可,但莎士比亚也许看清了地位是个问题:"暴发户"就是指挤进本来不属于他的地方,打扮得像夜莺,叫起来像乌鸦,自认为是约翰尼斯·费克透腾——万事通——实际上是个低级苦役,一个"粗鲁的马夫",他自以为是大诗人,实际上只是模仿他人作品的"猿猴"。

　　这些话全都令人不快,尤其是作为——据说是——遗言;在对这种诅咒无比认真的世界上,它们有点类似最后的诅咒。《格林的毫末智慧》还有个结尾,它讲述了伊索寓言中蚱蜢和蚂蚁的故事,对此至少有一位当代解读者,厄恩斯特·霍尼格曼,从中发现了更深的辱骂之意。格林自己当然是耽于嬉戏的蚱蜢,无忧无虑地在草地上跳跃取乐。如果霍尼格曼的看法正确,那吝啬的蚂蚁就是莎士比亚,他是一只拒绝帮助他那"没有食物、无依无靠、没有气力的"熟人的"尖刻的小虫"。这么说来格林肯定曾向莎士比亚——他这时已掌管演员的部分账目——请求帮助,并遭到了拒绝。或许他是因为遭拒才作了尖刻的描绘:暴发户般的乌鸦、粗鲁的马夫、猿猴、小虫。

　　莎士比亚回应攻击的方式对我们了解其为人很有帮助。他并未像哈维那样直接驳斥指责,进行辩论予以反击。可他暗中做了某些事,其效果异乎寻常。因为这本小册子出版后不到三个月,亨利·切特尔就发表文章断然否定曾参与小册子的写作:它"完全是格林写的"。至于他自己,切特尔声称大家都知道他"总在出版时禁止尖刻谩骂学者"。"学者"——因此莎士比亚就得到了和大学毕业生相同的待遇。

　　还不仅如此:切特尔写道,他自己并不熟悉格林攻击的两位剧作家,"他们其中的一个我就是永远不认识也不介意。"这个没点出名字的剧作家无疑就是马洛,在1592年11月,他显然不是小心翼翼、只顾挣钱的印刷商认为适合结交的人。但另一个就不同了。切特尔现在明白了,他拐弯抹角、虚情假意地表示歉意,解释说他本该制止格林对这第二位作家的不正当评论付印:"因为没做到这点,我感到抱歉,就像原本就是我的错一样,因为我亲眼看到他举止有礼,在所从事的职业中表现极佳。"这受冒犯的第二位作家也没说明是谁,但最有可能的就是"暴发户般的乌鸦"。在过去三个月中的某个时候,切特尔和莎士比亚有过"友好的"谈话,至少他有机会亲自观察莎士比亚。似乎他也突然了解到莎士比亚在"从事的职业中"——这种圆滑、迂回的说法是指他写剧本、当演员——的过人之处。接下来他解释了改变论调的动机:"另外,不少贵人都说他为人正直,足证诚实,文笔诙谐优雅,可见艺高。""不少贵人"就是指有社会地位、有权使他的生活变得痛苦、悲惨的人,他们对他谈起莎士比亚的可敬品行及其作品的"诙谐优雅",即轻快和优美。

在受格林攻讦之后和此后,莎士比亚本人并未提及切特尔半句,而他得到的道歉是卑鄙可耻、气急败坏、徒劳无益的加百利·哈维根本无法得到的。事实上,随后几年中莎士比亚或许与切特尔关系很融洽。他们和其他几个剧作家合著了以托马斯·莫尔爵士为题材的剧本,该剧显然从未上演。

纷争基本上已经平息了,但还没有完全平息。格林的措辞"用我们的羽毛美化的"肯定令人不快。因为1601年,在《毫末智慧》和写它的胖无赖消失很久之后,莎士比亚格外纵容了自己一番。波洛涅斯——其文艺抱负可以追溯"在大学里""被称为好演员"(《哈姆莱特》,3.2.91,90),告诉我们他在大学时曾扮演裘利斯·凯撒——着手演绎哈姆莱特写给他女儿的情书。"现在请猜一猜这里面说些什么话,"他对克劳狄斯和葛特露说,然后开始读信:"给那天仙化人的,我的灵魂的偶像,最美丽的奥菲利娅。"随后这老顾问突然停下来发了一句评论:"这是一句恶劣的句子,下流的句子,'美丽的'也是很下流的字眼"(2.2.109—112)。

"因此",正如《第十二夜》中的弄人费斯特所说,"风水轮流转,您也遭了报应"(5.1.364)。从16世纪90年代起,莎士比亚写剧本时都穿插了对老对手的言辞的狡黠模仿。《温莎的风流娘儿们》中福斯塔夫过于亢奋的情欲——"让天上落下马铃薯般大的雨点吧,让它大锣大鼓般地响起雷来吧"(5.5.16—18)——讥讽了洛奇的《聪明人的悲惨和这个世界的疯狂》。在皮尔的《要塞之战》中,具有摩尔人风格的国王对快饿死的母亲说——"你要坚持住,卡丽坡丽丝……吃吃喝喝,把自己养胖好对付敌人"——这再现于《亨利四世》下部中酒店里吹牛的场景:"那么吃吃喝喝,把你自己养得胖胖的,我的好人儿"(2.4.155)。此前的情节还是这名喝醉酒吹牛皮的旗手毕斯托,引用了贴木尔对戴轭为他拉战车的国王的嘲骂,这些出名的嘲骂极具虐待狂倾向——"喂,你们这些饮食过量的亚洲马!/什么,你们一天只能拉20英里路吗?"——把它变成了浮夸:

> 日行三十里的下乘驽马,
> 都要自命为凯撒、汉尼拔
> 和特洛伊的希腊人啦?

(2.4.140—144)

类似情况还不止这些,如果大学才子们写的剧本都留存下来的话,学者无疑已经辨识出其他例子了。

这些模仿只能说明莎士比亚毕竟是凡人,乐于书面侮辱反驳、嘲笑对手,哪怕对手已经过世。但在他的作品中,罗伯特·格林的可笑形象还发生了更引人注目、更出乎意料的变化。"你这婊子养的、漂亮的巴托洛缪小肥猪,"福斯塔夫的姘头桃绿蒂可爱地撅着嘴说,"你什么时候才白天不打架夜里不乱戳,把你这个老尸首收拾整齐上天堂去呢?"对此胖骑士回答,"安静,好桃妹,说话别像骷髅头,老让我想起我的末日"(《亨利四世》下部,2.4.206—210)。我们越深入福斯塔夫的酒店世界——肥胖、醉酒、不负责任、喜欢自我戏剧化、诙谐得惊人的福斯塔夫——就越深入格林的世界,他的妻子多尔、他的情妇埃姆、她那凶暴的哥哥卡廷·保尔,还有整个贼帮子。

那群狂野的伦敦作家曾对年轻的莎士比亚产生过的粗俗吸引力,正是福斯塔夫和他的朋友所具有的。哈尔王子在伦敦附近福斯塔夫时常光顾的东市下流场所里接触到了一些城市人物,他们和他原来认识的所有人在性格上都大不相同,他特别喜欢摹仿他们的语言:"他们把喝得酩酊大醉叫做'染个透红',你喝到一半停下来吸口气,他们就'唔!'唔!'地叫,逼你喝光。总而言之,我在一刻钟之内就成了行家里手,可以跟补锅匠喝酒,用他们的行话聊一辈子天。"(《亨利四世》上部,2.5.13—17)该剧表明了语言课中的政见——"我若做了英国国王,东市这帮好哥儿们都愿听我指挥"——但似乎也反映了莎士比亚自己在酒店中学习语言的情况,只是稍加掩饰罢了。

因此福斯塔夫和哈尔的中心关系也是几个大学才子擅长的充满想象、创新和挑衅的语言游戏:

> 哈尔王子：这个满面红光的胆小鬼、瞌睡虫，这个压断马背的好汉，巍峨庞大的肉山——
>
> 福斯塔夫：呸！你这饿死鬼、鳝鱼标本、干牛舌头、公牛鸡巴、鳕鱼干！啊，我喘口气再说，你像什么，你这个裁缝的尺子、宝剑的鞘子、弯弓的套子、插在地上的一把破刀子——

（《亨利四世》上部，2.5.223—229）

这正是曾让格林和纳什出名的可笑辱骂、唇枪舌剑的当众交锋和轻率的放肆言辞。莎士比亚或许也做过这种游戏，无论如何，他学会了这门课程，并能超过他们的最高水平。

王子和他那可笑的朋友——"一个庞大的酒桶，一个塞满了缺点的箱子，一个揉进了种种恶习的揉面桶，一个胀鼓鼓的水肿病总汇，一个硕大无比的酒皮囊，一个盛着五脏六腑的行李袋，一个塞满了布丁的名牌烤肥牛"（2.5.409—413）——首先是花时间来发明、玩弄演剧游戏，上演戏剧场景和嘲弄性地模仿过时演剧风格。戏剧游戏也使某些暗藏的想法变得清晰可见：君主身份和尊严的扮演者是有才华的无赖；哈尔的父亲亨利四世的合法性不比福斯塔夫高；福斯塔夫取代了哈尔的父亲，但这个地位岌岌可危；福斯塔夫担心哈尔打发他走，愿意背叛他的朋友；哈尔则打算摆脱他们所有人。福斯塔夫表面上扮演向父亲说话的王子，他请求道，"不，我的好主上，"你可以把皮多赶走，把巴豆夫赶走，把波因斯赶走，可是可爱的杰克·福斯塔夫、慈祥的杰克·福斯塔夫、真诚的杰克·福斯塔夫、勇敢的杰克·福斯塔夫、老当益壮的杰克·福斯塔夫，

> 却决不能从我哈利身边赶走。
>
> 不要逼他跟哈利分手——
>
> 若是把丰满的杰克赶走，便是赶走了整个世界。

（2.5.431—438）

扮演自己父亲的哈尔则平静冷酷地回答，"我偏要撵走他。"

探究该剧的核心关系，我们会发现即席表演这个精彩场面也深刻探究了莎士比亚和格林以及作家群体的关系。或者说它们提供了一些线索，能助人了解莎士比亚几年之后回顾这种关系时的想法，那时大多数倒霉的家伙都已经死

了,而他则稳稳占据着英格兰首席剧作家的地位。"我完全知道你们,"在《亨利四世》上部中,莎士比亚让哈尔在一个亲切的妙语横生的场面之后说,

> 现在虽然和你们在一起无聊鬼混,
> 可是我正在效法太阳,
> 它容忍污浊的浮云遮蔽它庄严的宝相,
> 然而当它一旦穿破丑恶的雾障,大放光明的时候,
> 人们因为仰望已久,
> 将要格外对它惊奇赞叹。

(1.2.173—181)

为了看清格林和福斯塔夫的相似之处,我们要弄清"肮脏丑恶"变成莎士比亚创造的朝气蓬勃、身材庞大的迷人角色的来龙去脉。确实,格林是够低级的了——这个醉鬼、骗子、撒谎精,他的实际形象与宏大的投射相比狭隘得可怜。福斯塔夫的特点之一确实是低级,这一点通过哈尔搜他的口袋时发现的"一些酒店的账单,妓院的条子,以及一小块给你润喉用的值一便士的糖"相当明确地具体化了。哈尔根本不用费多大劲就能弄清福斯塔夫的自我表白是多么空洞——只有傻瓜才会根据他的话来判断他的为人,目光雪亮的哈尔绝对不傻。要看清罗伯特·格林的生活有多么肮脏、庸俗也不需要特别的才干。最困难、最有趣的是识破诡计和谎言的蒙骗,体会想象的力量。福斯塔夫有助于表明在莎士比亚眼中,格林既是低级寄生虫,也是个奇异的提坦巨人,是希腊神话中醉醺醺的西勒诺斯,或是拉伯雷笔下压服不了的策士巴汝奇的活样板。

莎士比亚抓住格林生活核心的自相矛盾之处——这个牛津、剑桥大学的毕业生和一群无赖住在下等酒店里——将之变为福斯塔夫极其暧昧的社会地位,这个骑士与威尔士亲王和窃贼团伙都很熟。福斯塔夫有格林那狂饮作乐的一面,有同样"水肿的"肚子,同样浪费了引人注目的才华,愤世嫉俗地利用朋友;也同样具备了厚颜无耻和放荡下流者的吸引力。他也具备了格林那出名的喋喋不休、短暂忏悔和庄严说教,这种说教很容易变为无礼的大笑。"我在没有认识你以前,哈尔,是什么也不懂的,"福斯塔夫的口吻活像被人带坏的天真汉,"现在呢,说句老实话,我简直比一个坏人好不了多少。我必须放弃这种生

活,我一定要放弃这种生活;上帝在上,要是我不悔过自新,我就是一个恶徒,一个基督教的罪人,什么国王的儿子都不能使我免除天谴。"哈尔对此——正如用嘲笑使格林的决心崩溃的朋友——用简单的问题做了回答:"杰克,我们明天到什么地方去抢些钱来?""他妈的!随你的便,孩子,我一定参加就是了;不然的话,你就骂我是个坏人,当场揭去我的脸皮好啦"(1.2.82—89)。道德改革到此为止。

福斯塔夫并不是对罗伯特·格林(既不是骑士也不是老头)的真实刻画,妓女桃儿也不是对格林抛弃的乡村贤妻多尔的真实描绘,酒店老板娘快嘴桂嫂也不是对借钱给他、在他病入膏肓时照顾他的伊萨姆夫人的写照。这儿就和别处一样,莎士比亚的真实世界会进入他的作品,但大多数是以扭曲、颠倒、伪装或重新想象过的形式得以表现。关键是不要认为生活中的素材本身好歹比它的种种变形更有趣,因为那就剥除了新的想象,而要对莎士比亚的创造更加惊奇——他从罗伯特·格林毫无意义的一生中选取素材,进行极为大胆、极富想象力的处理,从而塑造出了英国文学史上最伟大的喜剧人物。

格林绝不是唯一的素材来源。福斯塔夫和莎士比亚创造的许多很难忘的人物形象一样,是用多种素材塑造的,这些材料并非来于生活而是来于文学。莎士比亚用和我们相同的方式理解他所生活的世界——他的经历也和我们的一样,中和了他接触到的任何故事和形象。在酒店遇到高谈阔论、自吹英勇事迹的士兵时,他能以在虚构作品中读到的人物为透镜来观察他,又能以他面前的真人来调整那些虚构角色产生的印象。

在创造福斯塔夫时,莎士比亚照样从他人的作品《亨利五世的著名胜利》里的角色入手,女王供奉剧团曾在伦敦和巡演中上演此剧。这部无名氏写的粗劣剧本记载了哈尔王子从浪荡子到英雄式国王的奇迹转变,剧中有个放荡的骑士,约翰·奥尔德卡斯尔爵士,他是哈尔混迹的窃贼、无赖团体的一员。莎士比亚接收了这个人物(他原来用了相同的名字,只是因为奥尔德卡斯尔的后人反对,才改其名为福斯塔夫),用其简陋的框架构筑了自己的伟大创作。他采用了脑海中保存的吹牛士兵的形象,将它与另一个古老的喜剧典型相结合,前者是吹牛大王,总在吹嘘战绩,一旦危险真正临近他就装死;后者是寄生虫,总是忍饥挨饿,设法让富有的资助人为他付账。莎士比亚还为其增添了道德剧中的

"罪恶"的特征——包括厚颜无耻、傲慢无礼、精力旺盛地追逐快乐和诱使天真的青年偏离质朴的美德之道的能力。在这些元素上,他还增加了更新的文化类型,即喋喋不休宣扬美德信条,又暗自放纵各种感官罪恶的伪善清教徒形象。只要想想这些零散的文学内容,你就能看清莎士比亚对它们的改造是多么彻底、多么出人意料。

在着手创作《亨利四世》时,他也许会为开始萌生的念头感到吃惊。能预料到的是,他原来打算创造的是活泼而又大体符合常规的角色。几年后,在《终成眷属》中出现了这种角色,也就是帕洛,他具备了吵吵闹闹、自吹自擂的青年人腐化者该有的一切讨厌特征,观众们不禁为他的失败感到高兴。可就在想象力未发挥最佳状态时,莎士比亚也创造了奇特的东西。这些东西投射到不知伟大多少倍的福斯塔夫身上。巴洛当着朋友和其他侍从的面,受了充分的羞辱和揭发,名誉扫地,要保全荣誉只有别人建议的自杀一途。但他就是不具备这种荣誉感,反对任何自行了断的念头,他离开了。"我从此掉了官,"巴洛沮丧地承认,但随后他的心情就变了:

> 我还是照旧吃吃喝喝,照样睡得烂熟,
> 像我这样的人,到处为家,
> 什么地方不可以混混过去。

(4.3.308—311)

这就是生命力。

这种生命力在福斯塔夫身上得到了空前发挥。他最显著特征就是去除了以荣誉为名的一切——名号、名誉、尊严、天职、信用和诚实。"荣誉能够替我重装一条腿吗?"福斯塔夫在战役打响之前问。

不能。能重装一条手臂吗?不能。解除伤口的痛楚吗?不能。那么荣誉一点不懂得外科的医术吗?不懂。什么是荣誉?两个字。那两个字荣誉又是什么?一阵空气。好聪明的算计!谁得到荣誉?星期三死去的人。他感到荣誉没有?没有。他听见荣誉没有?没有。那么荣誉是不能感觉的吗?对。死人是不能感觉到它的。可是它不会和活着的人生存在一起吗?不。为什么?讥笑和毁谤不会容许它的存在。这样说来,我不要什么荣誉。

(《亨利四世》,上部,5.1.130—138)

不一会儿,福斯塔夫站在(为国王英勇战死的)沃特爵士的尸体旁,更加尖锐地指出空洞的词语是与真正重要的一件事,至少对他来说是唯一真正要紧的事,绝对矛盾的:"我不喜欢沃特爵士这种咧着嘴的荣誉。给我生命吧"(5.3.57—58)。

从莎士比亚的作品和所有英语文学作品来看,福斯塔夫似乎确实独具神秘的精神活力本源,他不仅超越了莎士比亚从生活和艺术中获得的素材,还超越了他所从属的剧作。如果1702年初次记载的戏剧性传说属实,伊丽莎白女王本人不仅欣赏莎士比亚创造的伟大喜剧人物,也感到了这种精神本源:她命令作者写一部表现福斯塔夫恋爱的剧本。在两周内,或是传说在两周内,《温莎的风流娘儿们》就写成了,并于1597年4月23日,在纪念嘉德勋位设立的年度庆典上初次上演。这个胖骑士在莎士比亚生前就大名鼎鼎,整个17世纪他时常被人提及,早在18世纪他就成了一部名著的题材。几世纪以来,他仍然促使敬慕者努力发掘其神秘实质:包括伟大的机智和激发他人的机智的能力、引人入胜的达观、猛烈的颠覆性才智和节日般的丰富多彩。这些品质的每一种都很真实,但还总是有些别的东西难以捉摸,似乎使这个无赖有能力抵制阐释、控制他的一切努力。

莎士比亚本人显然竭力想将他创造的人物控制在一定范围内。在这部伟大历史剧第二部分的高潮部分里,福斯塔夫在哈尔刚被加冕为亨利五世时出场,想沾点光,哈尔残忍地粉碎了他的狂野设想:"我不认识你,老头儿"(《亨利四世》,下部,5.5.45),这是最具决定意义的否定。福斯塔夫受命不得出现在国王面前,否则就要处死,国王冷酷地嘲讽了过去的"放荡行为的教师和向导",这番话使人联想起最终会彻底遏制那个精力充沛的胖子的力量:"你要知道坟墓张着三倍的阔口在等候着你"(5.5.60,51—52)。但不一会儿福斯塔夫似乎就已经摆脱了顾虑——"陪我吃饭去吧。来,毕斯托副官;来,巴道夫。今晚我一定就会被召进宫"(5.5.83—85)。——在该剧剧末,莎士比亚宣布会让他回来。"我请求你们再听我说一句,"致闭幕词的演员说,"如果你们还没厌倦这块肥肉,我们谦卑的作者会续写有关约翰爵士的戏"(22—24行)。似乎福斯塔夫本人拒绝接受刚结束的戏剧的象征性结构。

可当莎士比亚真正着手续写故事,创作反映阿金库尔战役中亨利五世大胜法国的剧本时,他又有了新打算。福斯塔夫那愤世嫉俗、有悖传统的姿态——他无情、滑稽地贬低了掌权者的理想化主张,执着于肉体至上的观点——显得与对非凡领导才能和军事英雄主义的赞扬格格不入。这种赞扬并未排除莎士比亚式的怀疑,但若要剧本成功——要使哈尔胜过假扮的国王——怀疑主义必须排除接连二剧中福斯塔夫出色的无情嘲弄。因此莎士比亚决定推翻对观众的承诺,把这个喜剧杰作排除在《亨利五世》之外。事实上,他决定详细描写他的死亡,永远除掉他:"他恰恰是在十二点到一点之间去世,正是在落潮的那一阵儿,"快嘴桂嫂做了难忘的描述,

> 我看见他一会儿摸摸被单,玩弄被单上的花朵,一会儿又对着他自己的指头尖儿微笑,我就知道他只有走那一条路了。因为他的鼻子就像鹅毛笔那么尖,嘴里还嘟嘟哝哝说什么绿色的田野。"怎么样,约翰爵士?"我说,"嗨,你呀,可要打起精神来。"于是他就喊叫"上帝呀,上帝呀,上帝呀!"喊了三四声。我呢,为了安慰他,就叫他不要想什么上帝,我希望他还没有必要转这个念头、给自己添烦恼。于是他叫我往他脚上再盖几件衣服,我就把手伸到他的被窝里摸一摸他的脚,他那两只脚就像石头一样冰凉。然后我一直摸到他的膝盖,然后往上、再往上摸,哎呀,全都像石头一样冰凉。

(《亨利四世》,下部,2.3.11—23)

这儿上演的不是死亡场面本身,这种场面被小心地排除在舞台之外。这儿上演的是一个伟大剧作家在毁灭他最伟大的一个喜剧人物,莎士比亚和观众都理解这一点。当然,鉴于福斯塔夫的生活方式,死亡的表面原因应当是过于放纵——相当于那顿让格林送命的盐渍青鱼和莱茵酒大餐——但剧本明确指出上演的是象征性的谋杀:"国王把他的心伤透了"(2.1.79)。

"一只暴发户式的乌鸦,用我们的羽毛美化自己":尽管格林和同伴们醉意醺醺,躁动不安,放荡不羁又傲慢势利,他们也在莎士比亚身上看到了某些令人恐惧的东西,这是篡位者把掠夺物据为已有的技巧,一种惊人的掠夺、占有和吸收能力。对莎士比亚来说,他明白自己不属于这些蚱蜢,也许正如格林本人可

能所暗示的,他曾经拒绝帮助这个穷困、绝望的无赖。

在哈尔王子身上,《亨利四世》的作者看到了自己,他在人物身上投射的既有试验性的参与,又有小心的、自我保护性的距离。他承认酒店语言游戏课和角色扮演的作用,不动感情地接受了斤斤计较、自私自利的责难。莎士比亚回顾自己在 16 世纪 80 年代晚期的处境时,承认了他为了生存不得不做的事。但他认为自己的,或者说哈尔的冷漠,只是他与格林的关系的一方面,也许还并不是最重要的一方面。如果说莎士比亚从格林身上吸收了他可能吸收的东西——如果说身为艺术家的他能从遇到的所有人身上吸收他所能吸收的东西——他也做出了神奇的、幻想式的慷慨之举,这种举动完全不动感情,如果情况属实,此举也不完全有人情味。人情上的慷慨包括真的借钱给绝望的格林,这样做可能既愚蠢又不实际,还容易被滥用。莎士比亚的慷慨是美学上的,而不是金钱上的。他赠给格林的无价之礼,就是把他变形为福斯塔夫。

第八章　情郎—情妇

跟风抨击莎士比亚是"暴发户"乌鸦的人不止平庸的印刷商亨利·切特尔一个。有传言说托马斯·纳什也加入了抨击,还说他可能捉刀为朋友罗伯特·格林写了遗作。传言完全有可能是真的:毕竟,这个上过剑桥大学的讽刺家早就出版了成堆类似的文字,嘲笑教育程度低的演员,将他们刻画成"仿造者的乌合之众",责怪他们轻率地效法更优秀的人写素体诗。在正常情况下,纳什可能为自己成了怀疑对象而高兴:在冒犯人这档子事上,他已凭卤莽的才智赢得了声名。他必定也与某人有过格外使人惊慌的会谈,所以尽管退出争执不是他的风格,他还是匆忙发表声明,否认自己和他所说的"无趣的扯谎小册子",《格林的毫末智慧》,有任何瓜葛。纳什还竭力使人认真看待这种否认:"假如这本册子里有一词半句是我写的,假如我和它的写作或出版有任何干系,就让上帝永不照管我的灵魂,完全弃我于不顾。"话里似乎带着可怜兮兮的恐慌。

　　问题在于是谁让纳什如此不安。这不可能是声名鹊起的莎士比亚本人,而必定是某个更有权势、更有威力的人物。可那又是谁呢?迄今为止,最可能的人选是某个与第三世南安普顿伯爵亨利·赖奥斯利有关联的人。19岁的伯爵毫无可能亲自为这等微末小事跑腿,但他就像《第十二夜》中的奥西诺公爵,有许多依附他的绅士热心为他效力,当他的中间人。(几年之后,南安普顿提到他在"仅仅十到十二个"日常随员的陪同下前往某处。)为这特别的差事跑腿的,可能是他的法语、意大利语教师约翰·弗洛里奥。伦敦出生的弗洛里奥是意大利流亡新教徒之子,他曾经出版过几本语言手册,还出版了一本收录了六千条意大利谚语的概要,接着他还会出一本重要的意—英词典和一本笔调活泼的蒙田《随笔》译本,莎士比亚会频频使用后者。弗洛里奥与本·琼生交好,有证据表明早在16世纪90年代他就很熟悉戏剧界了。

倘若南安普顿地位显赫,不可能亲自干涉私人争执,于是派了弗洛里奥这样的人替他跑腿,一个伯爵——位于社会最顶层——最初是如何认识莎士比亚的呢?对此照旧缺乏明晰的线索,而且很可能是无法发现线索了,但剧场里社会阶层的混杂定然有助于促成他们的会面。演员属于与贵族截然不同的社会阶层,可剧院断非如此:在剧院里,妓女、扒手和衣裳褴褛的学徒挤在正厅后排,而贵族则坐在价格不菲的"绅士间"坐垫上,叼着烟斗嗅着香盒观看演出,同时也是观看的对象。

16世纪90年代早期,人们描述南安普顿是个"年少、荒唐",容易"失去自制力"的人,他显然是一个戏剧爱好者。一个同时代的观察者写道,这位年轻的伯爵和他的朋友拉特兰伯爵"在伦敦时每天都把时间全花在看戏上"。在一个这样的场合下,如果莎士比亚的表演、或是写作天赋、或是其喜人的堂堂仪表打动了南安普顿,南安普顿很可能会在演出后到后台去结识他,或是让双方都认识的人为他们做介绍,或者直接专横地召他来会面。他们的初次相遇最可能是在1591年或1592年初,当时伯爵已是剑桥大学的毕业生,在朝中侍奉女王,并在格雷律师学院学习法律。

朝臣和法律学生是剧院最热心的赞助人,但南安普顿在这个特定的生活阶段尤其热衷于这种不现实的逃避方法:因为有极大的压力在迫使他结婚。这种利害关系不是感情上的,而是经济上的,而且关系还很重大。南安普顿还年幼的时候,他的双亲就关系破裂了,此事还轰动一时。他父亲指责其母通奸,发生这场令人不快的分裂之后,他母亲甚至不准再去看他。后来,在南安普顿不满八岁时,他的父亲去世了,这个富有的年轻继承人成了伊丽莎白的财务大臣伯利勋爵的侍卫,伯利是英格兰最有权势的人。上了年纪的伯利相当注重栽培他的侍卫——他把这个男孩带到家中,聘请名师教育他,等他年满12岁,又把他送进剑桥大学——但整个侍卫体制腐化透顶,其最邪恶的特征是监护人有权为其侍卫安排婚事。如果该侍卫年满21岁时拒绝这门亲事,就可能要遭受财产损失,要向被回绝的那方支付一大笔钱。正如所料,伯利安排南安普顿娶自己的孙女。伯利也正如所料地占据着侍卫长一职,这就意味着如果南安普顿卤莽地回绝了亲事,伯利实际上能任意决定要罚他多少钱。在这个事件中,年轻的伯爵成年时的确回绝了亲事,于是被处以五千镑的罚款,数额委实高得惊人。

南安普顿十六、七岁时,别人初次提出了这门亲事,他当时就予以回绝,宣称他并不反感这个女孩,但厌恶婚姻本身。族人得知这不是他一时心血来潮,而是他的固执决定之后,非常清楚地预见了这将对家族财富造成何种打击,于是惊慌的族人开始施加压力。问题在于年轻的伯爵富得惊人,对钱财和地产又一贯漫不经心,所以遭受财产损失的可能性吓不倒他。他也不在意监护人的不快,至于很少接触或根本没接触过的母亲和其他远亲的急切恳求,他也并不在意。

在这种情况下,家庭和伯利勋爵采取了其他策略。他们不再针对南安普顿的物质利益——这一招已惨遭失败——而是针对他的心理做文章。也就是说,关键在于设法进到南安普顿的心灵深处,进入憎恶婚姻的隐秘之处,以便对其进行重塑。他们选择的方法之一就是诗歌。

这种策略并不是愚蠢透顶的:这个顽固任性的贵族受过良好的人文主义教育,浸淫于诗歌之中,他的培养方式使他期望自己日后也能成为艺术的重要恩主。如果他不听从审慎的长辈的意见,可以设想更迂回巧妙的方式有可能奏效。

1591年,他收到一首题献给他的雅致的拉丁文诗——这是他收到的第一份题献作品。这首诗题为《那喀索斯》,讲述的是英俊的青年爱上自己在水中的倒影,徒劳地去拥抱它,结果溺水而死。诗的作者约翰·克拉彭是伯利的一名秘书,将这首训诫性诗文献给南安普顿的用意是十分清楚的。

克拉彭有可能是主动担起提醒主人的侍卫自恋之弊的责任,但更有可能是奉命行事。钟儿滴答作响:到1594年10月6日,南安普顿就满21岁了。1591年克拉彭写的诗是为即将来临的期限寻找有效的说服方式。这就使我们重新回到莎士比亚。可能伯利或南安普顿之母的圈子里有某个人,他留意到了年轻的伯爵对一个有前途的诗人兼演员的才干或本人感兴趣。不知何人注意到这种兴趣——富裕贵族的最轻微的倾向都会得到关注——很可能想出妙方,委托这个诗人试着说服自恋、娇气的年轻伯爵结婚。这种委托有助于解释最终——

多年以后——虽说无法确证,但据推测是经过莎士比亚同意——发表的十四行诗之前17首的成因,那一系列非凡的十四行诗多达154首。

莎士比亚十四行诗中的第一组显然是写给特定某个人的:这是个容貌出众又"固执己见"(6.13)的年轻人,他拒绝结婚,因而"孑然一身"(9.2),耗费生命。诗人小心地不过分强化这种特指,对伯爵直率明了地致辞或许是武断轻率的。每首诗实际上都包含了内在的否认。也就是说,如果被惹火的读者来对质,诗人总是能说,"你误会我了,你的结论不对。我指的根本不是他。"但倘若真如大家所想,这些诗是为南安普顿写的,莎士比亚可是完全采纳了克拉彭在《那喀索斯》中阐明的观点:这个年轻人爱上了自己,如第一首十四行诗所言,他"和自己的明眸定亲"(1.5)。

但是,莎士比亚采用的心理战术与克拉彭的正相反。他没对这个俊秀的年轻人说,他应该意识到自己自恋,应抽身离开自己的倒影。相反,他告诉他,他的自恋还不够深:

照照镜子吧,告诉镜中的脸儿

到时候了,该给它来个再生。

(3.1—2)

神往地看着自己的影像,端详自身美貌的年轻人会决定亲自去做他站在镜子前做到的事:创造一个自己的形象。正是通过生儿育女——"新鲜的补偿"——人才能真正将自我投映到未来,以这种方式爱自己,只有傻瓜才会"由于自恋自甘坟茔/断子绝孙"(3.3,7—8)。

以生育为十四行诗的主题极其独特,也许前所未有。十四行诗作者的特征是用诗向所爱的人求爱,或是悲叹她的冷漠,或是细数自己的炽情,并不会对年轻人说,为了给自己那标致的脸蛋一个精确的翻版,他该下决心去生儿育女了。如果莎士比亚写十四行诗颂扬这个年轻人未来的新娘,他的诗就几乎是落入俗套了。如果是那样,他的作用无异于受雇的画家,为远距离婚事磋商提供配偶人选的画像。但他并没有那么做。虽然他敦促这个年轻人禁绝手淫,和女人结合——别"挥霍自己,"他写得特别直白,别"只对自己做生意"(4.1—2,9)——这个女人,也就是未来的孩子的母亲,她的身份显然无关紧要。没有任何女人,他写道,"能贞洁若斯/不想让你开垦她的处女地。"

（3.5—16）。

  莎士比亚为这个年轻人提供的生殖想象并非与女性毫不相关,但是只限于肉体关系,它把女人的作用降至最低:相当于一块土地,未经耕耘,还未产出成熟的谷穗。如果孩子和母亲有任何相似之处,整个计划就算完了,因为目标是要生出完全只像父亲的孩子。在无名无姓身份不明的孕育者——如果无名无姓身份不明,为何不干脆接受监护人替他选好的人呢?——这块沃土中,这个年轻人会播下自己那绝伦之美的种子。这种美本身就包含了人们期望在女人面庞上发现的一切美:"你是你母亲的写照,"诗人告诉年轻人,"看见你/她就能发现自己往日的青春。"(3.9—10)

  最近发现了一副画像,人们认为画的是莎士比亚创作生殖主题的十四行诗时的南安普顿。这幅肖像很惊人,因为它将十四行诗的夸张文辞转化成了相当具体的东西。长长的卷发、玫瑰花苞般的嘴,对身为"当今世界之华饰"(1.9)的自觉,年轻人那副显而易见的自恋神情,最重要的是性别上的模棱两可,使这幅画——长久以来一直被误以为是女子的画像——生动地为莎士比亚在格外奇特的开篇十四行诗中提到的特征提供了例证。

  第一部诗全集——题为《莎士比亚十四行诗》的四开本——直到1609年才问世。莎士比亚的名字用很大的字体印出,显然是用于促销。大多数该时期出版的书都以题献,即作者写的书信体诗文,或其他方法热切地鼓吹与有权势的赞助人的关系,可这本书没有张扬什么明确的关系,也没有提及诗歌原来是题献给何人。出版商在第一版中的著名题献——"谨致本集十四行诗之唯一促成者W.H.先生,祝他洪福齐天恰如我们不朽之诗人笔下所讴芳名永在。心存善念而冒昧付梓者T.T."——并未提供什么线索。它没说清这些文字表达的某些重要情况究竟是和莎士比亚有关,还只是与出版商托马斯·索普有关的。索普的姓名词首大写字母似乎说明题献是他写的。就算好歹证实了题献是出自莎士比亚而非索普的手笔,人们还是弄不清"唯一促成者"的姓名词首大写字母"W.H."是否为南安普顿伯爵之名亨利·赖奥思利的巧妙颠倒,或另有所指——也可能是指后来青睐莎士比亚的彭布鲁克伯爵威廉·赫伯特,1623年出版的莎士比亚作品对开本就是题献给他(和他的兄弟菲利普)的。这个富有的贵族出身于以爱好文学著称的家庭,事有偶然,1597年他也被催着结婚。

如果这一系列十四行诗中最前面的几首似乎符合 16 世纪 90 年代早期的风格，南安普顿就最有可能是受题献者，随后的诗属于 16 世纪 90 年代晚期和新世纪早期的风格，就可能是写给赫伯特的。莎士比亚是否可能如一些学者所说，接连向两个年轻人致辞，巧妙地反复应用爱情象征？在那些相同的爱情象征中，是否有部分来源于诗人为所追求的其他青年男女创作的诗？我们无法找到确定答案。尽管数代人做了狂热的研究，所能提供的答案仅仅是或慎重或轻率的臆测，而就连这些臆测也立即遭到其他臆测的反对（时常还伴有嘲笑性的嗤之以鼻）。

154 首十四行诗的排列顺序似乎至少显示出一个故事的模糊轮廓，故事人物除了情意绵绵的诗人和俊美的年轻人之外，还包括一个或更多同为诗人的竞争对手，还有一位黑肤女士。无疑，读者不禁会把莎士比亚等同于说话人。这一时期有许多情诗作者都用了风趣的假名来当幌子：菲利普·锡德尼自称为"阿斯特菲尔"；斯宾塞成了牧人"科林·克劳特"；沃尔特·罗利（他的名发音为"沃特"，意即"水"）成了"海洋。"但这儿没有任何标记。正如标题宣称的那样，这些是莎士比亚的十四行诗，诗人常用自己的名来设双关语：

    如果女人满意，你就如"愿"，

    而且有许多心愿。

                  （135.1—2）

这些诗最惊人的效果之一——就是像火焰吸引飞蛾那样，使人狂乱猜测作者的生平——是一种几近恼人的亲密感。它们似乎为了解莎士比亚最隐秘的心理提供了途径，可其他人物都经过细致的掩饰。作者显然不希望读者能够确凿掌握他们的身份。

为了查明那个主要的诗人竞争者和"黑肤女士"的身份，人们付出了巨大努力。这个诗人竞争者会是马洛或查普曼吗？黑肤女士是宫务大臣的旧情人，诗人伊米莉亚·拉尼尔，还是女王的侍女玛丽·菲顿？抑或是人称露西·尼格洛的妓女？倘若将前 17 首十四行诗提到的年轻人确认为南安普顿已属轻率，试图指出其他人姓甚名谁就不只是过于轻率了。问题部分在于时隔多年已无法解答关键问题了：莎士比亚在伦敦时的熟人圈子里有谁？莎士比亚曾将诗按照出版时的顺序排列吗？他赞成出版诗歌吗？诗歌的自白究竟有多坦率？

使具体关系晦涩不明的还不仅是时光的流逝。这一系列十四行诗的整个创作过程都显然在潜心营造一个半透明的帘幕——由伊丽莎白时代人们喜爱的一种薄纱般的织物制成——以笼罩诗歌描写的景象,所以众人只能看见朦胧的轮廓。在原来的扉页正中,在莎士比亚十四行诗的字样下,有"首次印行"这几个字。这个重要声明(除了下边提到的两个小例外,是正确无误的)意味着公众早已听说过这些诗,但直到当时才能买到它们。当时的读者都非常了解,写十四行诗一般不是为了出版,因为那么一来任何有钱、有兴趣买书的人都可以轻易弄到它。要紧的是诗能在适当的时候来到适当的人手里——当然显然是到激发诗情的对象,以及与诗人和他至爱者来往密切(按莎士比亚和贵族青年的情况,并且地位显赫)的社会圈子成员手里。

十四行诗写作最有声望、最具特色的形式在于作为朝臣们的精妙游戏。托马斯·怀亚特爵士和萨里伯爵使它在亨利八世统治时期成了时尚,菲利普·锡德尼爵士在伊丽莎白当政年间使之臻于完美。游戏的难度在于要让诗听起来尽可能亲密、真情款款、感情脆弱,实际上又不对最亲密的圈子之外的人吐露任何会牵连到自己的内容。在亨利八世的朝廷中,这种做法的风险特别高——有关通奸行为的传言纠缠着王室家庭,还可能使人在伦敦塔或绞架上送命——即便在不那么令人惊慌的社会环境中,十四行诗也带有冒险意味。过于谨慎的十四行诗平淡无味,只能显示其作者无趣,太直白的十四行诗又可能造成致命的冒犯。

圈子中还有圈子。假定前17首莎士比亚十四行诗——力劝年轻人结婚生子的诗——是写给南安普顿的,那么南安普顿是最内的一圈:他是有特权几乎了解一切的读者。但他们的密友也可能知道些情况;他们更广泛的社交圈子成员知道的就少得多;在此范围之外,但又属于同一阶层的人知道的又更少一些;以此类推。如果在最外层的人虽然根本不知道主要人物的任何情况,甚至不知道他们的姓名,还认为诗歌扣人心弦、意味深长,诗人的真正高明之处才算得到了最充分的表现。

莎士比亚使自己的诗与实际情况保持了某种距离,所以他能和这个年轻人亲密地分享这些诗,而这个年轻人能轻易地添加缺失的具体私人情况,诗人也能稳妥地让诗歌在读者间流传,让他们品味诗的美感,钦佩其作者。一个见多识广的文艺界观察者于1598年写道,"奥维德那甜美、风趣的灵魂活在舌头流蜜的莎士比亚身上,"以此赞扬他那"在私交间传阅的糖渍的十四行诗等等"。

很快这些诗就流传到私交圈子之外,有了自己的生命,独立于与它们直接相关的任何情况。1599年,署名为莎士比亚的诗集《激情漂泊者》出版,本集收录有其中两首十四行诗的几个版本,这本诗集的出版未经授权,出版者威廉·贾嘉德显然想利用诗人的声望牟利。(集子中的20首诗只有5首确实是莎士比亚的作品。)认为像"我能否把你比作夏日?"这样的诗不是为年轻男子,而是为女子而写并不是当代人才有的误解;在十七世纪二、三十年代,这些十四行诗就已被作为表达异性恋而非同性恋的诗传抄了。这种流动性和能经想象转化的性质似乎是诗人自创的,它展示出他在这种特殊游戏中的高超技巧。

因而十四行诗既具私密性,又具社交性。这就是说它们的特点在于采用私人的、亲密致辞的形式,同时又在它们反映、表达、加强了其价值观和欲望的小群体中流传。最终它们可能会来到更广阔的天地——在16世纪80年代早期,菲利普·锡德尼爵士创作了一系列108首十四行诗和11首曲子《阿斯特菲尔和斯特拉》,这些作品为一整代读者定义了宫廷式的优雅——至于这些错综复杂的诗巧妙暗指的真实人物和具体情况,只有极少数读者有可能知道。那些位于似有魔法护佑的社交圈子之外的人——和现在的所有同类人——只得满足于钦佩诗人的技巧,靠盲目摸索来推断人物的生平情况。

1592年夏天,莎士比亚有理由格外迫切地接受委托,做诗竭力劝说一个富有的年轻人结婚。他失去了一个主要的收入——养活自己和留在斯特拉福镇的妻儿的收入——来源。1592年6月12日,伦敦市市长大人威廉·韦布爵士写信告知伯利,萨瑟克前夜发生了一场暴乱。一群制毡匠的仆人和一伙"散漫的无主游民"试图搭救一名被捕的同伴。市长大人预言性地指出,这些蛮横的暴民在"看戏时聚集起来,演戏不仅违背了安息日的规定,还有可能为诸如此类的动乱提供机会。"显然,伯利严肃对待了将要发生动乱的警告,因为枢密院于6月23日发布法令,暂停伦敦剧场的任何演出活动。这种暂停并未延续整个夏季——剧团和其他遭到不良影响的人(如"河畔的贫苦船夫,"即提供两岸交通的船工)强烈请求免除这项法令——不过,大约六周后发生的灾难就严重得多了。

　　剧院最可怕的敌人是黑死病,它比清教牧师和怀有敌意的地方官厉害得多。在伊丽莎白时代,英格兰的公共卫生法规从最乐观的角度看也只能算是过于随便,人们对瘟疫的实际起因没有任何概念,至少是没有任何正确概念。实际上,瘟疫造成的死亡事件增多时,官方一贯采用的措施——杀狗杀猫——无疑消灭了老鼠的敌人,而我们现在知道事实上正是老鼠携带了可怕的病菌,造成了情况的恶化。但人们已从痛苦的经验中学到,隔离染上瘟疫的人能延缓疾病传播的速度——他们也学到传染病的传播与人群大量聚集有关。当局没有取消礼拜活动,可当瘟疫造成的死亡人数增加时,他们就不乐意看到其他任何公共集会,等死亡人数达到一定数量(在伦敦是每周30个以上),他们就关闭剧院。

　　莎士比亚和他的演员同伴肯定紧张地关注过死亡人数,它在暖和的夏日里节节攀升,人数越多他们就越惊慌。剧院的敌人的声音无疑变得更加刺耳,他们叫嚣着是上帝用瘟疫来惩罚伦敦的罪恶,首先是卖淫、鸡奸和演戏。剧院、斗熊场和其他公共集会的场所——除了教堂——受命关闭直至颁发新的通告。如果剧团足够幸运,赞助人会给它们少量的钱,帮它们渡过难关。一些演员打包了一些道具和服装,装进四轮马车,好做巡回演出,在乡间能赚多少是多少。但这样的生活绝对是艰难困苦的,只要有机会,莎士比亚无疑欢迎其他的出路。有人建议他为富得惊人又娇生惯养不愿结婚的年轻人写十四行诗,似乎就是天赐之礼。

　　然而就在开头17首带有命令口吻的十四行诗中,有迹象表明诗人怀有与这项委派难以调和的思想感情,它使诗人的任务复杂化了。也许正是这种关系使莎士比亚写十四行诗的说法真实可信,又使诗作无法令人满意。"你要是爱我就再创造一个你,"诗人敦促道(10.13),仿佛他希望自己情绪化的要求发挥作用。但精确地说,作用有多大呢?如果有用,它们又是如何适当地与让这个年轻人留下后代的事相联系的呢?表面上看,答案在于孩子能抵制时间的邪恶力量:当流年无可挽回地摧毁了年轻人目前拥有的绝世容华,他的儿子将把这种美延续到下一代。可就算诗人提出了这个论点,他也提了另一个对他而言显然更为重要的论点,即实现完全无关女性的生殖:

> 因为爱你我要和时间斗争:
> 他想毁灭你而我要让你延续。
>
> (15.13—14)

"我要让你延续"——此处所说的再生力量就是诗歌的力量。孩子的诞生的重要性还保持了片刻:没有这个英俊青年的活翻版来证实诗人的说法,"我的诗后世怎肯相信"(17.1)?但想象出的孩子已经沦落为一件证据,很快也就完全消失了:

> 或许我能将你比作夏日?
> 但你比夏日更可爱也更温良。
> 夏风狂作常催落五月娇蕊,
> 夏季的期限也不会太长。
> 有时天眼如炬人间酷热难当,
> 金面转瞬如晦时惹云遮雾障。
> 万美终不免凋零残落,
> 或见弃于机缘,或受挫于天道无常。
> 但你永恒的夏季不会终止,
> 优美的形象也永不消亡,
> 死神难夸海口说你在它阴影中游荡,
> 只因你借我的诗行长寿无疆。
> 只要人能呼吸眼能视物
> 此诗长存使你千载流芳。
>
> (十四行诗18)

孩子作为一种镜像,能够投射到未来,这种梦想被"此"——这首情诗,这面语言构成的精巧的镜子,会更稳妥地将美完整地保存、传承下去——挤到一边。莎士比亚敦促年轻人去让女子怀胎受孕,而实际上又取代了这个女子。将为这年轻人创造不朽的形象是诗人的努力,而不是女子的生育。

这正是莎士比亚精辟理解了的浪漫喜剧的素材:中间人也卷入了韵事。它就是《第十二夜》的核心情节结构。薇奥拉假扮男仆侍奉奥西诺公爵,受命帮他追求女伯爵奥丽维娅:薇奥拉对主人说,"我将尽力/去向您的爱人求婚",又在旁白中补充说,她的任务是痛苦的:"无论我追求谁,我一定要做他的夫人"(1.4.39—41)。当然,这里的情况与十四行诗中所描绘的大相径庭。虽然薇奥拉为主人发出渴慕的叹息时是一副男仆打扮,她的欲望仍是女子对男子的欲望,因此可以在婚姻中满足(只要她换身衣服就成)。但《第十二夜》故意暗示了性别毕竟不是问题的关键:奥西诺显然被他分不清性别的男仆所吸引,奥丽维娅也疯狂地爱上了同一个性别不明的媒人。尽管没有明确说明,莎士比亚的十四行诗都有某种相同的实质,表现出诗人自己的爱压倒了劝说年轻人结婚的初衷。

这种表现究竟是出于真心,还是一种谄媚的花言巧语呢?人们说不清。诗的接受者又虚荣又年轻,在他看来,莎士比亚的记叙——绝不直率,但也绝非完全晦涩——必定是非常令人满意的。这些十四行诗暗示,当诗人正在劝说这俊美的年轻人结婚时,某件事恰好降临到他身上:他意识到自己渴慕着得到这个年轻人。诗人再也弄不清这如何能有好结果。他知道在这个年轻人眼中,他只比仆人好一些——不过是个上了年纪的仆人。他渴望这个年轻人能陪伴他,年轻人的陪伴给了他某种感受,这是他和任何女子相处时从未有过的。他想迷住他,想和他在一起,想成为他;他就是自己对青春、高贵和完美的梦想。他爱上了他。

十四行诗以热情洋溢、极度夸张的赞颂表达了这种爱:这个年轻人的形象就"像一颗在恐怖之夜高悬的明珠"(27.11),其可爱超过了对阿多尼斯和海伦的最高评价(53);他"完美无缺,不论是外表还是学识"(82.5);他的手比百合更洁白,他的面颊比玫瑰更娇艳(98);不论"古人"如何讴歌"绝色多情的佳人骑士"——"临摹尽手足眼唇及双眉"——都只是在预言他的风韵(106.4—7)。他就是诗人的太阳,是他的玫瑰、他的亲爱的、他"至爱的心肝"(48.7)、他的娇花、他的甜心、他的可爱少年。

同时,十四行诗同样热情洋溢地细数了诗歌的力量:"我的爱人在我的诗卷中韶华长驻"(19.4);"王公大族的云石丰碑或镀金牌坊/终将朽败,惟我遒劲的诗章万寿无疆(55.1—2);时间之镰刈倒万物但"我的诗章永存"(60.13);冷酷的时光会汲干年轻人的血液,在他额上镂下皱纹,但"他的美将长留于这些墨染的诗行"(63.13);流年的无情锋刃也许会"夺去我爱人的生命",但"无法不让其风韵百代如初"(63.11—12);"当我安然自朽于黄土之下",你也躺在墓茔之中,"我笔下诗行将作你坟前的碑石"(81.3,9)。最后一个词组不经意地包含了莎士比亚时常梦想获得的社会地位,但这里的梦想更远大,宣称具有神明般的力量:"你的名姓借此"——也就是借助我的典雅诗行——"永世不衰"(81.5)。

当然,具有讽刺意味的是,十四行诗本身根本无法赋予所爱之人的名姓任何生命,原因很简单,诗实际上没提到这个爱人的名字。似乎莎士比亚有意把爱人的名字排除在宣称能使其永生的诗章之外。

猜测最前边的一组十四行诗中写的年轻人就是南安普顿伯爵并非不合情理,因为伯爵的私人情况完全符合诗歌中的描述,他的家庭已经试过用文学作品说服他,毕竟在16世纪90年代,莎士比亚就把两首精巧的非戏剧性长诗《维纳斯与阿多尼斯》和《露克丽丝受辱记》题献给南安普顿。两首长诗的书信体献词是仅存的莎士比亚的献词,它们及其所引出的诗歌都为我们提供了作者的许多情况——至少是他希望向伯爵展示的那个侧面的情况。

第一首长诗《维纳斯与阿多尼斯》的献词措辞正式、谨慎,属于社交上的防御性语言:"仆以此拙诗献于阁下,不知其冒昧唐突为何如也,亦不知时人将何以蒹葭妄依玉树而诮余也。"这首优雅叙事诗作于1592年底,在写作时间上与鼓励生育的十四行诗相近,其诗品绝非"拙劣",显然用意在于乞请庇护——即请求得到保护,不受新的"责难",希望得到更多这个挥霍无度的贵族愿意提供的任何有形奖赏。

诗人在献词中表现出的谦逊和焦虑很可能是真诚的。1593年出版的《维纳斯与阿多尼斯》是最初付梓的莎士比亚作品。莎士比亚在大部分职业生涯中显然忽视了出版问题,但在这里,他绝无仅有地流露出对此事的关心。他选择了自己信任的理查·菲尔德,让这个埃文河畔斯特拉福镇的同乡来出版这部作品。此乃明智之选:菲尔德出品的小书格外美观,正适于呈献。这很可能莎士比亚是生平头一次,也是唯一一次,试图寻找赞助人。在剧院关闭、瘟疫继续横行的时候,他或许觉得此举成功与否干系重大。即便南安普顿在《格林的毫末智慧》引起的风波中表示了青睐,即便尊贵的贵族和卑下的演员有过几次让人振奋的私人接触——当然,这些都是猜测——莎士比亚很可能无法确定《维纳斯与阿多尼斯》将会得到怎样的对待。

这就好比莎士比亚在二十多岁时决定重新创业,仿佛自己从未写过什么。他这次试图为自己建立的形象不是个受欢迎的剧作家,而是个有教养的诗人,他能优雅地想象出神话般的世界,而根据那些受过大学教育的诗人对手宣称,这种能力实际上是他们独有的。他也试图针对南安普顿的特定情况:这首诗的主题是几乎还是个孩子的英俊青年拒绝了女爱神的诱惑。如果该诗的"教父"——18岁的贵族——喜欢这首诗,莎士比亚写道,他将尝试"重作更为凝重之篇什。惟若余所作之初生儿畸残丑陋"——和十四行诗一样,这篇书信体献词也将诗歌变形为孩子——那么诗人就"将无颜重事耕耘再生孽果"。也许莎士比亚真的认为,倘若这首诗遭到南安普顿的立即否定,再做新的努力就毫无意义了。

《维纳斯与阿多尼斯》的情节呼应了十四行诗中的告诫:俊美的男孩抵制爱情——以维纳斯的形象出现的爱情本身——所以被死亡击败了。在占全诗3/4的近200行诗句中,欲火焚身的维纳斯恳求、爱抚、引诱、斥责阿多尼斯,差点就强暴了他。她责怪这个年轻人自恋,乞求他留下子嗣,可全都白费。阿多尼斯挣脱了爱神的怀抱前去打猎,很快就被一只"肮脏、狰狞、尖嘴的野猪"夺去了性命(第1105行)。从他伤口溅出的鲜血里,长出了一朵紫色的银莲花,哀恸的维纳斯将它摘下抱在怀中。

从观点上看,《维纳斯与阿多尼斯》中的论点可能取悦了审慎精明的伯利。但诗所描写的经历决不审慎。这首诗和十四行诗一样,其中深谋远虑的告诫让位给了这个特别的诗人,威廉·莎士比亚,他为年轻人提供了某些诱惑性的东西。《维纳斯与阿多尼斯》非凡地展示了莎士比亚的典型特征,即他那无所不至又不露声色地以多重立场摆脱一切限制的惊人能力。掌握这种能力需要同时把握远近和亲疏的关系,否则怎么有可能同时采用这么多立场呢?可这些关系却又极其自相矛盾。在本诗中,莎士比亚浓缩了一种不可思议的感受力,正是这种感受力促成了他的剧本创作。

多重立场的效果融合了性唤醒、痛苦和冷笑。女爱神有时似乎拥有巨大的力量,凌驾于渺小得多、又很执拗的爱人之上:

>　　她一只胳膊挽住那骏马的缰绳，
>　　一只胳膊搂住这娇嫩的少年，
>　　那少年气红了脸，撅起了双唇，
>　　他味口迟钝，全没有心思嬉玩。

（第 31—34 行）

在其他时候，她是风流韵事里娇弱的女主人公，一个非难的眼神就能让她晕倒。后悔的男孩试图弄醒她时，她突然可笑得像个布玩偶：

>　　他忙捏她的鼻子，又拍她的面颊，
>　　弯曲她的手指，又紧捏她的脉搏，
>　　又摩擦她的嘴唇，找出一千种办法，
>　　要弥补自己的粗暴犯下的过错。

（第 475—478 行）

　　在这样的段落中，我们似乎和人物有很大的距离，就像观众观看《仲夏夜之梦》里的狂热的情人，观看他们在雅典森林中的狂乱举动。随后在毫无征兆的情况下——甚至还未完全失去喜剧化的超脱——我们又与人物近得惊人。维纳斯不仅为阿多尼斯叹息；她"交叉起百合般的手指"（第 228 行）抱住挣扎的男孩，建议他在她的身上"觅食"（第 233 行）：

>　　在我这苑囿里你尽可以随意游荡，
>　　芳草萋萋的幽谷，景色秀丽的高原，
>　　浑圆丰隆的丘陵，深幽结实的丛莽，
>　　可供你遮风避雨，再不怕风云变幻。

（第 235—238 行）

阿多尼斯试图避开她的狂吻，结果却精疲力竭，只得被动地屈服了一会儿：

>　　他又热又虚弱，厌倦了她的紧抱，
>　　像一只野鸟经百般调弄终于驯服。

（第 559—560 行）

　　诗歌中的暗喻常使读者与人物、场景保持一段距离，可它在此处的作用并非如此,它加强了身体和感情上的接近,让我们在不间断的特写镜头中观看一切。阿多尼斯颊上的酒窝是"圆形的迷人的坑儿""张开嘴要吞下维纳斯的痴爱"(第247—248行)。女神的脸由于性唤醒而"冒着热气"(第555行)。当双方躺下——不如说是维纳斯把阿多尼斯拉倒在地——他们不仅是躺在鲜花铺成的眠床上,而是躺在"有蓝色细纹的紫罗兰上"(第125行)。

尽管莎士比亚不曾亲自露面——这毕竟是充满神话色彩的想象作品——在《维纳斯与阿多尼斯》中,他的存在时常清晰可辨,不容忽视,似乎他想让南安普顿(也许还有他在献词中扫视的"世界")充分领会到玩笑般的认同具有非凡的力量。他既现身于维纳斯肉体的迫切和语言的创意,也现身于不耐烦、憎恶女性的阿多尼斯。在其他一切事物中也都能看见他的存在。如果母马会给雄马写情诗(确切地说是入迷地细数心爱的对象的特征,即人们所知的夸示),它可能就会这样写:

> 圆蹄短骹,马鬃飘飘,
> 阔胸,小眼,头小,鼻子大,
> 耳朵尖,颈圆,足直,
> 少毛,皮肤光,臀部圆;
>
> (第295—298行)

如果野兔就被猎捕的不幸写诗,它可能会这么写:

> 这时全身湿漉漉的小兔,
> 东西乱窜难以觅踪。
> 腿上刺满荆棘,
> 黑影留住它,响声停住它。
>
> (第703—706行)

重点不在于马或野兔是诗的核心内容——它们并不是。重点在于莎士比亚轻易就能进行设身处地的想象。

年轻的贵族容貌俊秀、娇生惯养、应有尽有,你给了他什么呢?你为他展现了一个世界,这个世上的一切都含有性刺激,这种刺激强烈得混淆了母亲和情人的角色。这里描写了维纳斯听到狩猎的响动,惶恐地跑向狩猎地点:

> 路途上的丛木，
> 摸她的脖子和脸，
> 抓住她的腿让她寸步难行。
> 她拼命挣开这些纠缠，
> 像胀着乳头的母鹿，
> 要赶到林中隐藏的幼鹿身旁。
>
> （第871—876行）

对一个精神疲惫的年轻人，你如何才能激发并保持他的注意力？你向他介绍了一个对苦、乐都高度敏感的世界。这里描述了维纳斯看见阿多尼斯的致命伤，闭上了双眼：

> 又像蜗牛受到打击，
> 痛苦地缩进蜗壳，
> 像死去般屏声静气，
> 许久还不敢露头。
> 她看见血肉模糊，
> 眼睛就陷入了黑暗的深渊。
>
> （第1033—1038行）

如果你正请求贵族赞助人对你慷慨大方，你能相应地回以什么厚礼呢？你象征性地提出变死亡为兴奋的高潮。这里描写了维纳斯告诉自己，野猪并不想弄死阿多尼斯，而只想亲吻他：

> 深情的野猪只在他腰上亲了个吻，
> 无意中却把獠牙刺进他柔软的鼠蹊。
>
> （第1115—1116行）

这头"深情的野猪"只不过做了她一直想做的事：

> 我若跟它一样长了獠牙，也得承认
> 早已在吻他时杀死了他。
>
> （第1117—1118行）

这就是莎士比亚所能提供的东西。

显然,伯爵喜欢《维纳斯与阿多尼斯》:迭出的仿作、赞誉之辞和重印本——到 1602 年,它已经重印了 10 次!——表示实际上所有人都喜爱这首诗。(年轻人似乎特别欢迎这首诗。)受到成功的鼓舞,莎士比亚信守诺言在一年之内又写了《露克丽丝》,这首诗凝重得多。这回给南安普顿的书信体致辞不再缺乏自信、犹犹豫豫、焦虑不安了:"仆对大人之忠心无穷无尽……仆之前作为大人,仆之拟作为大人,仆之所作皆为大人。"伊丽莎白时代的书信体致辞常使用华丽的文辞,莎士比亚这篇也很典型。正如人们可以想见的那样,这篇致辞不再充斥着赞扬和取悦他人的愿望,也不再恳求得到赞助;它公开声明了强烈、无穷的爱。

《维纳斯与阿多尼斯》与《露克丽丝受辱记》的写作时间相差一年,在这一年里发生了某些事,因此莎士比亚从"不知其冒昧唐突为何如"变为"忠心……无限"。要弄清到底发生了什么事,并无捷径可寻,但十四行诗里可能藏有提示。十四行诗不仅赞美了这个年轻人,肯定了诗歌的力量,还勾勒出随着时间流逝,完全有可能在几年间显露出的关系:钦佩成熟为爱慕,欢乐的亲密时光先于分离与极度渴求。诗人感到与情人分离的痛苦,觉得自己在很多方面都配不上这样宝贵的爱,但也意识到他的诗艺能让年轻人无法永驻的美貌不朽。他知道终有一天,也许不久,年轻人就会因他老朽不再喜欢他。他艰难地接受那份爱无可避免的丧失,而它曾支撑过他的生命。溢美之辞让位给责备和自我怀疑,由于社会地位低下,诗人既兴奋又痛苦。他那热情洋溢的热爱渐渐转变为可怜的奉承,然后又逐渐调整为部分带有批判性的独立。尽管承认其品质有重大缺陷,诗人坚持认为年轻人完美无缺。

不断变化、萦绕不去的情感纠葛似乎隐约提及了某些特定事件。这个年轻人屈服于诱惑,与诗人的情妇发生了关系。背叛导致的痛苦更大程度上不是来自她的不贞——"可是我对她也一往情深"(42.2)——而是来自他的不忠,因为真正重要的是他的爱。诗人自己也在某个未确指的方面对年轻人不忠,但就像他早先在相似情况下原谅了年轻人,他也斗胆希望自己的"过错"(120.3)能得到原谅。诗人把年轻人送的一个纪念品——一本小记事本或书写板——送人了,但这不要紧,因为礼物深深地珍藏在他的脑海和心扉中。几个竞争者——其中至少有一个是相当知名的作家——显然在竞争中成功地赢得了年轻人的注意和青睐。高潮"事件":从第127首十四行诗开始,诗人摆脱了对年轻人的迷恋,转而关注他对黑眼睛、黑皮肤、贪欲的情妇的感情——掺杂了欲望和厌恶的感情。

  传记作家时常不禁要把这些关于事件的暗示变成完整的传奇式情节,而这么做必须抵制每首诗的强大引力。莎士比亚能够轻松地叙事,他确保十四行诗不显露完全连贯的情节。在这一系列伟大的十四行诗中,每一首——有许多首——本身就是独立的天地,是感人的脚本,14行精练的台词时常显得奇妙复杂,只要剧作家有意就能扩展为一幕剧或一部剧。理当享有盛名的第138首十四行诗就是一例,在莎士比亚生前,该诗就脱离了一切叙事背景,收入了诗集:

> 我爱人发誓她忠诚,
> (明知她说谎)却相信她,
> 让她认为我幼稚,
> 不了解世人的伎俩。
> 我妄想她认为我年轻,
> 尽管我已老迈;
> 我干脆相信她的谎言,
> 这一来双方都隐瞒真情。
> 但她为何不承认自己不忠?
> 我也不承认自己老迈?
> 唉,爱的堂皇特色是假装信任,
> 老人恋爱忌谈年龄。
> 所以我们彼此欺骗,
> 爱情就享乐于其中。

  "(明知她说谎)却相信"。既然诗人表明情妇不忠他完全知情,"却相信她"就像是"我装作相信她"的简写。情节似乎属于私通故事的一种,莎士比亚和他的同辈人都为之着迷。起首的几行表达了模糊的怀疑,它在《无事生非》中发展为闹剧,在《冬天里的故事》中演变成谋杀。此处的怀疑带有老夫少妻引起的烦恼,奥瑟罗感到苦恼是因为痛苦地意识到,与苔丝狄蒙娜相比,自己

"年纪老了点——虽然还不算顶老"(3.3.269—270)。

接着诗人承认自己的策略——假装容易受骗,这样就显得比实际年龄年轻——事实上一刻也没骗过情妇,正如他也没有相信她的"谎言":"这一来双方都隐瞒真情。"但这儿有所不同,它不是常见的闹剧或悲剧,而更像相互撒谎的战略游戏,莎士比亚笔下的安东尼与克莉奥佩特拉(以及该剧中的所有人)都热衷于这种游戏。"真情"——黑肤女士的不忠和诗人的老迈——被他"干脆"相信她的谎言,即有意沉溺于谎言所掩盖了。柯尔律治形容看戏人的词语可权当对该沉溺之特征的刻画:"自愿暂停怀疑。"只不过诗人描述的是他和撒谎的情妇的关系,而不是和一件艺术作品的关系。

这种游戏很可能导致道德遣责或自责的爆发,这两者都是消除欺诈恢复道德秩序的传统方式。的确,莎士比亚质疑他们的整个生活模式时,似乎正把诗推向这种爆发:

但她为何不承认自己不忠?
我也不承认自己老迈?

但在诗末——从"老迈"化成一句叹息"唉"——坦率地暂时缓和了撕去欺骗面纱的冲动,让我们感到吃惊:"哦,假装信任是爱的特点。"爱的"特征",不仅指其习惯行为,还指它那谎言织就的最堂皇的外衣。对谎言的情欲功效的坦然接受代替了道德判断。正如诗末对句所示,互相欺骗的男女同床共枕。

写作十四行诗是一种贵族式的高雅活动,莎士比亚显然既不是朝臣,也不是贵族。不过这种体裁的难度经证实是适合他的。他是一个大名人——舞台上的演员、成功的剧作家、著名的诗人;同时又是非常与世隔绝的作家——别人对他能以秘密相托,他则对私人事务保密,巧妙地把任何对他人的指称变得如密码般费解。这就是莎士比亚为自己选择的双重生活。如果惊人的语言技巧、不禁在想象中自居的习惯与远大雄心相结合,驱使他走上为公众表演的道路,他的家庭机密和机警的才智——也许曾受到伦敦桥上的首级的强化——建议他保持绝对审慎。

这样刻意选择的双重生活有助于解释数世纪来撩拨读者的自相矛盾之处:十四行诗对诗人内心生活的展示既动人心魄,又很有力度,它们明确表现了莎士比亚对与年轻人、诗人对手和黑肤女士的感情纠葛的反应。十四行诗是一套精致的匣子,设计巧妙又上了锁,没有钥匙能将它们打开;它们是一副制法极为讲究的屏风,人们实际上不可能对它的遮蔽物进行任何有把握的推断。

　　塑造这些十四行诗的有审慎的准则和伪装的实施,还有某些分享的激动、一再出现的成见和诱惑的策略。愚蠢的是认为这些诗是一种秘密日记,坦率记载了莎士比亚和爱骗人的黑肤女士,或是和贵族青年人的关系,无论她指的是哪个真实人物,不论他是南安普顿还是别人。可就算它们记录的是幻想,部分改编自其他诗人的作品,部分由真实关系的经纬织就,它们或许也大略反映了莎士比亚的感情生活。

　　十四行诗表现出诗人和年轻人为他们之间巨大的阶级差异和地位差异感到兴奋。即便在狡黠地批评情人的时候——或许正因为是狡黠地批评他——莎士比亚也装作完全是在奉承他:

　　　　既是你的奴仆,我还能怎样?
　　　　除了时刻满足你的欲望?

　　　　　　　　　　　　　　　　　　(57.1—2)

显然他也强烈意识到了与自己的职业相连的社会耻辱:

　　　　唉,我的确曾四海周游,
　　　　做过当众献技的小丑。

　　　　　　　　　　　　　　　　　　(110.1—2)

或许莎士比亚确实感受过这种耻辱,这种穿花衣扮小丑,在打呵欠的众人面前表演的耻辱,它与十四行诗中描述的关系相去甚远。可这里它成了他和俊美男孩之间情欲翻腾的一部分:

　　　　呵,但愿你为了我而责难命运女神,
　　　　她是造致我行为不端的总根。
　　　　她不曾眷顾改善我的生活,
　　　　让我随俗谋生,举止无异草野之民。
　　　　于是我的名字不免蒙羞,
　　　　我的天性的棱角也快磨平,
　　　　如染匠的手遇外色而污秽,

可怜我吧……

(111.1—8)

当演员的莎士比亚要容忍这种永不消失的污点,它永远标志着他和贵族爱人之间的社会差距,成了恳求中相当真切的部分:"可怜我吧。"

诗人和年轻人的年龄差距发挥了相似的作用,也就是说,不但没有阻碍欲望的产生,还成了自相矛盾的兴奋之源,成了某种应该得到注意、强调和夸张的东西。

正像阳精痿顿的父亲喜欢观看
年轻气盛的孩子演示风流韵事,
我虽蒙受命运最大的摧残,
却也能从你的懿德与真诚获得快意。

(37.1—4)

为什么诱人的快感可能有赖于此?或许在家长制社会中,年轻人已经习惯了高高在上的父亲和专制的监护人,一个软弱的父亲的形象令人兴奋。角色颠倒必定带来强烈的兴奋,强烈得足以使莎士比亚把自己表现为那种靠更年幼者生活的人。诗人的自我表现并不排除虚荣。"自恋的罪行充斥着我的眼,"莎士比亚写道,"灵魂和全身每个部分"。这种对自恋的坦白——"我认为自己的容颜标致无双"——只是手段,用来强调爱人的胜利。莎士比亚写道,当他揽镜自照,看见自己的面孔实际上"因岁月风霜满是皱纹"(62.1—2,5,10),他从自己身上得到的任何乐趣都来自他所爱的年轻人:"用你的韶华美质装点我的衰年"(10.14)①。

在这里,起作用的情感交织着爱慕和欲望,大约类似于莎士比亚刻画的福斯塔夫对他那可爱的孩子,哈尔王子的感情。只是颠倒了角色:莎士比亚曾想象自己是年轻的王子,与罗伯特·格林变形成的精明老人有关;现在他又在可爱的男孩面前扮演更老的人的角色。也许正是出于这种内在倾向,莎士比亚将以格林为原型的人物由纯粹的吹牛大王转变为复杂、生动的福斯塔夫形象,后者自恋、精明、愤世嫉俗、心怀敬慕、卑鄙可怜、注定遭殃。正如哈尔将对福斯塔夫的记忆一扫而空——"我不认识你,老头"——诗人极力恳求年轻人彻底遗

---

① 应为62.14。——译者注

第八章 情郎—情妇

忘他:"不,如果你读这诗行/千万别记挂那写诗的手。"差别在于诗人请求被遗忘,实际上吐露了绝望的爱,这是恳求别人记住他、爱他的空泛伪装。

> 不,如果你读这诗行,千万别记挂
> 那写诗的手;因我爱你至深,
> 惟愿被遗忘于你恬美的思绪,
> 我怕当你想我时会牵动愁心。
>
> (71.5—8)

诗一再请求年轻人拥抱他将取代、埋葬、并终将遗忘的父亲。将来的忘却只不过增强了恳求的力度。

最著名的十四行诗之一(第73首)总结了莎士比亚夸大二人年龄差距,对年轻人提出情感要求的做法:

> 你在我身上会看到这样的时候,
> 那时零落的黄叶残挂在枝头,
> 三两片在寒风中瑟瑟发抖,
> 荒凉的歌坛上甜蜜的歌喉不再。
> 你在我身上会看到黄昏的时候,
> 落霞消残,渐沉入西方的天际,
> 夜幕迅速将它们全都带走,
> 恰如死神的心腹将一切锁进牢笼。
> 你在我身上会看到这样的火焰,
> 它在青春的灰烬上闪烁摇曳,
> 如安卧临终之榻,待与
> 供养火种的燃料一同烧尽。
> 看到这一切,你的爱会更加坚贞,
> 珍爱我吧,你我的别离已不会太远。

在这一系列十四行诗中,其他诗都强调了永恒——诗的不朽和对年轻人的美貌的无穷复制——惟独这一首没有。每个意象——黄叶、黄昏和灰烬——都绝妙地表达了稍纵即逝之感。无可挽回的结束只不过是时间问题:枯枝、黑暗和冷冷的灰烬就要出现。甚至在爱情还欣欣向荣之时,莎士比亚就体会到了稍纵即逝之感,以及即将发生的终结给这种关系带来的强烈痛楚。

不论莎士比亚和年轻人之间确实发生了什么——究竟他们只是开始渴求对方,还是搂搂抱抱、激情热吻、同床共枕——几乎都必定是莫大的稍纵即逝之感的结果。强化欲望的年龄差距和阶级差距不是欲望的唯一来源,甚至也不是主要来源;它源于那个时代对男子间同性之爱的理解。在伊丽莎白一世时代,人们承认同性之间存在欲望。确实,对他们来说,在某种意义上,它的正当性比对异性的欲望的正当性更容易证明。当时广泛宣扬的观点是男人天生比女人优越,那么男人为何不能自然地受到吸引去爱慕其他男人呢?教义和法律严厉禁止鸡奸,可撇开禁令不谈,男人会爱慕、渴求同性是完全可以理解的。

埃德蒙·斯宾塞与莎士比亚同辈,是以道德严谨著称的诗人,而在他的一首田园诗中,牧人表白了对一个青年热烈的爱。该诗的按语是斯宾塞本人或某个与他很亲密的人写的,按语不安地指出,这种关系带有某种"不伦之爱"的意味,希腊人称之为"好男色"。不过,按语接着说,从正确角度看,"好男色"毕竟"比好女色,即那种激发男人对女人的欲望的爱,要好多了"。似乎评论者为刚说的话感到惊慌,他随后又补充了决定性的否认:要所有人都知道他不是在开脱"被禁止的可恶肉欲,那种罪过既可厌又可怕"。

正是以这种肯定—否定的跷跷板游戏为语境,莎士比亚表露了他对年轻人的性欲:它就像世间最自然的事,受到坦率的接受和热情的表达,同时又像永远无法完全实现的事,受到了歪曲、否定和摒弃。在第 20 首十四行诗中,年轻人有着女子般的面孔,温柔的心,但他比任何女子都好,他更忠实、更坚贞。诗人写道,他是"我炽情的情妇兼情郎"。在创造他时造化原想造个女人,但因为过分喜爱自己的作品,它添加了某样东西——"她在你身上安了一个东西"(20. 2,13)——这使诗人无法满足长期以来的欲望。斯宾塞的评论者采用了恼火的说教者的腔调,莎士比亚并没有这么做,但他摆弄的也是同样的素材——厌恶女人、对同性的强烈欲望,以及对自己的观点的否定——他为这种素材添加了稍纵即逝之感,因为即便在十四行诗隐约描述的那种关系中,他真的满足了肉欲,他也知道别人绝不可能容许这种爱阻碍结婚生子的社会需要。在最开头的几首十四行诗中,莎士比亚表达的正是这种需要。

倘若南安普顿准备回绝婚事,承担巨大经济损失,青春年少的他可能表示自己还无意结婚。他也可能与一个或更多——追求他的男人——他们必定为数众多——有暧昧关系。可要他完全弃绝婚姻或许又是另一回事。一些出身(虽说不如南安普顿)高贵的人确实拒绝结婚——弗朗西斯·培根就是出名的例子——但大多数人都有将姓氏、头衔和财富传给后代的义务,这和性取向不大相关。1598年,快满25岁的南安普顿与伊丽莎白·弗农秘密成婚,她是女王的贵嫔,此时已经怀了他的孩子。女王大为恼火:她希望贵嫔们都确实保持贞洁,她也痛恨侍从间的秘密婚姻。不过伯爵的婚姻似乎很幸福,在漫长、动荡的政治生涯中,他有时也面临极大的危险,是它一直支撑着他。

如果人们眼中反映生平情况信息的十四行诗有力地暗示了什么,那就是暗示了诗人未能在婚姻中获得,而又在情感或性方面渴望得到的东西。问题部分在于错配了安妮·哈瑟维,不过十四行诗或许也暗示了从未有人满足过莎士比亚的渴求,使他幸福。他似乎将迷人的理想化重点集中在年轻人身上,将欲望重点集中在情妇身上。两种情况中都存在实现愿望的障碍。诗人爱慕一个男人,却无法拥有他;对一个女人怀有情欲,却无法喜爱她。十四行诗忧伤地承认,那个俊美的青年不可能完全属于他,至于那个黑肤女士,即便他能安稳地拥有,她也会激起他的憎恶。根据这一系列十四行诗中的最后几首,她谎话连篇,水性杨花,不仅使他厌恶,还使他染上了性病。可他仍无法割舍她:"我的爱是热病,它永远在渴望/能使其热度达到巅峰的药方"(147.1—2)。他无法这么做,是完全与难以抗拒的冲动"纵欲"(129.2)有关的,器官肿胀和消肿的周期表明了与她相处的意义:"我当无愧地叫/她'爱',为了她那宝贝,我总是上下起落"(151.13—14)。性周期、稳定的活力与死亡、愉悦和恶心、渴望和反感,都并不仅是消遣和逃避的问题。十四行诗一再强调诙谐、焦虑、有意识地接纳欲望,都表明了诗人作为"威尔",即"欲望",的意义。

在借十四行诗表现自己的过程中,莎士比亚并没有为自己的妻儿留下余地。从这个角度看,诗是写于16世纪90年代中期,还是十年之后,都无关紧要:因为没人会认为写诗时莎士比亚还未结婚生子,所有的十四行诗实际上都是一种抹消。或许有一些小小的例外:第145首诗中用"把'我恨'的'恨'字抛弃"和"哈瑟维"设双关语或许是隐约提及了过去追求妻子的情况;在第152首诗的开头,诗人极其婉转地承认了自己的不忠——"你知道为了爱你,我背叛了另一个情人"。该诗接着又典型地责怪他的情妇违背了"枕前盟",但至少有一会儿他也承认自己违背了誓言。大多数情况下,莎士比亚似乎在忘却,或者说青年人与黑肤女士的形象似乎取代、吸纳了我们理当认为他在家庭中体会到的情义和他对家庭的感情。他对安妮·莎士比亚未置一词。他是为了俊美的男友才写下这几行最著名的情诗:"我绝不让两颗真心遇到阻碍/难成百年之好"(116.1—2)。

第九章　绞架下的笑声

不论十四行诗、《维纳斯与阿多尼斯》、《露克丽丝受辱记》带给莎士比亚多么丰厚的收益,他仍不想靠着依附保护人而争取自己的经济利益和艺术前程。他选择了在疫情好转后重回剧场,他在剧坛迅速登上第一把交椅。为迎合观众的多种口味,剧团需要大量新剧本。文人们搜肠刮肚写出的几十部剧本卖钱不少:《伦敦三女士》、《商贩的预言》、《美丽的埃姆》、《新闻一大堆》、《驼鞑跛子的悲剧》、《君士坦丁堡大帝》。但直到1597年本·琼生灿烂地出场之前,莎士比亚只有一个真正的对手——克里斯托弗·马洛。两位年轻的才子诗人恰好同岁,他们的竞争显然咬得很紧。他们彼此警惕,互相密切关注,互相模仿,都试图争先。他们的竞争从各自早期的力作《帖木尔》(马洛)与《亨利六世》(莎),到两部极为相像的精彩历史剧《理查二世》(莎)与《爱德华二世》(马洛),到异曲同工的言情长诗《维纳斯与阿多尼斯》(莎)与《希萝与利安德》(马洛)。低估莎士比亚的错误马洛是不会犯的。他听到《亨利六世》下篇驼背的葛罗斯特说"我把希望寄托在梦想的王冠上"(3.2.168),就会知道莎士比亚是带着隐约的嘲讽暗指帖木尔大帝的梦想"获得人世间王冠的美好愿望"(2.7.29)。另一方面,也不必担心莎士比亚会低估马洛。大学才子中只有马洛一人,才华令莎士比亚嫉妒,审美品味令他畏惧,他的赞赏是莎士比亚期盼的,能够赶超他的成就无疑是莎士比亚的愿望。

马洛有一部作品是早期的莎士比亚似乎无法企及的。《浮士德博士》这部深沉的悲剧刻画了一位把灵魂卖给魔鬼的学者,它和马洛在剑桥所受的神学教育有很深的渊源。尽管几年后,莎士比亚在《哈姆莱特》中刻画了一个突然走出大学的书生气的王子,在《暴风雨》中展现了一个沉迷密典的公爵的命运,但他自始至终都不曾把一个学者的研究经历作为戏剧的中心。在两人各自领地外的中间地带,莎士比亚与马洛交战了一个最完满的回合,即分别刻画出一个自己素昧平生的犹太人。

《马耳他岛的犹太人》和《威尼斯商人》这两部不朽的剧本,是怎样写出来的呢?或者,莎士比亚为什么让犹太人夏洛克的形象突出地占据着这部喜剧?绝大多数人都认为剧名所指的威尼斯商人是夏洛克。即使想到他不指夏洛克,即使知道应指基督徒安东尼奥,还是不觉间要犯这个错误。严格说这也不算错误:这个犹太人确实是戏剧的中心。《威尼斯商人》中的众多角色争相吸引观众:一个英俊而穷困的青年求娶富妻;一个忧郁的富商无望地爱那青年不能自拔;竟有三个女角改扮过男装;一个小丑喜好恶作剧;还有一个放浪不羁的陪客、一个古怪的摩洛哥人和一个可笑的西班牙人。还有更多。但人们记住的还是这个坏犹太人,他在人们眼中又不仅是一个坏人。夏洛克比别的角色更引人注目,更有真实感。马洛的坏犹太人巴拉巴斯也是这样。犹太人的形象为什么能点燃莎士比亚和马洛的创作灵感呢?

这一点亮光的背后,是犹太人被赶尽杀绝的黑暗:西班牙驱逐犹太人的行动曾很出名,在此之前二百年,即1290年,英国的犹太人被全体驱逐,返回者死罪。这是爱德华一世当政时一次史无前例的排犹行动。英国是中世纪基督教国家中第一个立法驱逐犹太全族的。就目前所知,这次排犹事件之前没有任何危机作为先兆,没有突发事件,甚至没有任何公开的解释。法官似乎觉得这次排犹事件不需要提供理由;史官也不屑于记述官方的理由。也许犹太人和基督徒都不觉得这种行动还需要论证。几十年来犹太人在英国已经走投无路:英国人说他们是渎神的种族,说他们以邪术谋害基督徒的孩子,怨恨他们放贷,骂他们是杀害基督的凶手;巡讲牧师用演说煽动反犹的狂潮,犹太人挨打受刑。

马洛和莎士比亚生活在三个世纪之后,那时犹太人在英国已成久远的历史。伦敦有少量的西班牙人和葡萄牙人由犹太教转信基督教,其中有些人被迫改教后,可能还秘密信仰犹太教。① 他们还私下遵守着犹太教规。但犹太人的

---

① 被迫改信基督教,实则秘密信仰犹太教的犹太人,称作 Marranos。——译者

种群早已从英国消失,再没有犹太人公开信奉犹太教了。然而犹太人的痕迹其实根除不尽,生机旺盛。英国人不断对犹太人留下的故事加以琢磨,传讲,复述,添枝加叶。他们的痕迹实在挥之不去。关于犹太人,有寓言、笑话,也有恐怖故事:犹太人把小孩骗到手杀掉,用血做逾越节①的面包。犹太人极端富裕(即便形同乞丐),他们暗中运作着一个巨大的跨国资产网络。犹太人在井里下毒,传播鼠疫,他们密谋策划反基督教的圣战。犹太人有特殊的体臭,他们男子也来月经。

虽然几辈人都没有亲眼见过他们,但犹太人在英国人的想象活动中起了重要的象征作用,他们就像现代童话中的大灰狼。自然他们也出现在戏剧人物的日用语中,包括莎士比亚的人物。《无事生非》中培尼迪克被朋友哄得宣布自己爱上了贝特丽斯,他说,"要是我不可怜她,我就是个浑蛋;要是我不爱她,我就是个犹太人"(2.3.231—232)。他的意思十分明了:犹太人天性邪恶、不近人情、冷血。《理查二世》中冈特的约翰临终前说,英国的国王因在远方的功绩而出名,"远及顽愚的犹里——幸福的马利亚之子、人世的救主耶稣的陵墓所在之处"(2.1.55—56)。他的意思很显然是:即使看到救世主出现在他们当中,犹太人仍是固守自己原来的信仰,而这种信仰不能消除他们的罪恶,他们得不到净化。《亨利四世》上篇中,厚颜的福斯塔夫谎称自己和人交手,把对方的人捆了起来。皮多反驳说,"没有,没有,没有捆"。福斯塔夫答道,"你这个无赖,把它们每个人都捆起来了,否则我就是个犹太人,希伯来犹太人"(2.5.163—165)。显然在福斯塔夫的滑稽片断里,犹太人代表着胆小鬼、没有信誉的人,反衬着这个胖子自吹的形象。

在莎士比亚及其同代人眼中,犹太人和埃塞俄比亚人、土耳其人、巫师、驼背人等,都是常用来表示一类概念的工具。他们可怕又可厌的形象,使人立刻准确地想到用他们形容的是哪一类事物。《维洛那二绅士》中的小丑朗斯说,"我想我的狗克来勃是最狠心的一条狗"(2.3.4—5)。当全家都为他的离去而哭泣时,这只"狠心的恶狗"一滴眼泪也不掉:"他是一块石头,像一条狗一样没有心肝。就是犹太人,看见我们分别的情形,也会禁不住流泪的"(2.3.4—5,

---

① 逾越节(Passover)是犹太人的宗教节日,纪念在埃及为奴的希伯来人获得自由。——译者

8—10）。犹太人被当作一种衡量尺度,在这里用来衡量人心冷酷的程度。犹太人也是一种身份标志。譬如活泼的朗斯在另一处说:"要是你愿意陪我上酒店去,很好;不然的话,你就是一个希伯来人,一个犹太人,不配称为一个基督徒"(2.5.44—45)。狗是实有的,至少以舞台上对动物特有的表现方式存在着;朗斯是实有的,至少以戏剧人物所特有的方式真实存在;但犹太人就没有相应的实在性了。也许说明犹太人并不真实存在的例子中,最轻描淡写又令人痛苦的,不是对他们的羞辱,而是下面这个不起眼的小笑话。《爱的徒劳》中的童仆毛子说,"考斯塔德先生,再会。"(3.1.123—124)滑稽的考斯塔德回答说,"我的小心肝肉儿,我的可爱的小犹太人"。原文 incony 意为"可爱",是伊丽莎白时期的俚语。但这里加了个"犹太人",是什么意思呢?回答是:没任何意思。考斯塔德也许只是把"再见"听错了("再见"发音和"一个犹太人"相近)①。也许他在用俚语叫毛子"宝贝"或"小伙子"②。莎士比亚算定了这没来由的称呼会令观众莞尔,也许他想对了。

可见在排犹事件三百年后的英国,犹太人在故事中和日用语中,都被说成讨人厌恶的人。莎士比亚的作品,尤其在他的早期作品中,这种论调有所反映,甚至有所强化。他显然在道义判断上是很绝对的。因为尽管观众和培尼迪克、福斯塔夫、朗斯拉开了距离,但并没有和不经意表现出来的反闪族的情绪拉开距离,对闪族的反感只是这几个人物的喜剧能量里附加的一点特色。在这些剧中,犹太人从没真正现身,他们被剧中人提到时,也是无足轻重的;相反,他们是不可见的人,即使些许例子涉及到他们,他们仍是隐形的。莎士比亚不能脱离他的时代。16 世纪末的犹太人在英国的确没有什么实在性可言,用德语词 Vernichtung 形容其处境非常贴切——被视如无物。

然而情况也不完全是这样。因为更实在的犹太人又常被基督徒视为"圣经里的人民"。如果不是有希伯来《圣经》,其中记载的预言由耶稣兑现,也就没有耶稣。耶稣是不是犹太人,这个问题人们可以不解,可以回避,但是至少在理念上,基督教离不开犹太人。在按周做礼拜的社区,每逢周日,牧师便向他的教民宣讲从古代以色列翻译过来的圣典。这个民族被公然蔑视、羞侮,在 13 世

---

① "再见"是 adieu [ə·dju],"一个犹太人"是 a Jew [ə·dʒu]。——译者
② 这两个词分别是 jewel,juvenile,和 Jew 发音接近。——译者

纪末被整个驱逐出英国,永不得归,被视如无物,当作冷酷、邪恶、贪婪、不近人情的象征,却同时也是英语中最高尚的精神诗性的源头,是救世主走向所有基督徒的通道。

犹太人在理念上的必要性,即犹太人与基督徒的命运在历史上的密切交织,当然和真实的犹太人得到的宽容是两回事。包括威尼斯在内的一些城市允许犹太人长期居住,对他们的干扰比较小。当然他们不得拥有土地,也不能从事"体面"的商务活动。但他们放贷取息是得到了允许,甚至鼓励的。在教会法令禁止基督徒取息的社会,这对他们的财产流动起了很大作用。但犹太人因此必然引起众怒,必然被上层阶级所利用。激进的基督徒要把犹太人不分男女老少,一律清除。针对这一要求,中世纪的教皇时常表示,愿保护犹太人。然而保护他们是为了保留一个命乖时穷的反面教材,教皇认为残留下的穷困、衰弱、无依无靠的犹太人会令人想到背弃耶稣的恶果。新教徒对于探索古代犹太教的历史更有兴趣。针对早期基督教的仪轨和信仰的复古潮流引发了对希伯来的祷告、逾越节、神人和合①、整体忏悔②、丧葬习俗等等的研究。路德甚至曾对当时的犹太人怀有片刻好感,认为他们不愿皈依已经堕落的、怪力乱神的天主教。但当他推行净化改革后的基督教时,他们还是愚顽不化,这时路德悄然的敬佩就转为怒气了。丝毫不比最执拗的中世纪教士逊色,他发动基督徒在犹太教堂内烧死犹太人。

路德的《犹太人和他们的谎言》大概在伊丽莎白时代的英国少有流传。毕竟那时英国已经没有犹太教堂可烧,没有聚居的犹太人可以痛恨或保护了。马洛和莎士比亚遇到过易受人攻击的"异族人",但他们都是佛兰芒、荷兰、法国、意大利工匠的小群体。这些人基本上是流亡的新教徒,住在伦敦。经济困难时期,这些外族人就成了众矢之的。成群的闲人酒醉后朝他们扯开嗓门,抡起棒子,嚎叫滋事。

至于马洛和莎士比亚有没有卷入这些反对异族的暴行,似乎都有迹象,却得不出定论。1593年伦敦的荷兰教堂墙上挂出了一张反对外侨的煽动性海报。攻击行为是一连串的,这是其中一桩。这些行为引起了当局的警觉,生怕

---

① 即 atonement,指耶稣流血牺牲使人与上帝重新和好。——译者
② 整体忏悔(general confession)意为从当日起向前追溯,忏悔一生的罪业。——译者

引起暴力冲突。当局下令清查肇事者,马洛显然被疑为海报的作者。官方得讯马洛曾和托马斯·基德同住,便找到基德家中。他们没有找到马洛,却在搜查房间时发现了异教和渎神的文章。基德受不住严刑逼问,说出这都是马洛的东西。枢密院招马洛来问话,然后放了他回去,但要求他每天亲自来威斯敏斯特宫回话。

说马洛是荷兰教堂里的滋事海报的作者,也许没有事实依据,但这种怀疑不是无缘无故的。这段狠毒的文字很令当局紧张,作者抱怨外侨"像犹太人一样"地"把我们当面包吃掉"——这个比方很可能就来自当红的喜剧《马耳他岛的犹太人》——恶毒的海报不仅提到了马洛的戏剧《巴黎的大屠杀》,而且署名"贴木尔"。这种暗示说明马洛编造的情节时时留在这些怀有恶意的人脑海里。他的剧本刺激了这些人,他那著名的雄辩发泄了他们的心声。

莎士比亚对反外族的心理有不同的反应,体现在他参与写作的一部剧中。他显然是和其他作家合作,包括安东尼·孟德(他或许是发起人)、亨利·切托、托马斯·海伍德和托马斯·德克尔。这部《托马斯·莫尔爵士》在首演之前没能通过审查。审查官埃德蒙·蒂尔尼是宫廷宴乐官。蒂尔尼对此剧并非完全否定,他要求把描写对异族的仇恨的几场戏做大幅度修改,并要求把反映1517年英国排斥外侨暴动的那一段整个删掉。原因很明确:紧张对峙到一定程度会爆发阶段性的暴动。1592到1593年有过几次特别的丑闻,1595年又有过。《托马斯·莫尔爵士》的作者显然是想利用当时的紧张情绪——观众都会看出其中的历史场景是明显的借古喻今。虽然对于剧中展现的暴乱,作者是持公开的否定态度,审查官显然担心它会引起更大的麻烦。

也许是应审查官的要求,此剧又做了修改,添加了新场景。但它似乎没有得到官方批准,没有上演的记录。然而多人合作的剧本还是保存下来了(现存大英博物馆),一百多年来,被精细地研读。尽管很多问题还没有搞清楚,比如初稿时间、修改时间等,但这部稿件中有一部分,大多数学者认定是莎士比亚的手笔,现今发现的莎士比亚的唯一一份亲笔文稿。

莎士比亚所写的段落中(或按更严谨的说法,作者"D"所写的这一部分中),描述了托马斯·莫尔在伦敦任地区法官时,成功地劝说仇视异族的暴乱分子放弃暴力,归顺国王。莎士比亚的一段话显出对强力驱逐所造成的人性悲

剧和政治危机的敏锐感受。"假定把他们赶走了",莎士比亚笔下的莫尔对要求驱逐异族的暴民说:

> 而你们的聒噪压倒了英格兰的整个威严,
> 试想凄惨的异乡人在你们眼前,
> 拖儿带女,行李萧条,
> 沉重地走向港口海岸,从此颠沛流离。
> 而你们如愿以偿,称王称霸。
> 你们的叫嚣,使得权威沉默。
> 你们身着华服,志得意满。
> 那样你们又能得到什么?我来说,你们教会了世人
> 无礼强横如何称霸一时,
> 秩序安定反被遏制——正因如此
> 你们谁也不能尽其天年。
> 因为会再有暴徒按他们的幻想,
> 用同样的手段,同样的借口,同样的理由,
> 把你们吞噬。人们会像贪婪的恶鱼,
> 同类相残。

这段话的基调还是传统论调,即对权威的顺从,这样的论调,莎士比亚笔下的俄底修斯在《特洛伊罗斯和克瑞西达》中讲得更加雄辩。一旦暴民主政,人们就丧失了警醒,尊卑秩序一旦打破,礼教的保障就会立即崩溃,强者会横行于世。令人感动的是,这种论证是通过激发同情心而实现的。大举流亡是勾画得最生动的场面。

> 试想凄惨的异乡人在你们眼前,
> 拖儿带女,行李萧条,
> 沉重地向港口海岸,从此颠沛流离。

莎士比亚写的不是被驱逐的犹太人。他甚至极不可能想到犹太人。但这几行使人脑海中闪过几世纪前必曾出现的画面,据史料记载,当时至少1335名犹太人被逐出英格兰,蹒跚走向港口,买船票去往法国。

要勾画出别人的生活需要一种胸怀,能对遭人厌弃的人抱有同情。这种同情和莎剧中的"我要是不爱她我就是个犹太人"及另外不经意处对犹太人的随意侮辱很不协调。反犹的台词显然不能说明作者对犹太人或别的异族持有偏见;它们也不够个性化、不够细致,不足以反映讲话人的性格。这只是一种生动有趣的说话方式。虽然这种表达肯定是为了追求措辞效果,但也足以视作贴近生活的写实表现。这样的写实手法是莎士比亚常用的,特别是在喜剧和历史剧中。这种方式他似乎得心应手,随意挥洒,没有要跳出来审视这些通俗用语的意思,也没有道义上的反感。但他写莫尔时方式就不同了,这一次莎士比亚用想象力的博大胸怀使莫尔的台词中含有某种情感。其效果就像丢勒或伦勃朗的素描:几笔黑线,大片留白,一整幅画面便跃然纸上,满载痛苦和悲伤。既然《托马斯·莫尔爵士》中"凄惨的异乡人"指的不是犹太人,嘲讽和同情这两种感情也就不必彼此剑拔弩张了。它们本可以相安无事的,但在莎士比亚笔下还是有过冲突,突出表现在《威尼斯商人》中。

为理解这一冲突的缘由,我们必须回顾克里斯托弗·马洛所写关于犹太人的剧本。《马耳他岛的犹太人》是一部黑色喜剧,很出色但极为冷酷、愤世嫉俗。它大概在1589年首演,大获成功。当时莎士比亚的戏剧生涯刚刚开始。马洛令反面人物犹太人巴拉巴斯和他的穆斯林奴仆伊萨莫尔揭露了马耳他的基督徒世界的腐败。但他兴奋的揭露之中,也汇聚了所有对犹太人的最恶意的传说。巴拉巴斯说:

> 我夜里走到外面去
> 杀掉墙边呻吟的病人。
> 我时常走来走去在井里下毒;
> 有时出于疼爱基督徒小贼们,
> 我愿意丢掉几块钱,
> 为了边在走廊散步边看他们
> 在我的门前被捆起来。

(2.3.178—184)

巴拉巴斯对基督徒的痛恨胜过他对金钱的热爱。他想方设法杀害基督徒,从中得到乐趣。他这个犹太人可以和基督徒邻居倾心交谈,看似愿意让女儿改信基督教,甚至表示自己也有改教的兴趣,但他心中一刻不停地酝酿着害人的阴谋。他自己解释说,他的刽子手生涯从行医开始,后来延续到其他行业,有着一贯邪恶的动机:

> 年轻时,我学过医科,
> 开始时给意大利人治病。
> 我使牧师靠葬礼发起了财,
> 使挖墓人不停地挥动胳膊掘墓敲钟。
> 后来我从事军事,
> 在德法战争中假意帮助查尔斯五世,
> 把朋友和敌人都玩得团团转。
> 后来我放起了高利贷,
> 靠勒索、欺诈和讨要罚金,
> 以及掮客的种种把戏,
> 因我破产的人一年之内装满监狱。
> 满医院塞着他们的孤儿,
> 每月都有人被我逼疯。
> 不时有人愁得上吊,
> 胸前钉着长长的账目,
> 记载着我怎样饶有兴致地折磨他们。

(2.3.185—202)

马洛站在什么立场?他的观众又站在哪里?观者都被引导着幻想着凶杀的景象。这种想象的基础是几个世纪的死灰中复燃的宗教仇恨。但是然后怎样?毒药在舞台上展示之后,又是怎么样呢?或许消散了;或许正因为得到了展示,巨大的谣言显露在光天化日之下,使人看到它的本来面目不过是凶杀的幻梦。根本没有像巴拉巴斯或伊萨莫尔这样的人;这样的人是不可能有的。把不可能存在的搬上舞台,会使观众明白这种想象有多么荒谬。

《马耳他岛的犹太人》也许确实起到了解除偏见的作用,只不过可能只有当观众愿意放弃偏见时才有效。成功的剧作家总是要刺激观众情绪,为了提高上座率。哪一家剧团有权上演《马耳他岛的犹太人》,一定很高兴有这样一出通过了审查的戏剧,可以让他们不时地拿出来重新搬演一番,使观众倍感激动,剧团自己获利。《托马斯·莫尔爵士》的合作者也把大众的激情视作商机。审查官不满剧中对暴动的描写,他看出了其中原委。但莎士比亚给莫尔写的面对反异族分子的台词,和马洛那没有责任感、血腥冷酷的写法形成强烈反差,简直就是在有意谴责马洛。"试想凄惨的异乡人在你们眼前,拖儿带女。"

目前学者们的共识是莎士比亚大概在1600至1605年完成了《托马斯·莫尔爵士》中他负责的那部分。像他回应格林的辱骂一样,他也是在马洛死去很多年之后才应答他的挑战。1593年5月30日,就在荷兰教堂贴出海报之后的几星期,不满三十岁的马洛去往伦敦以东船坞近旁的戴特福德,会见英格拉姆·弗里泽尔、尼古拉斯·斯盖尔斯和罗伯特·波利。他们一起吃喝抽烟,在副司法官的遗孀埃莉诺·布尔的店里度过了平静的一天。晚饭后,他们打起来了。根据口供,起因是"结账",即因为酒店的账单。弗里泽尔声称愤怒的马洛抓起了弗里泽尔的武器,一把匕首,向他刺来——审讯记录详细地描述,匕首"价值十二便士"。随后的扭打中,马洛右眼被刺穿,旋即身亡。弗里泽尔的供词得到了当时屋中另外两人的证实。法医检验的结果也与此相符。一个月后女王正式赦免了弗里泽尔,因为他是出于自卫。20世纪的研究才发现布尔寡妇的店不是普通的酒馆,而和政府的间谍组织有关联,而且弗里泽尔、斯盖尔斯、波利都和这个组织有牵连,马洛自己也是如此。当然审讯中没有提到这些联系。这样一来,这很可能是一场蓄意的暗杀,尽管动机尚不清楚。

早在离开剑桥之前,马洛不但显示了诗才,也展现了冒险精神。他不适合作乡间牧师或平和的学者,这一点已经突出地显出来。马洛很早就卷入了阴谋与间谍的黑暗世界。这个世界莎士比亚可能在兰开夏郡时有所接触就马上避开了。当时的具体情况是保密的,四百年后就更隐晦了。但马洛似乎在学生时代就加入了伊丽莎白的谍情官、首席大臣弗朗西斯·沃尔辛厄姆爵士的情报机构。马洛显然曾被派往法国兰斯,混迹于居住在法国的英国天主教徒中间。侦察到或者试探出什么情况,比如发动侵略、暗杀异教的女王这类计谋,他会递信给上级。这种勾当他想必干得不错,因为枢密院曾写信给剑桥负责人,指示他们授予马洛硕士学位,不计他在上课期间原因不明的缺席。

马洛到伦敦尝试剧作生涯的时候,他已经开始从父亲所属的工匠阶层向绅士阶层进发了,他拿到了学位。但他走的不能算是传统的生活道路。他公开的同性恋倾向使得他的道路更不同寻常了。而且情报员对他的侦查报告和与他同宿的基德的供词都反映出,他的理念曾促使他走向思想极度自由的危险境地。他曾说(或是特务指称他曾说过),耶稣是个私生子,其母亲是妓女;他说摩西是个骗子,骗了无知的犹太人;他说美洲印第安人的存在说明《旧约》的纪年是错的;他说《新约》写得太臭,他马洛可以写得更好;他说耶稣和圣约翰是同性恋人,等等。即便这些指控中只有一部分被证实是他说过的,他也很难幸免,除非他的社会环境和他从事的行业对罪不可赦的行为网开一面(即使这样,他也不会存活得太长)。

当他最大的对手在二十九岁死去的时候,莎士比亚已经显露出了相当大的潜力,但他已有的作品还比不上马洛的戏剧和诗歌的骄人成就。他们两人应该是有些来往;他们生活的圈子不大,不可能互不知晓。他们也许会彼此喜欢,但更有理由互生戒备、厌恶之情,而非喜爱或钦佩。在马洛去世五年后,莎士比亚在《皆大欢喜》中向他的对手含蓄地致敬,引用了他最著名的诗句。一个害着相思的角色,把马洛唤作"已故的牧人",她说自己发现了他的话"果然是真"(也就是发现了他的语言的力量):

　　已故的牧人,现在我明白了你的话果然是真:
　　"谁个情人不是一见就钟情?"

(3.5.82—83)

但剧中其他地方对马洛就没有这么宽容了。小丑试金石抱怨说:"要是一个人写的诗不能叫人懂,一个人的才情只有早熟的孩童随和着说懂,那比之小客栈里开出一张大账单来还要命"(3.3.9—12)。这些话不完全是攻击马洛的,但就其对马洛因"结账"而死的影射来说,确是针对他的,而且没有一丝伤感之情。

二人之间除了延续到对手死后的个人竞争,除了他们的剧团为经济利益对观众的争夺,还有两人对戏剧的本质持不同看法,也就是对于人的想象力和人的价值有不同看法。莎士比亚认识到了马洛的奇才(除了《皆大欢喜》中匆匆提及,还有其他证明),但马洛的语言和想象中的某种东西似乎也令莎士比亚深为反感。对于他们之间这种分歧,莎士比亚没有留下任何专门论述,只在剧场里做出了反应。最明确的反应就在于对犹太人的表现。《马耳他岛的犹太人》中的巴拉巴斯和《威尼斯商人》里的夏洛克有着显著的不同。

在1594年到1598年之间,莎士比亚开始写《威尼斯商人》,那时马洛已经去世了。尽管《马耳他岛的犹太人》重演成功可能促使他尝试一部写犹太人的剧本,然而莎士比亚不仅仅是在回头瞻望往日的对手,他选择这个题目甚至不需要马洛的剧本的启示。他可能在很小的时候看过一个旧剧《犹太人》,当时正流行,可能还在外省演出。这个剧本已经丢失了,但1597年,一个一贯厌恶、贬低戏剧的人,名叫斯蒂芬·戈森,对《犹太人》大加赞扬,说它揭示了"选择世俗者的贪婪"和"放贷者心理上的血腥"。

但这部旧剧,乃至马洛的新剧,都不足以解释莎士比亚的剧作为什么激起如此强烈的反响。原因不在于情节,因为它不是莎士比亚首创,而是因袭了旧作。在莎士比亚持续的大量阅读中,他读到了一个犹太放贷者的故事,乔瓦尼的《笨伯》。他必定觉出这是个很好的喜剧题材。(应顺带提一句,莎士比亚的阅读范围,以至整个伊丽莎白时期的图书市场,是跨越国界的。读书的人群照现代标准数量虽少,但他们的兴趣却是国际化得惊人。)莎士比亚常把自己喜欢的内容整个挪用,对《笨伯》也是一样:威尼斯商人为别人(本来不是朋友而是"教子")向犹太人借钱,残忍的犹太人以商人身上的一磅肉作为违约的惩罚;在"贝尔蒙特"求婚成功,新娘扮作法官来到威尼斯;她巧妙断案,指出割一磅肉合法,而流一滴血就是违法的;围绕戒指的轻松闹剧这里也出现过。可见莎士比亚剧本的结构都不是原创的。就连乔瓦尼的情节中没有的选匣和三个求婚者的场面,也另有出处,早已屡见不鲜。巴萨尼奥求婚成功的一场带有雅致的诗意;结尾前插入的一场,杰西卡和罗兰佐坐在月光下的山坡上,充满精美的诗情;对安东尼奥抑郁心绪的刻画也令人难忘,他那难以撼动的忧郁似乎是因为欲爱巴萨尼奥而不能。但是,如果没有夏洛克的强大震撼力,这部剧也不过平平——大约只能和《维洛那二绅士》这样没有费力推敲的剧本归入一流。

莎士比亚也许早就想在剧中写一个放贷人。他可能没见过犹太人,但肯定认识过放贷人。他自己的父亲就是一个,还曾两度因非法取高息而遭指控。到1591年,国家对高利贷的限制放宽了,莎士比亚在戏剧界致富之后,似乎也参与过至少一次类似的交易,他也许是债主,或是中间人。斯特拉福市政档案馆里，偶然发现了一封信，是个颇有前途的斯特拉福商人理查德·奎尼写给莎士比亚的。奎尼的信写于1598年10月25日他在伦敦的旅店里。他显然是想为自己和另外一个斯特拉福人亚伯拉罕·斯特利向"亲爱的好朋友和同乡威廉·莎士比亚先生"借钱。同一天奎尼也把正在商议的借贷条件写信告诉斯特利——30或40磅钱利息是30或40先令。10天后斯特利回信了，他非常高兴"同乡威廉·莎士比亚先生可以给我们弄到钱"。

莎士比亚写《威尼斯商人》才显出这种交易的奇怪。虽然英国法律声明，在上帝的法则中，放高利贷是非法的，犹太人是唯一例外，而他们正被驱逐；但是如果不能借贷，一个地区的商业就无法正常运行。当时没有我们所说的银行业，英政府至少是要求借贷的利息不得超过10%，很多人用各种合法或非法的巧计钻政策的空子。约翰·莎士比亚兴旺的违法交易（利率20%和25%）在当时也是正常的。

基督徒如果放高利贷，即使不被扣帽子，也沦落到和犹太人一样的地位：官方厌恶他们，找他们的麻烦，不让他们进教堂和剧场。但他们的重要作用却又不能轻易抹杀。放贷者可以过上体面的日子，莎士比亚的父亲就是这样。但耻辱和尊敬的冲突，轻蔑和举足轻重的身份的冲突总是暗中潜藏着，随时会浮现出来。莎士比亚喜欢这种矛盾。他的创作从中攫取了灵感，轻巧地加以利用。但他怎么塑造出夏洛克，还是个问题。

莎士比亚的灵感被点燃了，他发现手头这个反面人物有种韵味，心理上紧张内向的音调，和一个封闭的灵魂。包括马洛在内，还没有人能把可恶的犹太人身上这种味道表现出来。是什么经历促成了这样的创作飞跃，无论是过去还是现在都很不清楚。但至少可以想象，在莎士比亚生活的圈子里可能是有一系列事件触动了他。

莎士比亚至少在1594年的部分时间是住在伦敦的。当时鼠疫已经好转，城里曾经关闭多时的剧场又可以演出了。剧场关闭是对剧团的致命打击。女王剧团步履维艰；赫特福德伯爵剧团歇业了；潘布罗克伯爵剧团破产，只得变卖戏装；瑟塞克斯伯爵剧团因保护人身亡而解散；德比伯爵剧团也遭受相同命运，他们的保护人费迪南多·史传治勋爵神秘地丧生，传说是被毒药害死。在这样的衰败形势下，两家最具聪明才智的剧团在伦敦剧坛独领风骚。一家是海军大将剧团,受护于查尔斯·霍华德,即埃芬汉的霍华德勋爵;另一家是宫内大臣剧团,由霍华德的岳父,亨利·凯利保护。海军大将剧团主要靠名角爱德华·艾林和优秀的经理菲利普·亨斯洛。他们在南岸豪华的玫瑰剧院演出。宫内大臣剧团则在肖迪奇区的伯比奇的剧院演出,主演是理查德·伯比奇,他们从破落的德比伯爵剧团吸纳了著名丑角演员威尔·肯普,以及约翰·海明、奥古斯丁·菲利普斯、乔治·布赖恩、托马斯·波普。所有这些人和另一个人一起作为剧团的"股东",处理日常事务,分担各项开支,在收入中分成,那个人就是威廉·莎士比亚。

  莎士比亚的剧团做好了准备,只要疫情报告的死亡人数不再回升,他们就可以利用这个新时机。幸运的是,死亡率一直较低,大众又开始寻欢作乐了。然而伦敦并不是完全平静的。虽然1588年那场著名的"新教之风"赶走了西班牙无敌舰队,但对侵略的恐惧常在,而且常有暗杀伊丽莎白女王的传言。剧院这种地方的确值得敏感人士加以注意。政府的特务探测到使馆和宫廷中有人阴谋策反,觉得大有必要绷紧神经。女王的宠臣,雄心勃勃的埃塞克斯伯爵周围有一群极度仇视西班牙的好战派新教徒,他们尤其在出谋划策,蠢蠢欲动。1594年1月21日的一件事使埃塞克斯派如愿以偿。女王的御医,出生于葡萄牙的罗德里戈(或瑞)·洛佩兹被捕。他被指控勾结西班牙国王。根据截获的信件,西班牙国王曾因某重大任务送他50000克朗,相当于18800英镑。

  埃塞克斯几年前曾试图招纳洛佩兹为自己的密线,但洛佩兹拒绝了。他选择了直接告知女王。这对他来说是谨慎的做法,却为自己树立一个危险的强敌。他被捕后就押解在埃塞克斯的府第,由伯爵亲自审问。但洛佩兹在其对手的派系中有强援,即女王的高级顾问伯利勋爵威廉·塞西尔,及其子罗伯特·塞西尔。他们也参加了审讯,向女王报告说,对她御医的指控是毫无根据的。据在场的人说,伊丽莎白狠狠斥责了埃塞克斯,"说他是'卤莽'的年轻人,不该搅进这种诬谤的事情里,而她十分清楚可怜的受害者是无辜;这件事完全是有人和他作对,她还说,这件事也关系到她的名誉"。如今埃塞克斯的名誉自然也危险了。他和他的党羽很快行动起来,证明自己的指控是有根据的。那些侦察、密报、搜检大批文件之类的复杂过程我们就不赘述了。他们的对手塞西尔父子不情愿地说此过程涉及"所有供状、检查、证词、声明、口信、信件、票据、纪念品、会议、计谋和行动"。只需说明1594年2月28日,洛佩兹医生被指控里通外国谋杀女王,并被立即定罪。有人告发,洛佩兹收取西班牙国王菲利普二世50000克朗时,曾答应为他执行毒杀的任务。奇怪的是,这个所谓的天主教特务洛佩兹却不是个秘密的天主教徒。他是个犹太人,或说曾经是过,因为后来他已自认为是个好新教徒了。很多人怀疑他仍"秘密地参与犹太的教派(只是在表面上参加基督教的仪式)",埃塞克斯的同党弗朗西斯·培根这样写道。

洛佩兹是否真的是叛国重犯,很难说清。从审讯之初,结论就已经被认定了,因此那些证据并不十分可靠。这场审讯证明了埃塞克斯的实力,尽管他的威望岌岌可危,但也说明洛佩兹喜好参与国内外的密谋,有些不良往来,爱受贿赂——他显然从多方受过贿赂。这些情况只能说明他作为御医出入宫廷常有机会接近女王,这种身份地位是有利可图的。他的行为可能更过分。在申明自己无罪后,或出于真心,或是惧怕受刑,他承认曾经和西班牙国王有过假作卖国的交易,但坚持说自己只是为骗取西班牙国王的钱。不论洛佩兹是无赖、骗子,还是叛徒,他只是严酷的派系斗争中的一个小卒。伊丽莎白在背后机智地操纵着这一切。有塞西尔父子出于挫败埃塞克斯的目的支持他,他就是安全的;当保护人消失时,他可疑的交往使自己麻烦缠身,这时他就死定了。

检察官的报告中说,罗德里戈·洛佩兹不仅贪财,而且像狡猾的耶稣会①成员一样,是天主教的邪恶力量的使者,意在推翻新教的女王。同时他还是一个犹太恶棍:

> 洛佩兹是一个作伪证的企图策划谋杀案的卖国者,他是犹太医生,比犹大还要恶毒。他企图谋害女王。其行径之阴险恶毒是空前的。他是女王陛下的奴仆,受到很高的恩遇,进出要地,常有接触女王的机会,不被人怀疑。而女王更没有怀疑过他,因为她不怕敌人,也从不怀疑奴仆。他与人勾结讲好了条件,定下了价钱,只等酬金谈妥就要动手。对方已经发信确认了酬金,但就在他拿到信之前,上帝奇妙地阻止了他,他被告发了。

所有人都认为,洛佩兹做基督教的礼拜,遵守新教教规,他已完全融入了上流社

---

① 天主教的一个反对派别。——译者

会。英国人一般都满足于表面上的循规蹈矩。他贪婪、诡诈、阴险、忘恩负义、心怀杀机,对他的这些邪恶的性情需要给出不平常的解释,这样一来也就突出了女王是得天佑的。传统的反犹心理和马洛《马耳他岛的犹太人》与时事的紧密呼应(记得其中的坏人就是由给自己的病人下毒起家的)使得解说洛佩兹的罪行时,他的犹太血统显得格外重要了。

洛佩兹和两个被指控为中间人的葡萄牙罪犯很快就定罪了。但女王无故拖延,不发出死刑许可令。这一拖延引起"要求处决罪犯的大众的不满",政府官员这样形容。最后,1594年7月7日,民众的愿望实现了,或者毋宁说是强烈要求处决的派系愿望满足了。洛佩兹等人被从关押地伦敦塔提了出来。当问及他有无理由可避免死刑时,他回答说,祈求女王本人的明察善待。法律程序完毕后,三个囚犯被架子抬着,穿过欢呼的人群,去往泰布恩的刑场。那里已经有一群人等着看了。

人群中会有威廉·莎士比亚吗?洛佩兹的案件充满短兵相接的派系斗争,危言耸听的指控,激起了大众的兴趣。莎士比亚对处决的场面从来都怀有兴趣。早期闹剧《错误的喜剧》就是围绕即将执行的一场处决展开的。在《理查三世》和其他历史剧中,都有刽子手的斧头留下的阴影。莎士比亚以戏剧家的眼光对暴民的行动怀有兴趣,也饶有兴趣地观察围观的男男女女们的反应。他对刑场题材最著名的刻画是《麦克白》中一个背叛国王的爵士的临刑的时刻:

> 他一生行事,
> 从不曾像他临终的时候那样值得钦佩;
> 他抱着视死如归的态度,
> 抛弃了他的最宝贵的生命,
> 就像他是不足介意、毫无价值一样。

(1.4.7—11)

可以想象写出这段文字的作家应是亲眼见过处决的场面的,这种场面在英国首都惊人频繁地发生。这段文字实际显出了行家的口气。

御医洛佩兹的处决是一场公众事件。如果莎士比亚是亲眼所见的话,他见到、听到的应该不仅是普通的恐怖残酷的场面。洛佩兹定罪后情绪低沉,但在绞刑台上他抖擞精神,大声宣告,"他像爱耶稣一样爱女王"——这是伊丽莎白时代历史学家威廉·开姆顿的记述。他记到:"这样的话出自一个犹太教分子之口,使围观者哄然大笑。"

绞刑架下迸发的一阵笑声,很有可能引发了莎士比亚在《威尼斯商人》里的成就。这笑声首先是无比残酷的。这是一个人的生死关头,他将被处绞刑,身体将被撕裂。观众的笑声否认了这个场景的任何庄严意味,使残酷的死亡成了一个取乐的机会。具体说来,他们的笑声剥夺了洛佩兹最后的机会,使他不能再表白对女王的忠心,和对基督教的崇信。通常认为人之将死,其言也真:到这时再没有含糊、拖延的余地了,他和坟墓后的最后审判已经没有距离。这显然是一个真实的时刻。站在下面大笑的人告诉同伴也告诉洛佩兹,他们不信洛佩兹的话,"出自一个犹太教分子之口"——洛佩兹不承认自己信犹太教;他在公开场合坚守新教,信仰耶稣。观众的笑声使他最后的内心表白变成了一个狡猾的玩笑,它成了一个精心编造的文字游戏。"他像爱耶稣一样爱女王。"是这样的:在群众眼中,洛佩兹是犹太人,犹太人本来不爱耶稣;他的本意是他要照他邪恶的同胞对待耶稣的方式对待女王。他的话本是表明自己的清白,但群众的反应使它像是在隐晦地招认罪状。有的围观者会想,他这句话是无意中说的,这个虚伪的人自作聪明,不小心供出了自己的恶行。有些人会觉得他是有意含糊其辞,他们便更觉得可笑。洛佩兹展示的双关语技巧据说是犹太人拿手的。他为了保护自己的家庭和名誉而假装清白,但同时又暗示了真相。

总之,这些围观者以为自己正在看一出活生生的《马耳他岛的犹太人》。

马洛剧本的开始,邪恶的犹太人劝说女儿假装改信基督教,进入修道院。他告诉女儿,"伪装的信仰",也就是虚伪的行为,"要胜过看不见的伪善"(1.2.292—293)。在这种奇怪的道德观念看来,有意的两面三刀要好于无意的伪善。巴拉巴斯就是按照这种观念行事的。他编了一串文字游戏,边说边向观众挤眼,做个诡异的表情。他把长官那害相思病的儿子洛多威克骗到家中蓄意谋害他。他要让洛多威克看一块钻石——他的女儿阿比盖尔。洛多威克也借用这个比方问道:"要什么价钱?"巴拉巴斯向观众嘀咕了一句"要你的命。"他大声说:"跟我来,"又说"到我家里来,我会把它送给您。"他杀气腾腾地说了句旁白:"为了报仇。"为稳住这个将要成为牺牲品的基督徒,巴拉巴斯说他对修道院有"燃烧的热情",随后又是一句使观众发笑的话:"但愿很快就烧了它"

(2.3.65—68,88—89)。就是这样的双关语,围观者认定洛佩兹的最后致辞也是这个意思。

一场喜剧随着洛佩兹的处决而落幕,或者说观众的笑声结合着《马耳他岛的犹太人》,表达了这样的意思。即便残酷,人们倒也很有理由开怀大笑。一个可恶的西班牙天主教国王和一个可恶的犹太人阴谋暗害女王,最终被天意制止了。对于绞架下的一幕,莎士比亚是深感兴趣还是心生厌恶呢?看到马洛阴沉的喜剧如何左右了观众的感受,他是钦慕,还是腻烦?唯一的答案在洛佩兹死后他写的那部戏中。这部戏提供的线索是,莎士比亚既感兴趣又觉得反感。莎士比亚总是善于借鉴,他大量借用了马洛的作品,但创造了与马洛的艺术迥然不同的人物和情绪。他似乎想用犹太人的窘境引起人们的笑声,但他的剧本不写国际阴谋,而写金钱和爱情。同时他希望人们在笑声中反思,使人们在取乐时深感不安。

《威尼斯商人》充满了有趣的嘲讽,比如威尼斯的基督徒萨莱尼奥这样嘲笑夏洛克:

> 我从未听到过有人这样用充满混乱的、奇特的狂怒的激情
> 颠三倒四地叫喊:
> "我的女儿!啊,我的银钱!啊,我的女儿!
> 跟一个基督徒逃走啦!啊,我的基督徒的银钱!"
>
> (2.8.12—16)

他的伙伴萨拉里诺笑着讲述人们如何吵嚷取乐。"威尼斯城里所有的小男孩都跟在他背后,喊着:他的宝石呀,他的女儿呀,他的银钱呀"(2.8.23—24)。当夏洛克割肉复仇的毒计在法庭上落败,他被迫改信基督教时,葛莱西安诺得意地嘲笑他的困境:

> 求公爵开恩,让你自己去寻死,
> ……
> 白送给他一根上吊的绳子吧!
> 看在上帝面上,不要再给他别的东西!
> ……

> 在你受洗的时候,可以有两个教父;
> 要是我做了法官,我一定给你请十二个教父,
> 不是领你去受洗,是送你上绞架。

(4.1.359—396)

莎士比亚没有让他笔下的犹太人上绞架。他在剧中一般刻意避免恶人被处决,至少不做明场处理。但萨拉里诺和葛莱西安诺的嘲笑口吻很像洛佩兹绞架下的笑声。莎士比亚有可能也在刑场听到了他们的笑声。《威尼斯商人》使观众产生一点在绞架下旁观似的快乐,却没有血腥和伤痛。夏洛克属于浪漫喜剧中传统的反动人物:排斥音乐,拒绝娱乐,阻碍青年的爱情。但他比那些必败于青春力量的独断专行的父亲更坏。第一四开本的封皮上说"犹太人夏洛克"是"极度残酷"的人,僵化、顽固、代表着旧秩序,睚眦必报、顽冥不化,他是苦闷而残忍的外族人,他破坏着大家的快乐。夏洛克在法庭上是作为"外族人"而非"犹太人"被击败的,此后他被迫改教。但葛莱西安诺的嘲讽说明,他改信基督教后,也还是像开姆顿形容的改教之后的洛佩兹,是个"犹太教分子"。让夏洛克改教,也就是用喜剧的温和手法把这个人除掉。

事实上,爱拿人取笑的萨莱尼奥、萨拉里诺和葛莱西安诺是《威尼斯商人》中最不可爱的角色。他们不是坏人,其笑声响彻全剧。但他们的话太刺耳了,常显得卤莽粗野,令人不快。正如巴萨尼奥说葛莱西安诺的:"你这个人太随便,太不拘礼节,太爱高声说话了"。莎士比亚并不想贬斥他们的喧嚣——这样的声音他在犹太人洛佩兹的绞架下也听到过。他反而想用这种声音在剧中庆祝夏洛克的失败。但他们的精神不是这部戏剧的精神意蕴。

一部喜剧有了笑声便成功了。但莎士比亚好像是对观众的表情看得太仔细了;好像听着人们嘲笑被赶走的外族人,他既有兴趣,又觉得厌恶;他好像非常懂得自己手中古老的戏法对大众的吸引力,却突然厌烦了它的规则。"试想凄惨的异乡人在你们眼前",这是他几年前写的。一旦亲见想象中的异乡人,他心中觉得不安。夏洛克改教的情节是莎士比亚所有素材里都没有的。这样处理是为避开历史上发生过的其他更凶恶的方式。莎士比亚也许亲眼见过恐怖的处决场面,他在编年史中一定读到了大规模排犹的历史。但法庭上出现笑声,正说明改教对解决异族人的问题是无济于事的。就连夏洛克的女儿,私奔

又自愿改信基督教的杰西卡也不例外。小丑朗斯洛特絮絮地说,做了犹太人的女儿就是有罪的,而且,"要是再这样把基督徒一批一批制造出来,猪肉的价钱一定会飞涨"(3.5.19)。

但猪肉涨价是最无关紧要的事,相比剧中揭示的其他问题。莎士比亚没有像同代人对洛佩兹那样对待夏洛克。但他选择了对他另一种方式的剖析。他整体打乱了他的意大利喜剧素材,大胆地尝试着剖析反面人物的内心。这种尝试的深度是前所未有的。

当然夏洛克像个木偶,但即使他被绳索牵动的时候,他也体现了莎士比亚的才能。在戏剧性冲突最紧张的时刻之一,夏洛克同时被拉向截然不同的方向:女儿卷款私奔基督徒罗兰佐后他追寻着她的踪迹;同时听说他恨之欲之死的安东尼奥的财产损失惨重。萨莱尼奥和萨拉里诺已经学过他如何狂喊乱叫了——"我的女儿!啊,我的银钱!啊,我的女儿";现在这滑稽的一幕正面登场了。开始,他向派去寻找女儿的犹太人探问消息——莎剧人物里,他是最爱探问消息的一个。

夏洛克:啊,杜伯尔!热那亚有什么消息?你有没有找到我的女儿?
杜伯尔:我到了哪儿,往往听到人家说起她,可我总是找不到。
夏洛克:哎呀,那!那!那!

(3.1.67—71)

重复是夏洛克一个主要的韵律,从声音和意思看,他的"那"都来自杜伯尔的"哪儿"。但它其实不是指地点,不是热那亚或别的地方。他表现了夏洛克的失落之情。如果出自一位朋友之口,会是一种安慰。但它不是朋友说的,是夏洛克自己说的,这麻木的重复在表达破灭的希望和徒劳的安抚之外,还有另外一层意思。重复的字眼已经失去本意了。他嘴上的叨念遮盖着心里默默的思考。

一部戏剧中的角色不过是纸上的一推文字,怎样显示出他们的内心正有所思想呢?观众怎能觉出他们也像自己一样,内心有着捉摸不透的深刻感受?莎士比亚对这种内心活动的表现是无与伦比的。在他的创作中,他设计了很多种表现手法,最著名的是独白。但他对独白技巧的掌握是有个过程的。此间他也尝试了包括重复在内的其他方式。夏洛克听说女儿没找到,没有一句字句完整的反应,只是把一个毫无意义的词反复咕哝。这个重复的词恰好形成一种表象,在表象之下掩藏着某些感情或思维活动。听了下一句话就知道他在想什么了:"一块钻石没有了。"钻石可能也指杰西卡(巴拉巴斯曾把女儿比作钻石),但后半句话把我们拉到完全不同的方向:"一块钻石丢了,我在法兰克福出两千块钱买的"(3.1.71—72)。

这时观众实际看到了一种无形的东西,他正在为感情的失落伤心,旋即下意识地想到了经济损失。或者不如说这种描写展示了犹太人的女儿和金币之间的秘密联系。下面几行就清楚地暗示了亲眷和财产的之间的互通是犹太人或说犹太这个"民族"特有的。"诅咒到现在才降落到咱们民族头上,我到现在才觉得它的厉害。那一颗金刚钻就是两千块钱,还有别的贵重的贵重的珠宝"。什么诅咒?这时夏洛克似乎完全承认了基督徒的说法,犹太人是被诅咒的。这种厄运他还是第一次直接感受。出于愤怒和痛苦,他要把诅咒转嫁到女儿头上:

> 我希望我的女儿死在我的脚下,那些珠宝都挂在她的耳朵上;我希望她就在我的脚下入土安葬,那些银钱都放在她的棺材里!不知道他们的下落吗?哼,我不知道为了寻访他们,又花去了多少钱。你这你这——损失上再加损失!贼子偷了这么多走了,还要花这么多去访寻贼子,结果仍旧是一无所得,出不了这一口怨气。只有我一个人倒霉,只有我一个人叹气,只有我一个人流眼泪。

(3.1.72—81)

不知莎士比亚是否了解,正统的犹太教徒,在孩子背弃信仰后,就会当作他们死去一样地哀悼。莎士比亚一定认为犹太和其他种族的放贷者都把钱看作活物。钱可以再生息,所以钱丢了,就像是死了。夏洛克的意思也许是只要钱能回来,他宁可女儿死掉;也许似乎希望连人带钱都死掉。但他也病态地想象着要把女儿和钱一起安葬。"损失上再加损失。"

杜伯尔纠正说倒霉的不止夏洛克一个——"倒霉的不单是你一个,我在热那亚听人说,安东尼奥——"。夏洛克兴奋地打断他,他重复的语句,这次表现的不是隐秘的思考,而是兴奋、惊讶、痛楚:

夏洛克:什么？什么？什么？倒霉？倒霉？

杜伯尔:有一艘从特里玻利斯来的大船,在途中触礁。

夏洛克:谢谢上帝！谢谢上帝！是真的吗？是真的吗？

杜伯尔:我曾经跟几个从那船上出险的水手谈过话。

夏洛克:谢谢你,好杜伯尔。好消息,好消息！哈哈！什么地方？在热那亚吗？

杜伯尔:听说你的女儿在热那亚一个晚上花去八十块钱。

夏洛克:你把一把刀戳进我心里了！我也再瞧不见我的金子啦！——一下子就是八十块钱！八十块钱！

杜伯尔:有几个安东尼奥的债主跟我同路到威尼斯来,他们肯定地说他这次一定要破产。

夏洛克:我很高兴。我要摆布摆布他,我要整治整治他。我很高兴。

(3.1.82—97)

这一段是喜剧性的,当然能演成搞笑的性质,但笑声刚一响起就被痛苦的浪潮压下去了。观众和伤心人的距离太近了,心理上不能逍遥局外。夏洛克的感叹已经感染了观众,他们不能无动于衷地取乐了。

莎士比亚有可能是让自己的想象力在这里失控了。除了《托马斯·莫尔》里的"D"部分之外,他的创作过程再没留下记录。但17世纪曾流传,他说过写《罗密欧与朱丽叶》时,他不得不在第二幕杀掉迈丘西奥这个野性难驯、常讥讽浪漫爱情的人物,否则就会被他害死。也许《威尼斯商人》里也是一样。也许他原计划让夏洛克扮演喜剧中的恶人,但夏洛克不肯安于这个位置。然而和迈丘西奥相比,夏洛克这个人物更为重要,而且我们知道作者的高超技术,深信他不会轻易让人物失控。夏洛克和杜伯尔的这一场对话,很可以在喜剧性最强的关头结束。但莎士比亚让杜伯尔接着报告消息:

杜伯尔:有一个人给我看一个指环,说是你女儿用它向他换了一只猴子。

夏洛克:该死该死！杜伯尔,你提起这件事,真叫我心里难过;那是我的绿玉指环,是我的妻子莉莎在我没有结婚的时候送给我的,即使人家把一大群猴子来向我交换,我也不愿把它给人。

杜伯尔：可是安东尼奥这一次一定完了。

夏洛克：对了，这是真的，一点不错。去，杜伯尔，现在离借约期满还有半个月，你先给我到衙门里走动走动，花费几个钱。要是能罚他，我要挖出他的心来；即使他不在威尼斯，我也不怕他逃出我的掌心去。去，去，杜伯尔，咱们在会堂见面。好杜伯尔，去吧，会堂里再见，杜伯尔。

(3.1.98—108)

表面看来，叙述杰西卡的奢侈只是为了引出夏洛克的痛惜钱财，但他的痛楚突然加深了，笑声凝住了。指环似乎不仅是这个犹太人的一份财产，也是他心中的一份感情。

《威尼斯商人》里的某些物件被赋予了奇特的意义，或赋予拟人的效果。安东尼奥朝"犹太袍子"吐口水(1.3.108)；夏洛克不能忍受"弯笛子的怪叫声"，他要求"所有的窗都给我关起来，别让那些无聊的胡闹的声音钻进我清静的屋子里"(2.5.29,33)；而"游戏契约"的存在直接威胁着安东尼奥的性命(1.3.169)。初看之下，这些拟人手法都源自夏洛克用没有繁殖力的金属"生息"(1.3.92,129)的邪行，但基督徒也和他混作了一路。萨莱尼奥和萨拉里诺想象着：

危险的礁石，
他们只要略微碰一碰我那艘好船的船舷，
就会把满船的香料倾泻在水里。

(1.1.31—33)

鲍西娅的求婚者从三个金属匣中取出手卷，获知自己的命运。而最后一幕情节整个围绕着指环所象征的力量。但剧中最有力度的象征物还是和夏洛克亡妻连在一起的那枚绿玉指环。它使人感到突然的剧痛，夏洛克马上着手陷害安东尼奥——"要是能罚他，我要挖出他的心来；如果他不在威尼斯，我就能尽情要利钱啦"。但他想着指环说的话预示了他在法庭上的明确目的是复仇，而不是金钱。

御医洛佩兹也曾接受了西班牙国王的一只贵重的指环，审讯时被搜捡出来。他处决后指环女王保留着。洛佩兹被指控以50000克朗的价钱受雇谋害女王。莎士比亚对夏洛克的写法是否表示他认为洛佩兹除了贪财,还有其他目的?这已不得而知。《威尼斯商人》不是对那场叛国案的解说,而是以犹太放贷人为反角的浪漫喜剧。夏洛克和洛佩兹的相似之处主要是外族人的身份和洛佩兹所缺的犹太人的特性。除了吸引大众兴趣,增加票房收入,联系那场案件和这部戏剧的主要元素是众人的笑声。莎士比亚一下捕捉住了这一阵笑声,并干扰了它。人们笑起来,是自以为听到了马洛式的狡猾谑语:"他爱女王就像他爱耶稣"。这句话本身是,或被认为是,谋杀未遂的犯人的供状。对于这人来说,"爱"这个字的意思就是"恨"。

尽管莎士比亚以娱乐大众为业,这种笑声显然使他感到不太舒服。他写这个剧本时既借用了《马耳他岛的犹太人》,又抛弃了其中的刻薄讽刺。剧作家莎士比亚似乎说,不管在别处怎样,至少我不会在绞架下笑出来的。我不是马洛。马洛的讥讽消失了,莎士比亚用以代之的不是宽容(毕竟夏洛克改了信仰后才得到赦免),而是从想象力的博大胸怀中发散出的奇异的、不可遏制的光芒。这种博大胸怀使戏剧变得复杂,它使人们不能痛快地嘲笑夏洛克是怎样把女儿和钱币混为一谈,它更削弱了庭审一场的高潮。庭审一场是对现实刑罚的模拟:到了这里,于道德于法律都该有完满的了结,应该惩治恶人,强化主流文化的核心价值观。这里似乎万事俱备:英明的公爵,摩拳擦掌的犹太人,无比雄辩的仁爱的呼唤,惊心动魄的结局。然而这一场在案头或是在舞台上看来看去,都是没有了结的,因而也使人心里不安。它的结局依靠的是法律技巧,仁爱的呼唤最后让位于强硬的刑罚,价值观的宣扬淹没在得意洋洋,幸灾乐祸的喧嚣中。剧中夏洛克的邪恶性情没有改善,他的害人之心仍不得不防,而剧本把他的内心刻画得太深入了,使人很关心他这个人和他的命运,不能了无牵挂地开怀大笑。莎士比亚的某些做法是和马洛决然不同,也不同于在刑场嘲笑洛佩兹的人们。他想象着一个被折磨得近乎崩溃的人心里会想些什么,把它写了出来:

> 我是一个犹太人。难道犹太人没有眼睛吗?难道犹太人没有五官四肢,没有知觉,没有感情,没有血气吗?他不是吃着同样的食物,同样的武器可以伤害他,同样的医药可以治疗他,冬天同样会冷,夏天同样会热,就像一个基督徒一样吗?你们要是用刀剑刺我们,我们不是也会出血的吗?

你们要是搔我们的痒,我们不是也会笑起来的吗?你们要是用毒药谋害我们,我们不是也会死的吗?那么要是你们欺侮了我们,我们难道不会复仇吗?

(3.1.49—56)

第十章 与死者对话

　　1596年春夏某时,莎士比亚或许得到消息,他十一岁的儿子哈姆尼特病了。他也许立刻会意,旋即回程,也许因为事务滞留伦敦。那时他事情很多。7月22日女王的表亲,权重一时的宫内大臣亨利·凯利去世,他是莎士比亚剧团的保护人。科巴姆勋爵继任宫内大臣,但演员们转而受凯里之子哈德森勋爵乔治·凯里庇护。(不出一年科巴姆勋爵去世,乔治·凯里任宫内大臣。于是剧团在短暂地更名"哈德森勋爵剧团"后,仍称"宫内大臣剧团"。)保护人的去世和不安定的世态肯定给剧团带来了惊慌,更何况牧师和政府官员又开始呼吁关闭剧院,以保证伦敦人的身心健康。城里所有的旅店都禁止演戏,1596年夏天可能伦敦当局还下令把所有剧院关闭了一段时间。由戏禁造成的停业便可以解释为何那一年夏天莎士比亚的剧团中一些演员在外面演出。有的在肯特郡的法弗舍姆,有的在别处。

　　莎士比亚有可能和别的演员一起巡演,也有可能留在伦敦写一部剧本。《约翰王》、《亨利四世》上篇和《威尼斯商人》里应有一部是这时写出来的。他如果在伦敦或去巡演,至多只能隔三差五听到斯特拉福的消息。但到了夏天他一定是知道哈姆尼特的病情恶化了,必须丢下一切事务赶回家。当他到家的时候,十一岁的孩子已经死了。实际上孩子幼年时莎士比亚就离开了,只在回家时短暂地见过面。据推测8月11日,孩子的父亲把他葬在圣三一教堂。值班教士做了记录:"威廉·莎士比亚之子哈姆尼特。"

　　本·琼生等人写过哀悼爱子的悲恸的诗句,莎士比亚却没发表过任何挽诗,也没见过任何关于他为人父心情的记载。他申请家徽的举动必定在某种意义上和他对子嗣的期望有关。莎士比亚的遗嘱体现了他想让家中男孩继承财产的热望。但那些正式文件是模式化的，未必反映他的心理活动。有说法认为莎士比亚时代的父母不敢把太多的关爱、期望寄托在一个孩子身上。不满十岁的孩子有三分之一夭折，按今天的标准，当时的死亡率整体上极高。

死亡对于莎士比亚是一种日常的场景，就在家里发生过，就在眼前。莎士比亚十五岁时，他九岁的妹妹安去世了，他肯定还见到其他孩子死去。但熟识就会变得麻木吗？最近有人研究了当时一位医生的私人日记。从中可以看到，常有人死了配偶或子女，痛不欲生地到他那里求医。人的感情毕竟不能因为统计数据而做出理性的调节。伊丽莎白时代可能有些父母学会了保留感情或避免伤痛，但不会所有人都如此。

很多人指出，在哈姆尼特死后四年里，莎士比亚写出了几部最欢快的喜剧：《温莎的风流娘儿们》、《无事生非》、《皆大欢喜》。但这些年的剧本不完全欢快，有些地方似乎也折射了深深的内心伤痛。《约翰王》写于1596年，就在儿子安葬之后。莎士比亚在剧中描写了一个因丧子痛不欲生的母亲。主教在一旁看着，说她疯了。但她坚持说自己完全清醒。"我没有疯，我倒真恨不得疯了才好！"(3.4.48)她说，是理智而不是疯癫使她想要自杀，因为是理智使她总想起孩子的样子。别人说她不该过分沉溺于悲哀时，她的回答质朴有力，从情节的纠葛中突显出来。

  哀伤填补了逝去的孩子的地位。
  它睡在他的床上；
  它跟我进进出出；
  它露出他那漂亮的样子；
  它重复他的话语。
  它总让我想起他身上各个秀美的部位，
  总是用他的形象塞满他一件件空空的袍子。

(3.4.93—97)

即便不能肯定这几句话和哈姆尼特的死有关，至少我们不能想象莎士比亚只是埋葬了儿子就无动于衷地走了。这件事的影响肯定在他心中挥之不去，即便在他写出福斯塔夫的恋爱和贝亚蒂斯与班尼迪克的智斗，引得观众发笑的时候,他也会想起。也有可能丧子之痛几年后才能在莎士比亚的作品里充分发泄出来。

在莎士比亚晚期的一部作品里,似乎可以看出儿子在世的时候,他定期回斯特拉福探亲的那段生活的影子。一个人问朋友,"您也像我们这样喜欢您的小王子吗?"另一人回答:

> 当我在家时,王兄,
> 他是我唯一的消遣,唯一的安慰,唯一的关心;
> 他一会儿是我的结义之交,一会儿又是我的敌人;
> 一会儿是我的朝臣、我的兵士和我的官员。
> 他使七月的白昼像十二月天一样短促,
> 用种种孩子气的方法来解除我心中的郁闷。

(1.2.165—172)

"当我在家时":这句话符合剧情,更符合作者的心情。也许莎士比亚在心中郁闷的时候,会痛苦地追想自己的儿子。上面的台词出自《冬天的故事》,剧本刻画了一个早熟的小男孩,在善妒的父亲向母亲发难的时候,他憔悴身亡。

在哈姆尼特死后,不管莎士比亚是痛不欲生还是心境平和,他都投入了工作。他在90年代后期极为忙碌多产,写出了一系列杰出的戏剧,经常在宫廷和剧场上演,他逐渐名利双收。作为剧团的股东,莎士比亚可能直接参与着剧团所有的日常事务,包括他们和贾尔斯·艾伦之间的激烈冲突,后者是剧团演出场地唯一剧场所在地的地主。詹姆斯·伯比奇和他的合伙人从1576年开始租用这块土地,租期将要满了,但艾伦不愿续约,至少是伯比奇死后他的儿子接管时提出的条件,艾伦不同意。

最后双方谈判失败,剧场关闭了。剧团无奈,转到附近的帷幕剧场演出,但这个地点不太理想,他们的收入明显下降。为了挣钱,他们选择了通常剧团所不为的办法:他们把四部最受欢迎的剧本《理查三世》、《理查二世》、《亨利四世》上篇和《爱的徒劳》卖给了出版商,以四开本的形式发行。这一笔收入肯定是能解决问题的,但是这种做法不像是解决问题的出路,倒像是要倾家荡产的一个不祥的开端。

他们真正解决问题还是用了铤而走险的方式。1598年12月28日的雪夜,天气寒冷,泰晤士河结冻了,剧团成员在肖迪奇区会集,手持灯火和武器——后来证词里说的是"刀剑、匕首、钩刀、斧头,等等"。这一伙人可能雇用了几个打手来帮忙,他们不能说是恐怖性武装,但演员们都训练过使用兵器,而且当时伦敦没有正规的警力,所以这些人已足能胜任。他们布置人在周围放哨,然后和十几个工人一起,拆除了唯一剧场。早晨天亮后他们把沉重的木料装上马车,运往河对岸玫瑰剧场附近他们在瑟热克区的一个地方。气急败坏的地主艾伦起诉他们非法闯入私地,但这场官司很复杂,因为伯比奇租地时约定他们有权收回在艾伦的地界建造的任何建筑。不管怎样,这件事已经做了,至于他们怎么能在一夜之内摸着黑干完,实在是很费思量。

此后的一个月内,巧匠彼得·斯特里特巧妙利用旧剧场的木材,造成了一座漂亮的新剧场。这个剧场是多边形,边长约一百英尺,舞台是个巨大的平台,伸向观众席,还有三处站席。它能容纳三千余观众,相对于伦敦的城市规模,它已经非常宏伟了。宽大的剧场也能更好体现演员对于复杂的语言和情感的表现。(今天岸边的环球剧场只有它的一半容量。)这项浩大的工程只有不多的几个投资人,其中包括莎士比亚。他们把拉丁文 Totus mundus agit histroniem 作为标语,大意是"舞台展现全球",大力神肩负地球的形象是他们的标志。他们给新剧场起名为"环球剧场"。

由于莎士比亚的投资,他如今已经不仅是剧团的股东了。按照1599年2月22日签署的协议,环球剧场的十分之一归他所有,另外四个演员约翰·海明、托马斯·波普、奥古斯丁·菲利普斯和威尔·肯普也都拥有十分之一。以滑稽歌舞著称的名丑威尔·肯普不久就和剧团闹翻自己离开了,他转让了自己的股份,并且尖刻地把莎士比亚的名字变形成"Shakerags"来嘲笑他。剧团一时没有了丑角——过了一段时间他们才找到机智的矮个子罗伯特·阿尔民。所以莎士比亚后一部戏剧《裘利斯·凯撒》明显缺个有趣的丑角。

莎士比亚搬到了离环球剧场近一些的瑟热克区。剧场六月完工,使他们迅速赢得了转机。宫内大臣剧团本可以选一出轻松娱乐的首演剧目,但他们还是用《裘利斯·凯撒》打了头炮。担心女王被暗算的阴云当时还笼罩在英国人的心上,这部悲剧很合时宜。一个名叫托马斯·普拉特的瑞士观光客在伦敦看到演出,给家里写信几处提及对莎剧的观感,其中一处写道:"9月21日,午饭后大约两点,我和同伴过河在茅草顶的剧场观看了第一位皇帝凯撒的悲剧,约有十五个演员,演得很好。"据普拉特记述,演员们按照习俗,在剧终两人着男装,两人着女装,无比优雅地相携起舞。有了《裘利斯·凯撒》和其他强势剧目,环球剧场大获成功,以至于六个月后玫瑰剧场的对手整装离开,到河对岸克里佩尔门新建的"幸运剧场"去了。

他们把对手从身边逐开并不意味着经济竞争就完全结束了。相反,1599年底,新近复兴的保罗童伶剧团成了宫内大臣剧团的劲敌。第二年,黑僧教堂童伶剧团也加入了竞争。尽管它们的演员还都是男孩子,但其竞争力一点不弱。他们老练聪慧,技巧出众,非常叫座。莎士比亚在下一部剧中对这种竞争的情况有所暗指。哈姆莱特问演员们,为何要远赴厄尔锡诺演戏,他们在城市里应该有更高的声誉。罗森格兰兹说他们的观众人数锐减,因为"一群羽毛未丰的黄口小儿",他们就是一群鹰雏,"他们是目前流行的宠儿"(2.2.326,328)。莎士比亚写《哈姆莱特》的时候,很有危机感。他作出忧虑之态,担心被童伶们抢了生意,他的担忧可不完全是调笑。

1600年前后创作的《哈姆莱特》不一定是莎士比亚自己的创意。至少英国舞台上已经有了一部表现丹麦王子为父亲报仇的戏剧。虽然剧本已经丢失,它在当时应该是很成功的,因为同代的作家偶然提到它的口气,仿佛这部剧是尽人皆知的。1598年那什曾讽刺一个自以为是的暴发户剧作家(有可能指托马斯·基德),说他没上过大学,不知天高地厚。他还提到了一部写哈姆莱特的戏剧,"如果你在寒冷的早晨好好请求他一下,他就会把整部《哈姆莱特》呈现给你,给你一大堆悲剧台词。"七年后另一位大学才子托马斯·洛奇的一段嘲讽正和那什呼应,他说一个魔鬼"苍白得就像是鬼魂的面具,在剧场里如牡蛎贩妇一样哀叫着'哈姆莱特,报仇啊'"。这部剧如果一直上演到那个时期,对于伊丽莎白剧坛来说是很特殊的;也许它是近期重排的,或者它只是低劣的戏剧刺激的代名词。洛奇和那什都知道读者一下就能想起这个故事。

也许是宫内大臣剧团中有人为了增加票房收入,建议莎士比亚利用成熟的时机新写一部改良的哈姆莱特。莎士比亚在剧团中的股份额很高,因而格外留意伦敦群众的兴趣,而且他此时已经很有经验,能让旧剧在自己手中焕发新的光彩。原剧的作者可能是基德,他也不构成障碍:其室友马洛事发连累他受审后,他的身体就被刑讯击垮,于 1594 年去世。而且莎士比亚时代的人并不在乎互相抄袭。

莎士比亚应该看过原来的《哈姆莱特》剧,很可能看过不止一次。他还可能参加过这部戏的演出,拿到过印着台词的纸卷,这种纸卷是用胶粘起来的,上面还有上场、退场的提示。伊丽莎白时代的演员都只拿到自己那部分台词(角色 role 这一称呼,就是从纸卷——roll 这个词来的),而不是全剧。印刷全剧成本太高,而且剧团们都谨防剧本流传到外面。只是在一些特别的时候他们会把剧本送给关系好的保护人,经济紧张的时候会卖给出版社。然而他们还是希望观众以来剧场看戏为主,而不是在案头读剧。(剧本如果不印刷当然就更容易丢失,原来的《哈姆莱特》和其他很多剧就这样失传了——但剧团不关心这些。)

不论莎士比亚手头是否有《哈姆莱特》的稿本,他有着极好的记忆力,其实当时的演员都有这种本领。他经历的每一件事,即使擦肩而过,也会留在他的记忆中,也许几年后发挥作用。从人们谈话中的机锋,到政府的公告,冗长的布道词,乃至市井闲言碎语,车夫渔妇的对骂,书店中随手翻到的几页文章,都会存在他的脑海中,随时利用。他的记忆力不是无懈可击的,他有时出错,混淆了两个地点,或把人名张冠李戴,等等。但这些错误恰说明他的记忆天赋不是靠强制的机械劳动。这种记忆是不尽的创作源泉。

当莎士比亚开始写作新的剧本时,他可能脑子里记得原来的哈姆莱特,至少记得他曾有意背诵的段落。现在已经不能断定,他是完全依靠记忆,还是边写作边看参考书——他写《安东尼与克莉奥佩特拉》时,显然是用后一种方式。但他必定也读过这个丹麦的谋杀复仇故事,可能还读过多种版本。至少从他的剧本中判断,他详细读过贝尔弗雷用法语写的故事。贝尔弗雷的悲剧故事集曾在 16 世纪晚期大规模出版(有过至少十个版本)。贝尔弗雷的哈姆莱特故事取自 12 世纪末的一个叫萨克索的文法学家撰写的丹麦编年史,而萨克索用的素材,则可追溯到几百年前的口头和书面传说故事。这一次莎士比亚又使了他的惯用手法,挖掘已有的素材——构造完好的情节、常见的人物类型、可预期的刺激效果。

莎士比亚本人并不是深不可测的。到 1600 年,他宏阔的想象力应该说是已经划定了疆界。作为职业剧作家,他那曾经创造辉煌成就的想象力,应该开始重复以往的轨迹了,他似乎已经不再有新大陆可以探索。所有人,包括莎士比亚自己大概都不曾预见他此后创造的奇迹。

尽管莎士比亚还是个年轻人(只有三十六岁),他十年内已在三种主要体裁取得了的辉煌成就——喜剧、历史剧、悲剧,每一体裁的作品都达到了难以超越的高度。他确实再没有尝试过写出超越《亨利四世》和《亨利五世》的历史剧,他似乎明白自己在历史剧上已经发挥了最高水平。虽然他后来又写了美妙的《第十二夜》,但他在喜剧体裁上并没有超越《仲夏夜之梦》、《无事生非》和《皆大欢喜》。《哈姆莱特》开始了新的一场创作高潮,随之而来的有《奥瑟罗》、《李尔王》、《麦克白》、《安东尼与克莉奥佩特拉》和《科利奥兰纳斯》。但在1600年,一个颇有见识的戏迷定会认为,莎士比亚在悲剧上的成就已经达到了顶峰。他以前创作的二十多部戏剧中已经有了《泰特斯·安德洛尼克斯》、《罗密欧与朱丽叶》和《裘利斯·凯撒》。他的悲剧实际还不止这些,《亨利四世》第三部、《理查三世》、《理查二世》现在被归入历史剧(这是按照第一对开本的分类法),在莎士比亚生前却是作为悲剧出版的。

悲剧和喜剧的界限,实际对于莎士比亚和很多同代剧作家来说并不重要。他看到,不管历史的发展如何起起落落,它的深层结构都是悲剧性的;反过来,他眼中的悲剧源于历史。正如《威尼斯商人》已经充分表明,他所理解的喜剧掺杂着痛苦、失落和死亡的威胁,而他所理解的悲剧中也有滑稽和欢笑的容身之地。当时的文学理论家主张谨遵亚里士多德传下来的规范,菲利浦·锡德尼爵士所谓的帝王和小丑的混合是他们所强烈反对的。1579年,莎士比亚还在上学,锡德尼著文讽刺了典型的英国戏剧,说它情节松散随意。这种描述本意为使读者反感,但它却准确地指出了莎士比亚戏剧创作的成功之处。锡德尼嘲笑说,三个女士走上台来,观众需要想象她们在采花;一会工夫四个演员披挂上场,就要想象两军交阵;这时传来海难的消息,又不得不把舞台想象成一片险滩。"一边是亚洲,一边是非洲,还有许多小国,以至于角色一上场先要解释他在哪里,不然故事就无法看懂。"

锡德尼和另外一些人要求的是整体上的规整。他们认为,舞台自始至终只能表示一个地点,舞台上的时间不得超过一天,悲剧所引发的高尚情感,不能沾

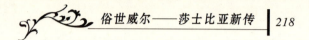

染喜剧的轻蔑挑逗和放荡的欢笑。这是从亚里士多德那里传下来的规范,但莎士比亚和他的同行们对此都是惯于违反的。

英国和欧陆博学的批评家们固守着不同体裁之间的界限,莎士比亚却对体裁的界线置之不顾,这一点有助于解释莎士比亚创作生涯中的疑点,尤其前十年:他的艺术的发展缺乏清晰的、逻辑性的轨迹。各版本的莎士比亚全集把剧本整齐地分成几类,先是一组喜剧,随后是历史剧、悲剧,最后是传奇剧——这种分类完全不能反映真实情况。如果按照莎士比亚内心的轨迹来编排,——从青春快活,到结交权贵,到忧思生死,最后进入晚年的睿智与宁静——然而这同样是一种误导。莎士比亚这样一位作家,桌面上(和脑海中)曾同时摆着《仲夏夜之梦》和《罗密欧与朱丽叶》。在他眼中,一边的欢笑可以摇身一变,化作另一边的眼泪;他可以在描写贵族恋情的机智轻快的喜剧《爱的徒劳》达到高潮时,传来公主父亲病逝的消息,使婚礼延期;他可以在可怕的理查三世评价他雇来杀害兄弟的凶手时,让观众笑起来:

傻瓜的眼泪是水,你们的眼泪可是重如磐石。
我喜欢你们,小伙子。

(1.3.351—352)

莎士比亚还在写《哈姆莱特》之前的几年里连续写了各种题材的剧本,从中世纪后期英国的内战,到贝特丽丝和培尼迪克在西西里的恋情,到阿金库尔的战争,到凯撒遭受的暗杀,到阿登森林里的田园风情。它们各具独特的视角,却又能包容看似和自己性情相斥的事物。

如果莎士比亚在1600年离世,人们很难想象他还有未完成的成就,更不能想象他还在作品中酝酿新的技巧。但《哈姆莱特》证明,他的作品中默默地、稳健地发展一种特殊的技巧。这一进展也许是有意追求的,是他在创作中明确地设计的结果,也许更多的是出于偶然。总之它是逐渐获得的,不是突然完成的,也不是大张旗鼓的新发明。它是经过了细腻打磨的一套特殊的表现技巧。在世纪之交莎士比亚也作好了开创新纪元的准备。他已经能用完善的手法表现人物内心了。

心理活动对戏剧来说是个巨大挑战,因为观众只能看到听到角色在人前的谈话——他们彼此的交谈,和偶尔直接说给旁观人的旁白、独白。作者当然可以使观众听到角色的自言自语,但这种自语也很难掩盖表演的痕迹。写于约1592年的《理查三世》是一部荡气回肠的戏剧,它的主角给人难以忘怀的震撼力。但当他独自在夜色里表白内心的时候,其言辞显得那样生硬做作:

> 时间已是半夜。
> 我浑身发抖,渗出了恐惧的冷汗。
> 我害怕什么?害怕自己吗?这儿并没有别人。
> 爱理查的就是理查,就是说,我才是我。
> 这里有杀手吗?没有。啊,有的,我就是个杀手。
> 那就逃吧!怎么?逃避自己吗?好充足的理由!
> 怕我对自己报仇。我会找我自己报仇吗?
> 啊,我是爱自己的。为什么爱?
> 因为我对自己干过什么好事吗?
> 啊没有!唉!我倒是因为自己做的孽厌恶自己,
> 我是个歹徒。我说了谎,我不是歹徒。
>
> (5.5.134—145)

莎士比亚借鉴了编年史的记载,即理查在死前的夜里不能成眠,他的良心受到从未有过的谴责。这段独白很有力度,但作为内心冲突的描画,仍嫌粗略呆板,不过像是舞台人物的心中又出现了一个小小的木偶戏场面。

三年后的《理查二世》与此相比,就显出了莎士比亚技巧的发展。被自己堂兄弟波令勃洛克推翻的国王,死前在狱中反观自心:

> 我一直在研究怎样把我居住的囚室跟世界做个比较,
> 却因为世界人口众多,而这儿除了我就没有别人,无法如愿。
> 不过,我还是想悟出个道理来。
> 我要证明我的头脑是灵魂的妻子,
> 而灵魂却是父亲,
> 一代代生生不息的思想就由他俩孕育而出。
>
> (5.5.1—8)

两者间的差异很大程度上在于两个人物的不同:一个狂躁嗜杀的暴君,一个娇养、自恋、自误的诗人。但这两个人物之间的过渡本身就有重要意义。它表示莎士比亚对内心活动的兴趣增强了。理查二世被关在密室里,观照自己的念头,他试图用想象把自己的囚室和广大的世界联系起来。这种想象走到尽头,便又重新开始:"我还是想悟出个道理来。"熙熙攘攘的世界是很难和他孤寂的囚室放到一起对比的,但理查希望,靠头脑和灵魂的结合自己能生出子虚乌有之民。他想出来的是一场内心戏剧,很像理查三世的独白,但更加复杂微妙,而且他对此有了自知。角色充分觉察到自己建构了一个戏剧场景,他嘲讽着自己拼命构想出来的暗淡的幻觉:

> 我就像这样,一个人扮演了许多个角色,
> 却总无法得到满足。我有时是国王,
> 可叛变使我希望做个乞丐。
> 于是我做了乞丐,
> 但难以忍受的痛苦又让我相信当国王毕竟好过一些,
> 于是我又成了国王。
> 过不久我又想起已被波令勃洛克推翻,
> 于是我什么也不是了。不过,无论我是什么,
> 我都是不会满意的。
> 任何人,只要是人,无论已经有了什么,
> 都是不会满意的,除非他摆脱烦恼,
> 一了百了。

(5.5.31—41)

理查二世用特有的编演方式,把自己遭废黜比作落入一片空无。他不知自己何许人也,——"无论我是什么",把这失落之情变成深奥的诗句。

1595年的《理查二世》标志着莎士比亚的描写心理的能力大大提高了,但四年后的《裘利斯·凯撒》显示出他并不就此满足,而是继续悉心尝试新技巧。布鲁图斯深夜在园中独步:

> 只有叫他死这一个办法。
> 我自己对他并没有私怨,

> 只是为了大众的利益。
> 他将要戴上王冠,
> 那会不会改变他的性格是一个问题;
> 风和日丽的天气,反而会把毒蛇引出洞来。
> 所以步行的人必须时刻提防。
> 让他戴上王冠?——不!
>
> (2.1.10—15)

这段独白不如理查二世在狱中的独白流畅优美,也缺少自省的诗意思考。但这里出现了崭新的内容,它无疑是真正的思索。理查说到要粉碎幻想,但他的言辞是经过雕琢的。布鲁图斯的话则像是直接表现了翻来覆去的思想斗争,他正考虑着一系列重大问题:群众拥护凯撒称王怎么办?与凯撒的私交和他认定的公众利益,他该怎样权衡?一直为公益效力的凯撒一旦称王,会有怎样可怕的内心变化?"只有叫他死这一个办法",不需要铺垫,观众就被带入了布鲁图斯的沉思。无法判断他是在估量一桩提议,在斟酌决策,还是在重复别人的话。他不用说出针对的是何人,不用说出手段是暗杀,因为这些已经都在他的脑子里。

布鲁图斯在自言自语,他边想边说的话有特别的省略方式。"让他戴上王冠",这种说法几乎不可理解,只能设想他的脑海里正闪过凯撒加冕的画面,令他勃然大怒。观众被拉到触手可及的距离,眼睁睁地看着刺杀凯撒——一个足以改变世界的致命决定,是怎样形成的。过后布鲁图斯形容自己熔融般的意识,这时他是高度自察的。

> 在计划一件危险的行动和开始行动之间的一段时间里,
> 一个人就好像置身于一场可怕的噩梦之中,
> 遍历种种的幻象;他的精神和身体上的各部分在彼此磋商;
> 整个的身心像一个小小的国家,
> 临到了叛变突发的前夕。
>
> (2.1.63—69)

莎士比亚在1599年的这一时刻是否开始酝酿一个优柔寡断的人物?布鲁

图斯不是这种人;《裘利斯·凯撒》进行到一半,可怕的行动就已经完成了,他刺杀了自己的师长和朋友——也许还是他的父亲,剧本的后一半嘲讽了他造成的恶果。

如果莎士比亚不是立刻想到,就应是在此后一年中考虑清楚,伊丽莎白舞台上有个常见人物,可以描绘成梦魇萦绕的角色。他就是充满内心冲突的王子,哈姆莱特。

现存最早的哈姆莱特传说是在中世纪,那时的哈姆莱特,下了最初决心之后(也许出于冲动,也许经过策划),耽搁了很久才完成血腥的行动。据文法学家萨克索记载,国王豪文蒂尔(即莎士比亚的老王原型)是被妒忌他的兄弟方恩(莎士比亚的克劳狄斯原型)公开杀死的,而非暗杀。方恩找了个借口,说老王虐待自己温顺的妻子格鲁塔,实际是残酷的方恩大权在握,足以篡国夺嫂。他唯一的障碍是豪文蒂尔的幼子阿姆列特,因为在基督教引进之前的野蛮社会里,儿子必须替父亲报仇。阿姆列特现在是没有危胁的孩子,可是他长大后会明白自己的复仇使命。凶手方恩当然知道子报父仇的严酷规则,如果不尽快解决这个孩子,他自己的性命也就危险了。阿姆列特为了能活下去报仇,用装疯的办法解除他叔叔的戒心。他溅上满脸泥土,无精打采地坐在火边,把一根根小木棍削成钩子。狡猾的方恩三番五次设计试探这个一脸傻态的侄子是不是还暗藏着理智,阿姆列特都机敏地躲过了。他等待时机,暗地谋划。别人把他当作傻子取笑,他忍受着蔑视和嘲讽,最后终于放火烧尽了方恩的随从,一剑刺穿了方恩。他召集贵族,向他们解释了自己过去的行为,众人热烈拥举他作国王。"他能在这样长的时间里,暗自谋划得这样周密,令众人震惊。"

犹豫不决的状态,布鲁图斯只忍受了几天,而阿姆列特坚持了几年。莎士比亚摸索出了一套表现彷徨心态的手法,这是萨克索和他的后继者都远远不能的。这个哈姆莱特故事是一份成熟的素材,莎士比亚想到可以借此写一部戏剧,表现从策划到实施一场谋杀之间内心的紧张状态。但他遇到一个问题,戏剧中的酝酿过程不能太长。如果表现少年哈姆莱特装疯,等待自己长大成人有复仇能力,这很难产生戏剧效果。显然解决这个问题的办法便是让戏剧在哈姆莱特成年并有能力复仇时开始,早先遗失的那部剧本可能也采取了这一办法。

托马斯·罗奇曾提到一个鬼魂,像牡蛎贩妇一样惨叫着"哈姆莱特,复仇啊!",这说明原来的哈姆莱特剧本里已经增加了哈姆莱特父亲的亡魂这个关键人物。增加一个鬼魂也许只是为了引起观众的恐怖感,托马斯·基德在他最成功的戏剧《西班牙悲剧》中就是这样做的。但基德(或这部遗失剧本的其他作者)也同样有可能比莎士比亚更早地给情节作了重大改动,使得鬼魂的作用不仅是装点情节。在文法学家萨克索的哈姆莱特故事里是没有鬼魂的。由于谋杀是公开的,子报父仇的责任也是众所周知的,因而鬼魂没有必要出现。但莎士比亚写自己的剧本时,把谋杀写成了一桩秘密,也许出于创新,也许是沿用基德的情节。丹麦人都以为老哈姆莱特是遭蛇咬身亡,鬼魂出现便是为了讲出可怕的真相:

> 那害死你父亲的蛇,
> 头上带着王冠呢。

(1.5.39—40)

莎士比亚的剧本始于鬼魂揭示真相之前,止于哈姆莱特完成复仇。他把情节作了重大改动,从公开的杀害变为秘密谋杀,而且被害者的亡魂只把真相告诉了哈姆莱特一人。这样改动后,几乎整部悲剧的重心便可放在"最初决心"和"血腥行动"之间主人公的内心活动上。但这一段间隔在情节中必须有所解释。毕竟改编后的哈姆莱特已经不是个等待成年的孩子,凶犯也知道哈姆莱特不曾,也不会了解他的罪行。克劳狄斯不仅不躲避哈姆莱特(或设巧计测试他),反而制止哈姆莱特返回学校,称他作"群臣的首领、我最亲密的亲属和儿子"(1.2.117),而且宣布哈姆莱特是王位的直接继承人。当他父亲的鬼魂向他揭示自己真正的死因时——"杀人是最大的罪恶;可是这一件谋杀的惨案,更是骇人听闻而逆天害理的罪行",哈姆莱特的叔叔对他毫无防备,他也有足够机会接近克劳狄斯,这应该是他动手的最好时机。哈姆莱特自己也期待着立即行动:

> 赶快告诉我知道,
> 让我驾着像思想和爱情一样迅速的翅膀,
> 飞去把仇人杀死。

(1.5.27—31)

第一幕结束时全剧也就该结束了。但哈姆莱特偏偏没有立即复仇。鬼魂消失后,哈姆莱特马上告诉哨兵和朋友赫拉旭自己准备"装出古怪的举动"(1.5.173),也就是准备装疯。在旧版本中他装疯是有充分道理的,是用来迷惑敌人、赢得时间的计策。年少的阿姆列特露出疯态,用小刀不停地削木钩。这些木钩是时间的标志,也是复仇者长期机智谋划的证明。故事发展到高潮,阿姆列特正是借助这些木钩网住了熟睡的侍臣,然后放火烧宫。外表的疯狂实际是非凡的计谋。但莎士比亚的版本中,哈姆莱特装疯就不再是言之成理的战术了。连贯、动人的情节本来在素材中唾手可得,莎士比亚却把它打破了。然后他用碎片构建了一部令当代观众几乎一致视为他最高成就的戏剧。

　　哈姆莱特的古怪举止不但没有起到掩护的作用,反而引起了凶犯的密切注意。克劳狄斯向波罗涅斯咨询,和葛特露商量,仔细观察奥菲利娅,又派罗森格兰兹和吉尔登斯吞去侦查他们的这位朋友。哈姆莱特的疯癫不但没能躲过宫廷的注意,反倒使他成了众人长期关注的对象。奇怪的是,众人的关注也影响了哈姆莱特。

> 　　我近来不知为了什么缘故,一点兴致都提不起来,什么游乐的事都懒得过问;在这一种抑郁的心境之下,仿佛负载万物的大地,这一座美好的框架,只是一个不毛的荒岬;覆盖众生的苍穹,这一顶壮丽的帐幕,这一个点缀着金黄色的火球的庄严的屋宇,只是一大堆污浊的瘴气的集合。人类是一件多么了不得的杰作!多么高贵的理性!多么伟大的力量!多么优美的仪表!多么文雅的举动!行为多么像天使!智慧多么像天神!宇宙的精华!万物的灵长!可是在我看来,这一个泥土塑成的生命算得什么?
>
> (2.2.287—298)

"但我不知道是什么缘故"——哈姆莱特完全清楚自己是在和宫里派来的奸细讲话,他没有提到鬼魂的事,但鬼魂究竟能不能解释他的深切的抑郁,却也不得而知。在他在第一场出现时,还没有遇到鬼魂,他自言自语地讲出内心的秘密,就已经很像他对罗森格兰兹和吉尔登斯吞展现的幻灭的心态了。

> 　　上帝啊!上帝啊!
> 　　人世间的一切在我看来是多么可厌、陈腐、乏味而无聊!

> 哼！哼！那是一个荒芜不治的花园，
> 长满了恶毒的莠草。

(1.2.132—137)

是他父亲的猝死和母亲迅速再婚这两桩公开事件，而非任何秘事，使他想到了"自杀"。

因而哈姆莱特的疯癫外表下掩盖的，似乎正是一种近似疯癫的东西。事实上，他表现得最疯癫的时刻，是在他母亲的内室里，他一再说自己非常清醒，警告母亲不能泄露他的计划。王后恐惧地喊着，"我该怎么做？"哈姆莱特对母亲发布着禁令，其中混杂着狂乱幻象：

> 我不能禁止您不再让那骄淫的僭王引诱您和他同床，
> 让他拧您的脸，叫您作他的小耗子；
> 我也不能禁止您因为他给了您一两个恶臭的吻，
> 或是用他万恶的手指抚摸您的颈项，
> 就把您所知道的事情一起说了出来，
> 告诉他我实在是装疯，
> 不是真疯。

(3.4.164—172)

葛特露随后对克劳狄斯说哈姆莱特"疯狂的像彼此争强斗胜的天风和海浪一样"，她可能说的就是心里话。(4.1.6—7)

莎士比亚省略了哈姆莱特发疯的原因，便使他的疯癫成了全剧的焦点。剧中最关键的心理描写——人人都记得的时刻——不是主人公谋划复仇，甚至不是他因拖延时日而反复冲动地自责，而是他对自杀的沉思："生存还是毁灭，这是一个值得思考的问题。"他的自杀冲动和鬼魂没有关系，实际上，他说死亡是"从来不曾有一个旅人回来过的神秘之国"(3.1.58,81—82)时，已经忘了鬼魂的出现。他的自杀冲动更关系到"无数血肉之躯所不能避免的打击"中的一种所造成的灵魂的病痛。

《哈姆莱特》足以划分莎士比亚剧作生涯的两个阶段，因为它揭示了莎士比亚对素材和写作手法进行大胆改造的个人原因。只需指出大批的新词在他笔下奔涌而出，便可看到他的变化。这些词在以往的二十一部剧和两首长诗里从未出现。据学者统计，这些词数量不止六百，其中很多不但莎士比亚没有用过，英文的书面材料里也没有见到过。语言的膨胀似乎不仅来自视野的加宽，更来自整个生活中的一次或一系列震荡。如果《哈姆莱特》是写于 1601 年上半年，而不是 1600 年，那么据一些学者的意见，其中一场事件应是导致埃塞克斯伯爵被处决的那场叛乱（按照《裘利斯·凯撒》中的说法）。更紧要的是，莎士比亚的保护人、朋友、或许还是恋人南安普顿伯爵被囚禁了。南安普顿 1599 年陪埃塞克斯远征爱尔兰，镇压蒂龙伯爵掀起的叛变。惯受女王娇宠的埃塞克斯任将军。和很多出征爱尔兰的军队一样，他们的队伍遭到爱尔兰势力的顽强抵抗，遭遇惨败。1600 年下半年，埃塞克斯突然擅自返回伦敦。女王把他软禁在家中，不复恩宠，令骄傲任性的埃塞克斯十分恼火。他召集自己的朋友策划一幕武装暴动——对外的理由是为保住身家性命，清除女王身边的佞臣塞西尔和雷利。伦敦民众不支持暴动，他们很快就溃败了。审讯的结果是早已内定的。1601 年 2 月 25 日，板斧挥了三下，埃塞克斯人头落地。随后他的几个主要帮手和朋友也被处决。

　　这场骤变必然给莎士比亚带来震动，不仅是南安普顿有可能性命不保的问题。南安普顿虽然最后得到赦免，但在 1601 年初，是很可能和埃塞克斯一起被处决的。莎士比亚个人和他的剧团过去的行动曾和后来的暴动有关联，这时都有可能惹祸。1596 年末或 1597 年初，莎士比亚冒险地羞辱了第七代考伯汉姆勋爵威廉·布鲁克。他给《亨利四世》里的胖骑士起名奥斯德卡斯尔，这正是威廉·布鲁克先祖的名字。把布鲁克树为敌人并不明智，因为就在当时或者不久以后，他被任命为宫内大臣，主要负责监督对戏剧的审查。但他是埃塞克斯和南安普顿的公开敌人，想必是出于这一点，莎士比亚感到自己有权拿他取笑。

　　1599 年，莎士比亚一反往常的风格，在一部剧中影射了时事。《亨利五世》将近末尾时，歌队描绘着国王从阿金库特战场胜利地回到伦敦的场面，突然插进了时事，"伦敦市民倾巢而出，"歌队说道：

> 再打一个不那么显赫、但也同样充满深情的比喻，
> 正像如今我们仁慈女王手下的那位将军，
> 要是他在不久的将来从爱尔兰归来，

> 在他的剑尖上挑着被镇压去的"叛乱",
> 那时候会有多少人离开安静的城市出来迎接他!

(5.0.24,29—34)

"一个不那么显赫、但也同样充满深情的比喻":即使经过了谨慎小心的权衡,歌队的话还是显出支持埃塞克斯的迹象。随后出现的事情更加危险。暴动的前几天,几个参与密谋的人召见莎士比亚的剧团——宫内大臣剧团,要他们"下周六演出废黜和处决理查二世的那部剧"。剧团的代表可能有莎士比亚和奥古斯丁·菲利普斯,以及几位资深演员,他们抱怨剧太老可能不卖座。密谋者为演出提供了40先令的资助,于是这部剧按要求上演了。

他们的意图似乎是要向伦敦的群众灌输一个成功起义的概念,也许还是为鼓舞密谋者自己的士气。至少他们被捕后,当局是这么认为的。女王很生气地说:"我就是理查二世,你们看不出来吗?"宫内大臣剧团迈向了更危险的境地。两个核心叛党受审时都被问到这场演出,仿佛它已成了密谋的一部分。但为剧团辩护的奥古斯丁·菲利普斯设法使法官相信,演员们是完全不知情的,他说,"他们只是为了比平时多挣40先令,所以按要求演了。"

这些事件发生在1601年2月,可能惊扰了莎士比亚。如果是胆小的剧作家遇到这样突如其来的灾祸,可能会放下手头的悲剧,很快转头写起另一个不敏感的题目。剧团同意演出《理查二世》是为了票房收入,此时出于同样的考虑,他的剧团上演了具有浓厚政治色彩的《哈姆莱特》。这是一部描写背叛和暗杀的戏剧,值得注意的是,其中有一段武装叛乱的场景,叛乱分子冲进皇宫禁地,越过哨兵,威胁着国王的生命。雷欧提斯率领的这次叛乱当然没有成功,克劳狄斯的巧妙虚伪之词戏谑地影射了官方评价伊丽莎白女皇的话:

> 一个国王是有神灵呵护的,
> 他的威焰可以吓退叛逆。

(4.5.120—122)

经受过1601年的风波的伦敦观众,会被这一幕所激动,但他们不会由此直接联想到时事。这一场景很容易做其他解释。政坛骤变,谋反,暗杀,这毕竟是莎士比亚的惯用手法,在《理查三世》、《裘利斯·凯撒》、《理查二世》和《亨利五世》里都能见到。埃塞克斯的事件和南安普顿的囚禁一定曾困扰莎士比亚,但在《哈姆莱特》中很难找到这些事件具体的影子,尤其是在剧本中奇特新颖的成分中。虽然剧本和暴动事件之间有着有趣的关联,但莎士比亚的《哈姆莱特》的早期版本,却是极有可能在埃塞克斯的致命行动之前就已上演了。也许莎士比亚壮起胆子在剧本里加了些内容,增强了它和时事的关联,但剧中的主要成分应该已经都具备了。加布里艾尔·哈维(和纳什、格林论战的剑桥学者)在乔叟作品的页边写道:"埃塞克斯伯爵盛赞英格兰",他还说,"年轻人喜欢莎士比亚的《维纳斯与阿多尼斯》,但他的《露克丽丝受辱记》和《哈姆莱特》包含的内容却吸引见识更广的人。"他用的是现在时,说明当哈维最早提及莎士比亚的悲剧时,埃塞克斯还活着。

那么一定还有更深、更有力的原因,使莎士比亚的创作开始出现对内心痛苦的表现。"生存还是毁灭":观众和读者的直觉感受到,亲人去世引起的自杀愿望,是这部莎剧的内核。它也很可能就是作家自己内心忧患的焦点。莎士比亚一家给他们的双胞胎起名朱迪思和哈姆尼特,用的是他们的邻居朱迪思·萨德勒和哈姆尼特·萨德勒的名字。后一个名字在斯特拉福的文件中曾有哈姆尼特和哈姆莱特·萨德勒两种写法。当时的拼写还不太规范,哈姆尼特和哈姆莱特这两个名字实际是通用的①。即便莎士比亚改写旧剧是完全出于经济考虑,同名的巧合也会揭开他心中未曾愈合的伤疤。

当然,《哈姆莱特》中的精神困境是因为父亲的去世,而非儿子。如果莎士比亚在剧中注入了自己的生活,如果由此联想到哈姆尼特之死,剧作家定会把丧子和臆想中的丧父联系起来。说是"臆想",因为莎士比亚的父亲1601年9月8日在圣三一教堂墓地下葬,墙上也许留有记录,但在这部悲剧创作和首演时,几乎可以断定他应该在世。在莎士比亚的想象中,为什么父亲的死和儿子的死有这样紧密的联系?

1596年莎士比亚无疑回到了斯特拉福参加儿子的葬礼。根据规范,牧师在教堂墓地的门口迎着灵柩,送它到坟墓。莎士比亚定会站在一旁听着新教规定的葬礼致辞。也许是父亲本人,也许是其他朋友,铲土掩埋尸体,这时牧师朗

---

① 哈姆尼特英文为 Hamnet,哈姆莱特英文为 Hamlet。——译者

诵着,"由于仁慈的全能的上帝愿召回我们已逝的亲爱同胞的灵魂,我们便把他的遗体交给大地,泥土归于泥土,灰烬归于灰烬,尘埃归于尘埃,他定会再生,得到永恒的生命。"

这简短雄辩的悼词,莎士比亚觉得足够了吗?或者他会痛感其中仍缺少了些什么。"还有些什么仪式?"雷欧提斯在妹妹墓前喊叫着,"还有些什么仪式?"(5.1.205,207)。由于自杀的嫌疑,奥菲利娅的葬礼被简化了。雷欧提斯是冲动鲁莽的,但他的问题在《哈姆莱特》全剧回响,他提出的问题超越出了剧本的内容。在莎士比亚的记忆中,生者与死者的关系完全改变了。莎士比亚可能在兰开夏郡或离家更近的地方见过天主教残留的仪轨:蜡烛昼夜长明,十字架各处摆放,挽钟不时敲响,亲属们画着十字架痛哭流涕,邻居们念着祷文向遗体道别,为纪念死者人们施舍衣食,聘来牧师念起弥撒,帮助亡魂顺利度过炼狱途中的艰险。这些仪式都遭到了攻击,每一项都简化了,或者完全省掉。而且,现在为死者祈祷也是非法的了。

新教最早的祈祷书保留了原有的格式:我把你的灵魂交给上帝我们全能的父亲,把你的身体交给大地,泥土归于泥土,灰烬归于灰烬,尘埃归于尘埃。"但警觉的改革家们发现这些语言里隐含太多的天主教信仰,于是做了一点改动:"我们便把他的遗体交给大地……"这样改后,就不再直接对死者讲话了,不再觉得仿佛死者和活人还有着联系。这个小小的改动代表重大意义:死者长已矣。祷告已经对他们没用了,消息已经不能互通。哈姆尼特已经走远了。

天主教徒相信,死后邪恶的灵魂直接进地狱,神圣的灵魂进天堂,大多数既非全善又非全恶的信徒,则进入炼狱。炼狱是地下的一所庞大的监狱,灵魂在此处受刑,直到偿还了在世间的罪业。(有人认为它的入口在爱尔兰,即圣特立克在多尼戈尔郡发现的一个洞口。)他们的罪业不足以招致永恒的痛苦,但在进入天堂之前,这个污点必须被烧掉。好的方面是,炼狱里所有的灵魂都会得救,无一例外地升入极乐世界。不好的方面是,在教堂壁画和牧师的仔细描述中,炼狱的痛苦是很可怕的。牧师告诉人们,死后片刻的剧痛比世间最大的苦难还要难熬。实际上,灵魂在炼狱所受的折磨和在地狱里是一样的,差别只在期限。炼狱的时间虽然有限,却不可小视。一位西班牙神学家计算过,一般的基督徒在炼狱的期限大约是一两千年。

幸运的是,天主教会教导说,有个办法可以帮助自己和亲人。某些善行(祷告、施舍,尤其是特殊的弥撒)可以大大减轻痛苦,缩短炼狱的期限,使灵魂早进天堂。人可以在一生中为自己谨慎安排,奉行善事,也可以把功德献给逝去的人。有钱有势的人捐赠了小教堂,请牧师长久地为死者祈祷,他们还兴办公共设施(救济院、医院、学校),为施主求得更多的祷告。穷人节衣缩食,为支付一套弥撒的费用。当时的弥撒有多种规模。据说最有效的是一组三十段的三十日弥撒,但即便一两段也是有效的。

怎样证明这些方式有效呢?除了教会的条令,也有亡魂自己来证明。有很多故事讲了鬼魂从炼狱返回地面,哀求帮助。他们在得到帮助后又会回来致谢,证明慷慨的捐助使他们得到了极大安宁。人们实际遇到的幽灵大多是很恐怖的,它们也许预示着灾祸,象征着疯癫,或代表着邪恶,因为它们可以变作死者的模样,在毫无防备的人头脑里种下邪恶的念头。但当人们被亲人的亡魂所纠缠时,教会会告诉人们其中原委:炼狱中的亡魂只是祈求人们记住他们。"在你坐下喝水时记得我们很渴,"天主教信徒托马斯·莫尔听到死者的声音这样叫着。"在你饱餐时记得我们很饿;在你睡觉时记得我们不得安宁;在你玩耍时记得我们的痛楚;在你欢畅时记得我们的烈火。这样上帝就会让你的后人记得你。"通过适当仪式体现出来的这种记念,会使人得到解脱。

激进的新教徒认为这一整套信念和仪式都是一场大规模的信仰游戏,是用来从轻信的人那里骗钱的。他们说,炼狱是"诗人的寓言",是个精美的幻想,强迫整个社会相信它,于是上上下下,从帝王到渔妇都被无情地压榨着。亨利八世被他们的论证征服了,或者更有可能只为攫取教会的财产,他把天主教祭奠仪式的中心,施主捐赠的修道院和小教堂都废除了。亨利八世的新教徒后继者爱德华六世和伊丽莎白一世在位期间,议会中的改革派废除了整套为炼狱中的亡魂祈祷的善款募集制度,当局虽然保留了大量医院、救济院、学校,却废止了它们的宗教活动。牧师通过讲经布道和教堂本身的仪式,开始了重新教育民众的一系列尝试,他们促使自己的子民重新认识今生和来世的关系。

这并不容易。人们对炼狱的信仰可能是被滥用了(很多虔诚的天主教徒也这样认为),但它所针对的恐惧和期望,并不因为教会和政府的官员宣告死者和尘世没有关系,就随之消失了。仪典并不是唯一的因素,甚至不是主要因素。人们关心的是死者还能不能对生者讲话——哪怕是片刻交谈,生者能否帮助死者,生死之间还有没有关联的纽带。当莎士比亚站在教堂墓地中,看着泥土盖在儿子的身上,他觉得自己和哈姆尼特的联系已经了然无痕了吗?

也许是。但也许他听到葬礼上有意回避用"你"称呼死去的孩子,看到简化了的规则,压缩了的仪式,感到它断绝了生死间交流的余地,他会痛苦地感到仪式太过简单。即便他能接受新教的观念,他周围的人恐怕也不能。不知他的妻子安妮对死亡持何种信仰,只在她的墓碑铭文中能看出一点痕迹。那是1623年女儿苏珊娜安放的。"你用母亲的胸怀,给予乳汁和生命,"这是铭文的开头。"啊,你这样慷慨!我却只能给你石头!"下面的诗句显示了一种激进的思想,认为死者的灵魂和肉体一起,被囚禁在了坟墓之中。"我宁愿祈求善良的天使,推开坟墓上的石块,让你的灵魂和基督的身体一样走出。"在这也许只是苏珊娜的异端观念,安妮·哈瑟维·莎士比亚并不完全这样认为,更何况1596年她在哈姆尼特的葬礼上还要压抑自己的想法。

莎士比亚的父母,约翰和玛丽,想必也站在哈姆尼特的墓边。实际他们和孩子共处的时间要比他的父亲长。因为莎士比亚在伦敦,而他们和儿媳及三个孙子、孙女同住。哈姆尼特小时由他们帮忙照看,临终前也是他们守护的。他父母对于来世的理念,尤其是他的父亲,还有一些证据可查。有充分证据证明约翰·莎士比亚曾希望为哈姆尼特的亡魂做些仪式,他也许曾强烈恳求他的儿子,或者想要自己出面去做。他的争辩、恳求,或许还夹杂着眼泪,最后还是白费了。但至少可以看出在莎士比亚的父亲(可以想象他的母亲也是一样)看来,什么是必要、合适、慈善、仁爱的,简单说,怎样才像个基督徒。

早在八十年代,托马斯·卢西排查斯特拉福地区的天主教异端分子,据说天主教徒便把他们的信仰掩饰起来。耶稣会曾在信徒中传阅"心灵的遗嘱",约翰·莎士比亚也许曾在上面签名,这是要招致重罪的。威廉·莎士比亚当时可能毫不知情。他的父亲也许就会把文件藏在亨里街旧宅的房椽上,或屋顶的瓦片里。但他在文件上签名时的忠诚迫切之情,在哈姆尼特的葬礼上也会体现,因为约翰·莎士比亚掩藏起来的信仰,和死亡有着特殊关系。

"心灵的遗嘱"是为天主教徒的灵魂提供的一种保障。对于不能公开信仰天主教,或迫于压力而顺从新教的人来说,它有着特别的意义。签名的人声称自己是一个天主教徒，并补充说如果某时他"被魔鬼引得做了、说了或想了"和自己信仰相悖的事，他郑重地声明这罪业是无效的，他希望"不要把这些当作是我说的或做的"。同样如果他没有履行天主教徒应有的最后仪式（忏悔、涂膏、圣餐），他希望这些会在"心灵中"进行。他知道自己是"必死的，不知何时何地，以何种方式"。他担心自己会"措手不及"。因此他说，非常感激这个机会，可以现在忏悔罪业，他知道自己会在"最没有思想准备的时候，甚至是陷在罪业的泥潭中的时候"离开人世。

这个时期的天主教徒所受的教导是他们尤其惧怕突然的死亡，这会令他们来不及通过仪式在上帝面前清算业债，显示恰当的忏悔。因为每留下一个污点都要在死后燃烧掉。"心灵的约定"正是要解决这种恐惧。他把家人和朋友都结为同盟：

> 我，约翰·莎士比亚……称着我们的救世主耶稣基督之心，恳请所有亲爱的朋友、我的父母、亲属。人有旦夕祸福，我若不幸因罪业久滞于炼狱，他们会赐予我援助，用神圣的祈祷和善行为，尤其用最能使灵魂从磨难中超生的神圣的弥撒。

约翰·莎士比亚的话不仅涉及自己一人，他让爱自己的人为自己做一件极其重要的事，而这种事是国家所禁止的。

在1596年哈姆尼特的葬礼上，这个问题一定同样出现了。爱他、关心他的人应为这个孩子的灵魂提供帮助。约翰·莎士比亚曾抚养孙子长大，他很可能敦促富裕的儿子威廉·莎士比亚付钱为死去的孩子办弥撒，他同样也希望有人为自己的灵魂念弥撒。也许就是在这时，威廉·莎士比亚知道了十五年前藏下的文件。他的父亲年老了，很快会需要"善行"来缩短死后的痛苦。

这个敏感的问题摆上桌面时，威廉·莎士比亚是气愤地摇头还是为哈姆尼特的亡魂默默支付了一场秘密的弥撒？他是否拒绝了父亲渴望给予孙子——也是将来给予自己的祭礼？他是否说自己不再相信这一套故事了，不信人的罪业将在天堂和地狱之间的可怕监牢里烧净。

不论当时他怎样决定，1600年末到1601年初，他一定还在思考这件事。当时他正着手写一部主人公与亡子同名的悲剧。也许他听到老父在斯特拉福病重的消息，精神更加紧张，他把对父丧的考虑深深地融进了剧中。儿子的亡故和父亲大限的临近,这种哀悼和纪念的困境造成了他的心理混乱,这样便可解释《哈姆莱特》的震撼力和内省精神。

人人都记得伊丽莎白时期旧的《哈姆莱特》剧里的恐怖情节:一个鬼魂返回地面要求报仇。莎士比亚赋予这个场景无可比拟的力量。"要是你曾经爱过你的亲爱的父亲……",鬼魂这样对呻吟着的儿子说,"你必须替他报复那逆伦惨恶的杀身的仇恨"(1.5.23—25)。但奇怪的是,莎士比亚笔下的哈姆莱特仔细回味鬼魂的命令时,想的不是召唤他行动的可怕的呼喊,而是完全另外的事情:"再会,再会!哈姆莱特,记着我。""记着你?"哈姆莱特抱着自己的头重复道。

> 是的,你可怜的亡魂,当记忆不曾
> 从我这混乱的头脑里消失的时候。记着你?
>
> (1.5.91,95—97)

表面看来,正如哈姆莱特的疑问口气所显示的,这个要求很奇怪:自己父亲的鬼魂从坟墓中回来,儿子是很难忘记的。但事实上,哈姆莱特没有马上复仇,这说明要记着他的父亲,用恰当的方式记着,或能用任何一种方式记着,都比他想象的要难得多。某种东西干扰着他不能立即行动。这种干扰表现在和情节无关的装疯上。而且这种干扰的起因和莎士比亚的父亲在天主教"心灵的遗嘱"上签字的原因是相同的,都在绝望地恳求家人和朋友:记着我。鬼魂对儿子说:

> 我是你父亲的鬼魂,因为生前孽障未尽,被判在晚间游行地上,白昼忍受火焰的烧灼,必须经过相当的时期,等生前的过失被火焰净化以后,方才可以脱罪。若不是因为我不能违犯禁令,泄漏我的狱室中的秘密,我可以告诉你一点事,最轻微的一句话,都可以使你魂飞魄散。
>
> (1.5.9—16)

莎士比亚必须谨慎,剧本是要经过审查的,而且人们不准把炼狱说成真实的所在。鬼魂巧妙地说他不能违反禁令,"泄漏我的狱室中的秘密"。但事实上莎士比亚的观众都知道这狱室指的是什么。哈姆莱特随后不久自己给出了暗示,他起誓时说"凭着圣伯特立克"(1.5.140),这位圣徒是炼狱的保护人。

鬼魂遭受的折磨是虔诚的天主教徒所深深恐惧的。他突然丧生,没有来得及准备临终的仪式。"我一无准备地负着我的全部罪恶去对簿阴曹，"他对儿子说出了全剧最奇特的话语之一，"没有领到圣餐，没有尽兴最后的忏悔，没有受过临终涂膏礼。"他没有经过事先的忏悔就去了死后的世界，现在就要付出代价了："可怕啊，可怕啊，太可怕了！"（1.5.80）。

炼狱里的一个鬼魂冲进了《哈姆莱特》的世界，请求记着他，这是什么意思？抛开新教把炼狱视为虚幻的认识不谈，它的意义仍是个谜。上帝的狱中的灵魂必定不会要人从事恶行。他们毕竟是在为升入天堂而净化自己的罪孽。但这个鬼魂不要弥撒和施舍，他僭越了上帝实施报应的专权，要求自己的儿子除掉那杀害自己、篡位夺妻的凶手。当时的观众和现代观众一样对这一点不会介意，因为戏剧毕竟不是神学教育。但哈姆莱特为此担忧。他那折磨人的疑问和焦虑取代复仇，成了剧本关注的核心。

在莎士比亚的时代，按照新教的官方说法，鬼魂是根本不存在的。男男女女们有时遇见幽灵现出亲人或朋友的形象，那不过是幻觉；更糟的是，它可能是魔鬼的化身，前来诱惑人犯罪。哈姆莱特先是说自己见到的是一个"诚实的亡魂"（1.5.142），但他最初的信任后来又变成了疑惑：

> 我所看见的幽灵也许是魔鬼的化身，借着一个美好的形状出现，魔鬼是有着一种本领的；对于柔弱忧郁的灵魂，他最容易发挥他的力量；也许他看准了我的柔弱和忧郁，才来向我作祟，要把我引诱到沉沦的路上。
>
> （2.2.575—580）

这样的念头导致了一轮延宕、自责、再推延、再自责的循环。它可以解释哈姆莱特为什么要用戏中戏另外取证，检验鬼魂的指控；也可以解释主人公为何要在黑暗之中小心摸索。这些念头也关联着剧中更广义的疑惑与混乱，这是在能使人心安的宗教仪式崩溃后产生的现象。

当他站在儿子的墓地旁，当父亲请求他超度亡魂，莎士比亚能够体验缺少祭礼造成的影响。天主教为人提供了与死者交流的渠道，但如今这样的信仰遭到新教当权者的攻击，他们的仪式也被宣布为非法。新教权威认为炼狱的说法完全是骗局，人们只需热忱地相信，耶稣的牺牲有救助世人的力量。有人是坚信这样的理念的，但从莎士比亚的作品中看不出他也是信徒。他和大多数人一样，天主教曾经抚慰的渴求和恐惧还在困扰着他们，当时的民众或许大多如此。

约翰·莎士比亚正是由于这样的渴求和恐惧,在"心灵的遗嘱"上签了名。

　　葬礼总使有所信仰的人在墓旁思考,自己信仰的是什么。但在自己儿子的葬礼上,就使人想得更多了。它迫使父母对上帝提出疑问,并诘问自己的信仰。莎士比亚定是在自己的新教教区按时做礼拜的;否则他的名字就会出现在天主教异端分子的名单上了。但他耳听口诵的,他自己相信吗?从作品中看,他是有某种信仰的,但他的信仰并不限于天主教或英格兰国教的范围。直至90年代,如果说他的信仰在某种体系中有所显现,那便是戏剧。这样说不仅是因为他最深厚的能量与心力都在这里汇聚。

　　莎士比亚认识到他的文化中极重要的祭奠仪式被打破了。他站在儿子墓边感受到这一点的时候,心中定是怀着剧痛。但他也相信,当自己和千万人都有一腔深情无以宣泄的时候,戏剧,尤其是他的戏剧艺术,便会撩动他们的心弦。

　　宗教改革实际上给予了他一个非凡的时机,他非常清楚该怎样把握机会。原本完善、繁复的信念破灭后,他把碎片加以利用。他必然会关注自己能取得多大的成功,但这还不仅是盈利的问题。莎士比亚描写仪轨崩溃后,死亡带来的混乱、恐惧和哀怜(我们生活的世界就是这样生活的延续),因为他自己的内心深处也体验到同样的情感。1596年他在自己孩子的葬礼上有过这样的体验。而且由于他的父亲也将不久于人世,他的体验双倍地沉重。他作出的反应不是祷告,而是把最深重的感情表现在《哈姆莱特》里。

　　18世纪初的编辑和传记作家尼古拉斯·罗曾试图搜集莎士比亚演员生涯的资料,他做了调查,但已经不可详考。罗这样记述,"我顶多只能找到这样的记录,说他演得最出色的是他自己的《哈姆莱特》剧中的鬼魂。""你只要留心听着我将要告诉你的话"(1.5.5—6)——炼狱中的鬼魂要生者细听他说话,莎士比亚表演时,心里一定在想象过世的儿子和垂死的父亲的声音,或许还有他自己的声音,会是怎样从坟墓里传出。无怪乎这会是他最出色的表演。

第十一章　为国王施魔

《哈姆莱特》为莎士比亚的剧作和演艺生涯都开辟了新纪元。他写这部戏剧时的新发现使他的创作焕发了新的生机。1600 年以前,他已经积累了大量的悲剧创作经验。在《泰特斯·安德洛尼克斯》、《理查三世》、《罗密欧与朱丽叶》、《理查二世》和《裘利斯·凯撒》中,他探讨了复仇的贪婪,君主病态的野心和无责任感的态度,家族之间的血仇,以及政治暗杀的恶果。《哈姆莱特》的重大突破不在于对新主题的开发,或对更匀称紧凑的情节结构的掌握,而在于它用大幅度缺略的新手法,细密地描写内心的活动。他重新考虑了怎样拼合出一部悲剧,特别是重新考虑了悲剧的情节需要多少动因才能有效运行,人物心理需要外显出多少逻辑性,才能打动观众。莎士比亚发现,如果他从剧本中去掉一个关键的因由,从而隐去支撑后继的行动的理由、动机或道德原则,便可以大大强化戏剧效果,观众和他自己都会格外为剧本所激动。他的原则不是编造谜语供人解释,而是创造出一种精心策划的不透明效果。他发现,这样的不透明效果能释放出无比的力量,如果给出平庸确切的解释,这股力量就要受到阻碍、制约,至少不能全部释放。

莎士比亚作品总是捉摸不透,难做定解,人物行为的原因,无论是心理原因还是宗教信仰的原因,都不清楚。他的戏剧表现了,恋人们的选择几乎都是无法解释和不理智的。正是从这一信念中产生了喜剧《仲夏夜之梦》和悲剧《罗密欧与朱丽叶》。但至少爱情是个清晰可见的动机。在《哈姆莱特》中,莎士比亚发现如果不为自己或观众提供符合常理的令人放心的理由来解释这一切,他便能触及某些极为深刻的东西。关键问题不仅仅是制造不透明效果,因为它本身只能令人疑惑,或使情节失去连贯。而莎士比亚越来越注重内在的逻辑、诗学意义的连贯,他的天赋和艰辛努力早已使他能够把这些因素注入剧中。他抛弃了表面意义的结构,构建了一种内在的结构,用的是关键语的反复出现,意象的微妙运用,场景的绝妙编排,理念的繁复展示,线索间的平行交织和内心忧虑的揭示。

《哈姆莱特》中的概念性突破在于它的技巧。也就是说莎士比亚在这部剧中的突破,影响着他实际选择什么样的手段把几部剧拼合起来,从王子轻生的忧郁和假扮的疯狂开始。但这部剧的突破不仅是新的审美策略。他略去人物的行为动机,除技术尝试之外,一定还有别的原因。在哈姆尼特去世之后,这种做法反映了他对存在的根本看法,他对什么可以言说、什么不可言说的理解,反映了他偏爱破损不整、悬而未决的事物,而不喜欢妥善安排、完满实施、各得其所的事物。不透明效果的塑造源于莎士比亚对世界的体验和他自己的内心活动:他的怀疑论调,他的痛苦,他对祭礼的若有所缺的感受,和对轻易的安慰的拒绝。

在《哈姆莱特》之后的几年中,莎士比亚用他的新发现写了一系列振聋发聩的悲剧——1603 或 1604 年的《奥瑟罗》,1604 或 1605 年的《李尔王》,1606 年的《麦克白》。他利用素材时一再巧妙地剪掉使剧情完整连贯的、不可或缺的因素。于是尽管《奥瑟罗》的结构围绕着旗官伊阿古欲毁灭其摩尔主帅的卑鄙欲望,莎士比亚并没有为恶人的行为提供一个确切可信的解释。实际上找到一个解释不难,莎士比亚的素材中就已经说得很清楚了。意大利大学教师、作家乔万尼·巴蒂斯塔·吉拉尔狄(别名辛西奥)的短篇小说中这样说到伊阿古:"邪恶的旗官不顾自己对妻子所宣誓的忠心,和对摩尔人应尽的友情、忠诚和责任,他疯狂地爱上了苔丝狄蒙娜,绞尽脑汁要得到她。"旗官不敢公开示爱,便千方百计向苔丝狄蒙娜暗示自己的情欲。但苔丝狄蒙娜一心都在丈夫身上。她不仅是拒绝了旗官的试探,而是简直就没有注意到他。辛西奥笔下的旗官不能引起苔丝狄蒙娜对自己纯粹的爱情,就断定她是在爱着别的人。他推断,最可能的人选是摩尔人麾下一名英俊的下士。他设计除掉这个人。但这还不是全部。辛西奥解说到:"他不仅开始策划这件事,而且他过去对苔丝狄蒙娜的爱现在也变成了最恶毒的仇恨。他精心设计一个圈套,使得下士被除掉之后,如果他不能得到苔丝狄蒙娜,那么摩尔人也不能拥有她。"此后的一切都是顺理成章的了。

但莎士比亚的剧本不是这样的。他的恶人根本没有梦想过占有苔丝狄蒙娜,而她也并非他仇恨的专门对象。当然,有一次他似乎重复着辛西奥提供的动机:

> 凯西奥爱她,这一点我是可以充分相信的;
> 她爱凯西奥,这也是一件很自然而可能的事。
> 这摩尔人我虽然气他不过,
> 却有一副坚定仁爱正直的性格;
> 我相信他会对苔丝狄蒙娜做一个最多情的丈夫。
> 讲到我自己,我也是爱她的。

(2.1.273—278)

既然莎士比亚笔下的伊阿古只是认为他污蔑的事是有可能的——"这也是一件很自然而可能的事",他就不是辛西奥笔下的伊阿古。辛西奥的伊阿古确实相信苔丝狄蒙娜定是爱着英俊的下士。但莎士比亚的伊阿古的最后一句话"讲到我自己,我也是爱她的"似乎是他邪恶的焦点。然而这正是我们看到莎士比亚制造特殊效果的地方。

> 讲到我自己,我也是爱她的。
> 但不完全出于情欲的冲动——
> 虽然也许我也犯着这样的罪名——
> 可是一半是要报复我的仇恨,
> 因为我疑心这好色的摩尔人跨上了我的鞍子。
> 这种思想像毒药一样腐蚀我的肝肠。

(2.1.278—284)

辛西奥笔下简单清楚的内容,到莎士比亚笔下变得模糊了:"不完全出于情欲的冲动"。伊阿古进一步的动机是怀疑奥瑟罗给他带了绿帽子。他用后一个动机取代了前一个,却使两个都不再可信。他补充新层面的理由只会把这些理由的说服力全部减弱,而没有触及人物内心的深切烦恼。伊阿古隐晦地试图对其无以消除的仇恨做出解释,他的解释是一个著名的原因不足的解释。如柯勒律治不朽的评语所说,这是"对无端的恶意的有意搜寻"。重要的是,这种不充足本身便是悲剧中的问题。在剧将结束时,奥瑟罗终于醒悟自己被人欺骗以至相信妻子不忠,才杀害了这个爱着自己的无辜的女人,他的声誉和整个一生都毁了,他要伊阿古解释这样做的原因。伊阿古暴露了他道德沦丧的禽兽面目,他被人抓住、被上了绑。他的回答是可怕的,是他的最后一句台词。他只是拒绝说出被掩盖的动机:

> 什么也不要问我;你们所知道的,你们已经知道了。
> 从这一刻起,我不再说一句话。
>
> (5.2.309—310)

这些话是为《奥瑟罗》和剧中的恶人那难以捉摸的残酷性情而特别设计的,但这种不透明效果却在莎士比亚的每一部伟大悲剧的要素中出现。

也许莎剧中精心策划的不透明效果的最好例子是《奥瑟罗》之后不久写成的《李尔王》。李尔王是个以前常听到的故事,怒火使他冤枉了真正爱她的女儿,两个得了他全部财富的坏女儿背叛了他。莎士比亚可能听教士讲过这个故事,或在斯宾塞的《仙后》中见到简短的描述,也可能是在他爱不释手的编年史里读到了更详尽的记述。他也极有可能见过它在舞台上演出。它和莎士比亚小时候喜爱的一两个古老传说的相似之处可能会触动他。它也许像《灰姑娘》:一个善良的女儿对应两个坏姐姐。它也像另一个故事:一个好女儿因为说自己对父亲的爱像盐而惹恼了暴躁的父亲。但莎士比亚时代人们重讲李尔的故事,既把它当作真实的英国古代历史(早至约公元前 800 年),又用来警告当代的父亲们,不要太相信子女的奉承。李尔设计了一个愚蠢的爱心测试,他问三个女儿,"你们中间哪一个最爱我?"(1.1.49)。包括莎剧在内的几个故事版本中,李尔都是在无力主持政务,决定退位时举行的测试。

但开场时李尔已经把地图平均分成了三份,他为什么还要举行爱心测试呢?莎士比亚主要取材于老的王后剧团的剧本《李尔王编年史》(1605 年才发行,但 1594 年或此前已完成)。在那个剧本中,答案是明确而令人满意的——李尔倔强的女儿科迪利亚发誓只愿嫁给自己爱上的男人;李尔为了王国的利益希望她嫁给自己看中的人。他举行爱心测试,料想科迪利亚为和姐姐们竞争,会宣布自己最爱父亲。李尔便会趁机要求她嫁给自己选中的女婿,以表明她的孝心。后来事与愿违,但李尔曾有明确的目的。

莎士比亚又用了《哈姆莱特》和《奥瑟罗》中的办法,他直接略去了故事的动因,不再对起始事件的缘由做出解释。李尔说他要女儿们回答问题,根据女儿们爱他的程度分派国土。但是剧本一开始,角色们便在议论划分国土的地图(地图已经画好了),他们注意到李尔划分得非常精确。更奇怪的是,李尔已经把国土的三分之二准确地划分出去之后,他还要进一步测试科迪利亚,仿佛她还会因此再有什么得失似的。一系列的悲惨后果都是由这一行为开始的,但它却不能自圆其说。莎士比亚使得李尔的举动更加没有道理,同时更深地根植于心理需要。他笔下的李尔决心放权,却不能忍受依附于人的生活。他不愿失去自己在国家和家庭中的绝对权威地位,于是设置了一场公开的仪式。"你们中间哪一个最爱我?"他这样问的目的,似乎是为了借着引起孩子的焦虑的方式来缓解自己的焦虑。但科迪利亚不愿演戏:"科迪利亚应该怎么说呢?只好默默地爱着吧"(1.1.60)。李尔要得到回答:"说吧。"当科迪利亚回答的"没有"(1.1.85—86)阴沉地响彻全剧,李尔听到了他最怕的东西:空无、尊严的落空、身份的失落。

在剧本末尾,这种失落以李尔远远想不到的可怕形式出现。旧的女王剧团的剧本和故事的其他版本结尾都是李尔与科迪利亚和好,李尔复位。莎士比亚最初的观众一定期待这种平和的结局,尽管他们可能以为最后会出现李尔去世,好女儿继位的场面。他们没有想到莎士比亚会把科迪利亚的胜利砍掉,这一段本来支撑着整个故事的道德意义;莎士比亚却刻画了崩溃的国王抱着被害的女儿哀嚎的景象。"这就是要出现的结局吗?"一位旁观者问,它折射了观众心中的疑惑。这前所未有的高潮阶段,正是我们所说的不透明效果的展现。"天塌下来,一切都归于毁灭",垂死的李尔原本在疯癫中希望科迪利亚还活着,又猛然绝望地意识到她是死了:

> 不,不,没有命了!为什么一条狗、一匹马、一只耗子,都有它们的生命,你却没有一丝呼吸?你是永不回来的了,永不,永不,永不,永不!
>
> (5.3.262,289,304—307)

这是悲剧高潮时刻用想象力勾画的丧子之痛,是莎士比亚笔下最痛苦的一节。

这是温塞斯劳斯·霍拉(1607—1677)1647年创作的《河畔伦敦长景》蚀刻画,极为详尽地刻画了莎士比亚非常熟悉的街区。该画疏忽地把逗熊场(或称希望剧院)和环球剧院的位置弄反了。图片由伦敦吉尔德霍尔图书馆提供。

格林的《万千悔恨换一智》（1592）攻击莎士比亚是"暴发户乌鸦"。注意戏仿莎剧《亨利六世》台词的措辞——"伶人的外表裹着虎狼之心"——用了不同字体表明是引文。图片由福尔杰莎士比亚图书馆提供。

荷兰游客约翰尼斯·德·维特1596年绘制的天鹅剧院素描。原作已失，他的朋友保留了一份副本，画作展现在加高的舞台上一名侍从向两个女性人物（应该是由男孩饰演）说话。图片由乌特勒支大学图书馆惠赐使用权。

人们普遍认为《托马斯·莫尔爵士》手稿（上图）中的"D笔迹"是莎士比亚的。正如这个样本所示，那种他极少改动或更正自己作品的说法很可能是夸大其辞。图片由大不列颠图书馆提供。

福斯塔夫和快嘴桂嫂的最初形象,为短剧集《妙语集,又名消遣中的消遣》(1662)的卷首插画,书中的一个选段描绘了福斯塔夫及其"业绩"。图片由亨廷顿图书馆提供。

这幅由佛兰德艺术家(1523—1605)扬·冯·德尔·斯垂特创作的雕版画描绘了16世纪的印刷店,画上有两台印刷机、数名排字工和校对者。图片由福尔杰莎士比亚图书馆提供。

《露克丽丝受辱记》(1594)的献词。图片由福尔杰莎士比亚图书馆提供。

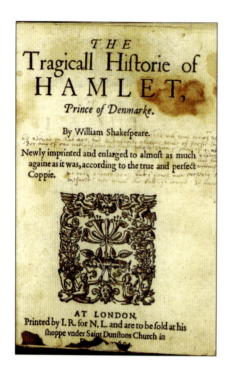

《哈姆莱特》有三个截然不同的早期版本。第二四开本（1604）在书名页（参见复制图）声称内容几乎长达1603年第一四开本的两倍，因而大受欢迎。第一对开本（1623）里收录的该剧剧文更短，可能是为演出需要做了删节。图片由福尔杰莎士比亚图书馆提供。

正如这幅木刻画所示，瘟疫时期死神统治了伦敦。图片由大不列颠图书馆提供。

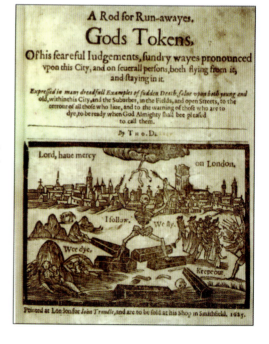

人们普遍认为这是莎士比亚的肖像画,该画据说曾属于威廉·达文南爵士,他自称是莎士比亚的教子,并暗示自己是其私生子。画中人的金耳环衬托出了服装的简朴。图片由英格兰国家肖像画美术馆提供。

位于埃文河畔斯特拉福圣三一教堂内的莎士比亚像龛,雕像将他塑造成他晚年时希望展现的形象:一位身为高贵市民的诗人。图片由布里奇曼图书馆授权使用。

新环球剧场的内部,展现了院子及其周围楼座的总体风貌。图片由国际莎士比亚环球中心有限公司提供。

然而这些台词指的不是哈姆尼特,而是科迪利亚,不是在丧子后马上写成的,而是在事隔将近十年之后,正当莎士比亚飞黄腾达的时期。1603年伊丽莎白女王去世,四十五年的辉煌统治结束了。但莎士比亚和他的剧团并没有受到损失。相反,几周后苏格兰的詹姆斯六世成为英格兰的新国王詹姆斯一世,他把宫内大臣剧团纳为自己的国王供奉剧团。

国王和他的家人显然饶有兴趣地欣赏着他的新剧团。1603—1604年的冬天,剧团在王宫演出了八部剧。下一演出季,他们在宫廷演出了十一场,包括《西班牙迷宫》(已遗失),本·琼生的两部讽刺戏剧(《人人高兴》和《人人扫兴》),和莎士比亚的足足七部戏剧:《奥瑟罗》、《温莎的风流娘儿们》、《量罪记》、《错误的喜剧》、《亨利五世》、《爱的徒劳》和《威尼斯商人》。国王的确非常欣赏《威尼斯商人》,在三天之内点了两次,即1605年2月10日和12日。已故的女王喜欢看戏,但有新君的庇护对于剧团和它的首席作家来说,都是史无前例的成功。

莎士比亚不但在剧团的宫内演出和面对大众的演出收入中分成,他还是环球剧场的所有人之一,所有股东缴纳的租金也有他的一份(所以,他实际是自己付给自己租金)。想象力、经营本领和不懈的工作已经使他富裕起来了。他有了朱丽叶的乳母说的钱袋里"钱币的丁当声"(《罗密欧与朱丽叶》1.5.114)。莎士比亚没有留下任何凭据说明他曾(像本·琼生或约翰·多恩那样)购买图书(更不要说绘画、古币、小青铜像,或其他学术性、艺术性的物品)。他感兴趣的是斯特拉福和附近地区的地产。

他可以轻松地支付妻子和孩子在伦敦居住的费用,但他们(或是他的意愿)显然更愿留在乡间。1597年末,哈姆尼特死后一年左右,莎士比亚让安妮和两个女儿,14岁的苏珊娜和12岁的朱迪思搬入新居。这是他在斯特拉福购置的一所宽大的三层砖木房屋。它是15世纪末镇上的头等公民建造的,尽管在18世纪拆毁了,但从保存下来的草图和其他记录可以推想,它曾亲证了剧作家在世间的巨大成功。房子有五个人字屋顶,十间带壁炉的房间,三面有花园和果园,有两个谷仓,和其他附属建筑。新居是非常适合生活丰裕的绅士的。1602年5月及1605年7月,莎士比亚大笔投资在斯特拉福地区购置了土地和什一产益权①,他现在不仅是成功的剧作家和演员,还是当地举足轻重的投资商,斯特拉福的头等公民。

由于有了频繁的交易,莎士比亚回家探亲的频率,从以往的每年一次,增加到了两次甚至更多。这是17世纪的传记作家约翰·奥布里记述的。他骑马走过遥远的路途,显然是在牛津歇脚。根据早年传闻,莎士比亚常去一所叫"唯一客栈"②的酒馆。店主是酒商约翰·达文南和妻子简,他们家里不断有孩子出生,包括后来成为复辟时期著名剧作家的威廉。据说约翰·达文南性情极为严肃,脸上从来不露笑容。但他很富裕,也受人尊敬,还曾被选为牛津市长。简·达文南据说是个"非常漂亮的女人,而且聪慧善谈"。

莎士比亚似乎和他家过从甚密。威廉·达文南的哥哥,牧师罗伯特·达文南记得小时候莎士比亚曾"上百次地亲吻他"。威廉说自己是用莎士比亚的名字命名的。他曾对密友暗示过,莎士比亚对于他要比教父更亲。他在酒后还会说,他觉得自己写作时有莎士比亚的"真正神韵"。雄心勃勃的剧作家们在极度的孤芳自赏中会这样攀亲。但达文南的酒友相信,"他十分愿意被当作"莎士比亚的儿子。这给莎士比亚在17世纪末的声望添加了最惊人的一笔:一个显赫的绅士,曾因忠君在混乱时期被囚禁,后来被封爵,他会吹嘘自己是这个出身微贱的剧作家的私生子。当然,他的有些同代人很震惊。他们觉得达文南借着辱没母亲来提高自己的艺术身价,是太过分了。

威廉·达文南在1606年3月3日受洗,如果他强烈暗示的事情有些真实性,那么莎士比亚该是在1605年晚春和夏季几次往还于牛津。他的行程或许和7月里大规模购置地产有关。莎士比亚在这一时期来到牛津的可能性有多大,这个问题的意义不仅在于窥探他的私情。1605年8月27至31日,詹姆斯国王偕同他的丹麦王后安妮、儿子亨利,首次正式访问牛津。在四天之内,牛津大学安排了四场演出,三场用拉丁文,第四场用英文,为照顾女宾(和那些不愿承认自己拉丁文不好的男宾)。这不是随意或即兴的安排,他们从伦敦的国王宴会剧团租来了服装,聘请著名设计师伊尼戈·琼斯为舞台特别建造了改换布景的装置。莎士比亚当时如果在牛津附近,他出于职业原因,必定会去看看演

---

① 莎士比亚时代的一种农产品投资方式。——译者
② 另作 Crown Tavern,王冠客栈。——译者

出效果如何的。

演出显然并不成功。第一部戏拉丁文的《阿尔巴》(著名学者罗伯特·伯顿写了其中一部分)里一个几乎全裸的男人惹恼了王后和女宾们。前两部戏显然看得国王十分厌倦;看第三部戏《维图姆纳斯》时他睡着了;第四部他根本没有去看。四部中只留下了《维图姆纳斯》,它的原作似乎证明了国王有很好的判断力。但它的失败在当时一定特别令人失望。官员们曾请出马修·格温。他原先供职于圣约翰学院,1603年发表了描写尼罗的一生的拉丁文悲剧。更重要的是,1592年伊丽莎白女王访问牛津时,他是御前演出剧目的审查人之一。17世纪初,格温在伦敦行医(他还为伦敦塔内的犯人看病),但由于他有声望又见多识广,他被请回去为博学的国王写一部剧。他还受命设计一个欢迎场景,就是这个场景似乎引起了莎士比亚的特别兴趣。

国王及其随员来到圣约翰学院的时候,欢迎他的是格温设计的一场"表演"——算是典礼或短剧。三个男孩装扮成古代的女先知,这样三个"女巫"来迎接詹姆斯。据记载,他们走上前来,"像是来自林中",手执树枝。据某看客记述,他们可能是从"一座常春藤做的城堡"里出来的。第一位先知追溯了班柯的传说——11世纪的苏格兰人,詹姆斯的远祖。班柯遇见"命运姐妹",预言说他的后代,而非他本人,将享有"无尽的权力"。他接着对詹姆斯说,"还是我们三人向你和你的后代歌唱,"随后开始了一系列礼赞:

> 欢迎,苏格兰效忠于你!
>
> 英格兰效忠于你!
>
> 爱尔兰效忠于你,热烈欢迎!
>
> 法兰西赠与你头衔和土地,热烈欢迎!
>
> 欢迎,你把分裂的不列颠统一在一起!
>
> 欢迎!不列颠、爱尔兰、法兰西的强大君主!

现在看来,这个欢迎仪式似乎手段低劣,但它是精心策划,用来取悦于国王的。联想到他的远祖班柯,也就轻快地绕过了他近代先人引起的尴尬。詹姆斯毕竟是苏格兰的玛丽王后的儿子,他母亲是个兴风作浪的阴谋家,曾被伊丽莎白监禁。愤怒的议员们大喊"杀掉女巫",伊丽莎白迫于压力,无奈处死了她。这场表演让詹姆斯安心,他忠诚的英国臣民把他当作了这个统一王国的天定的君主,而不是苏格兰的入侵者、巴比伦娼妓的儿子。它还展望了詹姆斯的孩子亨利和查里斯的光荣前景,"你们的王运没有期限、没有限制。"

詹姆斯是很烦躁的,深深地烦躁。他能够放松下来,埋头于玄奥的学术问题,或喝得酩酊大醉,和男宠嬉戏,或沉迷于屠杀动物的特别乐趣。他在情绪好的时候可以自嘲或被人嘲讽,甚至可以很粗野。但有一种恐惧笼罩着他,总摆脱不掉。原本为讨好他的烟火表演和惊喜的节目都会取得相反的效果。偶然事件会令他想起过去的恐怖记忆。他尽管酷爱打猎,却从不学击剑,因为刀剑出鞘会令他突然极度恐惧。

他的恐惧有充分理由。他从女王手中继承王位,但他的母亲就是被她处死的。更何况他的父亲死于暗杀。他自己也在一次或不止一次暗杀中惊险逃生。他相信敌人们会不顾一切地迫害他和他的孩子们。他不仅惧怕利器,还怕带钉子的人像,和没牙的老太婆的喃喃咒语。他和伊丽莎白、亨利八世一样,听到预言就极度紧张。巫卜和其他魔法都被定成重罪。因此连马修·格温的善意的小型典礼也带有一丝冒险的成分。但它一定还是使詹姆斯非常宽心,他听到自己和后代的统治是几世纪前就已预定的。圣约翰的男孩们用剧场的魔力赶走了詹姆斯心头的阴暗的恐惧。国王一定明显很高兴,因为这一场欢迎仪式似乎激发了莎士比亚的想象力。他也许是在人群里观看,也许听过旁观者转述。

一年后,1606 年夏天,丹麦国王来英格兰探望女儿安妮王后。目击者写道:"宫廷听到的完全是喇叭、双簧管、音乐、宴会和喜剧。"也许就是在这些庆典中,詹姆斯和客人们一起观看了他的国王供奉剧团演出的新悲剧《麦克白》。当舞台上出现三个女巫时,他会回想起圣约翰学院门外那场愉快的小演出吗?可能不会。他在继承英格兰王位后毕竟看过了很多豪华的演出,他还要惦记众多的事务。

但莎士比亚一定看到了、或听说了三个男孩子装扮的古代女巫,他没有忘记。他让这一场面在舞台上重现,强化了王朝代代相传的前景。剧中麦克白出城去见"神秘的幽冥的夜游的妖婆子",他告诉她们:

"告诉我,要是你们的法术能够解释我的疑惑,班柯的后裔会不会在这一个国土上称王?"

(4.1.64,116—119)

女巫们叫他不要再追问,但麦克白坚持要得到答案。他不能忍受悬念,他叫道:"我一定要知道究竟"(4.1.120)。他得到的答案是个奇怪的幻象,是一场典礼,就像预示帝王们稳坐王位的表演一样。

莎士比亚悲剧的一个程式就是,主人公得到自己追求的东西后,灾难就来了。麦克白为他的国王邓肯打了一场大胜仗,得到丰厚的赏赐,但荣耀只是更刺激了他不安的欲望。他杀死邓肯自己称王,这桩弑君罪行带来的是无尽的怀疑和焦虑的噩梦。他令人暗杀自己的朋友班柯,但死者的鬼魂不断纠缠他,班柯的儿子逃走了,使他非常恐慌。他渴望安全、不受约束的感觉,和"完满"的感觉,他是这样说的:"像大理石一样完整,像岩石一样坚固,像空气一样广大自由。"但是现在他感到"被恼人的疑惑和恐惧所包围拘束"(3.4.20—21,23—24)。为了摆脱这些疑惧,他找到女巫,要求看看未来会怎么样。但麦克白看到的回答使他非常痛苦。因为他在女巫表演的仪典中看到的不是自己的子嗣,而是被自己谋杀的班柯的后代。八个国王从他身边走过,最后一个举着镜子,从影子里看到后面还跟着许多。魔镜是巫术传说中常见的手法,它在1606年的宫廷演出中可能另有设计:演员可能会走近御座,举镜让詹姆斯照见自己的影子。这个设计像牛津的演出一样,用命运姐妹预言"无尽的权力"。麦克白绝望地问:"怎么,这一连串要到世界末日才会完结吗?"(4.1.133)

莎士比亚编排的《麦克白》近于奉承,也可说就是一种奉承。直接针对个人的阿谀谄媚是当时很多的宫廷节目的特点,但《麦克白》不是。它的赞美是间接的,而且着眼于朝代的更迭。它不是称颂詹姆斯的智慧、学识或治国才能;而是指出,从他尊贵的先祖到子孙后代,是一条绵延不断的正宗皇脉。为了证明这一点,莎士比亚只能歪曲一下历史记载。格温设计的典礼大概取材于拉斐尔·霍林谢德的《编年史》中班柯的故事。这本书是莎士比亚历史剧题材的重要来源。但当他循着格温的指引翻开霍林谢德笔下关于苏格兰的一节,就会发现班柯应是凶手麦克白的主要同谋之一,而不是麦克白道义上的反对者。("最后,他把自己的计划和他信任的朋友商量了,其中最重要的是班柯。他们承诺帮助他,于是他杀死了国王。")莎士比亚笔下的班柯却不同,他是个刚直正派的人物。当麦克白谨慎地寻求他的支持时,这位正直的将军婉转但坚定地声明自己对现任国王的忠心。莎士比亚把詹姆斯的前人从阴谋的同伙变成了反对者。詹姆斯父辈的历史掺杂了令人唾弃的阴谋与背叛，如果得知他的传承是建立在忠诚的基础之上的，这一定会令他愉快。

看到政权稳固，传承安定的景象，感到高兴的应不止是国王一人。几月前，全国人震惊地看到了一场意欲摧毁詹姆斯和他的整个家族、朝廷、事实上还包括国家的所有执政者的阴谋。这场阴谋在最后关头被发现了。1605年11月4日，国王召开新一轮国会的前夜，几个国家官员根据几天前一封匿名信里的线索，在一间地下室逮捕了盖伊·福克斯。这间地下室直通国会大楼的地下，里面有多桶炸药和铁条，盖有木材和煤块。盖伊·福克斯带着手表、导火管、打火器，准备开展一场凶恶的行动。他们的这一小群阴谋策划者认为詹姆斯不愿宽赦天主教徒，因而怀恨在心。严刑之下，福克斯供出和他一起密谋推翻政府的同伙。阴谋分子被捉拿归案。拒捕者当场击毙，其余人被捕，国王暗中观看了审讯过程。罪犯有的被处绞刑，有的被活活砍死，被劈开、切成四段。

遭火药事件牵连而被捕受审的人中有位亨利·加尼特神父，是耶稣会在英格兰的秘密布道团的首领。对加尼特的指控证据不足，他声称自己无罪。但公诉人充分利用了他写的《含糊其辞论》，这本书为起誓后作含义模糊的回答或有歧义的行为做道义的辩护。詹姆斯又一次从一个秘密的位置观看了审讯。加尼特被定叛国罪，用木架拖到圣保罗教堂的墓地斩首。他的头和其他人的一起挂在伦敦桥头示众。

威尼斯大使这样记述："国王很恐惧，他不再露面，也不像原来一样在公开场合用餐了……议会大臣们也很惊惶，既是因为案件本身，也是因为国王的疑心。整个城市都处在惊疑之中。天主教徒和异教徒彼此畏惧。心中恐惧的外国人住宅被暴民围住，双方都配有武器。"如果这场"沉重而哀伤的悲剧"（公诉人爱德华·柯克爵士语）以这样血腥的方式收场本是为了给国家带来安宁，那么这一收场没有完全成功。3月22日，谣传国王被毒刃刺中，有人说刺客是英格兰耶稣会成员，有人说是着女装的苏格兰人，又有说是西班牙和法国人。于是门窗紧闭，军队集合，朝臣面如土色，妇女放声哀哭——直到国王签署公告，声明自己仍健在。国家刚经过一场噩梦，还没有彻底醒来。

国王供奉剧团和其他剧团一样，将竭力思考这种时刻哪类剧目最适合伦敦大众和宫廷。莎士比亚写《麦克白》，似乎是要使它成为一场安定众人之心的仪典。每个人都遭到了冲击：所有高层人物险些和国王全家一起被粉碎；国土险些分裂，国家将落入两败俱伤的宗教混战之中。11世纪的苏格兰历史被搬上舞台，表现了弑君的罪行、秩序与尊严的崩溃、从逆贼血手中夺权的长期斗争，这些使得17世纪的观众看到了当前灾难的象征，也见到了秩序的胜利回归。

《麦克白》的情节的确和火药案件相去甚远：其中不存在天主教徒的密谋，爆炸的威胁，和毫发之间国家命运的转机。但莎士比亚的影射很含蓄，其中最著名的是一段笑料，定会使当时的观众笑得发抖。这一奇特的喜剧场景之前，便是恐惧和灵魂的衰残在莎士比亚笔下最悲惨的展现。麦克白刚刚卑劣地把他城堡中的客人——国王邓肯，在睡梦中杀死。他杀人后深受刺激，陷入恐惧和悔恨。他正和自己的野心家妻子紧张地交谈，听到城堡门外有人在大声地敲门。敲门声是个简单的设计，但在舞台上总有骇人的效果。这种效果早有含蓄的铺垫，即麦克白杀人前充满恐惧，觉得只要想一下自己的企图，就会"使我的心全然失去常态，勃勃地跳个不住"（1.3.135）。敲门声一直不停，同谋的夫妻回房去洗掉手上的血污，换上睡衣。麦克白夫人非常镇定，头脑灵敏而自信（也许是竭力做出来的）："一点点水就可以替我们泯除痕迹"（2.2.65）。麦克白却是惊魂不定："用你打门的声音把邓肯惊醒吧，但愿你能够惊醒他"（2.2.72），他这样说是充满恐惧或绝望、期望或痛苦的嘲讽。这时出现一个门官，他被敲门声惊起，但宿醉未醒。他摸索着开了门，似乎还在梦中。他想象自己是地狱的守门人，开门迎进新客。他想象的罪人中有一个，"一定是个讲起话来暧昧含糊的家伙，他会同时站在两方面，一会帮着这个骂那个，一会帮着那个骂这个；他曾经为了上帝的缘故干了不少欺心事。可是他那条暧昧含糊的舌头却不能把他送上天堂去。啊，进来吧，暧昧含糊的家伙。"（2.3.8—11）。这个敲响地狱之门的含糊其辞的罪人，几乎可以肯定，指的是刚被处决的耶稣会教徒亨利·加尼特。

莎士比亚和其他剧作家为何不用更直接的方式表现1605年11月那些戏剧性的事件呢？这些事件不仅讲述了一个国家危难与救赎的完美故事，而且，（在詹姆斯的首席顾问索尔兹伯里伯爵的精心编导下）国王本人在揭露凶险的阴谋时，担当了一个关键角色。匿名信发出警告，只是说"他们这次议会将遭到痛击，但他们看不到害他们的人。"索尔兹伯里伯爵说自己和枢密院对这句隐语的内容很是不解，最后国王巧妙地揭开了它的内涵，令他们去地下室搜查。英国颁布法令，将11月5日定为全国的感恩日。法令中宣布，"若非蒙上帝眷顾，最尊贵的王上得到神明的启示，从一封意义超乎寻常的来信中读懂其隐言"，那么阴谋就将得逞。这闹剧式的叙述简直是特意赐予剧团的良机。国王供奉剧团为何没有利用呢？

　　部分原因在于官员们由来已久的警惕心理，这一传统甚至可以追溯到伦敦兴建剧场之前。1559年，伊丽莎白执政的第一年，女王示意官员们不得允许"表演有关宗教或英联邦政府"的"插剧"。这一禁令在广义上几乎不可能实行，除非是禁止演剧，官员们于是便对任何贴近当前矛盾的题材都极为警觉。而且，君主和统治阶层对于在舞台上搬演自己深感不安，即便是奉承的表演也不能接受。他们若允许这种表演，便相当于把自己交给别人支配。他们也怕这样演剧的结果是像女王说的那样，"使大人物变成普通人"。

　　而且奇怪的是，在最近的国家危难和绝处逢生的事件之后，《麦克白》中甚至没有设计一场序幕献给国王，庆贺不久前的脱险；也没有用隐喻奉承一下詹姆斯作为上帝宠儿和魔鬼死敌的角色；也没有对于班柯的英明后代统治下的幸福表示感激。莎士比亚只是隐约影射了一个地狱中的含糊其辞的人，这种做法可能和前一个冬天他们的剧团遇到的一桩麻烦有关。国王供奉剧团可谓大获成功：1604年11月1日到1605年2月12日之间，他们为宫廷演出了至少11场，除了三部剧之外，其余都出自莎士比亚之手。但其中一场惹了麻烦，其后果有可能是灾难性的。他们的剧团既有国王的庇护，稳坐剧坛第一把交椅，显然是想挑战传统表演的极限。他们想象根据詹姆斯的一场戏剧性经历编写戏剧，会赢得国王和广大观众的喜爱。国王曾于1600年8月遭遇高里伯爵和他的弟弟亚历山大的暗杀，侥幸逃脱（或者这只是他自己的说法）。

　　像火药案一样，官方的记载像是一场闹剧。国王在苏格兰和随员一起去打猎，他被一罐金币的奇怪故事吸引，骑马来到高里伯爵的宅邸。亚历山大·高里哄他不带随员上了塔楼。随员们留在厅中，越等越急，简直相信主人已经悄悄骑马离开了。他们正要去寻他，突然惊骇地看到詹姆斯从塔楼上探出身子大叫："有人谋杀我！背叛！"塔楼的门锁着，但国王随员中的约翰·拉姆斯设法从另一条楼梯上了楼。他冲进房间,看见詹姆斯正和亚历山大扭打在一起。拉姆斯刺伤了刺客的脸和脖子,楼下的随员结果了刺客的哥哥高里伯爵的性命。

这个故事恐怕过于巧妙,令人无法相信。很多不以为然的人可能会觉得其中有些不对:

两个有权势的贵族谋反行刺;国王不信任他们,而且欠他们的债务总额高达八万镑。政府显然觉得有必要构造出一个叛逆者谋害国王的故事。据官方纪录,高里伯爵不仅背弃了下属对上级应有的忠诚,违背了主人待客之道,还违逆了对上帝的信仰:他死后身上发现了一个"小的封口羊皮袋,里面满是巫符咒语"。直到袋子从他身上拿开,他的血才流出来。里面的希伯来文证明持有者是个"谋反分子"。法官宣布,他是"学习魔法,召唤魔鬼的人。"几位证人被施以"穿靴"的酷刑(即积压足骨),供出了政府需要的一系列证据。随后是一阵风似的处决,高里伯爵的财产归国王所有,此次事件到此结束。苏格兰大臣接到"赞美上帝,因为国王从叛逆者手中奇迹般的获救"的要求。有几位拒绝执行,或者怀疑故事的真实性,或认为这一指令是盲目崇拜。他们被立即解职。大多数人无奈地服从了。

某位国王剧团的加盟作家(也许是莎士比亚)发觉这个故事可以改编成一部激动人心的戏剧。剧团当然知道这会违反伊丽莎白的禁令,即禁止舞台上出现目前健在的大人物和同代或近代的事件,因为必将有人(莎士比亚也是有可能的)要扮演詹姆斯。但他们可能要试探这一限制在新的统治下是否继续存在。而且,他们也许注意到了国王对于积极支持他所叙述的高里宅邸血案的人,都格外地奖赏。他们估算到英国观众会对这类事件极感兴趣。他们至少想对了一部分:1604年12月《高里的悲剧》公演了两场。但一个朝廷特工发现,并非所有人都喜欢这部剧。"要么剧情或风格没有处理好,要么人们觉得王公在世期间不应出现在舞台上,我听说一些重要的议员对这出戏很不喜欢,所以有意见认为它该被禁演。"剧团并没有因为投机失误而失宠,但剧是显然被禁了。再没有更多演出的纪录,剧本也没有流传下来。

一年以后,火药案刚刚平息,国王供奉剧团再次考虑打造一部有关苏格兰的戏剧。但他们知道这次需要格外小心。如要搬演一个苏格兰叛逆者的故事——一个贵族沉溺于魔法,在国王造访时试图谋杀他——就必须把时间大幅度向前推移。如果想借演出引发国王的联想,他们就要更精心地研究他的想法。詹姆斯的想法,据他的英国臣民们发现,非常奇特。

伊丽莎白女王的教子,著名才子约翰·哈林顿记述了 1604 年觐见国王的经历。詹姆斯开始时显出学究气,炫耀学识。哈灵顿写道:"他使我想起在剑桥时的考官。"然后他谈到文学,讨论意大利史诗诗人阿里奥斯托。随后他突然转变话题:"陛下强令我讲出对撒旦的巫力是什么看法,以及……为什么老太婆比别人更善于装神弄鬼。"哈灵顿试图用一个猥亵的玩笑转移国王咄咄逼人的怪问题。他提醒国王,圣经里说,魔鬼偏爱"在干燥地方走路"。但詹姆斯却没有置之一笑,转向其他话题。他说,他的母亲死前苏格兰上空曾出现奇异的幻象,"一个血淋淋的头在空中舞动"。这位英格兰朝臣忍住没有再说幽默的话。

詹姆斯对巫术和幻象的担忧可是一件严重的事,显然任何人(剧作家和朝臣都一样)若想驾前邀宠,都要充分估量他的这种心理。国王供奉剧团可能一致认为他们的首席作家应对詹姆斯的幻想世界作些研究,以便写出一部专能讨他欢心的戏剧。这一点他们无须正式商定,因为取悦詹姆斯(尤其在《高里的悲剧》遭禁的打击之后),无疑是他们的强烈愿望。1605 年 8 月莎士比亚路过牛津可能不仅是碰巧。他像《哈姆莱特》中的霍拉旭观察国王一样观察詹姆斯观剧的反应,有可能是剧团给他的任务。

观察国王对献上舞台的戏剧有什么反应是很有用处的(这样就明确了什么样的内容会使他昏昏欲睡),但关键问题还没有解决:还不知什么内容会使他精神抖擞。什么会吸引他又不会恐吓他,会激起他的兴趣,满足他的好奇心,使他敞开心怀,期待更多的演出。国王供奉剧团需要走进国王的内心。站在欢呼的人群中观察詹姆斯,不能代替哈灵顿那样的对谈取得的了解。区区一个演员是不能被国王接见的。但了解国王的兴趣和想象力,还有其他途径。詹姆斯曾作出不寻常之举,在 1597 年出版了一本关于巫术的研究著作《论巫术》。这本书 1603 年在伦敦出过两版,莎士比亚应很容易见到。书中承认有人对巫术持怀疑态度("很多人不能相信有巫术这回事"),但它认为怀疑是接近无神论和要受天谴的。巫术确实存在,对王国构成严重威胁。

早在国王宣讲这个题目之前,莎士比亚就对巫术有所了解。他应听说过有教团在国内各地搜寻巫师、法师、术士;议会三令五申,"一切巫术、幻术、魔法"都应以死刑论处;法律禁止任何人用法术或其他非法手段预测"女王陛下的寿命、任期,或谁将在陛下身后继任英格兰国王或女王"。他应读过 1604 年的法案,它禁止任何人为任何企图和目的,对邪恶的精灵咨询、订约、供奉、利用、供餐或酬报。不得把男女或幼童的尸身从坟墓及其他葬地掘出,不得取死人皮肤、骨头及任何部位,用于任何形式的巫术、魔法、蛊术、幻术。不得用任何巫术、魔法、蛊术、幻术杀人、伤人、致人衰弱、耗损、憔悴或残废。

莎士比亚的生活扎根于乡村,定曾听说或亲见牲畜染病、庄稼遭殃、儿童久病不起等事件,据说是临近有人施恶法造成的。人们也会归咎于自然原因,但当遭到意外的灾难,如骤风、折磨人的怪病、毫无原因的乏力,他们会狠狠地指责那些蜗居深巷的老妇,他们穷困、丑陋而无助。一个德国人 1592 年游历英格兰时写道:"这种地方发现了很多巫婆,她们常兴起冰雹和暴风雨作乱。"

一个有野心且好自吹的治安法官布赖恩·达西 1582 年在埃塞克斯负责处理对几个巫婆的指控。他发表了一份开庭前的调查。他记述了每天为生计操劳的乡村生活,这是一份细腻之至的特写,反映了村民在地方法官的怂恿下展开的疯狂迫害行为。他利用小孩和不满的邻居提供的证词,侦察到了他早已认定的巫法的罪行。他发现了整个的巫术组织,发现巫婆们借助魔鬼做法,造成破坏。这些都是"家常"的魔鬼,化身为狗、猫、乌龟,取名为蒂芬、蒂提、苏金。厄休拉·肯普和瑟洛太太吵架后,派自己的鬼魂提提("像只白绵羊")去摇瑟洛家婴儿的摇篮,直到婴儿几乎掉到地上。"曼斯菲尔德大娘"到琼·蔡斯顿家,向她讨些凝乳。琼说自己没有,"一会儿工夫她的几头牛就跛了腿"。林德的妻子报告说曼斯菲尔德大娘找她要"一口"牛奶。她拒绝说"她只有一点点,还不够喂她的牛犊"。当夜她的牛犊就死了。这都是在小圈子内发生的事,要么是小小的吝啬,要么是冷言冷语,于是灾难跟来了。农妇怎么也搅不出牛油;十分光滑的纺锤,却挂断了纺线;原本体壮的孩子开始憔悴。这样的日常现象和斯特拉福附近的村庄斯涅特菲尔德、威尔姆科特和肖特里村是很接近的。那些村庄,莎士比亚身在其中,非常了解,它们只不过幸运地缺少一个赖恩·达西,没有把近代农村早期常见的矛盾、挫折和困苦转化成冤案。

莎士比亚从詹姆斯的《论巫术》中,应该读到国王尽管对为何众多被指控的巫婆都是小村中的老妇怀有兴趣,他却全然不关心大部分指控的起因,即当地人的恩怨。不同于赖恩·达西,国王的思路翩然超越了乡村生活的普通恩怨。这些特征很符合一个博学的国王的身份:宏大的玄学理论,复杂的政治方略,知识分子与政治家的敏锐思想。而且他很明白很多对巫术的指控纯属虚幻的谎言,他为自己的洞察力而自豪。

詹姆斯认为,巫师本人是没有魔力的。但他们通过妖魔的聚会和魔鬼建立了约定。为了引诱基督徒背弃自己的信仰,魔鬼先引得他们相信,自己有特别的天赋,能够迫害邻人。因此貌似是魔力的效果,实际是假象,是为了欺骗"人的感官"而狡猾地设制的幻象。这些幻象必定常深深使人震惊,但它们有这样的效果并不奇怪。"我们平常的经验证明简单的戏法就能使上百件东西在人的眼中、耳中变样。"魔鬼的力量是有限的,在世界奠基之前,它们的魔力就已被界定。它们制造不出真正的奇迹,不能侵害虔诚的法官,它们不能解读人的头脑。但是,它们比最会妖言惑众的人还要本领高超。魔鬼实际上传授给弟子"很多骗人的把戏,用纸牌、骰子之类的东西欺骗人的感官",示现假冒的奇迹。任何人都有道德的弱点,魔鬼都会异常灵敏地腐蚀他。即便不能读脑,魔鬼也深谙相面之道,能从表情猜人的心理。

魔鬼的目标不是毁坏一个小村,而是整个王国。所以它攻击的对象不是某个村民,而是上帝在世界上的代表,即国王。魔鬼教徒弟们(聪敏的詹姆斯称他们"学者")鬼把戏,是为了陷害王公们。作为一个存在了几世纪的恶魔,既曾细致观察人、动物、自然,也精通骗术,魔鬼的把戏很有影响力。詹姆斯写道,"它会使自己的学者为王公们半真半假地预言很多大事件,求得他们的信任",比如战争结局,国家命运,诸如此类。撒旦的学者如果完全说谎,他们的主子就会失去信誉;如果只讲真相,就无法施展魔法了。所以他们的预测"总是真真假假,就像魔鬼的预言一样"。撒旦用惊人的机敏为巫师提供取悦王公们的其他手段。"华美的宴会、精致的菜肴,一会儿工夫就从天涯海角运来"。它似乎还授予自己的使者妖力,"这种妖力只是空中的印痕,很容易被精灵召聚",用来蒙蔽人的感官。

詹姆斯认为,当魔鬼侵害某人时,他们使用有欺骗性的含糊的预言,诱人的欢乐,缥缈的幻象。从《麦克白》中看出,莎士比亚对此非常留意。他可能还会特意了解国王是怎样处理巫术的。他可以讯问所有詹姆斯当政期间曾住在苏格兰的人,能提供信息的人很多,因为有大批苏格兰人随詹姆斯到了伦敦。莎士比亚也可能在1591年的一本很轰动的宣传册《苏格兰新闻》中读到过相关情况。两年以前,詹姆斯的婚庆计划被暴风雨打乱。他的未婚妻、丹麦的安妮公主本拟于1589年从丹麦乘船到苏格兰。但途中雷雨交加,只好到奥斯陆暂避。心急的詹姆斯也乘船赶来,两人就地成婚。几月后詹姆斯回到苏格兰,确信暴风雨是魔鬼设障。他直接参与了前所未有的清查巫术行动,据说查出了北贝里克(位于距爱丁堡约20英里的菲斯河入海口)的一个巫士组织,他们从事对恶魔的集体崇拜。

遭指控的人中有一个叫阿格妮丝·汤普森。她向国王和议会供认1590年万圣节时两百巫士乘坐筛子进城聚会。其中一人盖丽斯·邓肯用一件小乐器"犹太喇叭"奏出曲调,众人一路歌舞来到教堂,撒旦已在这里等得不耐烦了。魔鬼臀部坐在神坛的栏杆上,令巫士们亲吻,这是效忠的表示。然后魔鬼做他的"邪恶宣言",其怨恨直指"他在世界上最大的敌人",即苏格兰国王。詹姆斯成了撒旦扬言攻击的直接目标,这说明君主本人的圣洁,无疑令他满意,但也令人惊恐。在审讯中(詹姆斯酷爱严刑逼供),阿格妮丝·汤普森供认了一些针对他的阴谋:"她承认曾找来一只乌龟,拴住四脚连吊了它三天,把滴落的毒汁用蚌壳收集了,密封起来,然后等待着得到国王陛下曾用过的一片脏亚麻布。"她告诉国王,如果能得到他衬衣或手绢的一块残片,她就能"用蛊术制他于死地"。尽管这一阴谋被挫败,她和同伙还是成功制造了至少一部分灾害。她们给一只猫施洗,把死人的断肢拴在它的腿上,把猫扔进大海,结果是制造了"有史以来最大的海上风暴",她们使国王从丹麦回国的船遭遇逆风。"若非他的信仰压倒了她们的企图,陛下便不能从海上平安归来了。"

尽管詹姆斯愿意相信所有这些离奇的指控,但他竭力避免显出自己很幼稚。他宣布,那些被他审问、被剥光衣服猥亵地刺痛,遭严刑折磨的悲惨女人都是"绝顶的骗子"。但是其中一人阿格妮丝·汤普森叫他到一旁,说了他和新婚妻子在挪威婚礼当晚的"原封不动的对话"。他大惊,"凭着上帝起誓,即便是全地狱的魔鬼也不能说得更逼真。这说明她的话全是真的。"国王于是坚信巫婆不仅在狂风暴雨的海上出现,也在墓地中挖掘尸体,举行恶心的仪式,还在卧室里偷听夫妻间的私房话。

这些事情并非只有詹姆斯身边的人知道,它们所揭示的自命不凡的政治心理与深深的恐惧,并没有被掩藏起来。它们都有公开的记载。莎士比亚似乎曾详细读过,他可能还察看过更能为自己所用的东西。詹姆斯听说巫婆们一路跟着盖丽斯·邓肯的小喇叭舞曲跳舞到了北贝里克教堂,他产生了"奇妙的向往"。他派人带来这个巫婆,令她为自己演奏这支曲子。

可怜的盖丽斯·邓肯是个女仆,最初主人怀疑她,是因为她"对于别人的各种病痛",她都是手到病除。尽管她最初反抗,说自己是清白的,经过一系列野蛮搜身和折磨后,需要的供词得到了。她的手上曾被钉上拶子,这是非常痛苦的折磨。她的头被布条捆着或绳子拧着。如今她认识到自己在好奇、惊惧又惬意的国王面前被强派了一个可怕的角色。《苏格兰新闻》报导说,"由于事件奇特",詹姆斯"饶有兴趣地出席了这些审讯"。巫术不止是威胁,也是场精彩表演。

莎士比亚察觉到,巫婆使国王产生了"奇妙的向往之情",这正是国王供奉剧团所要达到的效果。于是莎士比亚这部苏格兰新戏以奇异的场景开始:

　　何时姐妹再相逢,
　　雷电轰轰雨濛濛

(《麦克白》1.1.1—2)

此处挪用了格温的设计,三个女先知仿佛从树林中走出,预告未来。莎士比亚重述了班柯后人稳固的世袭皇权这一承诺,但圣约翰学院的华丽祝词被全部删去了。莎士比亚又一次大幅度改造了素材。也就是在原本简单清晰的故事中,加入了阴晦之气,"妖雾毒云"。剧本直接由三个怪物开场:

　　这些是什么人?
　　形容这样枯瘦,
　　服装这样怪诞,不像地上的居民,
　　可是却在地上出现?……
　　……
　　你们应当是女人,

可是你们的胡须却又使我不敢相信

你们是女人。

(1.3.37—44)

这一场的地点是荒野。麦克白进入时,"女巫姐妹"招呼他的话和格温设计的节目出奇地相似,实际就是对格温原话的引用:

女巫甲:万福,麦克白!祝福你,葛莱密斯爵士!
女巫乙:万福,麦克白!祝福你,考特爵士!
女巫丙:万福,麦克白,未来的君王!

(1.3.46—48)

原本的安慰在这里产生相反效果,热情的欢迎变得令人心惊胆战。在剧中世界,麦克白好似得到了吉兆,却流露出不安。他朋友班柯问他:"将军,您为什么这样吃惊,好像害怕着这种听上去很好的消息?"(1.3.49—50)

莎士比亚深入挖掘了国王心中盘桓的玄想。所有因素都具备了:诱人走向毁灭的野心勃勃的预言,曾经威胁丹麦安妮公主的"摧樯断桅的暴风和恐怖的雷电"(1.2.26),对涂了圣膏的国王的仇杀,缥缈的幻象,邪恶的模糊言辞,骇人的肢体移接,乃至女巫作怪时乘坐的筛子——

可是我要坐在一张筛子里追他去,
像一只没尾巴的老鼠,
我要去,我要去,我要去。

(1.3.7—9)

如果詹姆斯曾为奉旨演奏的妖乐着迷,国王供奉剧团能为他提供的更多:

来,姐妹们,让我们鼓舞鼓舞他的精神,
用最好的歌舞替他消忧解闷。
我先用魔法叫空中奏起乐来,
你们就挽成一个圈子团团跳舞,
让这位伟大的君王知道,
我们并没有怠慢了他。

(4.1.143—148)

"这位伟大的君王"指的是麦克白,但真正渴望妖魔的歌舞的,不是这个虚构的篡位者,而是英格兰和苏格兰当今的国王。

莎士比亚为何要冒险尝试这种嘲讽意味的变形描写?他为何冒险把格温令人欣慰的奉承变成梦魇般的悲剧,描写背叛和毁灭?《麦克白》中没有写灾难被奇迹般的躲过;没有强调涂圣膏的国王有神明护佑的信念;没有迎合詹姆斯认为真正的好人不受巫术的侵害的想法。信仰遭弃,家庭被毁,天性受到荼毒。在一个见利器而变色的国王面前,这部剧反复出现一柄血淋淋的匕首的形象。既是真正的匕首,也是麦克白所称的想象中的匕首。圣约翰学院的表演正式承诺了班柯子孙无尽的王权。同样,这部悲剧结尾拨乱反正,也可说是代表着火药案过后国家重获安宁。胜利的麦克杜夫在剧末提着麦克白的人头走上舞台,使人想到伦敦桥口悬挂的反贼首级——部分观众过桥时就能看到它们。但《麦克白》并没有熨帖地取悦王公,安慰大众。莎士比亚选用的素材触发了他自己心中某个奇特的角落,和全剧的主体构架并不相符。

莎士比亚是个专业水平的冒险家。他在压力下写作(《麦克白》异常精炼,由此判断,应是在短期内写成的),他信马由缰地让想象力引路。如果圣约翰学院欢快的女先知变作了女巫姐妹,围着一口冒泡的大锅起舞,里面装着污秽之物——

> 豺狼之牙巨龙鳞,
> 千年巫尸貌狰狞;
> 海底抉出鲨鱼胃,
> 夜掘毒芹根块块;
> 杀犹太人摘其肝,
> 剖山羊胆汁溽溽;
> 雾黑云深月食时,
> 潜携斤斧劈杉枝;
> 娼妇弃儿死道间,
> 断指持来血尚殷。

(4.1.22—31)

那么莎士比亚必须由此继续下去。否则他的剧本就要给詹姆斯催眠,把寻求刺激的观众拱手让给竞争对手。但这样解释还是不能说明莎士比亚的想象力为何出现了奇特的转向。

莎士比亚曾经出色地调和了把握机会的能力和博大的想象力,对素材的挪用和对洛佩兹刑场笑声的道义上的反感,这一次也是一样。当莎士比亚得知国王为盖丽斯·邓肯的演奏而惊喜时,他明白了怎样能够满足他的好奇心,同时他的想象力开始体察那被告的内心。他和剧团将表演女巫和她们的聚会,唱她们的歌,诵她们的咒语,展现詹姆斯感兴趣的魔力。但他们要让魔力更加复杂,从女巫们的身上扩展到更宽泛的现实生活中,包括家中私务和宫廷密谋。

设身处地地体会别人的生活,这是想象力普遍具有的功能。但涉及到巫术,这里还有一层特殊的关联:巫士就是想象力的产儿。中世纪和文艺复兴时期有一批专门出卖巫术的人(他们认为邻里间应更多互相告发,增加对她们的搜身、酷刑、审讯,乃至处决),他们相信巫婆专和幻念打交道。据一本著名的巫术手册《巫士的锤子》记载,魔鬼能对大脑构成实实在在的干预,通过这种刺激形成幻觉。据手册的作者,圣多明尼克教派的调查官海因里希·克雷默和詹姆斯·斯普伦格尔指称,恶灵在虽醒尤梦的脑中造成一种"局部运动",搅扰、刺激着其内部感受,"使得脑内储存的意念被发掘、幻现出来,于是人执以为真"。他们书中称搅扰大脑、把意象在其中移位的过程为"内部诱惑"。它使人在眼前出现幻象,如匕首。反过来它也可以使人对某物视而不见,如自己的阴茎。物体并没有消失,只是被调查官所称的"魔力"遮掩了。克雷默和斯普伦格尔由此写道,"某人讲过,他失去阳具后,找一个著名的女巫要求恢复。她让这个受苦的人爬到树上,看到一个鸟窝中放着几个,随意取出一个就行。他正想拿出一个大个子的,女巫说,那个你不能拿,那是教区里的牧师的。"

比莎士比亚年长的同代人,一位乡间绅士雷金纳德·斯格特读了《巫士的锤子》中这段和其他几段后,说他的结论是,此书满篇"粗话",是猥亵的笑话书。但分析其动机,他写道,"这不是玩笑。因为它的作者过去和现在正在裁判这些人的生死。"斯格特的反应是在1584年出版一本《巫术的发现》。在对巫术执怀疑论的英国评论中,这本书是最大的贡献。詹姆斯在英国继承王位后,下令将斯格特的书全部烧毁。但从莎士比亚的引用来看,写《麦克白》时他手头似乎正在看着一本。

斯格特认为，诗人这些语言高手是有害的幻想的主要源头，由此巫术才遭清查。斯格特写道，诗人奥维德断言巫婆——

> 能摆布风云雷电、雨水、冰雹，引起风暴和地震。其他人也写过，巫婆能扯落星月，能用意念把针插进敌人的肝脏，能移走穗中的麦粒，能用超常手段治病，能飞行，能与魔鬼共舞……她们能使精灵现身（有人这样断定），使泉水干涸，河流改道，使太阳滞留，造成日夜不分。他们能在钻孔中出入，乘坐蛋壳、贝壳，在风浪中沉浮渡海。他们能够隐身，窃听人们的私密，阻挠房中乐事。他们能从坟中召出鬼魂。

这些是诗人向人们描述的景象。这些景象使得人们折磨杀害自己无辜的邻人。但斯格特的结论是，这一可怕的错误也是可以避免的：不可相信诗人们唱的歌。

国王供奉剧团从不做这样的说教。他们扮作女巫时正想利用人们的成见。莎士比亚剧中的女巫显然在坏天气里出没，"何时姐妹再相逢，雷电轰轰雨濛濛"（1.1.1—2）。她们似乎召来了异常的黑暗，"照钟上现在应该是白天了，可是黑夜的魔手却把那盏在天空中运行的明灯遮蔽得不露一丝光亮"（2.4.6—7）。她们隐形飞腾，与魔鬼共舞，乘坐筛子，施展魔咒，使人气力衰竭。尽管斯格特书中罗列的诗人赋予女巫的魔力在《麦克白》中多有对应，但这些女巫在剧中究竟有什么作为，甚至是否施过法术，却是无法断言的。

造成《麦克白》中的不透明效果的原因，却不同于《哈姆莱特》、《奥瑟罗》、《李尔王》中莎士比亚对行为动机的极度省略。观众不能详知哈姆莱特为何装疯，伊阿古为何痛恨奥瑟罗，李尔为何测试女儿的孝心。但他们清楚地知道麦克白为何暗杀邓肯：被妻子怂恿，与攫取王位。但在他痛苦的独白中，麦克白表白自己备受杀人幻象的折磨：

> 我的思想中不过偶然浮起了杀人的妄念，
> 就已经使我全身震撼，
> 心灵在猜测中丧失了作用，
> 把虚无的幻影认为真实了。

（1.3.138—141）

在熟识的模式化动机的核心中，却有一个黑洞——"把虚无的幻影认为真实"。

与麦克白心中的黑洞相联系的,是女巫们在他的心念中,和在戏剧世界中的阴暗登场。谋杀邓肯的念头是被她们激起的,还是遇到她们之前既已存在?她们和麦克白夫人有些关联(她曾召唤关照着人类恶念的妖魔"解除"她女性的柔弱),还是全无关系?是女巫的预言"小心麦克杜夫"(4.1.87)引得麦克白杀麦克杜夫全家,还是他已经在血路上走得太深,无法回头?是她们闪烁其词的预言最后造成他致命的盲目自信,还是他失道寡助,面对马尔康的强大军队,必然灭亡?这些问题都没有答案。剧中再没有提及几个女巫,她们的角色便不了了之。莎士比亚不愿把剧中的危机都集中在女巫们身上。

《麦克白》中没有惩罚几个女巫,但却指出了文明社会的结构所受到的残酷威胁和她们有关。这部剧的高明之处在于这种暗示的力量,它令观众难以释怀。正是在不可见时,女巫的魔力才隐隐出现,渗透在人们的日常往来之中。如果一个人担心失掉男子汉气质,惧怕女性的力量,那么他不只要留心荒野中长须的巫婆,还要留心自己的妻子。如果一个人担心遭到诱惑,那么当心自己的梦想。如果一个人为前途焦虑,那么详察你的好友。如果一个人惧怕精神的荒凉,那么不要向巫士的大锅中看,向自己的头脑中看:"啊,我的头脑里充满着蝎子,亲爱的妻子!"(3.2.37)

女巫们诡异而不可捉摸,无法定位,不可思议,体现着莎士比亚最杰出悲剧中所用的模糊手法。莎士比亚的戏剧是一片没有定解的空间,这里不容传统的解释,在这里人可以进入旁人的头脑,在这里幻想和实体交汇。莎士比亚构想出了那样一种艺术,取代盖丽斯·邓肯在国王好奇的注视之下表演舞台上的幻术。国王作何反应,没有记载。但莎士比亚的剧团一直稳踞国王供奉剧团之席。

第十二章 平凡生活的胜利

莎士比亚似乎早在 1604 年动笔写《李尔王》时,就在考虑要不要隐退了。但那时还没有考虑到隐退的风险。这部悲剧是他对耄耋之年的最深入思考,包括不得不痛苦地放弃权力,丧失住宅、土地、权威、关爱、视力,乃至健全的神志。描绘出这种巨大的失落感的,不是一个孤僻的隐士,不是一个走向暮年的人,而是一个刚满四十岁的如日中天的剧作家。即便当时的人普遍短寿,四十岁也不算是老年。路途刚走到一半,远不到终结的时候。莎士比亚的年龄距离剧中的年轻一代(高娜瑞尔、里根、科迪利亚,以及埃德加、爱德蒙)比距离李尔和葛罗塞斯特这两个命运悲惨的老人更近。

这一次莎士比亚的写作(愤怒、疯狂与悲哀的大爆发)和他本人生活的记载之间,仍是找不到直接、明显的联系。他的父亲已于 1601 年去世,大概是六十多岁。1604 年他的母亲仍健在,而且就目前所知,既不疯癫也不专横。他有两个女儿,但他不能说自己把一切都给了她们,或说她们企图赶他出门。他的确有个弟弟和《李尔王》中的野心家爱德蒙同名。但这个爱德蒙·莎士比亚是伦敦一个颇有抱负的演员,他和葛罗塞斯特的私生子之间显然没有什么共同之处。从莎士比亚的弟弟理查德的回忆中也不能找出任何关联。他们只是同名,这是英格兰嗜杀的驼背国王的名字。

很可能是 1603 年末人们纷纷议论的一桩案件使莎士比亚想起李尔王的故事。一位年迈的绅士布赖恩·安斯利的两个大女儿试图用法律手段证明他们的父亲丧失了理智,以便接管他的财产,但小女儿强烈抗议,维护其父的权益。小女儿的名字恰好叫科德尔,接近李尔王的古老传说里从二长姐的毒计中救出父亲的科德拉尔。名字和事件的双重巧合定有不可抗拒的吸引力。

无论这部悲剧的写作是否由安斯利的案件触发,莎士比亚异常敏感地关注着李尔王的传说和普通家庭矛盾以及老年引发的畏惧之间的关联。莎士比亚直接从周围的日常生活中寻找这部剧的关注焦点。这种说法貌似古怪,因为《李尔王》是莎士比亚悲剧中最野蛮奇特的一部。老国王指着阿波罗和冥神赫卡特①起誓,召唤雷电"把这粗壮的圆地球击平了吧!"(3.2.7)他的朋友葛罗塞斯特公爵认为他是天神的恶念的牺牲品:"天神对于我们,正像顽童对于苍蝇一样,他们为了戏弄而把我们杀害"(4.1.37—38)。疯乞丐"可怜的汤姆"叫嚷说他被一群奇怪的魔鬼缠住了:莫多,玛胡,弗利波铁捷贝特。除了不时召唤宏伟的幽玄之界,全剧所有事件不论悲惨或琐细,都发生在一个似乎不成系统的宇宙里。魔鬼都是虚幻的,李尔和葛罗塞斯特呼唤的神力惹人注目地沉默着,他们的沉默具有破坏力量。爱恨交加、饱受折磨的人物生活的世界是最普通不过的——"穷苦的农舍、乡村、羊棚和磨坊"(2.3.17—18);而触发一系列恶果的事件也是一个最普通不过的决定:隐退。

都铎和斯图亚特王朝期间的英格兰文化,要求年轻人对老年人表现出敬意。而退休便是人们忧虑的特别焦点。因为退休后身份——如李尔王在国家的最佳状态时所说"名义和国王的尊号"(1.1.136)——和权力之间脱节了,便给敬老的政策和心理都增加了压力。在国家和家庭中,这种紧张状态都可以通过移权给法定的长男后嗣来缓解。但有时缺少这样一个继承人,就像传说中的李尔和现实中的布赖恩·安斯利那样。缺少男嗣的情况下,年迈的李尔既已决心"摆脱一切公务和操心事",把责任交给"年轻力壮之人",便设法把国土分给三个女儿,他的说法是,"为了预防他日的争执"(1.1.37—38,42—43)。但这场以公开的孝心测试为核心的计划,走向了彻底的失败,因为它使李尔驱逐了唯一真心爱他的孩子。

莎士比亚设法揭示出,这些人物遭遇的困难不仅仅是由于缺少男嗣。他安排了最出色和最复杂的双线结构,把李尔与三个女儿的故事和葛罗塞斯特与两个儿子的故事交织起来。后者的来源是他读过的菲利浦·锡德尼的传奇《阿

---

① 希腊女神,既是月神、狩猎女神,也是地狱和巫术之神。——译者

开迪亚》中的一段故事。葛罗塞斯特有嫡出的长子埃德加和私生子埃德蒙。这个家庭的悲剧冲突不是源于反常的权力交接,像李尔所计划的那样,而是恰恰相反:依循社会习俗,既是幼子又属庶出的爱德蒙必然处于不利的地位,他对此愤愤不平,动起邪念来。

在《李尔王》的奇异世界里,退位的另一面就只有崩溃,正如城堡的另一面只是荒凉的旷野。在莎士比亚的想象中,退出工作,像李尔说的"因为年纪老了,决心摆脱一切公务和操心事,把责任交给年轻力壮之人",这是一种灾难。当然这里涉及的问题是治理国家,莎士比亚生活的时代,人们必然担心随着君主的衰老和政权的交接,国家大权会遭到威胁。但此剧不仅是对君主的警告,它触及了当时更多人心中的恐惧。在当时,社会中还不存在当代社会(尽管当代并不是美好道德的典范)所因循的为老年人排忧解困的方法。

莎士比亚的世界反复申明,权威自然属于长者。受到威胁的不单是社会的便利运转(老年人的方便,以及对所有希望活到老年之人的方便),更有世界的道德结构和万物本初的神圣秩序。但同时,他们紧张地宣告,事物的这种秩序是不稳定的,长者的权威在年轻人蓬勃的野心面前脆弱得可怜。一旦父亲把财产传给儿女,一旦他不能发号施令,他的权威也将粉碎。他甚至在原本属于自己的家中,也成了一个所谓的寄居客。有的家庭甚至可能通过近似仪式的方式宣告长者的身份突变。近期的一个案件证词这样说:鳏夫安塞尔林把女儿嫁给休,随赠一半地产,两人婚后将与他同住。"安塞尔林走出房门,把门栓交给他们,即交卸了掌管门户的权力,随即乞求赐他一个住处。"

重讲李尔的故事是一种体现莎士比亚和他的同代人的忧虑的方式,但他们也有其他更实际的方法应对传统习俗的忧患。即将交权的父母常请律师拟一份所谓赡养协议。协议规定,作为对父母财产的回报,子女应提供父母衣食与住所。很多人提出非常精确的要求——多少码毛布,多少磅煤,或多少蒲式耳谷子;父母普遍担心与儿女争吵后会被赶出家门。从这两点可以判断父母们的忧虑之深。赡养协议规定,儿女只是父母利益的法定监护人,代管他们的财产。父母可以对自己的财产"保留"部分支配权,至少在理论上,如果他们的"保留权"未受尊重,他们可以转而收回赠出的财产。

《李尔王》的故事大概和先知艾赛亚同时,当时不列颠尚未信奉基督教,和文艺复兴时期的社会习俗与法律保障相去甚远。莎士比亚生活在自耕农、匠人、商人的环境。但尽管场景在古代,这部悲剧的核心是剧作者所处的阶层时刻忧虑的问题:对交权后将遭轻辱、遗弃,丧失地位的忧虑。李尔疯狂的怒火不仅源于女儿的绝情负义,更是由于惧怕自己变成一个普通老人,一个乞求子女慈悲的寄客:

> 求她原谅吗?
> 你看像不像这个样子:"好女儿,我承认我年纪老,
> 不中用啦,让我跪在地上,
> 请求您赏给我衣服穿、一张床睡、一些东西吃吧。"
>
> (2.4.145—149)

他狠心的女儿毫不动摇地回答,他应"回去和姐姐同住"(2.4.198)。

在这悲惨的场景中,冷酷的高娜瑞尔和里根无情地削减李尔的随员,实际上剥夺了他的社会身份。接近本场高潮的时候,李尔像是签过赡养协议的老人一样对女儿说话:

> 李尔:我把一切都给了你们——
> 里根:您给得很及时。
> 李尔:是你们做我的保护人,保管者,我的唯一的条件,只是让我保留这么多的侍从。什么!
>
> (2.4.245—248)

但李尔和他的女儿们并没有签署赡养协议。在他生活的绝对集权的世界里,要么驾驭一切,要么毫无权利,不可能有我们所说的协议。

莎士比亚还没有想过某天他要走到新居门口,跨过门槛,求女儿们留他回去寄住。问题不在于他不信任女儿——他至少显示过对一个女儿的宠爱与信任。这是身份的问题。如果《李尔王》中有所暗指,那便是他和自己同代人对退休的恐惧和对依赖子女生活的惶恐。现存资料显示,他与妻子的长久相处中并无温存,他应对恐惧的方式便是工作。他的大量创作使他小有积蓄,于是投资地产和什一产益权(一种农产品的投资),这样他便可保证稳定的年收入。他不能永远登台、巡演,每年创作两部戏,总有一天要停步。1602年至1613年

期间,在他创造力无比旺盛的时候,莎士比亚精心地积蓄、投资,为了能在晚年不依赖女儿或依赖剧场。

莎士比亚的财产全是自己挣来的。不知他的父亲是缺乏能力,还是不知节俭,他母亲的微薄遗产先被父亲抵押出去,又被没收。他的父亲因欠债,或许也因为坚持天主教立场,在斯特拉福处境不佳。他的兄弟们都没有什么财产。他的妹妹琼嫁给了一个穷帽商。他自己的妻子财产也很少。他没遇到过获赠遗产的机会;关键时刻也没有得到过有钱亲戚的帮助;他小时候也没有当地的显贵发现他的才华,帮他踏上生活的起点。新居是他用想象力和辛勤劳动收获的实实在在的成果。

对于莎士比亚来说,购买这样的房子是需要积蓄资金的。现存的有限资料显示,他在伦敦生活得很节俭。他租的房子环境都比较简朴。1604 年(这一年他完成了部分或全部《量罪记》、《终成眷属》、《李尔王》)一件小案子的记录中显示,他住在城墙西北角克里佩尔门的马格韦尔街和银子街的拐角的一个法国假发商楼上。他似乎喜欢从法国和低地国家流亡到此的工匠们居住的地方,肖迪奇区、主教门、克里佩尔门和萨里郡的克林克都是这样的地方。这些地区并不低贱,却很普通,租金较低。至于他租了几个房间,面积多少都没有记载,但他的房间似乎陈设很简单。因为税务原因他在伦敦的个人财产被估了价,只有五英镑(同一教区最富裕的居民估了三百英镑)。当然,他有可能为降低税额藏起了某些东西,比如书籍、绘画、金银器,但至少估价的人员没有看到值钱的物品。

历代学者都在梳理档案,查找更多细节。但他们发现的记录主要是一连串的欠税通知。1597 年,莎士比亚购置了漂亮的新居。当年主教门地区的税务员证实,威廉·莎士比亚未缴纳三十先令的个人财产税。第二年他又有拖欠。1600 年他住在靠萨里郡的河岸时,一份通知显示,他又一次拖欠税款。记录不是完整的,他也许最后付清了税款,但这可能性不大。莎士比亚不但在伦敦过着节俭的生活,而且即便是很小的数目他也不愿从手边溜走。

也许他担心着妻子和女儿们在斯特拉福的经济保障问题,也许他为父亲的前车之鉴而痛心,也许他要奋力拼搏,避免像可怜的格林那样潦倒而终。无论出于什么原因,莎士比亚用钱(至少他自己的钱)很谨慎。没人说他是吝啬鬼,但他不会浪费自己的钱财,他是决不会做冤大头的。1604 年他在斯特拉福存作家用的麦芽有些富余,他便把 20 蒲式耳卖给了兼职酿酒的药剂师邻居菲利普·罗杰斯。罗杰斯曾借莎士比亚两先令,总共欠账便超过了两镑。但他只还给莎士比亚六先令,莎士比亚便雇了律师把邻居告上法庭,追回剩余的 35 先令 10 便士和他的损失。35 先令 10 便士不是一个小数目,却也不是一笔巨款。这次追讨是花费精力的,正如几年后,莎士比亚又一次走上法庭,追讨约翰·阿登布鲁克欠他的六镑钱。

追究小数目的人不止莎士比亚一个。他生活在一个好讼的年代,法庭中堆满了这类案件。但他也不必一定这样做,更何况他可能还要回到斯特拉福处理这些事件。不,这些零零星星的数目必定对他有意义,但准确来说不是为了生活需要。

哈姆莱特站在厄尔锡诺的墓地前,凝视着一尊头盖骨,它是掘墓人刚用带土的铁锹挖上来的。哈姆莱特对霍拉旭说:

> 这家伙生前也许曾经买下许多的地产,开口闭口用那些条文、具结、罚款、证据、赔偿一类的名词吓人;现在他的脑壳里塞满了泥土,这就算是他所取得的罚款和最后的赔偿了吗?他的保证书、他的双重保证人就不能保他再多买些土地,到头来只给他剩下一份契约大小的一抔黄土吗?这只小木匣,原来装他所有的地契都装不下,现在地主本人难道就不能再多一点伸伸胳膊的地方?哈!
>
> (5.1.94—102)

从哈姆莱特口中说出这样古怪的轻蔑之词是很适合的。因为他一方面是丹麦王子,远非唯利是图之辈;另一方面,他已异常清楚地表明,自己对世间的欲望没有兴趣。但我们不由得奇怪,他怎么知道条文、证据、赔偿之类的说法?哈姆莱特王子对于自己厌恶的财产法的专门知识是从哪里得来的?来自一个对地产怀有浓厚兴趣的人——剧作家本人。虚伪吗?不是的。莎士比亚能够想象一个忧郁的王子会有什么感受,想象着他是怎样地边思索边嘲笑人类虚幻的忙碌。但莎士比亚本人不能对每日面临的生计问题淡然处之。

当莎士比亚写哈姆莱特关于"买下许多的地产"这几行时,他的同乡已经知道了他对地产投资的兴趣。他们定会对他资金的丰厚感到震惊。1598 年亚伯拉罕·斯特利从斯特拉福写信给客居伦敦的朋友,告知他听到的消息,"我们的同乡莎士比亚先生有意在我们周围或肖特里村置地。"这些斯特拉福人在彼此商议,欲使"同乡"莎士比亚按他们的策划投资。可见在他们看来,莎士比亚非常富裕,也非常精明,有必要仔细地共同斟酌和他打交道的办法。

1602年5月,莎士比亚在埃文河上的斯特拉福北部,即旧的斯特拉福地区用320英镑买下四威尔格①耕地,共计一百多英亩。几个月后,他又收购新居花园对面的一片十五亩的地产,包括一个花园和一所茅屋。1605年,即他为讨35先令把罗杰斯告上法庭的后一年,他用440英镑的高价买下斯特拉福及附近地区的"谷类、禾叶、与草料的什一税"的一半份额。这笔租税就相当于年金,可使他每年收益60英镑。他在为将来打算:什一税的收益他可以终身领取,他的孩子也能继承。

他的投资规模之大说明他在詹姆斯一世初年收入颇丰。《高里的悲剧》本有可能给莎士比亚的剧团和他的事业招致损失,但事实并非如此。詹姆斯时代的人会再三看到他的特殊性情。他神经质、敏感,有时是个破坏性的妄想狂;但有时君主们乃至所有人都会深感羞耻的事,他却毫不挂怀,放声大笑。至于他的新国土上的首席剧团,他大概只把演员们看作无足轻重之辈,不会和他们计较。或许他把演员们整体看作另一种形式的宫廷小丑。他们的形象莎士比亚曾带着酸楚的同情在《第十二夜》和《李尔王》中有过描述。而且,主人有时可以厌烦他的小丑,甚至恐吓他:"嘿,你留心着鞭子!"(《李尔王》1.4.94)但是,如果真和他们动气就显得太无聊了。

国王供奉剧团异常忙碌,在王宫和环球剧场两处演出。莎士比亚作为编剧、导演、演员和主要经营者,一定事务缠身。他的工作强度一定很大。他可能要掌握收支情况,改写剧本的部分场次,协助分派角色,斟酌每人的份额,参与演出问题的讨论,考虑道具、服装和音乐。当然他还要背会自己的台词。我们不知道在1604—1605年的旺季他参加了多少场演出,但应该是不少的。在当时的情况下,剧团人数不多,会让所有在编的演员都上场的,哪怕他还有诸多事务要打理。1598年演出《人人高兴》时,他的名字在十个"主要喜剧演员"之

---

① 一威格尔约合30英亩。——译者

列。这部剧在宫中翻演时,想必他也会参加演出。他自己的戏剧,至少有一部分他要参演。即使有的演员一人扮演多个角色,他的很多剧仍需要大量演员。

即便演员们在背诵方面受过极好的训练,即便是剧本的作者本人,在短期内上演大量复杂的戏剧,想必非常劳神。当然,接到邀请为国王和朝臣们演出是荣耀的标志,也是财富的来源。他们在宫廷演出每场收入高达十镑。1605—1606 年的圣诞和新年期间,他们收入 100 英镑,1606—1607 年同期收入 90 英镑,1608—1609 年与 1609—1610 年都是 130 英镑,1610—1611 年是 150 英镑。数目都很大,在很短的假日期间就能挣到。同时,剧团所有的剧目都在环球剧院继续上演,他们也多次携装备外出巡演,曾在 1604 年 5、6 月到过牛津,1605 年到巴恩斯特普尔和牛津,1606 年到牛津、莱塞斯特、多佛尔、萨弗隆·沃尔登、梅德斯通和马尔堡。不知莎士比亚是否参加了所有巡演。每到初秋他就要为下一个演出季大动脑筋了,届时剧团会引进新剧,翻演旧剧,依旧进宫演出,并在环球剧场为观众带去欢乐。

莎士比亚热情投入工作总是因为特别的严峻的缘由,这段时间也一样:某个早晨,或是阁楼里的一个男仆,或是帷帐中的一个贵妇,醒来时会发现腋窝和鼠蹊部位的鼠疫症状。瘟疫会有回潮,那么剧院在几天或几周之内就要关闭。对于剧团成员,在有钱可挣时不断存钱必然是至关重要的。他们不能错过任何一个挣钱的机会。只要不发生瘟疫,詹姆斯一世时期他们有很多机会。

莎士比亚和他的剧团用不着固守一个演出场地,放弃其他机会。在以苏格兰为主流的新一代宫廷之外,他们仍然活跃着;他们没有疏远伦敦的大众;他们和巡演的城市乡镇仍有联系。而且,他们还加强了对主要巡演区域的把握,同时忙于增加新的区域。这个计划不是莎士比亚提出的,但它一定成了莎士比亚的长期战略之一。这个战略就是控制市场,即宫廷和伦敦与外省大众的演出市场,他至少要尽量接近这个目标。

1596 年,伊丽莎白在位期间,企业家詹姆斯·伯比奇(其子为著名演员)以 600 英镑购下一份产业,它曾是一个大修道院的一部分,属于一个被称为"修士讲道团"或"黑僧"的教团。它的位置很理想:尽管在城墙之内,却有"自由权",不受城内神父们的管制。黑僧修道院的一幢大厅二十年前已经建起了一个剧场,不断有童伶的演出。但八年的经济困境后,这里经营不下去,室内剧场逐渐

第十二章 平凡生活的胜利

悄无声息了。颇有经营才略的伯比奇想到,如果重新开业,请当时的宫内大臣剧团演出,会是个不错的商机。他曾建造了英格兰最早的露天剧场之一,唯一剧场。现在他要重修童伶曾演出的大厅,由此开办英格兰第一家成人演员的室内剧院。它的位置在显赫地段,处于城市的中心,而不是在郊区比邻斗熊场或刑场。黑僧剧场远远小于环球剧场,但由于英格兰天气变化无常,它的顶棚与封闭设计便有了巨大的优势。至少与露天剧场相比,它算是讲究甚至奢侈的场所。舞台周围不会站着混乱的人群。在这里,每人都有座位。于是票价便可以大幅度提升,从环球剧场几便士的门票到黑僧剧场变成了两先令。而且,由于可以用烛光照亮演出大厅,下午和晚上都可以演出。

  剧场的任何运作都是高风险的投资。由于宫内大臣剧团的人气很旺,这一策划本该很快得到收益,但却遭到意外的干扰:邻居们发现了伯比奇的计划,提出强烈反对。该区域的31位居民联合签署了一封请愿书,其中包括莎士比亚的印刷商朋友理查德·菲尔德,和剧团的高层保护人,宫内大臣本人——他正巧也住在本区。他们认为剧院会成为一个非法活动的魔窟,它会招来"各类闲杂人等",人口聚集会增加感染瘟疫的危险。最不容动摇的理由是,演出的锣鼓声会打断附近教堂的礼拜,盖过布道的声音。当局禁止剧院重新开张,詹姆斯·伯比奇不久后去世。他不是因为心理遭受打击而死,年近七十的伯比奇已经饱经磨砺,他在事业上从没有显出脆弱心理。然而,这些巨大投资带来的忧患必然在他最后的日子里形成阴影,也必然使他的子女忧心忡忡。大厅以每年40镑租给了皇家教堂儿童剧团,这是一家童伶剧团,勉强有些收入。但直到伯比奇最初投资后的12年,即1608年,改名后的国王供奉剧团才最终得以在黑僧剧场演出。他们能冲破长期的阻碍,在此登台,可见其影响力之大。

  詹姆斯·伯比奇之子理查德实现了他父亲的计划。这位杰出的演员在莎剧中扮演了很多重要角色,也是一位足智多谋、精于算计的商人。他依照环球剧场的模式,成立了一个负责运营管理新剧场的理事会。七个合伙人彼此平等,每人持有黑僧剧场1/7的股份,期限为21年。莎士比亚已经是环球剧场的股东,在新的项目中又是合伙人之一。至此,他们的剧团精心策划的经营战略达到了顶峰。

国王供奉剧团是最受宫廷喜爱的演艺人。他们各地巡演时也亮着皇家宠优的金招牌。他们在河岸的露天剧场引来大批伦敦观众。如今他们又将把一部分高层次的观众迎进黑僧剧场,剧场可容纳约 500 观众,票价较高。时髦人士若想炫耀自己的衣着,也可以付钱坐在黑僧剧场的台上,让自己成为看点之一。这种做法在环球剧场是不允许的,它定曾遭到莎剧演员的反感。17 世纪稍晚,《麦克白》演出时发生过骚乱,一个贵族直接在演员面前横穿舞台,去招呼坐在舞台对面的朋友,有演员上来阻止,被他扇了一个耳光。莎士比亚作为剧作家可能对此很反感,因为台上的看客在演出中间站起来走动会很显眼;但他作为商人是不能抵抗利润的诱惑的。

这段时间各种事务接踵而来——重建环球剧场,奉迎苏格兰来的新君,招收新演员,在宫中频繁演出,背诵新台词,劳苦奔波到外省巡演,不厌其烦地交涉黑僧剧场重新开业的事宜,匆忙回斯特拉福省亲、葬母、嫁女、置地,为一点小事出庭。然而,莎士比亚还要抽时间写作。难怪早在 1604 年他就有了退隐的考虑。

若要顺利地退隐,《李尔王》的作者不仅要积蓄、投资,还要重新认识自己与外界的关系。剧本中反映出,他的头脑正浮想联翩——就像他对奥瑟罗的描写,"到处为家,漂泊流浪的异邦人"(1.1.137)。他的想象力从古代不列颠奔向当代维也纳,从古代特洛伊到法国的鲁西永,从中世纪苏格兰到泰门的雅典、科利奥兰纳斯的罗马。《安东尼与克莉奥佩特拉》的宏阔场景穿梭于亚历山大的女王宫殿和罗马之间,也盘桓于西西里、叙利亚、雅典、阿克兴和各地的军营、战场、古迹。他与名不见经传的乔治·威尔金斯合写的奇特的《配瑞克里斯》更是天马行空,从安提奥克到泰尔、塔色斯、潘塔波里斯(今利比亚)、以弗所、米提林(位于莱斯沃斯岛)。这似乎突出了莎士比亚对于封闭状态的惧怕或抗拒。

但退隐带来的问题不是封闭。哈姆莱特说,"倘不是因为我总做噩梦,那么即使把我关在一个果壳里,我也会把自己当作一个拥有着无限空间的君王的"(2.2.248—250)。莎士比亚的噩梦,至少如《李尔王》所示,关系到权利的落空和年老后不能自立的危机。随着事业的进展,他把自己戏剧的中心焦点从急于开创生活的青年男女转向了老一代人。这种转变明显地体现在描写悲惨

老人的戏剧《李尔王》中,但它也更含蓄地体现在为自己年纪忧虑的奥瑟罗和显出衰态的麦克白身上:

> 我的生命已经日渐枯萎,像一张凋谢的黄叶;
> 凡是老年人所应该享有的尊荣、爱敬、服从和成群的朋友,
> 我是没有希望再得到的了。
>
> (5.3.23—27)

莎士比亚把爱情展现到极致的画面,不是罗密欧与朱丽叶或罗莎琳德与奥兰多,而是"灰发"的安东尼和狡黠的克莉奥佩特拉,"时间在额上留下深深皱纹"(3.13.16,1.5.29)。

但对这一点不可牵强附会。莎士比亚最后一部剧《两个高贵的亲戚》是与小他15岁的作家约翰·弗莱彻合作一个年轻人的悲喜爱情故事,大约写于1613—1614年。他们两人还合作了另一部作品,遗失了的《卡迪纽》(取材于《堂吉诃德》中的故事)题材大概也是青年人爱情的危险与快乐。但《两个高贵的亲戚》中有一段对一个高龄老人的描写,十分引人注目,仿佛莎士比亚惊悚地想到这可能是自己的将来:

> 他现在因老年人常患的抽筋病而两腿弯曲;
> 因痛风而指关节肿大;
> 因为痛苦的抽搐弄得球状的眼睛几乎从眼眶里鼓了出来。
> 过去的生命已成了他今天的折磨。
>
> (5.2.42—47)

更重要的是,晚期莎剧中最杰出的《冬天的故事》和《暴风雨》都带有一种暮年沉思的基调。莎士比亚似乎有意在反思自己的事业成就,为自己退休后的生活做着准备。

莎士比亚很早就在创作中重新改编利用自己已经写过的题材。但他晚年的剧本中异乎寻常地充斥着前期作品的影子。《冬天的故事》尤其是《奥瑟罗》的翻版。莎士比亚似乎决心再次创作一个男人的友谊和自我毁灭性的嫉妒心的故事,但这是个极端的例子。莎士比亚对行为动机的隐略,在这部剧中达到了极致。列昂特斯国王根本没有理由怀疑身怀六甲的美丽妻子会和自己最好

的朋友作出苟且之事。他也没有任何理由会导致独子丧命,新生女儿遭弃,毁掉自己的幸福。而他以为妻女都不在人世了,却十六年后和她们团圆,这也没有任何缘由。他毫无理由地突然显出可怕的疯态,而他得到补偿显然也是通过非理性的凶险的魔法:赋予雕像生命。

在这个老对手罗伯特·格林创作的故事中,莎士比亚站在什么位置呢?一方面,他在格林的故事里加了一个无赖奥托利格斯,自己似乎躲在他的面具后面戏谑地张望。奥托利格斯是骗子、小贩和"趁人家不留心,拿些零碎东西的小偷"(4.3.25—26)。这个片断是作家对自己的无奈写照。脱离了权贵的保护,演员就现出原形:一个变形不定的流浪汉和小贼。这个形象体现了作者暗地里意识到了自己从事的是一件荒唐事:用从对手那里偷来的雕像复活的旧把戏吸引天真的观众的眼球,从中营利。但如果剧本盛大的收场不仅仅是个花招,不像牌局中的区区伎俩,而是被作者赋予了一种神秘的力量,那么莎士比亚就还在舞台的另一处,从另一张面具后张望——她就是那个安排了雕像复活的整个场面的老女人。已死王后的朋友宝琳娜似乎有意被塑造得像一个巫士,因为这个复活的场面潜藏着某些不合法的性质,和巫术有些相像:"倘有谁以为我行的是犯法的妖术,他们可以走开"(5.3.96—97)。

剧本结尾处有一种特别地谨小慎微,似乎不仅这一部剧,而是莎士比亚的整个戏剧创作都遭到了质疑——起死回生,幻化激情,隐却理性动机,探索灵魂与国家的禁地。它要么是骗局,用来谋取轻信的人的钱财,要么是巫术。观众留在剧场里,是因为场景的奇妙,以及列昂特斯的话里传达出的令人欣慰的希望,即这些不过是平凡世界中的因果:

啊,她是温暖的!
假如这是魔术,
那么让它是和吃饭一样合法的技术吧。

(5.3.109—111)

剧本由此很快向着终点推进,仿佛知道嘲讽正紧随其后,刚好赶在它的前面。宝琳娜说:

要是告诉你们她还活着,那一定会被你们斥为无稽之谈;

>可是好像她确实活着,虽然还没有开口说话。
>
>(5.3.116—118)

对于有心的观众,《冬天的故事》暗示了列昂特斯的王后并没有死,而是16年来一直隐居在一所房子里,宝琳娜"每天都要悄悄地去两三次"(5.2.95)。剧中对这线索再没有一点解释,它也许只是为了安慰观众,免得他们不愿为巫术喝彩。但它十分简略,很难说在演出中能达到怎样的效果。也许它应是一种自我安慰,是作家为自己在迷信上做的注脚,仿佛是为了避免出现施展巫术的暗示。

莎士比亚在《仲夏夜之梦》、《麦克白》中都曾有过这种暗示。如今他的创作生涯接近尾声,他又转回了头,先是在《冬天的故事》里间接摆弄,最后索性直接面对、利用了巫术的问题。《暴风雨》的主角是个公爵,也是颇有法力的魔术师。但他无疑也是了不起的剧作家。他操纵各个角色,使他们彼此发生关系,打造出经典的场景。事实上,他广大的法力正是剧作家决定笔下人物的力量,他的魔力正是剧作家用于改换时空、制造逼真幻觉、施展幻术的魔力。莎士比亚写剧本时很少明显地影射他自己:在创作中他似乎认为生活中的其他事情比写剧本更有趣。尽管他有时向外张望,有时是借助理查三世,有时借助伊阿古,有时是奥托利格斯、宝琳娜;但他在大多场合下是隐身的。然而在最后一部戏剧《暴风雨》中,他即便没有在表层现身,也至少逼近得可以辨出轮廓了。

严格说,《暴风雨》不是莎士比亚最后一部戏剧。它大约写于1611年,随后又有《一切皆真》(今更常作《亨利八世》)、《两个高贵的亲戚》和失传了的《卡迪纽》。但他们都不是莎士比亚独立的视角,而是与约翰·弗莱彻合作的。弗莱彻似乎已被莎士比亚选为国王供奉剧团首席作家的接班人。在能称得上是莎士比亚完全独立创作的作品中,《暴风雨》是最后一部——没有与旁人合作,就目前所知也没有直接的素材。它意味着一次告别,是对舞台幻术的告别,是一次隐退。

魔术师普洛斯帕罗虽被逐在外,却有着独权的君主都不能真正享有的权利。这种权力只有大艺术家能应用于他的角色。莎士比亚所代表的这种权力,是得来不易的,它是通过深入的钻研和多年的伤痛得来的,"在过去时光的幽暗的深渊里"(1.2.50)。普洛斯帕罗是米兰公爵,但他沉迷于秘术,无心世事,被弟弟篡权。他和女儿乘船因风浪和海难到了一个海岛。他用魔力奴役畸形而野蛮的卡利班,驱使精灵爱丽儿。戏剧开场时,命运和他的魔法共同把敌人带上了他的小岛。他的弟弟与其主要同党及随从都落到了他的掌控之中。经常走过绞刑架来看戏的观众非常明白他们将会得到什么样的命运。普洛斯帕罗甚至不受制度法规给文艺复兴时期当权者的徒有其名的限制。在他统治的岛上没有制度法规。如果剧场是魔术师的王国的主要原型,它的空舞台可做自由的尝试;那么剧中引出的另一个原型则是欧洲航海家在新大陆发现的岛屿。当时的很多报道都说这样的岛上没有法规,掌权的人可以为所欲为。普洛斯帕罗多年幽居,痛定思痛,筹谋复仇计划,他可以随心所欲地处置仇敌。

他选择的处置方式几乎是不了了之,至少以文艺复兴时期的王公和剧作家的标准衡量是这样的。因为《暴风雨》讲的不是占有绝对权力,而是放弃权力。当然李尔也放弃了权力,但他的退位带来了灾难。普洛斯帕罗收回了他的天赋权力:米兰公国,即平常人的世界里的社会权威与财富。但他放弃了使他纳仇敌于股掌,使之屈从自己的安排、操纵、落入自己控制范围的所有威力。总之,他放弃了给他神力的神秘智慧。

> 我遮暗了中天的太阳,
> 唤起了作乱的狂风,
> 在青天碧海之间激起了浩荡的战争:
> 我把火给予震雷,
> 用朱庇特的霹雳劈碎了他自己那株粗干的橡树;
> 我使稳固的海峡震动,
> 连根拔起了松树和杉柏;
> 遵循着我法力无边的命令,
> 坟墓中的长眠者也被惊醒,
> 打开了墓门而出来。
> 但现在我要捐弃这种狂暴的魔术。

(5.1.41—51)

如果这些话不仅出自普洛斯帕罗之口,还出自作者之口,如果它反映了莎士比亚考虑退隐时的感受,那么它既表现了个人的失落,也是个人的发展变化。

《李尔王》中的隐退似乎是一场十足的灾难；在《暴风雨》中却是一种恰当可行的举动。但在这两部剧中，退隐显然都被看作对生命的限度的觉悟。李尔说他将"脱去负担，慢慢地走向死亡"（1.1.39）。普洛斯帕罗说自己回到米兰后，将要"在那儿等待着瞑目长眠的一天"（5.1.315）。莎士比亚投资长期收益的年金，说明他对自己寿命的预期比实际长得多。尽管如此，他非常清楚这样决定之后，将来会是怎样的。但《暴风雨》中的普洛斯帕罗决定放弃他的"无边的法力"而回归故里时，精力衰竭或预见到去日无多并不是唯一的原因，甚至不是主要的原因。这位魔法师实际知道自己的法力正在巅峰："我的神通已经显出力量"（3.3.88）。他选择了折毁魔杖，把魔法书沉入"深不可测的海心"（5.1.56），自己起航回家，这不代表软弱，而是代表道义上的胜利。

说它是一场胜利，既因为它表明普洛斯帕罗决意不再报复仇人——"道德的行动较之复仇要可贵的多"（5.1.27—28），也因为普洛斯帕罗所驾驭的法力是很危险的，即使他是用正义、合法、秩序、光复等名义使用法力。他的魔法具有什么内容？创造世界、毁灭世界；男女展开实验，煽动他们的激情；在他遇到的所有生灵心中唤起深深的焦虑，强迫他们面对自己内心的禁地；强制人们为他服务。普洛斯帕罗的法术不是对每个人都见效——他的兄弟安东尼奥就不受影响。但他的法力对于受它控制的人来说，既潜藏着破坏力，又潜藏着救赎力。不管怎样，他的法力过分强大，不该为普通人所拥有。

普洛斯帕罗的法力是过分的力量，这一点最明显地表现在他捐弃"狂暴的魔术"时所作的一段辉煌的演说。由于这部剧开场时普洛斯帕罗正掀起狂风暴雨，他所说的魔力在剧中确有所指。但他还立刻提到要放弃其他法术：

> 遵循着我法力无边的命令，
> 坟墓中的长眠者也被惊醒，
> 打开了墓门而出来。

（5.1.48—50）

在莎士比亚时代的文化中，这是最可怕、最危险的一种魔法，是邪法的标志。在《暴风雨》的情节发展中普洛斯帕罗这个慈善的法师实际上并没有这样做，在他自己讲述的经历中我们也找不到这方面的联想。这种描写不像普洛斯帕罗的魔法，但用它来形容剧作家的手段却是惊人地贴切。莎士比亚，而非普洛斯帕罗,从坟墓中唤出老哈姆莱特,使被冤屈的赫美温妮复活。莎士比亚在创作生涯中一直在唤醒死去的人。

《暴风雨》的结尾,在莎剧少有的尾声中,普洛斯帕罗上前一步,仍以角色的口吻讲话,但丢弃了法力:

> 现在我已把我的魔法尽行抛弃,
> 剩余微弱的力量都属于我自己。
>
> (第1—3行)

他现在成了普通人,他需要帮助。他请求观众鼓掌喝彩——剧场中的设计是观众的双手和呼吸之力可以鼓起他们的风帆,送他们回家,这和剧情仍有一线关联。但普洛斯帕罗的请求是非常恳切的。他由恳求喝彩变成了乞求祈祷:

> 而今我已撒开我空空的两手,
> 不再有魔法迷人、精灵供我奔走;
> 我的结局将要变成不幸的绝望,
> 除非依托着万能的祈祷的力量,
> 他能把慈悲的神明的中心刺彻,
> 赦免了可怜的下民的一切过失。
> 正如你们旧日的罪恶不再追究,
> 让你们大度的宽容给我以自由!
>
> (第13—20行)

对于普洛斯帕罗来说,由于情节中一再强调他的行为是正义、合法的,以上的罪恶感并不完全说得通。但对于站在公爵身后探视的剧作家来说,它也许是有意义的。莎士比亚的所作所为意味着什么呢?如果作为魔法师的主人公身上有作者自己的影子,他会感到自己必须恳求宽容,就像曾经造过罪业一样吗?罪恶的气息当然不过是想象出来的,但这是一种奇特的想象,或说有着对阴邪之术的暗指。如果用十四行诗中的一句来形容,"生气丧失在带来耻辱的损耗中"(129.1)。

莎士比亚的个人生活谨慎小心,精打细算,而他的事业却建立在难以抑制的同情心上。在他的成就中,些微的剽窃和想象力的博大的包容性并行。他尽管在个人事务上避免了马洛和格林的命运,但他在剧场中放纵了激情和颠覆性的思想。从生活中得到的东西他都转化成了技巧的运用,并使技巧给他带来收益。无论是令人痛苦的社会地位的危机,还是性和宗教,他都加以转化。他甚至把丧子的悲痛和困惑转变为一种审美的资源,出色运用了精心策划的模糊手法。他出现在我们面前的形象,不是像《仲夏夜之梦》里所谓的"粗鲁的手艺人"(3.2.9),而是像一位公爵和博学的魔法师,这是他的成就给他的骄傲。但是他的骄傲中最终混杂着罪恶,这难道不奇怪吗?

也许他已逐渐厌倦了自己的走红,或是开始追问它的价值。作为演剧人和剧作家,他曾一次次追逐掌声,而他通常总能得到,他应该为此感到满足。然而他十分清楚自己是什么人——擅魔法的公爵形象说明莎士比亚知道作莎士比亚是什么意思,他也许已经决定该收场了。他将能最后远离众人之地。

从莎士比亚所作的投资的形式来看,退出剧坛的想法他一定是酝酿了许久。由于除了剧院之外的几乎所有投资都在斯特拉福或附近地区,他一定早就怀有一个梦想最后试图实现:离开伦敦,回到家乡。当然,他多年来一次次回家,但这次回乡是绝对不一样的。他将退掉租来的房间,收拾起行装,回去真正地拥有他购置的舒适的房子、谷仓和耕地。他将用不着贩卖自己的幻想,或者说他若继续写作,便是当作副业,就像他曾以地产投资为副业一样。他可以和年迈的妻子、单身的女儿朱迪思同住,可以和他喜爱的女儿苏珊娜和她的丈夫约翰·霍尔、他的外孙女伊丽莎白在一起,可以管理自己的产业,参与当地的纠纷,找旧友谈天,他在斯特拉福会是受人尊敬的绅士。

但似乎越当他临近决定的时候,一生的作品越是涌回他的心田。《暴风雨》中几乎再现了他所有剧作的常见主题:兄弟之间的背弃,妒恨之情的破坏力,推翻正当统治者的篡位,从文明到野蛮的危险之旅,复辟的梦想,不顾社会地位对富家美丽嗣女的追求,运用技巧(尤其是用小型的戏中戏)摆布别人的谋略,对魔法的诡异利用,自然与教养之间的冲突,父亲接受女儿的求婚者时的痛苦,社会生命的结束和身份丧失带来的威胁,能转变外物的不可抵挡的神奇经历。这部晚期作品的惊人之处在于,莎士比亚博大的想象世界被全部包容进来了。《暴风雨》中关于溺水者的尸首有一支著名的歌曲:

> 五呼的水深处躺着你的父亲,

> 他的骨骼已化成珊瑚；
>
> 他眼睛是耀眼的明珠；
>
> 他消失的全身没有一处不曾
>
> 受到海水神奇的变幻，
>
> 化成瑰宝，富丽而珍怪。

(1.2.400—405)

莎士比亚诗意的想象力也是如此：什么都不会消退，几十年来他的作品的骨骼经历了海水的变幻，成为富丽而珍怪的宝物。

这一切莎士比亚怎么能放弃呢？答案是他不能，至少不能完全放弃。他何时离开伦敦是不清楚的。也许早在1611年完成《暴风雨》后他就立即回到了斯特拉福，但他没有断绝所有的联系。他是不再占据着显赫的位置了，但他和约翰·弗莱彻至少合写了三部剧：《亨利八世》、《两个高贵的亲戚》和《卡迪纽》。1613年3月，他进行了最后一项地产投资，这次却不是在斯特拉福，而是在伦敦。他以140磅高价（付现金80磅）购得黑僧修道院大门楼上的一所"民房或公寓"。倘若他常年在伦敦工作时曾设想把妻子儿女接来同住，定会选择这样的房子。但他是在回到斯特拉福之后才决定在伦敦置些产业。尽管黑僧的房子和黑僧剧院近在咫尺，又临近普德尔码头，从那里乘船很快可达环球剧场，但莎士比亚购房似乎不是为自己居住。他可能想过回伦敦看合写的剧目上演或进行商务活动时住在这里，但他把房子租给了一个叫约翰·鲁宾逊的人。他在自己曾施展魔力的地方还留有一些东西。

莎士比亚购置黑僧区的房产时，这笔交易进行得奇特而复杂。他还有两个正式的合伙购买人，但他们没有出钱。钱都是莎士比亚一人支付的，他们却被指定为财产的托管人。人们提出的唯一合理解释是，这样精心安排是为了防止莎士比亚死后其妻安妮有财产继承权。安妮是否知道她丈夫是怎样购置的房子？或许当他妻子接受那张"次好的床"①的时候也将发现这个令她很不快的意外。我们不知道实情。但所有迹象都说明，莎士比亚回到斯特拉福，拥抱平凡的生活，并不是一件容易的事。

---

① 莎士比亚在遗嘱中只留给自己妻子一张"次好的床"。但有研究者认为按当时法律习惯，妻子得遗产三分之一，不必再规定。——译者

1613年7月初,就在购置昂贵的黑僧区房产之后几个月,莎士比亚应该得到了这样一条令他震惊的消息:6月29日,他和弗莱彻合作的新剧正上演时,环球剧场失火焚毁。这个剧场在1599年重建时,莎士比亚本人还曾出过力。事后第三天的一封信以它的方式描述了这件事,斯特拉福也会很快得到这样的报道:

> 国王的剧团有一出新戏叫做《全是真事》,演的是亨利八世当政时的一些大事。剧中有许多富丽堂皇的场面,舞台上甚至铺了草席。爵士们佩戴乔治勋章和嘉德勋章,卫士们穿着绣花上衣,诸如此类。一时间的确足以使高贵者显得狎昵,如果不是可笑的话。这时,亨利王在伍尔习红衣主教家里举行假面舞会,国王上场时鸣礼炮,其中堵塞一尊炮口的纸或是其他东西点燃了屋顶的茅草,起初人们以为不过是一缕淡烟,大家的目光都更注意于演出,火便向内燃烧,像导火线一样四圈奔跑,在一小时的时间内整个剧场烧成了平地。
>
> 这就是那个美好的建筑的致命结局。不过其间只损失了些木头、麦秸和废旧衣服。只有一个人裤子着了火,要不是他急中生智,倒上一瓶啤酒灭了火,说不定会被烧伤的。

没有人员伤亡,但是对于国王供奉剧团的股东和剧场的"管家"们来说,是一场严重的经济损失。既是剧团股东又是剧场管家,莎士比亚遭受的打击尤其严重。他们的处境还远不是顶糟,因为剧团的戏装和他们小心看护的剧本都保住了。这些东西要不是及时转移到安全地方,那么国王供奉剧团可能就垮掉了。因为戏装是一笔很大的投资,而很多剧本都可能是唯一的完整版本。如果火势再快些,莎士比亚的剧作会有一半得不到印刷,即那些未以四开本形式出版的剧本。

但这次事故仍造成了严重损失。当时没有灾害保险,重建剧场的费用要由莎士比亚和其他股东承担。尽管莎士比亚相对富裕,他已离开伦敦,远离国王供奉剧团的日常经营,这笔开支他一定不愿支付。他也许是在这时决定撤出的。他的遗嘱中没有提到他在剧团和环球剧场的高额股份,因而他定是早已把它们结清了,但交易的记录以及确切的日期都已不详。他很可能是因为火灾抛售了自己的股份,那么他的退隐会更坚决。

在《暴风雨》接近结尾的地方,普洛斯帕罗一边说着"我们的狂欢已经结束了",突然打断了他用魔法为女儿女婿演出的假面剧。他解释说,演员们——

> 原是一群精灵,
> 都已化成淡烟而消散了。
> 如同这段幻景的虚妄的构成一样,
> 入云的楼阁,瑰伟的宫殿,
> 庄严的厅堂,甚至地球自身,
> 以及地球上所有的一切,都将同样消散,
> 就像这一场幻景,
> 连一点烟云的影子都不曾留下。

(4.1.148—156)

1613年夏天回想起这几句,定会觉得它诡异地具有未卜先知的能力。宏伟的环球剧场真的消散了。莎士比亚终身都不能摆脱虚幻不实的感觉,这种负担是以表演为业的人所不能逃避的。火灾只是确切反映了他早已知道,他笔下的主人公魔术师普洛斯帕罗也曾宣告的:

> 我们都是梦中的人,
> 我们的一生
> 是在酣睡之中。

(4.1.56—58)

剧场建筑当然总是可以重建的,环球剧场一年之内建好,重新开张了。但它的脆弱是个信号,1614年将近五十岁的莎士比亚在自身和外面世界里都读出了很多类似的信号。1612年他四十五岁的兄弟吉尔伯特去世;一年后他的兄弟理查德将满四十岁时去世。莎士比亚的母亲玛丽共养育九个子女,只有威廉和小妹琼还健在。在我们看来,人到五十岁活力还没有减退,便在当时也不算高龄。但莎士比亚似乎认为自己已经饱受风霜,普洛斯帕罗那句奇怪的话,也许就是莎士比亚的心声——"等待着瞑目长眠的一天"。

也许正是意识到世事无常,莎士比亚才愈发紧握着积攒了一生的大笔财产。三个富裕地主阿瑟·曼怀林、威廉·雷普林罕和威廉·孔姆共同制定了圈

占斯特拉福附近大片土地的计划,包括莎士比亚执有什一税权的部分土地。圈地运动是要把杂乱的小块土地和公地归拢起来,把土地集中,修建栅栏,把部分耕地改用于有规划的高利润的牧羊业。对于巨富们来说圈地是当时流行的经济策略,但资产较少的人们对它普遍痛恨。它引得谷价上涨,破坏了人们按常规应有的权利,减少了就业机会,使穷人失去了救济,造成社会动荡。斯特拉福市政当局还是有所作为,他们强烈反对圈地的计划。莎士比亚的什一税也有了风险,因此他们很可能希望莎士比亚也加入反对的行列。反对力量的领导者是莎士比亚的表亲、市政文书托马斯·格林。

格林速记的一份1614年11月17日的谈话记录向我们展现了一幅平凡生活的生动场景。莎士比亚精读了其中的琐碎细节。他曾想象王侯们划分广大的领土:

> 在这些疆界以内,从这条线到这条线,
> 所有浓密的森林、膏腴的平原,
> 富庶的河流、广大的牧场,
> 都要奉你为女主人。
>
> (《李尔王》1.1.61—64)

但是莎士比亚目前处理的事情规模要小得多,而且利害关系不同。

> 我的表亲莎士比亚昨天进城了,我去看望了他。他告诉我这些人向他保证,圈地只到"福音树丛"为止,直到克洛普敦树篱的大门,留下田里的部分树林,而索尔兹伯里的那块地也圈进来。他们将在四月份勘测土地,给出补偿,一直要等到那时候。他和霍尔先生认为,我们对此事并不能做什么。

在女婿约翰·霍尔的支持下,莎士比亚告诉格林自己不准备支持市政成员对圈地计划的反对。他确实认为,或自称认为"对此事并不能做什么"。莎士比亚要么是受骗了(误信了这些人向他保证的话),要么是自己说了假话,因为不到两个月之后,即一月初,工程开始了。圈地人孔姆似乎是个劣性好斗的人,他命人挖沟,引起了争端。双方恶语相向,拳脚相加。斯特拉福和邻近的毕肖普顿的妇女儿童组织起来,出来把沟填满了。一场漫长的官司开始了。莎士比亚没有参与,也许是对结果不感兴趣。他在10月已经和圈地人达成协议,如果其什一税收入受到什么损失,他将得到"适当补偿……以年金或一笔款项的方式"。他不会有任何损失,他不愿和表亲格林一起为比他运气差的人的利益着想而抗议。也许正像有人所说的,莎士比亚相信农业的现代化,认为长远来说人人都会获利。但他更可能根本就不关心这件事。这个故事并不是一件坏事,却也缺乏道德激励作用。这件事可惜只是件平常事。

莎士比亚的女儿、哈姆尼特苦命的孪生姐妹朱迪思的婚事所遇到的麻烦,恐怕也是这种性质。他的长女苏珊娜嫁的人是莎士比亚喜欢的。但朱迪思的求婚者托马斯·奎尼,却足以吓退任何新娘子的父亲。这个人至少不是完全陌生的。莎士比亚家和奎尼家相识很多年了。莎士比亚保留下来的宝贵来信中有一封是新郎的父亲写来的,向威廉·莎士比亚借钱。年轻的奎尼是个27岁的酒商。朱迪思当时31岁。他俩人之间的年龄差距还不及莎士比亚夫妇,但如果莎士比亚感觉到还是丈夫年长于妻子为好,这个差距足以使他痛感不安。不管怎样,首要的问题还不是年龄差距,而是婚姻许可的问题。两人想在1616年四旬斋①期间结婚,这段时间如果没有特别许可是明令禁止举办婚礼的。他们没有得到许可,但还是结了婚,于是被查处。武斯特宗教法庭传讯,可能要处以罚金。托马斯没有出庭,他立即被革出教会。朱迪思可能也受到惩罚。莎士比亚并不是个模范的虔诚教徒,但他总是小心地避免麻烦,这是他长久以来的一贯策略。这件不愉快的事可能使他很烦恼。

他还遇到了更大的烦恼。朱迪思和托马斯婚后一个月,斯特拉福的一个名叫玛格丽特·惠勒的未婚女人生产时母子双亡。不正当的性行为(官方训诫用语是"卖淫、通奸、不洁")按当时惯例是要追查、惩办的。事情并未因为母婴的死亡而了结。在斯特拉福这样规模的镇上,这种秘密是很难持久的。1616年3月26日,新婚的托马斯·奎尼在教会法庭上承认是他的责任。他被判处一场羞辱性的示众惩罚,他以向贫民捐助5先令代替了惩罚。

莎士比亚当时可能没有足够的体力和心力处理这场麻烦,因为这时距他去世还不到一个月时间。对于他,女婿在人前的差耻毫无疑问来得最不是时候。

---

① 四旬斋是基督教纪念日,复活节前四十日,在此期间非星期日时需斋戒、忏悔。——译者

有些传记作家甚至把莎士比亚的衰弱归于奎尼的对罪行的招供和大庭广众下的耻辱。这样解释似乎不通,因为莎士比亚不是维多利亚时期刻板的卫道士。他在《暴风雨》里写了普洛斯帕罗严格要求婚前的操守,但他也曾在《量罪记》和其他剧中怀着同情心甚至顽皮的兴趣描写了人的情欲。安妮·哈瑟维和莎士比亚举行婚礼时也是有着身孕的。莎士比亚可能和《冬天的故事》里的老牧羊人有着相似的感慨:"我希望十岁和二十三岁之间并没有别的年龄,否则这整段时间里就让青春在睡梦中度了过去吧;因为在这中间所发生的事,不过是叫姑娘们养起孩子来,对长辈任意侮辱,偷东西,打架……"(3.3.58—61)。他女婿的恶行暴露之后,莎士比亚不像是会因此崩溃。但这毕竟是一桩丑事,而且关乎自己的女儿,而不是什么虚构的奥德蕾或杰奎妮妲,朱迪思一定饱尝羞辱。

莎士比亚很可能几个月前就感觉不好,所以他在1月就找来自己的律师弗朗西斯·柯林斯,嘱他起草遗嘱,当时他可能刚得到朱迪思计划结婚的消息。由于某些未知原因,这份文件当时没有完成,而3月25号,即托马斯·奎尼被教会判决的前一天,柯林斯又来了一次,莎士比亚完成了遗嘱,用颤抖的笔迹签了名。遗嘱中涉及妻子安妮的内容显得马虎而冷漠,安妮接受的是那张著名的"次好的床"。但关于女儿朱迪思的内容要仔细、精明得多。苏珊娜夫妇得到了主要的产业,但也不能让朱迪思落空。她马上能得到一百磅相当高额的嫁妆,在极苛刻的条件下,还能得到更多钱。柯林斯笔录将死的人的话时做了一处修改,颇能反映他的内心活动。莎士比亚显然本来说的是"我遗给我的女婿",但想到托马斯·奎尼他突然改变了主意。"我的女婿"划掉换成了"我的女儿朱迪思"。依照遗嘱的安排,朱迪思还可以得到50磅的嫁妆,但条件是她放弃自己将要继承的一份产业。而且,如果她或她的任何子女三年之内还在世,可以再得到150磅;如果她去世而又无子女,其中100磅将给苏珊娜的女儿伊丽莎白·霍尔,50磅给莎士比亚仍在世的妹妹琼。他一分钱也没有给朱迪思的丈夫托马斯·奎尼。实际上,朱迪思自己如果活着(她确实活着),也只能从这150磅中收取年利,得不到本金;而托马斯·奎尼如果想要这笔钱,就只能用相同价值的土地来换取。这也就是说,女儿朱迪思从莎士比亚的财产中所得不多,她的丈夫(遗嘱中没有提及姓名)一点也得不到。

还不止这些。在众多小额遗赠中,他赠托马斯·孔姆自己的剑,赠托马斯·拉塞尔5磅,赠给"我的同事"约翰·海明、理查德·伯比奇、亨利·康德尔买戒指的钱等等;他还给了小女儿一件纪念品——朱迪思将得到他的"镀金的大银碗"。但基本上一切值钱的东西他都给了苏珊娜和她的丈夫——钱、新居、黑僧区门楼上的房屋以及"我所有的谷仓、牛马厩、果园、菜园、土地、住房"等等等等。非常富有的莎士比亚捐给斯特拉福的穷人的钱只有区区10磅。他没有向教会捐赠任何东西,没有捐助当地的学校或资助有前途的孩子学习,他也没有任何东西留给忠心的仆人或学徒。除了家庭和很小的朋友圈子,他在外界没有什么牵挂。即使在家庭内部,莎士比亚希望确立并延续一脉单传,所有东西都归向了他们。安妮和朱迪思会非常清楚这一切对她们意味着什么。

生活圈的缩小也许可以解释他是如何悄然离世的。1616年4月25日举行了他的葬礼,在斯特拉福有记录。但他去世前的情形当时没有任何记载。他当然没有遭到忽视,他被安葬在圣三一教堂的圣台内,这是符合一个重要人物的身份的。而且17世纪30年代之前,就竖起了着色的墓碑,这是无数斯特拉福的观光客所熟悉的。然而,当时没人想到要记录他卧病或弥留的细节,至少没有留下这样的资料。关于莎士比亚去世的情况,已知最早的材料是1660年约翰·沃德匆匆记下的,他是斯特拉福1662至1681年的牧师。他很尽心地提醒自己要读斯特拉福最著名的作家的作品,"要记得仔细读莎士比亚的剧本,把它们读熟,以免一无所知"。他随后记下关于这个伟人最后的日子,他听来的说法:"莎士比亚、德雷顿和本·琼生举行了一次欢快的聚会,看来喝酒过量,所以莎士比亚那次染上热病而死。"

举行这样一场欢快的聚会倒不是不可想象。著名诗人麦克尔·德莱顿是沃里克郡人,有人猜测他和琼生到斯特拉福参加朱迪思的婚礼。但肯定没有迹象证明朱迪思的婚礼对家长来说是高兴事,而且热病一般也不是豪饮时染上的。沃德的简述大概并不比17世纪末另一条更简短的记述更可信,那一种说法是:"他去世时是天主教徒。"这是牛津基督圣体学院的牧师理查德·戴维斯记述的。鉴于莎士比亚与天主教的复杂渊源,它很有意思,但由于戴维斯没有给出进一步的证据,它只能反映出,莎士比亚在生命的尽头又回到了起点。

即使抛开圈地的伎俩,小女儿可能带给他的失望,托马斯·奎尼的耻辱,对妻子的愤懑,即使把莎士比亚在斯特拉福的生活想象成甜蜜的田园图景,想象大诗人看着桃子在搭了架的树上长熟,或和外孙女游戏,也不能避免一种局限和失落的感觉。魔法师放弃了他惊人的神通,返回故土,置身于平凡生活的艰辛与风霜之中。

  他曾想象国王和叛党、罗马皇帝和黑将军的生活,他在伦敦剧坛混乱的天地里为自己开拓了一块立身之地,现在他要投入平凡生活了。莎士比亚将最后上演一场奇特的戏剧实验——一个乡绅的日常生活,这是他多年来逐渐塑造起来的角色。他为之购置家徽、投资地产,把妻女留在斯特拉福,并精心维持旧的社交圈子。他为什么要这样做?也许部分在于一种挥之不去的欠缺感。莎士比亚的生活由对信仰、爱情和社会角色的质疑开始。他从未有任何信仰可以等同于当时有些人为之投入生命的信仰。即使他曾经向这样的信念靠近,那么在很多年前就已经背离了。他肯定是把信仰残留的力量注入了戏剧中,但他从未忘记舞台是虚幻的,他从不伪称自己的文学幻想就能代替引坎皮恩赴死那样的信仰。虽然他可能短暂地销魂,但他从没有遇到或没能得到他惊天动地描绘和梦想过的爱情。这种欠缺感怀疑地暗示着信仰和爱情的空虚,从这个角度看,他表演的普通乡绅可以视作一项很高的成就。

  但是莎士比亚投入平凡的生活,当然不仅仅是欠缺和补偿的问题,它也关系到莎士比亚整个创作成就的实质。在他的创作中,莎士比亚一直对外国场景、古代文化和超凡的人物感兴趣,但他的想象力始终贴近亲近熟悉的事物。或者说他乐于表现不凡事物中存在的平凡特性。莎士比亚的这个特点经常遭受批评。学究们刻薄地指出他笔下身着宽袍的罗马人把帽子抛上天,就像伦敦的匠人;重视礼数的批评家指摘说手帕这件有时用来擦鼻子的东西过于低俗,不能在悲剧中出现,更不要说居于戏剧的中心了;而且至少有一位大作家托尔斯泰认为,年迈的李尔满口狂言,四处奔走的形象适于引起人们道德上的反感和审美上的轻蔑,而不是敬畏之情。

  是这样的,莎士比亚的想象力从没有彻底飞跃日常情境,他没有在登上玄理的厅堂后把平凡生活推出门外。在《维纳斯与阿多尼斯》里,我们在爱神脸上见到了汗珠。《罗密欧与朱丽叶》中,朱丽叶的父母在她的尸身前哀哭时,婚礼雇用的乐师们放下乐器,互相悄悄开着玩笑,决定留下来参加葬礼的餐会。

在《安东尼与克莉奥佩特拉》里,同一个目击者既讲述了克莉奥佩特拉怎样在华丽的画舫上消暑,也描绘了另一幅截然不同的画面:"我有一次看见她从市街上奔跳过去"(2.2.234—235)。

他在年轻时就已确信,或者被人认定:他有着卓越的能力,但不是造物之神那样的才能,而是一种不能完全脱离故土根系的东西。马基雅弗利失掉佛罗伦萨的职位后,被迫在乡间生活。他写过一封信,厌恶地谈到他在乡间酒馆不得不看的粗俗争吵和愚蠢的游戏。他唯一的解脱是在傍晚时分脱去白天的俗务中染脏了的衣服。他会穿上华贵的长袍,从架上取下自己喜欢的书——西塞罗、李维和塔西佗的,这时他才觉得还有和自己的才智相配的伙伴。莎士比亚是最敏感的人。他从未显出对平民百姓的闲话、琐屑的消遣和愚蠢的游戏的厌烦。他的魔法师普洛斯佩罗最高的举动就是放弃魔力,回到自己的来处去。

也许莎士比亚回家是由于另外的原因。这个原因是显而易见的,不像他的其他私事那样隐秘。人人都注意到他的遗嘱中对妻子安妮和女儿朱迪思及她那惹是生非的丈夫很冷淡。但遗嘱中也以平淡的方式鲜明地表达了他的感情。这一感情的宣告或者可以解释他为何回到斯特拉福。莎士比亚一生最喜爱的女人是比他小二十岁的女儿苏珊娜。他后期的剧本中有三部都以父女关系为中心——《佩里克里斯》、《冬天的故事》和《暴风雨》,这不是巧合。而且三部剧中都有对乱伦情欲的深深忧虑。莎士比亚只想要他用最平常、自然的方式所能得到的生活——住在女儿、女婿和外孙女身边的乐趣。他明白这种乐趣中有种令人不适的略带忧郁的成分,要得到这种欢乐就必须有所舍弃。这便是他最后的几部剧本所负荷的情绪。但不适的感觉隐藏在日常生活的范围之内了。这就是他为自己抉择的终点。

参考文献说明

关于莎士比亚的一切文献研究必须基于历代学者、作家们的勤奋甚或着迷似的考证与推测。这一研究领域有着漫长的历史,对此 Samuel Schoenbaum 的 *Shakespeare's Lives*(New York: Oxford University Press, 1970)和 Gary Taylor 的 *Reinventing Shakespeare: A Cultural History from the Restoration to the Present*(New York: Weidenfeld and Nicolson, 1989)二书有专门论述。Schoenbaum 有点津津乐道莎士比亚传记中若干近于神话的繁复传说与荒唐无稽的东西,不过总的说来,还算功过参半。

当代的研究成果就莎士比亚生活和年代方面的诸多有趣的细节问题可谓爬罗剔抉,用心良苦,笔者于此获益甚多,但 19 世纪乃至 20 世纪初的相关研究成果也对笔者颇有启发。尽管 C. J. Sisson 曾在 1934 年对这些研究成果进行过猛烈抨击。他写过一篇影响颇大的论文 "The Mythical Sorrows of Shakespeare"(in *Studies in Shakespeare: British Academy Lectures*, ed. Peter Alexander [London: Oxford University Press, 1964], 9—32),但是最近的学术研究趋势则对这些研究成果有所重视,重新评估了它们的意义和价值。这方面的著作如 Marjorie Garber 的 *Shakespeare's Ghost Writers: Literature as Uncanny Causality*(New York: Methuen, 1987),Leah Marcus 的 *Puzzling Shakespeare: Local Reading and Its Discontents*(Berkeley: University of California Press, 1988),以及 Richard Wilson 的 *Will Power: Essays on Shakespearean Authority*(Detroit: Wayne State University Press, 1993)。其中最重要的著作是 J. O. Halliwell-Phillipp 的两卷本 *Outline of the Life of Shakespeare*, 10th ed.(London: Longmans, 1898)。此外有启发意义的著作尚有不少,如:Edward Dowden 的 *Shakespeare: A Critical Study of His Mind and Art*(London: Henry King, 1876);Frederick Fleay 的 *A Chronicle History of the Life and Work of William Shakespeare, Player, Poet, and Playmaker*(London: Nimmo, 1886);Sidney Lee 的 *A Life of William Shakespeare*(New York: Macmillan, 1898);George Brandes 的 *William Shakespeare: A Critical Study*(New York: Frederic Unger, 1898);Charles Elton 的 *William Shakespeare, His Family and Friends*(London: John Murray, 1904);Charlotte Stopes 的 *Shakespeare's Warwickshire Contemporaries*(Stratforword-upon-Avon: Shakespeare Head Press, 1907);以及 David Masson 的 *Shakespeare Personally*(London: Smith, Elder, 1914)。又,Edgar Fripp 的两卷本 *Shakespeare, Man and Artist*(London: Oxford University Press, 1938),虽然线索较凌乱,却也不失为提供重要信息的宝藏,因此我常到该书中淘宝。

在近期出版的莎士比亚传记中,最具系统性和资料性并且充满思考性的著作是 Park Honan 的 *Shakespeare: A Life*(Oxford: Oxford University, 1998),我经常参阅这本书。Jonathan Bate 的论文集 *The Genius of Shakespeare*(London: Picador, 1997)是一本包含重要传记观点

的佳作,可与 Katherine Duncan-Jones 的 *Ungentle Shakespeare: Scenes from His Life*（London: Arden Shakespeare, 2001）媲美。我参阅过的其他传记研究著作还包括:Marchette Chute 的描写生动的 *Shakespeare of London*（New York: Dutton,1949）; M. M. Reese 的 *Shakespeare: His World and His Work*（London: Edward Arnold, 1953）; Stanley Wells 的 *Shakespeare: A Dramatic Life*（London: Sinclair-Stevenson, 1994）; Eric Sams 的 *The Real Shakespeare: Retrieving the Early Years, 1564—1594*（New Haven: Yale University Press, 1995）; I. L. Matus 的 *Shakespeare: In Fact*（New York: Continuum, 1999）; Antony Holden 的 *William Shakespeare*（Boston: Little, Brown, 1999）;以及 Michael Wood 为 BBC 电视系列节目配套而写的 *In Search of Shakespeare*（London: BBC, 2003）。

某些对莎士比亚生活状态的探讨有价值的观点是以小说演义的形式出现的,虽然就学术定义而言,这些看法不可靠,并且常常谬以千里。这样的作品如 Anthony Burgess 的 *Nothing Like the Sun: A Story of Shakespeare's Love-Life*（London: Heine-mann, 1964）（该作者也曾写过一本生动简洁的传记:*Shakespeare*[Hammondworth: Penguin,1972]）; Edward Bond 的剧本 *Bingo*（London: Methuen,1974）; Marc Norman 和 Tom Stoppard 的电影剧本 *Shakespeare in Love*（New York: Hyperion, 1998）;尤其是 James Joyce 的 *Ulysses* 中的最精彩的章节"Scylla and Charybdis"。

与小说这种虚构形式截然相反的另一种文献,则是若干册提供了极其重要的历史性档案资料的著作,所有的莎士比亚传记都以它们作为依据。本书从头至尾都频繁引用了这些著作。这些著作包括:B. R. Lewis 的 *The Shakespeare Documents: Fascimiles, Transliterations, and Commentary*, 2 Vols.（Stanford: Stanford University Press, 1940）; Samuel Schoenbaum 的 *William Shakespeare: Records and Images*（New York: Oxford University Press, 1981）; David Thomas 的 *Shakespeare in the Public Records*（London: HMSO, 1985）; Robert Bearman 的 *Shakespeare in the Stratford Records*（Pheonix Mill, UK: Alan Sutton, 1994）;尤其是 Schoenbaum 的 *William Shakespeare: A Documentary Life*（New York: Oxford University Press, 1975; 1977 年的压缩版亦可资利用）。

同样不可或缺的研究成果是那位不知疲倦的学者 E. K. Chambers 的诸多著作,如两卷集 *William Shakespeare: A Study of Facts and Problems*（Oxford: Clarendon, 1930）（该著作的注释、旁白和附录中常常隐含着诸多重要的细节资料）;两卷集 *Medieval Stage*（London: Oxford University Press, 1903）和纪念碑式的四卷集著作 *Elizabethan Stage*（Oxford: Clarendon, 1923）。Geoffrey Bullough 的八卷本 *Narrative and Dramatic Sources of Shakespeare*（New York: Colombia University Press, 1957—75）几乎把有关莎士比亚戏剧来源的相关资料都收罗无遗,由此我们可以窥见莎士比亚是如何勤奋地博览群书,因此十分有用。

Schoenbaum,Chambers 和 Bullough 辛勤收集、校勘、鉴定的证据都在本书的每一章中有所陈述。在下面的参考文献说明中,我列出了我所参考过的别的主要资料来源,包括第一手和第二手资料来源。我在可能的情况下,通常将这些资料来源加以归类,以它们出现在各章的相关题目下的状况为序。我想这样一来,那些急于了解莎士比亚及其时代的这样或那样特点的读者可借此在浩如烟海的莎评文献中走出迷津。

对当代莎士比亚研究具有导向之便利的文献有两卷集的论文集（我曾频繁征引这个集子）*A Companion to Shakespeare*, ed. David Scott Kastan（Oxford: Blackwell, 1999）和 *New History of Early English Drama*, ed. John D. Cox and David Scott Kastan（New York: Columbia University Press, 1997)。这些文集中的许多文章和我所讨论的题目颇有关涉。

《俗世威尔》一书中所引用的莎士比亚著作原文都来自 *Norton Shakespeare*, ed. Stephen Greenblatt, Walter Cohen, Jean E. Howard, and Katherine Eisaman Maus (New York: W. W. Norton, 1997)。(引自 *King Lear* 的引文则出自一个异文合成本。)*Norton Shakespeare* 所依据的牛津版莎士比亚剧本集包含有极为详尽的 *Textual Companion*, ed. Stanley Wells and Gary Taylor。我觉得该书和 Arden 莎士比亚丛书的各个分册一样,颇有价值。

第一章 童年生活索隐

关于莎士比亚的学业问题,William Baldwin 的厚厚的两卷集 *William Shakespeare's Small Latine and Lesse Greeke* (Urbana: University of Illiois Press, 1944) 可谓无所不包,但是读起来太枯燥、难以终卷。C. R. Thompson 的 *School in Tudor England* (Ithaca: Cornell University Press, 1958)是一本有用的入门读物。Joel Altman 的 *The Tudor Play of Mind* (Berkeley: University of California Press, 1978)将学校的练习活动与剧本写作联系起来,有一定启发性。Roger Ascham 的 *The Schoolmaster* (1570),是伊丽莎白时期典型的教育课本,其中的拉丁语教学有着关键性作用。该书可找到现代版本(ed. Lawrence Ryan, Ithaca: Cornell University Press, 1967)。关于伊丽莎白文化中对于舞文弄墨的偏爱,Rosemond Tuve 的 *Elizabethan and Metaphysical Imagery* (Chicago: University of Chicago Press, 1947)要算是经典著作。要知道这个时期的文学创作的概貌,则 C. S. Lewis 的出色然而武断的 *English Literature in the Sixteenth Century, Excluding Drama* (Oxford: Clarendon, 1954)仍然属于必读书目。关于莎士比亚与语言方面的批评研究著作极多,其中 Frank Kermode 的 *Shakespeare's Language* (New York: Farrar, Straus and Giroux, 2000)占有一个显耀的位置。

关于神秘剧,可参看 V. A. Kolve 的 *The Play Called Corpus Christi* (Stanford: Stanford University Press, 1966); Rosemary Woolf 的 *The English Mystery Plays* (Berkeley: University of California Press, 1972)以及 Glynne Wickham 的 *Early English Stages: 1300 to 1660*, 2nd ed. (New York: Routledge, 1980)。有两部早期著作今天还仍然特别有价值,它们是:Willard Farnham 的 *The Medieval Heritage of Elizabethan Tragedy* (Berkeley: University of California Press, 1935)和 H. C. Gardiner 的 *Mysteries' End: An Investigation of the Last Days of the Medieval Religious Stage* (New Haven: Yale University Press, 1946)。Bernard Spivack 的 *Shakespeare and Allegory of Evil* (New York: Columbia University Press, 1958)和 Robert Weimann 的 *Shakespeare and the Popular Tradition in the Theater: Studies in the Social Dimension of Dramatic Form and Function* (Baltimore: Johns Hopkins University Press, 1978)这两部著作对了解莎士比亚戏剧的"道德"背景有引导作用。Andrew Gurr 的"The Authority of the Globe and the Fortune"(载 *Material London, ca. 1600*, ed. Lena Cowan Orlin [Philadelphia: University of Pennsylvania Press, 2000], 250—67)在揭示当局批准演出方面的权力方面颇有见地。关于各类季节性的仪式活动情况,可参看 C. L. Barber 的 *Shakespeare's Festive Comedy: A Study of Dramatic Form and Its Relation to Social Custom* (Princeton: Princeton University Press, 1959)和 Francois Laroque 的 *Shakespeare's Festive World: Elizabethan Seasonal Entertainment and the Professional Stage* (Cambridge: Cambridge University Press, 1993)。

关于敌视学校男童或专业演员进行戏剧演出的情况,Jonas Barish 的 *The Antitheatrical Prejudice* (Berkeley: University of California Press, 1981) 进行了考察。读者如果想进一步了解可能与莎士比亚相关的重要的流动演出剧团情况,可参看 Scott McMillan 和 Sally-Beth MacLean 的 *The Queen's Men and Their Plays* (Cambridge: Cambridge University Press, 1998)。

有关伊丽莎白皇室巡行情况的主要记述见于 John Nichols 主编的 *The Progresses and Public Processions of Queen Elizabeth*, 3 vols. (London: 1823)。Robert Langham 描述肯尼沃斯节庆的信件的现代版本可以在 R. J. P. Kuin 的 *Robert Langham: A Letter* (Leiden: Brill, 1983) 一书中查阅到。

第二章 复原之梦

关于莎士比亚生长的乡土环境,Mark Eccles 在 *Shakespeare in Warwickshire* (Madison: University of Wisconsin Press, 1961) 中提供了简明却令人惊异的丰富介绍。关于莎士比亚与他父亲关系的启发性心理分析,参见 C. L. Barber 和 Richard Wheeler 的 *The Whole Journey: Shakespeare's Power of Development* (Berkeley: University of Califonia Press, 1986) 与 Norman Holland, Sidney Homan, Bernard Paris 合编的 *Shakespeare's Personality* (Berkeley: University of Califonia Press, 1989) 中 "Shakespeare in the Rising Middle Class" 一文。莎士比亚作品中出现的技术性词汇参见 David Crystal & Ben Crystal 的 *Shakespeare's Words: A Glossary and Language Companion* (London: Penguin, 2002)。关于莎士比亚晚期戏剧的遗失与发现参见 Northrop Frye 的 *A Natural Perspective: The Development of Shakespearean Comedy and Romance* (New York: Harcourt, Brace and World, 1965)。

L. B. Wright 的著作 *Middle-Class Culture in Elizabethan England* (Ithaca: Cornell University Press, 1935) 与 Lawrence Stone 所著 *The Crisis of the Aristocracy: 1558—1641* (London: Oxford University Press, 1986) 都是伊丽莎白时期社会结构的经典指南,当然也引起争议。相关内容亦见 Felicity Heal & Clive Holmes 的 *The Gentry in England and Wales, 1500—1700* (Basingstoke, UK: Macmillan, 1994),以及 Joyce Youings 的著作 *Sixteenth Century England: The Penguin Social History of Britain* (London: Penguin, 1984)。关于自耕农,即莎士比亚出生的社会阶层,参见 Mildred Campbell 的 *The English Yeomen under Elizabeth and the Early Stuarts* (New Haven: Yale University Press, 1942)。关于羊毛生意,参见 Peter J. Bowden, *The Wool Trade In Tudor and Stuart England* (London: Macmillan, 1962)。关于斯特拉福,参见 Richard Savage 与 Edgar Fripp (Dugdale Society, 1921—30) 合编的 *Minutes and Accounts of the Corporation of Stratford-upon-Avon and Other Records, 1553—1620*,以及 Levi Fox (Dugdale Society, 1990) 编辑的一部同名补遗。

莎士比亚时代的物价与薪金很难与当代社会进行联系比较,有关基本概况,参见 Ann Jennalie Cooke, *The Privileged Playgoers of Shakespeare's London: 1576—1642* (Princeton: Princeton University Press, 1981) 中转载的伦敦薪金管理王家公告,以及 E. A. J. Honigmann 与 Susan Brock 编辑的莎士比亚及其同时代伦敦戏剧界人士的遗嘱,参见 *Playhouse Wills, 1558—1642* (Manchester: Manchester University Press, 1993)。

第三章 巨大的恐惧

关于 16 世纪的天主教徒与新教徒的冲突，参见 Patrick Collinson 的 *The Birthpangs of Protestant England* (Houndmills, UK: Macmillan, 1988)、Debora Shuger 的 *Habits of Thought in the English Renaissance* (Berkeley: University of California Press, 1990) 与 Eamon Duffy 的 *The Stripping of the Altars; Traditional Religion in England c. 1400— c. 1580* (New Haven: Yale University Press, 1992)，这些书都提供了有益而不同的侧重点。

关于莎士比亚以及家人的宗教信仰仍然存在争议。Peter Milwards 反对 Fripp 在 *Shakespeare, Man and Artist* 中提出的莎士比亚的父亲为清教徒的观点，在 *Shakespeare's Religious Background* (London: Sidgwick and Jackson, 1973) 中归纳了支持他信仰天主教的论据。约翰·莎士比亚的"精神遗嘱与信仰声明"似乎证明他是天主教徒，但这份文件原件已失，现存"精神遗嘱与信仰声明"的真实性曾遭质疑。与此相关的文章有 Jame McManaway 的" John Shakespeare's 'Spiritual Testament'"（载于 *Shakespeare Survey* 18(1967): 197—205), F. W. Brownlow 的" John Shakespeare's Recusancy: New Light on an Old Document"（载于 *Shakespeares Quarterly* 40(1989): 186—91)。Halliwell-Phillipps 总结了否定其真实性的案例，参见 *Outlines of the Life of Shakespeare*, 2: 399—404，但多数当代学者倾向认为该文件不是伪作。

E. A. Honigmann 的重要著作 *Shakespeare: The Lost Years* (Manchester: Manchester University Press, 1985) 主要研究莎士比亚青年时期与兰开夏郡可能存在的联系，这个话题仍然是研究与争论的热点。Christopher Haigh 的著作 *Reformation and Resistance in Tudor Lancashire* (London: Cambridge University, 1975) 为该地区的宗教纷争提供了很有帮助的阐述。Richard Wilson 曾报道了一些最吸引人的莎士比亚研究发现，参见"Shakespeare and the Jesuits," *Times Literary Supplement* (December 19, 1997, 11—13) 以及 Dennis Taylor 和 David N. Beauregard 的 *Shakespeare and the Culture of Christianity in Early Modern England* (New York: Fordham University Press, 2003)。有争议的观点依然存在，参见 Robert Bearman, "'Was William Shakespeare William Shakesshafte' Revisited," *Shakespeare Quarterly* 53 (2002): 83—94。Honigmann 反驳了 Bearman 的论点，参见"Shakespeare/Shakeshafte Question, Continued," *Shakespeare Quarterly* 54 (2003): 83—86。Jeffrey Knapp 在 *Shakespeare's Tribe* (Chicago: University of Chicago Press, 2002) 中努力证明成年的莎士比亚忠于内容广泛的伊拉斯谟派基督教信仰，谨慎遵守其核心教义，宽容超出其教义范围之外的信仰与实践，坚定不移地支持公有制社会。我还得益于阅读 Wilson, *Secret Shakespeare: Studies in Theatre, Religion, and Resistance* (Manchester: Manchester University Press, 2004) 一书的手稿。根据 Wilson 的观点，青年时代的莎士比亚在兰开夏郡时与耶稣会士的"恐怖分子细胞"有某方面的联系。Wilson 认为，虽然莎士比亚开始警惕狂热主义，他一生都信奉天主教，在剧作中暗藏了许多隐晦的天主教信息。

关于坎皮恩，1867 发表的传记 Richard Simpson 的 *Edmund Campion* (London: Williams and Norgate) 仍是权威著作; Evelyn Waugh 的 *Edmund Campion* (Boston: Little, Brown, 1935) 也很有说服力，并且派性鲜明。亦见 E. E. Reynolds 的 *Campion and Parsons: The Jesuit Missions of 1580—1* (London: Sheed and Ward, 1980)、Malcolm South 的 *The Jesuits and the Joint*

Mission to England during 1580—1581 (Lewiston, NY: Mellen, 1999) 以及 James Holleran 的 *A Jesuit Challenge: Edmund Campion's Debates at the Tower of London in 1581* (New York: Fordham University Press, 1999)。

第四章 求爱、成婚和后悔

关于莎士比亚的婚姻,主要资料来源仍请参见 J. W. Gray 的 *Shakespeare's Marriage* (London: Chapman and Hall, 1905)。David Cressy 的 *Birth, Marriage, and Death: Ritual, Religion, and the Life-Cycle in Tudor and Stuart England* (New York: Oxford University Press, 1997)为生命周期主要事件的当时情况做了很有启发意义的论述。在人口统计方面我的信息来源参见 E. A. Wrigley & R. S. Schofield 的 *The Population History of England, 1541—1871* (Cambridge, MA: Harvard University Press, 1981)。Anthony Burgess 的 *Nothing Like the Sun*, 是本有趣的小说建立于这样的设想之上:坦普尔格拉夫顿的 Anne Whatley 是个真实人物,并不是文书笔误,她是莎士比亚失去的恋人。

关于莎士比亚在家人中间的感情主义画像,参见19世纪无名艺术家的平版画,转载于 Schoenbaum 的 *William Shakespeare: Records and Images*, 199。关于第145首十四行诗可能是早期写给 Anne Aathaway 的观点,参见 Andrew Gurr, "Shakespeare's First Poem: Sonnet 145," *Essay in Criticism* 21(1971):221—6。

Lewis 在 *The Shakespeare Documents*, 2:491 引用约瑟夫·昆西·亚当斯(Joseph Quincy Adams)的观点,将第二好的床解释为"温柔的致意"。对莎士比亚的遗嘱的更现实的解读,参见 E. A. Honigmann, "Shakespeare's Will and Testamentary Traditions", 见 Tetsuo Kishi、Roger Pringle 与 Stanley Wells 合编的 *Shakespeare and Cultural Traditions: The Selected Proceedings of the International Shakespeare Association World Congress, Tokyo, 1991* (Newark: University of Delaware, 1994), 127—37。Frank Harris 的 *The Man Shakespeare and His Tragic Life-Story* (New York: Michael Kennerley, 1909)刻画了一个因憎恶妻子而憔悴的莎士比亚;从 Harris 的书里我接受了这个看法:莎士比亚是为了预防他妻子死后葬在他身边才诅咒移动其遗骨者。有关17世纪末参观莎士比亚者被告知这个诅咒是莎士比亚最后的诗作,参见 Chambers 的 *William Shakespeare*, 2:259。

第五章 过 桥

关于狩猎(及其非法同类,盗猎),参见 Edward Berry 的 *Shakespeare and the Hunt: A Cultural and Social Study* (Cambridge: Cambridge University Press, 2001)。Samuel Schoenbaum 对托马斯·露西的性格所持的平和观点,参见 *William Shakespeare: A Documentary Life*, 107。Stopes 的 *Shakespeare's Warwickshire Contemporaries* 中有一个关于萨默维尔的章节很有启发意义。在 *Secret Shakespeare* 中 Richard Wilson 复兴了这个由维多利亚时期的评论家理查德·辛普森(Richard Simpson)首次提出的理论,即萨默维尔不是个与人无关的疯子,而是一个重大阴谋的参与者。根据这个理论,他并未在伦敦塔里自杀,而是他的同伙恐其临刑时(并不清楚他为何要等到那一刻)泄露了连累他们的证据将其灭口。莎士比亚在写《哈姆莱特》

(1600—1601)之前某个时候很可能已读过 Luis de Granada, *Of Prayer and Meditation* (1582),但不应夸大他与萨默维尔的联系:Luis 的书还有一个版本是 1599 年出版的,这个版本中没有理查德·哈里斯(Richard Harris)那篇导致萨默维尔毁灭的煽动性献辞。

关于巡回演出,陆续出版的多卷册 *Records of Early English Drama* (Toronto: University of Toronto Press, 1979)一书提供了珍贵的资料。相关的有益启发参见 Peter Greenfield, "Touring,"见 John D. Cox 与 David Scott Kastan 合编的 *New History of Early English Drama* (New York: Columbia University Press, 1997), 251—68; Sally-Beth Maclean 的 "The Players on Tour,"见 C. E. McGee 主编的 *Elizabethan Theatre* 卷 10 (Port Credit, Ontario: P. D. Meany, 1988), 55—72。关于莎士比亚与女王供奉剧团可能存在的联系,参见 McMillan & MacLean, *The Queen's Men and Their Plays*。

关于伦敦给初次观光者的印象,首先可参考 William Rye 的 *England as Seen by Foreigners* (London: John Russell Smith, 1865)。亦见 A. L. Beier & Roger Finlay 的 *London 1500—1700: The Making of a Metropolis* (London: Longman, 1986)、N. L. Williams 的 *Tudor London Visited* (London: Cassell, 1991)、Lawrence Manley 的 *Literature and Culture in Early Modern London* (Cambridge: Cambridge University Press, 1995)与 David Harris Sacks 的 "London's Dominion: The Metropolis, the Market Economy, and the State",见 *Material London, ca. 1600*, 20—54。从 Sacks 的书里引用了伦敦是"终年不散的集市"的描写。

这一章和下一章的关键材料来于 John Stow 的 *1598 Survey of London*,该书还有一个 C. L. Kingsford 编辑的现代版(Oxford: Clarendon, 1971)。

关于身为神职人员的益处的法律观,参见拙文 "What Is the History of Literature?" *Critical Inquiry* 23(1997):460—81。

第六章 郊区生活

Ian Archer 的有益描述 "Shakespeare in London",见 David Scott Kastan 主编的 *A Companion to Shakespeare* (Oxford: Blackwell, 1999), 43—56。关于伦敦的"娱乐区",参见 Steven Mullaney 的 *The Place of the Stage: License, Play, and Power in Renaissance England* (Chicago: University of Chicago Press, 1987)。关于逗熊,参见 S. P. Cerasano 的 "The Master of the Bears in Art and Enterprise," *Medieval and Renaissance Drama in England* 5(1991):195—209;和 Jason Scott-Warren 的 "When Theaters Were Bear-Gardens; or, What's at Stake in the Comedy of Manners," *Shakespeare Quarterly* 54(2003):63—82。当时被小马背上的猿猴逗乐的人是纳吉拉公爵的西班牙秘书,他于 1544 年觐见亨利八世(引自 Chambers 的 *Elizabethan Stage*,德克的有关评论与对骚斯瓦克表演的叙述亦引自此书)。

16 世纪中期有个企业家为当时伦敦的"惩罚剧院"留下了一份可怕的记录: *The Diary of Henry Machyn, Citizen and Merchant-Taylor of London, from A. D. 1550 to A. D. 1563*, ed. John Gough Nichols (London: Camden Society, 1848)。Machyn 的日记在莎士比亚出生前中断了,但没有迹象表明他费心记录下的惩罚到 16 世纪晚期有大幅度减少。

关于莎士比亚时代伦敦主要剧院的设计与经营,除了 Chambers 的 *Elizabethan Stage* 之外,还可参见 Herbert Berry 的 *Shakespeare's Playhouses* (New York: AMS Press, 1987)、Andrew Gurr 的 *The Shakespearean Stage*, *1574—1642*, 3rd ed. (Cambridge: Cambridge University Press, 1992)、William Ingram 的 *The Business of Playing*: *The Beginning of Adult Professional Theatre in Elizabethan London* (Ithaca: Cornell University Press, 1992) 和 Arthur Kinney 的 *Shakespeare by Stages* (Oxford: Blackwell, 2003)。有关剧场建筑和资金问题在很多具体细节上还存在争议。

研究伊丽莎白时期剧场的著名资料是由剧团经理 Philip Henslowe 保存的详细账簿。这本书题为 *Henslowe's Diary*,已由 R. A. Foakes 编辑(2nd Ed.; Cambridge: Cambridge University, 2002)。即使有这份极为详细的记录,要理解收费与付费在当时的重要性也是个问题。有益的说明可见于 Roslyn L. Knutson 的 *Playing Companies and Commerce in Shakespeare's Time* (Cambridge: Cambridge University Press, 2001)、G. E. Bentley 的 *The Profession of Dramatist in Shakespeare's Time*, *1590—1642* (Princeton: Princeton University Press, 1971)、Peter Davison 的"Commerce and Patronage: The Lord Chamberlain's Men's Tour of 1597,"见 *Shakespeare Performed*, ed. Grace Ioppolo(London: Associated University Press, 2000),58—59。

Northbrooke 与 Gosson 对剧场的攻讦以及 Florio 的讽刺性对话都便利地收录在 Chambers 的 *Elizabethan Stage* 中。对伊丽莎白时代政府官员担忧演剧的精彩描述可参见 Lacey Baldwin Smith 的 *Treason in Tudor England*: *Politics and Paranoia* (Princeton: Princeton University Press, 1986)。关于政府试图规范剧场的情况,参见 Richard Dutton 的 *Mastering the Revels* (London: Macmillan, 1991)与 Janet Clare, "*Art Made Tongue-Tied by Authority*": *Elizabethan and Jacobean Dramatic Censorship* (New York: St. Martin's, 1990)。

书中所有克里斯托弗·马洛剧作的引文除了 2 *Tamburlaine*, 均来自于 *English Renaissance Drama*, ed, David Bevington, Lars Engle, Katharine Eisaman Maus & Eric Rasmussen (New York: W. W. Norton, 2002)。2 *Tamburlaine* 一剧的引文来自 Christopher Marlowe, *Plays*, ed. David Bevington & Eric Rasmussen (Oxford: Oxford University Press, 1998)。研究马洛对莎士比亚的影响的批评文献数量繁多,其中包括 Nicholas Brooke 的 "Marlowe as Provocative Agent in Shakespeare's Early Plays," Shakespeare Survey 14(1961):34—44 这篇启发意义很大的文章。

关于爱德华·艾林,参见 S. P. Cerasano, "Edward Alleyn:1566—1626,"见 *Edward Alleyn*: *Elizabethan Actors*, *Jacobean Gentleman* Aileen Reid & Robert Maniura, ed. (London: Dulwich Picture Gallery, 1994), 11—31。无证据证明爱德华·艾林首先出演贴木尔,但他以饰演这一角色出名,1589 年纳什提到他是当时演员中的罗歇乌斯,暗示艾林创造了这个角色。

关于莎士比亚与印刷术的关系,参见 David Scott Kastan 的 *Shakespeare and the Book* (Cambridge: Cambridge University Press, 2001), 与 Peter W. M. Blayney 的 *The First Folio of Shakespeare*, 2nd ed. 9New York: W.W. Norton, 1996)。关于莎士比亚的阅读面,除了 Bullough 的八卷本 *Narrative and Dramatic Sources of Shakespeare*,我还发现其他有用资料:Henry Anders 的 *Shakespeare's Books*: *A Dissertation on Shakespeare's Reading and the Immediate Sources of His Works* (Berlin: Reimer, 1904)、Kenneth Muir 的 *The Sources of Shakespeare's Plays* (London: Methuen, 1977)、Robert S. Miola 的 *Shakespeare's Reading* (Oxford: Oxford University Press, 2000) Leonard Barkan 的"What Did Shakespeare Read?" *Cambridge Companion to Shakespeare* ed. Margareta de Grazia and Stanley Wells (Cambridge: Cambridge University Press, 2001), 31—47。

第七章 震撼剧坛

关于莎士比亚工作的充满竞争的世界,参见 James Shapiro 的 *Rival Playwrights: Marlowe, Jonson, Shakespeare* (New York: Columbia University Press, 1991)和 James Bednardz 的 *Shakespeare and the Poets' War* (New York: Columbia University Press, 2001)。关于与竞争现象共存的合著,参见 Jeffery Masten 的 *Textual Intercourse: Collaboration, Authorship, and Sexualities in Renaissance Drama* (Cambridge: Cambridge University Press, 1997),和 Brian Vickers 的 *Shakespeare, Co-Author: A Historical Study of Five Collaborative Plays* (Oxford: Oxford University Press, 2002)。引人注意的是 Vickers 详尽研究的五部剧——《泰特斯安德洛尼克斯》、《雅典的泰门》、《泰尔亲王配瑞克里斯》、《亨利八世》和《两个高贵的亲戚》——都是人们普遍认为质量最差的莎士比亚作品。因此关于合著的最新说明奇特地深化了非常传统的莎士比亚具有非凡创造天才的看法。

关于莎士比亚及其同时代人如何组织、开展职业生活的有益资料参见 Bentley 的 *The Profession of Dramatist in Shakespeare's Time, 1590—1642*; Peter Thomson 的 *Shakespeare's Professional Career* (Cambridge: Cambridge University Press, 1992),Andrew Gurr 的 *The Shakespearian Playing Companies* (Oxford: Clarendon, 1996),和 Knutson 的 *Playing Companies and Commerce in Shakespeare's Time*。虽然 T. W. Baldwin 的 *The Organization and Personnel of the Shakespearean Company* (Princeton: Princeton University Press, 1927)不总是可靠,但它提供了大多数重要信息。T. J. King 的 *Casting Shakespeare's Plays: London Actors and Their Roles, 1590—1642* (Cambridge: Cambridge University Press, 1992)、Tiffany Stern 的 *Rehearsal from Shakespeare to Sheridan* (Oxford: Oxford University Press, 2000)、David Bradley 的 *From Texts to Performance in the Elizabethan Theatre: Preparing the Play for the Stage* (Cambridge: Cambridge University Press, 1992)和 G. E. Bentley 的 *The Profession of Player in Shakespeare's Time, 1590—1642* (Princeton: Princeton University Press, 1984)都很有启发意义。在 *Shakespeare as Literary Dramatist* (Cambridge: Cambridge University Press, 2003)一书中 Lukas Erne 主张莎士比亚对印刷品以及上演自己的剧作的兴趣比学者们通常意识到的大。

关于作为演员的莎士比亚,参见 Meredith Skura 的 *Shakespeare the Actor and the Purposes of Playing* (Chicago: University of Chicago Press, 1993)。David Wiles 的 *Shakespeare's Clown: Actor and Text in the Elizabethan Playhouse* (Cambridge: Cambridge University Press, 1987),David Mann 的 *The Elizabethan Player: Contemporary Stage Representation* (London: Routledge, 1991) 和 Jean Howard 的 *The Stage and Social Struggle in Early Modern England* (London: Rourtledge, 1994)都很实用。

莎士比亚的同时代人及其对手都没有忽视他的杰出才华。关于他们的一些反应,参见 E. A. J. Honigmann 的 *Shakespeare's Impact on His Contemporaries* (London: Macmillan, 1982),和两卷本的 *Shakespeare Allusion-Book: A Collection of Allusions to Shakespeare from 1591 to 1700*, ed. John Munro (London: Oxford University Press, 1932)。Emrys Jones 的 *The Origins of Shakespeare* (Oxford: Clarendon, 1977)为他的才华初展提供了启发性的研究。

马洛奇特而极端的一生成为许多传记的题材,包括 Constance Kuriyama 的 *Christopher Marlowe: A Renaissance Life*(Ithaca: Cornell University Press, 2002)和 Charles Nicholl 那引人入胜的推理作品 *The Reckoning: The Murder of Christopher Marlowe*(London: Jonathan Cape, 1992)。Green 的 *Groatsworth of Wit, Bought with a Million of Repentance* (1592) 有个 D. Allen Carroll 编辑的资料丰富的版本(Binghamton: Center for Medieval and Early Renaissance Studies, 1994)。

第八章 情郎—情妇

关于南安普顿是十四行诗里的英俊少年,尤其应参见 G. P. V. Akrigg 的 *Shakespeare and the Earl of Southampton* (Cambridge, MA: Harvard University Press, 1968)。关于可能存在的中介人的职业,参见 Frances Yates 的 *John Florio: The Life of an Italian in Shakespeare's England* (Cambridge: Cambridge University Press, 1934)。

在我看来对莎士比亚传记不感兴趣或兴趣极小的 Joel Fineman 写了最棒的十四行诗心理分析 *Shakespeare's Perjured Eyes* (Berkeley: University of California Press, 1986)。Stephen Booth (New Haven: Yale University Press, 1977)、Katherine Duncan-Jones (Arden Shakespeare, 1997)、Collin Burrow (Oxford Shakespeare, 2002)和 Helen Vendler 的 *The Art of Shakespeare's Sonnets* (Cambridge, MA: Harvard University Press, 1997)都为十四行诗提供了丰富的评论;Duncan-Jones 按顺序详述了对主要人物的争议性甄别。在 *In Shakespeare and the Goddess of Complete Being* (London: Faber and Faber, 1992)中,Ted Hughes 对 *Venus and Adonis* 做了几页精彩评论,他将此诗视为破译莎士比亚整个诗歌成就的关键。Leeds Barroll 的 *Politics, Plague, and Shakespeare's Theater: The Stuart Years* (Ithaca: Cornell University Press, 1991)以公共卫生状况为基础,描述了导致剧场周期性关闭的情况。在"Elizabethan Protest, Plague, and Plays: Rereading the 'Documents of Control'", *English Literary Renaissance* 26 (1996): 17—45 中,Barbara Freedman 驳斥了瘟疫期间关闭剧场的命令总是得到执行的观点。

莎士比亚十四行诗组诗里的同性之爱至少早在 18 世纪就被为之震惊的人记录下来,诗集的编辑者 George Steevens 就评论说"读[诗]时不可能不觉得既恶心又义愤"。关于莎士比亚生活、工作、并(可能)爱过的复杂情欲环境,参见 Stephen Orgel 的 *Impersonation: The Performance of Gender in Shakespeare's England* (Cambridge: Cambridge University Press, 1996)、Alan Bray 的 *Homosexuality in Renaissance England*, 2nd ed. (New York: Columbia University Press, 1995)、Bruce R. Smith 的 *Homosexual Desire in Shakespeare's England: A Cultural Poetics* (Chicago: University of Chicago Press, 1991)和 *Shakespeare and Masculinity* (New York: Oxford University Press, 2000)。Eve Kosofsky Sedgwick 的 *Between Men: English Literature and Male Homosocial Desire* (New York: Columbia University Press, 1985)中有关十四行诗的那章也极其有趣。

第九章 绞架下的笑声

James Shapiro 的 *Shakespeare and the Jews*(New York: Columbia University Press, 1996)认

为莎士比亚时代的伦敦曾有一个较大的犹太社群,尽管比较秘密。这个说法仍值得商榷,但作者 Shapiro 提供大量证据证明伊丽莎白和雅各宾时期人们对犹太人有普遍的兴趣。参见 David S. Katz 的 *The Jews in the History of England*, 1485—1850(New York: Oxford University Press, 1994),及 Laura H. Yungblut 的 *Strangers Settled Here Amongst Us: Politics, Perceptions, and the Presence of Aliens in Elizabethan England*(London: Routledge, 1996)。

E. A. J. Honigmann 的论文 "'There is a World Elsewhere': William Shakespeare, Businessman"(收入 *Images of Shakespeare: Proceedings of the Third Congress of the International Shakespeare Association, 1986*, ed Werner Habinch, D. J. Palmer, Roger Pringle, Newark: University of Delaware Press, 1988, 40—46)分析了莎士比亚本人参与放贷等商业行为的情况。William Ingram 的论文 "The Economics of Playing"(收入 *A Companion to Shakespeare*, ed. David Scott Kastan, Oxford: Blackwell, 1999, 313—327)中对此也有分析。

关于可能包含莎士比亚手迹的仅存的一部剧本,见 Scott McMillin 的 *The Elizabethan Theatre and "The Book of Sir Thomas More"*(Ithaca: Cornell University Press, 1987),及 T. H. Howard-Hill ed., *Shakespeare and Sir Thomas More: Essays on the Play and Its Shakespearean Interest*, Cambridge University Press, 1989。关于 Sir Thomas More 一剧的创作日期和莎士比亚本人参与此剧创作的日期情况目前尚无定论。这个脚本有可能是由 Anthony Munday 和别的一些作家草创于 1592—93 或 1595 年,时值英国"排外"骚乱期。莎士比亚很可能一开头就染指该作,或者说更有可能的是,他后来于 1603 或 1604 年曾对该剧进行了增补和改进,目的是便于上演。

有关莎士比亚个人曾与驻在伦敦的"外国人"社团有联系的直接证据可以追溯到 17 世纪初。1604 年,或在此之前的某一段时期,莎士比亚曾在 Mugwell 和 Silver 大街街口租用的房间里居住。在同一个出租公寓里居住的邻居有一个法国新教徒 Christopher Mountjoy 和他的妻子 Marie。1592 年圣·巴塞洛缪大屠杀发生后,Mountjoy 逃到了英格兰,靠制造女用假发及别的头饰发了财。1612 年,莎士比亚曾因为 Mountjoy 和他的女婿 Stephen Belott 的一件法律纠纷而作过出庭证人。Stephen Belott 声言,他的岳父曾许诺过他与其女结婚时会馈赠他 60 英镑现钱,并留给他价值 200 英镑的遗产。当事双方都承认,1604 年,莎士比亚曾应 Mountjoy 夫妇的邀请,帮助说服年轻人 Stephen Belott 与 Mountjoy 的女儿结婚,因此莎士比亚应该知道当时双方约定的有关条款。莎士比亚在证词中说他认识 Mountjoy 一家人和 Stephen Belott 大约有 10 年之久,他对双方都颇有好感。但是他同时发誓说,关于结婚事宜的确切的金钱方面的条款,他记不清了。这件法律诉讼的档案材料是 1909 年发现的。Samuel Scheonbaum 的 *Records and Images* 和 Park Honan 的 *Shakespeare: A Life* 对此有很好的叙述。

第十章 与死者对话

关于莎剧独白的发展,见 Wolfgang Clemen 的 *Shakespeare's Soliloquies*(trans. C. S. Stokes, London: Methuen, 1987)。关于莎士比亚《哈姆莱特》及其他剧本的创作与修改,见 John Jones 的 *Shakespeare at Work*(Oxford: Clarendon, 1995)。我在 *Hamlet in Purgatory*(Princeton: Princeton University Press, 2001)中对生者死者关系的改变给莎士比亚带来的影响有大量论述。这个问题在 Roland M. Frye 的 *The Renaissance Hamlet: Issues and Responses in*

1600 (Princeton: Princeton University Press, 1984) 中也有论述。关于约翰·莎士比亚的"精神的遗嘱与信仰声明", James McManaway 的文章 "John Shakespeare's 'Spiritual Testament'," (*Shakespeare Survey* 18 (1967): 197—205) 和 F. W. Brownlow 的文章 "John Shakespeare's Recusancy: New Light on Old Document" (*Shakespeare Quarterly* 40 1989): 186—191) 有重要参考价值。关于更大范围的历史、文化、宗教问题,见 Theo Brown 的 *The Fate of the Dead: A Study of Folk-Eschatology in the West Country after the Reformation* (Ipswich, UK: D. S. Brewer, 1979), Clare Gittings 的 *Death, Burial, and the Individual in Early Modern England* (London: Croom Helm, 1984), Julian Litten 的 *The English Way of Death: The Common Funeral since 1450* (London: R. Hale, 1991) 和 Cressy 的 *Birth, Marriage, and Death*, 以及 Duffy 的 *The Stripping of the Altars*。

第十一章 为国王施魔

Alvin Kernan 的 *Shakespeare, the King's Playwright: Theater in the Stuart Court, 1603—1613* (New Haven: Yale University Press, 1995) 一书讨论了莎士比亚与詹姆斯国王的关系。关于《麦克白》与火药案的关系,见 Henry Paul 的 *The Royal Play of Macbeth* (New York: Macmillan, 1950),和 Garry Wills 的 *Witches and Jesuits: Shakespeare's Macbeth* (New York: Oxford University Press, 1995)。关于高里伯爵谋反案,见 Louis Barbé 的 *The Tragedy of Gowrie House* (London: Alexander, 1887)。Kramer 与 Sprenger 的 *Malleus Maleficarum* 由 Montague Summer 译成英语,编辑出版(1928; repr., New York: Dover, 1971)。Montague Summer 也编辑了 Reginald Scot 的 *Discovery of Witchcraft* (1930; repr., New York: Dover, 1972)。Keith Thomas 的 *Religion and the Decline of Magic* (London: Weidenfeld and Nicolson, 1971) 和 Stuart Clark 的 *Thinking with Demons: The Idea of Witchcraft in Early Modern Europe* (Oxford: Clarendon, 1997) 对理解巫术在彼时人们心理中的位置很有帮助。我在 "Shakespeare Bewitched" (*New Historical Literary Study: Essays on Reproducing Texts, Representing History*, ed. Jeffrey N. Cox and Larry J. Reynolds, Princeton: Princeton University Press, 1993, 108—135) 一文中更详细地论述了莎士比亚与巫士搜查的关系。

第十二章 平凡生活的胜利

Bernard Beckerman 的 *Shakespeare at the Globe* (New York: Macmillan, 1962) 和 Irwin Smith 的 *Shakespeare's Blackfriars Playhouses: Its History and Its Design* (New York: New York University Press, 1964) 这两本书对于莎士比亚剧坛生涯后期的主要剧院有极重要的介绍。关于舞台演出, Alan Dessen 与 Leslie Thomson 的 *A Dictionary of Stage Directions in English Drama, 1580—1642* (Cambridge University Press, 1999) 更有价值。Alan Dessen 的 *Elizabethan Stage Conventions and Modern Interpreters* (Cambridge: Cambridge University Press, 1984) 亦如是。环球剧场失火事件,见 Sir Henry Wotton 于 1613 年 7 月 2 日写给其侄子(或外甥) Sir Edmund Bacon 的信,引自 Chambers 的 *Elizabethan Stage*, 4: 419—420。

人名、地名译法对照表

A

阿登,爱德华 Arden, Edward
阿登,罗伯特 Arden, Robert
阿登,玛丽 Arden, Mary
阿多尼斯 Adonis
阿尔民,罗伯特 Armin, Robert
阿斯比斯 Asbies
埃德加 Edgar
埃德蒙·蒂尔尼 Edmund Tilney
埃塞克斯 Essex
艾伦,爱德华 Allen, Edward
爱德华·艾林 Edward Alleyn
爱德华六世 Edward VI
安东尼 Antony
岸边 Bankside
奥布里,约翰 Aubrey, John
奥兰多 Orlando
奥丽维亚 Olivia
奥瑟罗 Othello
奥西诺 Osino

B

波西米亚 Bohemia
伯比奇,约翰 Burbage, John
伯比奇,詹姆斯 Burbage, James
布鲁克 Brook

C

查尔斯·霍华德 Charles Howard
查理科特 Charlecote

D

德比 Derby
德西克,威廉 Dethick, William
狄布戴尔,罗伯特 Debdale, Robert
东市 Eastcheap
都铎,玛丽 Tudor, Mary
杜埃 Douai

E

俄底修斯 Ulysses

F

菲利普·亨斯洛 Philip Henslowe
菲利普斯,奥古斯丁 Phillips, Augustine
费迪南多·斯特兰奇 Ferdinando Strange
福斯塔夫 Falstaff
福音树丛 Gospel Bush

G

高里 Gowrie
格林,罗伯特 Green, Robert
葛特露 Gertrude

H

哈尔王子 Prince Hal
哈姆莱特 Hamlet
哈瑟维,安妮 Hathaway, Anne
哈维,加百利 Harvey, Gabriel
贺斯克斯,托马斯 Hesketh, Thomas
赫伯特,威廉 Herbert William
赫美温妮 Hermione
赫特福德 Hertford
黑僧 Blackfriars
亨里街 Henley Street
亨利八世 Henry VIII
亨利·凯利 Henry Carey
亨特,西蒙 Hunt, Simon
霍顿,亚历山大 Hoghton, Alexander
霍拉旭 Horatio

I

J

基德,托马斯 Thomas Kyd

K

凯德,杰克 Cade, Jack
凯里,亨利 Carey, Henry
坎皮恩,埃德蒙 Campion, Edmund
坎特伯雷 Canterbury
克里佩尔门,Crippplegate
科塔姆,托马斯 Cottam, Thomas
科塔姆,约翰 Cottam, John
肯普 Kempe
快嘴桂嫂 Mistress Quickly

L

赖奥斯利,亨利 Wriothesley, Henry
兰开夏郡 Lancashire
雷欧提斯 Laertes
列昂特斯 Leontes
露克丽丝 Lucrece
露西,托马斯 Lucy, Thomas
罗伯托 Roberto
罗马 Rome
罗密欧 Romeo
罗瑟琳 Rosalind
洛佩兹 Lopez
洛奇,托马斯 Lodge, Thomas

M

马伏里奥 Malvolio
马洛,克里斯托弗 Marlowe, Christopher
马耳他岛的犹太人 The Jew of Malta
麦克白 Macbeth
麦克白夫人 Lady Macbeth

N

纳什,托马斯 Nashe, Thomas
南安普顿 Southampton

O

P

潘布罗克 Pembroke
普鲁塔克 Plutarch
普洛斯帕罗 Prospero

Q

乔瓦尼 Giovanni
切特尔,亨利 Chettle, Henry
琼生,本 Jonson, Ben

R

S

萨瑟克 Southwark / 瑟热克区 Southwark
塞西尔 Cecil
瑟塞克斯 Sussex
莎士比亚,威尔 Shakespeare, Will
莎士比亚,威廉 Shakespeare, William
莎士比亚,约翰 Shakespeare, John
斯宾塞,埃德蒙 Spenser, Edmund
斯涅特菲尔德 Snitterfield
斯特拉福 Stratford
斯托,约翰 Stow, John
苏珊娜 Susanna

T

泰伯恩 Tyburn
托马斯·莫尔 Thomas More

U

V

W

威尔 Will
威尔姆科特 Wilmcote
威斯敏斯特 Westminster
薇奥拉 Viola
维纳斯 Venus
沃里克郡 Warwickshire
沃森,托马斯 Watson, Thomas

X

锡德尼,菲利普 Sidney, Philip
夏特里 Shottery
肖迪奇区 Shoreditch
新地 New Place

Y

伊丽莎白 Elizabeth

Z

詹金斯,托马斯 Jenkins, Thomas
朱丽叶 Juliet

译 者 后 记

　　《俗世威尔——莎士比亚新传》是当今国际莎士比亚研究界的一本名著，在西方莎评界可谓好评如潮。该书作者系美国哈佛大学人文学院教授斯蒂芬·格林布拉特(Stephen Greenblatt)，是西方新历史主义学派的统帅，其学术影响颇为深远。他在莎学方面的代表作有《文艺复兴时期的自我塑造——从莫尔到莎士比亚》(1980)、《莎士比亚式的协商——文艺复兴时期英国社会能量的流通》(1988)等。本书是他最新的莎学研究成果，2004 年出版后即荣登《纽约时报》十佳图书榜，引起很大反响，曾被国际莎士比亚研究协会会长斯坦利·威尔斯誉为对莎士比亚生平"最合情理的探索"。

　　本书在内容上相当驳杂，作者在提供莎士比亚时代背景知识方面，林林总总，非常丰富，但这同时导致翻译工作的难度。全书由辜正坤、邵雪萍、刘昊合译。辜正坤译《致中国读者》、《前言》、《致读者》和第一章，并负责全书的协调问题。邵雪萍译第二章至第八章及《鸣谢》，刘昊译第九章至第十二章。北大英语系博士生牛云平、彭发胜、徐阳、姜莉等，曾提供过相关帮助；北大出版社社科编辑部耿协峰主任、特别是本书责任编辑王妍女士，在本书的策划和译文改进方面提出过诸多有益的建议，译者均于此谨致谢忱。

2006 年 12 月于北大